Digitale Medien im Mathematikunterricht der Grundschule

Mathematik Primarstufe und Sekundarstufe I + II

Herausgegeben von
Prof. Dr. Friedhelm Padberg
Universität Bielefeld

Bisher erschienene Bände (Auswahl):

Didaktik der Mathematik

P. Bardy: Mathematisch begabte Grundschulkinder - Diagnostik und Förderung (P)
M. Franke: Didaktik der Geometrie (P)
M. Franke/S. Ruwisch: Didaktik des Sachrechnens in der Grundschule (P)
K. Hasemann: Anfangsunterricht Mathematik (P)
K. Heckmann/F. Padberg: Unterrichtsentwürfe Mathematik Primarstufe (P)
G. Krauthausen: Digitale Medien im Mathematikunterricht der Grundschule (P)
G. Krauthausen/P. Scherer: Einführung in die Mathematikdidaktik (P)
G. Krummheuer/M. Fetzer: Der Alltag im Mathematikunterricht (P)
F. Padberg/C. Benz: Didaktik der Arithmetik (P)
P. Scherer/E. Moser Opitz: Fördern im Mathematikunterricht der Primarstufe (P)

G. Hinrichs: Modellierung im Mathematikunterricht (P/S)

R. Danckwerts/D. Vogel: Analysis verständlich unterrichten (S)
G. Greefrath: Didaktik des Sachrechnens in der Sekundarstufe (S)
F. Padberg: Didaktik der Bruchrechnung (S)
H.-J. Vollrath/H.-G. Weigand: Algebra in der Sekundarstufe (S)
H.-J. Vollrath/J. Roth: Grundlagen des Mathematikunterrichts in der Sekundarstufe (S)
H.-G. Weigand/T. Weth: Computer im Mathematikunterricht (S)
H.-G. Weigand et al.: Didaktik der Geometrie für die Sekundarstufe I (S)

Mathematik

F. Padberg: Einführung in die Mathematik I – Arithmetik (P)
F. Padberg: Zahlentheorie und Arithmetik (P)

K. Appell/J. Appell: Mengen – Zahlen – Zahlbereiche (P/S)
A. Filler: Elementare Lineare Algebra (P/S)
S. Krauter: Erlebnis Elementargeometrie (P/S)
H. Kütting/M. Sauer: Elementare Stochastik (P/S)
T. Leuders: Erlebnis Arithmetik (P/S)
F. Padberg: Elementare Zahlentheorie (P/S)
F. Padberg/R. Danckwerts/M. Stein: Zahlbereiche (P/S)

A. Büchter/H.-W. Henn: Elementare Analysis (S)
G. Wittmann: Elementare Funktionen und ihre Anwendungen (S)

P: Schwerpunkt Primarstufe
S: Schwerpunkt Sekundarstufe

Weitere Bände in Vorbereitung

Günter Krauthausen

Digitale Medien im Mathematikunterricht der Grundschule

Unter Mitwirkung von Helmut Meschenmoser

Prof. Dr. Günter Krauthausen
Universität Hamburg
Fakultät 4, Fachbereich Erziehungswissenschaften

ISBN 978-3-8274-2276-7   ISBN 978-3-8274-2277-4 (eBook)
DOI 10.1007/978-3-8274-2277-4

Die Deutsche Nationalbibliothek verzeichnet diese Publikation in der Deutschen Nationalbibliografie; detaillierte bibliografische Daten sind im Internet über http://dnb.d-nb.de abrufbar.

Springer Spektrum
© Springer-Verlag Berlin Heidelberg 2012
Das Werk einschließlich aller seiner Teile ist urheberrechtlich geschützt. Jede Verwertung, die nicht ausdrücklich vom Urheberrechtsgesetz zugelassen ist, bedarf der vorherigen Zustimmung des Verlags. Das gilt insbesondere für Vervielfältigungen, Bearbeitungen, Übersetzungen, Mikroverfilmungen und die Einspeicherung und Verarbeitung in elektronischen Systemen.

Die Wiedergabe von Gebrauchsnamen, Handelsnamen, Warenbezeichnungen usw. in diesem Werk berechtigt auch ohne besondere Kennzeichnung nicht zu der Annahme, dass solche Namen im Sinne der Warenzeichen- und Markenschutz-Gesetzgebung als frei zu betrachten wären und daher von jedermann benutzt werden dürften.

Planung und Lektorat: Dr. Andreas Rüdinger, Anja Groth
Korrektorat: Redaktion ALUAN, Köln
Fotos/Zeichnungen: siehe Abbildungsverzeichnis
Einbandentwurf: SpieszDesign, Neu-Ulm

Der Abschnitt „3.3.2 Computer" (S. 273 bis S. 298) aus Krauthausen/Scherer, *Einführung in die Mathematikdidaktik*, 3. Aufl., Spektrum Akademischer Verlag, Heidelberg 2008, wurde für den vorliegenden Band adaptiert (Kap. 3.1.3 und 4.1).

Gedruckt auf säurefreiem und chlorfrei gebleichtem Papier

Springer Spektrum ist eine Marke von Springer DE. Springer DE ist Teil der Fachverlagsgruppe Springer Science+Business Media.
www.springer-spektrum.de

Inhaltsverzeichnis

1 **Zu diesem Buch** 1

2 **Mathematikdidaktische Akzente** 5
   2.1 KMK Bildungsstandards 5
   2.2 Rahmenpläne Mathematik 6
   2.3 Mögliche Erwartungen an digitale Medien 11
      2.3.1 Umgang mit Heterogenität 12
      2.3.2 Öffnung des Unterrichts 15
      2.3.3 Motivation und spielerisches Lernen 19
      2.3.4 Entlastung im Unterricht 22
   2.4 Lehren, Lernen, Üben von Mathematik 28
      2.4.1 Fachdidaktische Perspektive nicht relevant? 28
      2.4.2 Ein Beispiel 31
      2.4.3 Mathematiklernen als aktiver und sozialer Prozess 36
      2.4.4 Fachliche Substanz des Mathematiklernens 38
      2.4.5 Zeitgemäßes Üben 40
      2.4.6 ›Gute‹ Aufgaben und Aufgabenkultur 43
   2.5 Neue und alte Medien im Mathematikunterricht 45

3 **Das Qualitätsdilemma digitaler Lernumgebungen** 49
   3.1 Zur Geschichtslosigkeit des Status quo 49
      3.1.1 Vorbemerkungen 49
      3.1.2 Fragwürdige Suggestionen 53
      3.1.3 Entprofessionalisierungstendenzen 63
      3.1.4 Wo ist der Fortschritt? 72
      3.1.5 Stärkerer Einfluss der Fachdidaktik 74
      3.1.6 Mathematikdidaktische Zurückhaltung 76
   3.2 Exemplarische Diskussionen 78
      3.2.1 Stundenskizze ›Visualisieren von Daten mit Excel‹ 81
      3.2.2 Diskussion der Stunde 82
      3.2.3 Kurzanalyse der ›Werkstatt Längenmaße‹ 101
   3.3 Zur Wirksamkeit von Lernsoftware 105
      3.3.1 Wozu Wirkungsforschung? 105

3.3.2 Wirkungsforschung zu überholten Konzepten? 106
3.3.3 Grundsätzliches zu Wirksamkeitsstudien 107
3.3.4 Spezifische Probleme von Wirksamkeitsanalysen 108

4 Szenarios zu digitalen Medien im Mathematikunterricht 115
4.1 Artenvielfalt digitaler Medien im Mathematikunterricht 115
4.2 Textverarbeitung 118
    4.2.1 Mathematische Texte als fachdidaktisches Konzept 118
    4.2.2 Lernziel-Importe und -Exporte 125
    4.2.3 Bewusstheit des Lernens 126
    4.2.4 Effektives Editieren 126
    4.2.5 Distributionsmöglichkeit 127
4.3 Tabellenkalkulation 128
    4.3.1 Verankerung in den Bildungsstandards 129
    4.3.2 Datenerfassung und Datendarstellung 130
    4.3.3 Manipulationskraft der Darstellung 130
    4.3.4 Möglichkeiten digitaler Kalkulationsblätter 132
    4.3.5 Themen und Anlässe 135
    4.3.6 Standard-Büro- oder spezielle Software? 138
4.4 Applets, Apps & Co. 140
    4.4.1 Internet-Applets - Beispiel: WisWeb 140
    4.4.2 Apps für Tablet-Computer 151
    4.4.3 Interaktive Whiteboards 181
4.5 Internet 194
4.6 Foto und Film 205
4.7 »Klein aber fein« statt »All-in-One« 219
    4.7.1 Digitale Arbeitsmittel 219
    4.7.2 Anwendungen für begrenzte Zwecke 230

5 Perspektiven für die Zukunft 241

Anhang

Helmut Meschenmoser
Mediendidaktischer Exkurs zum Lernen mit digitalen Medien

1 Funktion von Medien **245**
   1.1 Emanzipatorische und funktionalistische mediendidaktische
       Konzepte 245
   1.2 Von Hilfsmitteln zu Unterrichtsmedien 247

2 Wie lernt man mit Medien? **249**
   2.1 Behaviorismus – Steuerung des Lernens 252
   2.2 Kognitivismus – Einsicht, Motivation und Differenzierung 254
   2.3 Konstruktivismus – »Über die Nutzlosigkeit von Belehrungen
       und Bekehrungen« 258
   2.4 Instruktionspsychologische Neuerungen – Situiertes Lernen 260

3 Mediensozialisation der Grundschulkinder **262**

Literatur **267**

Index **293**

1 Zu diesem Buch

Digitale Medien in der Grundschule – das meint, immer noch, vorrangig den Einsatz so genannter Lern- oder Übungsprogramme. Deshalb wurde der Titel mit dem Begriff der ›digitalen Medien‹ erweitert, um auch alternative Nutzungsweisen in den Blick zu nehmen. Wenn hier und da auch von ICT (ein in der Literatur geläufiges Kürzel für Informations- und Kommunikationstechnologie) die Rede ist, dann ist das in diesem Sinne gemeint.

Beim Schreiben dieses Buches wurde der Autor mit vier typischen Phänomenen konfrontiert, die hier nur kurz angedeutet werden, weil im Laufe des Buches ausführlicher darauf eingegangen werden wird.

Dominanz der Medienpädagogik/Mediendidaktik

Publikationen zum Thema Computereinsatz (im weitesten Sinne) in der Grundschule werden meist von Pädagogen, Psychologen, Allgemeindidaktikern, Lehrer/innen oder Computerfachleuten verfasst. Folgerichtig dominiert häufig eine allgemeinpädagogische, medienpädagogische/-didaktische, psychologische bis technikorientierte Sichtweise inkl. entsprechender Empfehlungen und Ratschläge. Vor allem das Stichwort ›Medienkompetenz‹ ist zum allgegenwärtigen Schlagwort und Katalysator geworden, um Computer auch in die Grundschule zu bringen – z. T. mit allzu durchsichtigen kommerziellen Interessen.

Nun soll nicht generell bestritten werden, dass man über Medienkompetenz[1] (ein schillernder und je nach Interesse sehr unterschiedlich auslegbarer Begriff) in der heutigen Zeit gründlich nachdenken muss – ohne es dabei aber zum Fetisch zu verklären. Aber man darf auch nicht nur *darüber* nachdenken, sondern

---

[1] »Dieses Wort mag ich überhaupt nicht, denn es kommt so großspurig daher. […] Medienkompetenz ist nicht nichts anderes als die Kompetenz, kritisch zu denken und Dinge zu hinterfragen. Wie kann man sie erlernen oder trainieren? Es gibt zwei entscheidende Voraussetzungen. Die erste besteht darin, wirklich hören zu können, zuhören zu können. […] Die meisten Menschen praktizieren nur das ›hearing‹, nicht das ›listening‹. Sie nehmen also irgendwie wahr, was gesagt wird, aber sie hören nicht zu. Das wäre aber gerade die erste Voraussetzung für eine kritische Reflektion und eine daraus resultierende Reaktion. Die zweite Voraussetzung hängt eng damit zusammen. Sie besteht darin, kritisch lesen zu können. Überhaupt lesen zu können« (Weizenbaum/Wendt 2006, S. 173).

muss ebenso andere wichtige Facetten in den Blick nehmen. Und man muss auch kritisch *nach*denken dürfen, statt nur einem technischen Status quo oder extern in die Schule induzierten Interessen *hinterher*zudenken. Insbesondere darf nicht vergessen werden, dass es beim Einsatz des Computers in der Grundschule auch immer noch und ungeachtet aller denkbarer Methoden um *Inhalte* geht, mit denen folglich ein gewisser *Sachanspruch* verbunden ist. Und die Expertise hierfür liegt bei den jeweiligen *Fachdidaktiken*. Deren gewachsene Bedeutung wird zwar in der Folge internationaler Vergleichsstudien wie TIMSS und PISA immer wieder betont, ihr Einfluss ist aber insofern zu wenig spürbar, als selbst grundlegendste Postulate, die sich weltweiter Übereinstimmung erfreuen, in weiten Bereichen der Entwicklung, Nutzung und Kommentierung digitaler Medien ignoriert und z. T. bis zur Unkenntlichkeit verkehrt werden. Das mag mit daran liegen, dass sich Vertreterinnen und Vertreter der Fachdidaktiken im deutschsprachigen Raum vergleichsweise (zu) selten zum Computereinsatz äußern und dazu publizieren (vgl. Kap. 3.1.6 und S. 242 f.).

Fokus Mathematikunterricht

Der vorliegende Band nähert sich *aus konsequent mathematikdidaktischer Sicht* dem Thema und nimmt dazu stets den aktuellen Forschungs- und Erkenntnisstand *dieser* Wissenschaft in den Blick, ohne dabei die allfälligen Fragen abschließend beantworten zu wollen und zu können. Denn hierzu müssten auch stets die aktuellen Situationen vor Ort Berücksichtigung finden. Sie als Leserinnen und Leser werden daher auch an vielen Stellen eher mit Fragen konfrontiert, die mehrere – auch durchaus gegensätzliche – Alternativen als Antwort zulassen, die zum eigenen Nachdenken anregen wollen, zur abwägenden Diskussion mit Kolleginnen und Kollegen und die letztlich zu einer selbstverantwortlichen Positionierung verhelfen sollen.

Die vorrangige konzeptionelle Herangehensweise wird aber darin bestehen, dass primär die *mathematikdidaktischen Postulate eines zeitgemäßen Mathematikunterrichts* als Ausgangspunkt und Hintergrund der Überlegungen gewählt und dabei untersucht wird, welche Rahmenbedingungen und Konsequenzen sich daraus für einen verantwortlichen ICT-Einsatz ableiten lassen, ohne diese fachdidaktischen Essentials leichtfertig aufzugeben.

Gleichwohl: Ebenso wesentlich ist die prinzipielle Offenheit auch für Effekte in der umgekehrten Richtung. Denn es sind durchaus Situationen für den Mathematikunterricht denkbar, die *gerade oder vielleicht nur* durch den Einsatz von ICT ermöglicht oder hinreichend ausgeschöpft werden können. Auch dieses Phänomen ist nicht neu für die Fachdidaktik, denn wie Spiegel bereits gezeigt hat, konnten etwa durch den (etwas anderen, fachdidaktisch fundierten) Einsatz des Taschenrechners gänzlich neue, sehr substanzielle und ohne dieses Medium gar nicht mögliche Frage- und Aufgabenstellungen entwickelt werden (vgl. auch Hoffmann/Spiegel 2006 a/b; Spiegel 1988).

Kluft zwischen fachdidaktischem Know-how und konkreten Produkten oder Einsatzformen

Am Markt bekannte und verbreitete Produkte oder gängige Einsatzformen von ICT im Mathematikunterricht der Grundschule lassen sich über weite Strecken als ›Parallelwelten‹ auffassen, die keine überzeugenden Berührungspunkte mit dem aktuellen Forschungs- und Erkenntnisstand der Mathematikdidaktik als Wissenschaft und ebenso wenig mit den Realisierungen eines zeitgemäßen Mathematikunterrichts vor Ort haben.

Manchmal sogar entbehrt es nicht einer gewissen Komik[2], wie der Einsatz von ICT zu dem Eindruck verleiten kann, als wäre hier alles, was man einmal über ›guten‹ Mathematikunterricht gelernt hat, aus dem Blick geraten – und das sind keine Einzelfälle. Zumindest scheint die diesbezügliche ›Kompromissbereitschaft‹ recht groß zu sein. Auch fehlt es an konsequent entwickelten Alternativen unter dem Primat der Didaktik, die den Rahmen der Forschungswerkstatt verlassen und zu Produkten führen, die auch tatsächlich den Markt erreichen.

Aber warum sind die didaktisch fragwürdigen Produkte auf der anderen Seite so verbreitet? Schlägt hier die Macht des Mediums durch? Oder ist es die argumentative Schleife, die sich dadurch eröffnet, dass man (unbewusst, unmerklich?) auf die medienpädagogische Schiene ausweicht? Nach dem Motto: Es ist zwar nicht die Krönung eines Mathematikunterrichts, aber es trägt zur Medienkompetenz bei? Weitere Argumente werden im Laufe des Buches noch aufgegriffen … Jedenfalls ist es wenig zielführend, die einzelnen Perspektiven gegeneinander auszuspielen und so zu tun, als seien es Entweder-oder-Alternativen. Was Not tut, ist vielmehr eine *ausbalancierte* Sicht, zu der (tatsächliche) Expertisen aus den tangierten Bereichen beitragen müssen.

›Alte‹ Publikationen sind auch heute noch aktuell

Ein weiteres Phänomen, das beim Schreiben dieses Bandes offenkundig wurde, ist der Eindruck, dass die Diskussion um den Einsatz von ICT seit langen Jah-

---

[2] Das ist nicht respektlos gemeint, denn die bezeichnete Kluft zwischen manchen sogenannten *Best-Practice*-Beispielen (ein inzwischen weithin benutztes Etikett für ›Vorzeigebeispiele‹) und den einfachsten Grundlagen der Mathematikdidaktik ist nicht selten *so* groß, dass diese *Best-Practice*-Praktiken von fachdidaktischen Experten eher als *Gegenbeispiele* geschätzt werden. Vielleicht auch ein Grund für die Zurückhaltung mancher Fachdidaktiker/innen (vgl. Kap. 3.1.6), sich zum Thema zu äußern, denn manches kann man nur schwer wirklich ernst nehmen. Trotzdem oder gerade deshalb wäre natürlich eine deutliche (Gegen-)Positionierung sehr wünschenswert, denn gerade *fehlender Klartext* ist ein nicht unerheblicher Teil des Problems.

ren um die gleichen Argumente kreist und mit den prinzipiell vergleichbaren (wenn auch *technisch* ausgereifteren) Beispielen und Anwendungen arbeitet. Irritiert hat nämlich die offensichtlich immer noch gegebene Aktualität eigener (und anderer) Publikationen, die 15 bis 20 Jahre zurückliegen[3]. Manches könnte noch heute unverändert – und zwar guten Gewissens, weil in völligem Einklang mit aktuellen fachdidaktischen Überzeugungen – genauso geschrieben werden, weil offenbar die spürbaren Fortschritte ausgeblieben sind (vgl. Krauthausen 1992). Der eine oder andere Gedanke wird daher auch in dieses Buch erneut einfließen. Um nur *ein* Beispiel zu nennen: Die vor 19 Jahren erstmals beschriebene AWARE-Strategie (Näheres dazu auf S. 73 u. 241 bzw. in Krauthausen 1991b) als Vorschlag für einen verantwortlichen Umgang mit ICT im Grundschulunterricht der damaligen Zeit dient noch 14 Jahre später Padberg (2005, S. 320 ff.) als Orientierungsraster für einen Überblick zum Thema. Auch für Radatz et al. (2006, S. 36) gilt »[a]uch für die Zukunft die […] AWARE-Strategie«.

Was lässt sich daraus schließen? Offenbar ist die (fach-)didaktische Diskussion bzgl. des ICT-Einsatzes bis heute noch nicht hinreichend berücksichtigt worden, verglichen mit den enormen technischen Fortschritten. Und selbst Letztere erfüllen noch nicht verlässlich genug die erforderlichen Rahmenbedingungen, denn die Geräte, Netzwerke und Online-Aktivtäten sind noch nicht so selbstverständlich handhabbar und funktionieren noch nicht so intuitiv, wie es an sich für ein zu nutzendes *Medium*, zumal in der Grundschule, zu erwarten wäre und ja auch seit Jahren immer wieder gefordert wird.

Ein recht verbreitetes Argumentationsmuster in der Literatur ist das folgende: »Vorausgesetzt die nötige Hardware und gute Software sind vorhanden, *dann* …« kann das Potenzial der ICT im Unterricht ausgeschöpft werden. Man kann hier seine Zweifel haben, denn das Behauptete ist notwendig, aber nicht hinreichend. Über das, was helfen kann, es hinreichend(er) zu machen, soll in diesem Buch nachgedacht werden. Und dabei spielt neben der Technik (Hardware, Netze, etc.) und der Software v. a. auch der so genannte ›Content‹, also die fachlichen Inhalte, eine bedeutende und noch zu wenig thematisierte Rolle. Und auch die Frage der *Integration* der digitalen Medien in den übrigen Unterricht und in das Mathematiklernen stellt noch ein großes Problem dar, wenn die digitalen Medien kein isoliertes Eigenleben führen sollen.

---

[3] Das betrifft natürlich nicht die technischen Fragen; Softwarebeispiele aus der damaligen Zeit wirken heute allenfalls amüsant. Was aber in seiner Gültigkeit überlebt hat, sind die *konzeptionellen, didaktischen* Postulate. Und diese Verlässlichkeit kann man durchaus als Vorteil für die Diskussion verstehen und nutzen …

2 Mathematikdidaktische Akzente

2.1 KMK Bildungsstandards

Die Bildungsstandards im Fach Mathematik für den Primarbereich (KMK 2005a) beschreiben die Grundlagen der fachspezifischen Anforderungen für den Unterricht in der Grundschule. Als solche sind sie als übergeordnete Orientierung zu verstehen, die von den Bundesländern konkretisiert werden – in Form von Lehr-/Bildungs- oder Rahmenplänen[4] für das Fach (vgl. 2.2), im Rahmen der Schulentwicklung sowie der Lehreraus- und -fortbildung (KMK 2005b).

Der Bildungsauftrag des Faches Mathematik zielt auf die Förderung grundlegender mathematischer Kompetenzen. Hier unterscheiden die Bildungsstandards zwischen (a) *allgemeinen* mathematischen Kompetenzen und (b) *inhaltsbezogenen* mathematischen Kompetenzen. Diese Unterscheidung ist nicht neu (vgl. Winter 1975), eine nachdrücklichere Betonung der allgemeinen (prozessbezogenen) Kompetenzen ist aber unverkennbar und beabsichtigt. »Erwartet wird, dass die Schülerinnen und Schüler diese Kompetenzen in außermathematischen (›Anwendungsorientierung‹) und in innermathematischen (›Strukturorientierung‹) Kontexten nutzen können« (KMK 2005a, S. 7).

Da im Folgenden nur ein spezifischer Blickwinkel beabsichtigt ist (für eine genauere Betrachtung der Bildungsstandards und ihrer Ausdifferenzierung für den Mathematikunterricht sei auf KMK (2005a) sowie auf Walther et al. (Hrsg., 2008) verwiesen), soll eine kurze Übersicht der Kompetenzbereiche hier genügen.

Allgemeine (prozessbezogene) mathematische Kompetenzen
- Problemlösen
- Kommunizieren
- Argumentieren
- Modellieren
- Darstellen

---

[4] Die Begrifflichkeiten der Bundesländer sind hier unterschiedlich.

Inhaltsbezogene mathematische Kompetenzen (orientiert an Leitideen)
- Zahlen und Operationen
- Raum und Form
- Muster und Strukturen
- Größen und Messen
- Daten, Häufigkeit und Wahrscheinlichkeit

Sucht man in den Bildungsstandards nun nach Aussagen zu Fragen eines Ob oder Wie oder Wann des Computereinsatzes, so findet sich nichts Konkretes, was direkt auf den Einsatz digitaler Medien verweist oder diesen beschreibt. Das ist einerseits dem orientierenden Charakter der Bildungsstandards geschuldet (man findet – bis auf Aufgabenbeispiele – auch keine anderen konkreten Hinweise zu methodischen oder medialen Fragen). Zum anderen bieten ›die Standards‹ aber durchaus naheliegende Ansatzpunkte, um über einen sinnvollen Einsatz digitaler Medien im Mathematikunterricht nachzudenken. So lassen sich – geeignete digitale Lernumgebungen vorausgesetzt[5] oder zumindest mit einem fachdidaktischen *State-of-the-Art* im Hinterkopf – für alle allgemeinen wie inhaltlichen Kompetenzen plausible Einsatzmöglichkeiten denken, die nicht nur das Mathematiklernen (ergänzend) unterstützen könnten, sondern auch zu Aufgaben- oder Problemstellungen führen, die ohne digitale Medien kaum denkbar wären.

Im Laufe dieses Buches wird noch an diversen Stellen der Bezug zu den KMK-Bildungsstandards konkretisiert werden (vgl. auch Krauthausen/Lorenz 2008). Insofern wäre der Blick als Nächstes auf die Konkretisierungen der Bildungsstandards durch die Rahmenpläne einzelner Bundesländer zu richten.

2.2 Rahmenpläne Mathematik

Es sollen hier nicht die entsprechenden Erlasse sämtlicher Bundesländer deziert beschreiben. Für den vorliegenden Zweck hinreichend ist eine synoptische Übersicht über Aussagen, die sich im Prinzip übergreifend finden lassen, mehr oder weniger explizit und ausführlich, mit evtl. unterschiedlichen Begrifflichkeiten, aber übereinstimmend in der Sache.

Alle Rahmenpläne ab 2004 (z. B. BSB 2011; HK 2010; BBBM 2004; MSW 2008; NS 2006) orientieren sich an den und beschreiben/konkretisieren die Vorlagen der Bildungsstandards, was die allgemeinen und die inhaltsbezogenen mathematischen Kompetenzen betrifft. Für die meisten Rahmenpläne gilt Ähn-

---

[5] Hier ist sie wieder, die nebenbei erwähnte, dabei aber zentrale und kritische Rahmenbedingung, die allzu oft nicht erfüllt ist, aber für die weitere Argumentation dann aus dem Blick zu geraten droht.

liches wie für die Bildungsstandards der KMK selbst: Es lassen sich, gezielt durch die Brille digitaler Medien betrachtet, naheliegende Potenziale denken, ohne dass sie aber an diesen Stellen konkret benannt würden.

Darüber hinaus finden sich in diesen Rahmenplänen, aber auch in früheren (z. B. STMUK 2000; SH 1998) übergeordnete Kapitel, die sich mehr oder weniger ausdrücklich zum Medieneinsatz im Mathematikunterricht äußern, z. B. unter Überschriften wie lernmethodische Kompetenzen, überfachliche Kompetenzen, Methodenkompetenz, Medienerziehung, didaktische Grundsätze o. Ä. Im Überschneidungsbereich ihrer Aussagen lassen sich folgende Zielrichtungen ausmachen:

Digitale Medien werden als *Werkzeuge zum systematischen, zielgerichteten Lernen*, in einigen Fächern aber auch als *Lerngegenstand* verstanden (BBBM 2004, S. 12). Der Auftrag der Grundschule geht dabei weit über die Befähigung der Kinder zur bloßen Bedienung und Handhabung der Geräte hinaus. Es geht sowohl um rezeptive als auch um eine reflektierte, kritische und sachgerechte konstruktive (also produktive) Nutzung der Medien, was eine reflektierte Wahrnehmung einschließt, die zwischen Darstellung und Realität unterscheiden kann.

Zentral in allen Rahmenplänen ist der Begriff der *Information,* nicht zu verwechseln mit *Wissen*, das sich nicht digitalisieren lässt: »Wissen existiert nur in Köpfen, nicht auf Festplatten« (Meyer/Krumes 2005, S. 8). Der wünschenswerte Umgang mit Information stellt somit ein weites Feld dar und betrifft v. a. ihre

- Beschaffung (nach vorausgegangener Auswahl geeigneter Medien)
- Prüfung
- Aufbereitung (Selektieren, Ordnen, ...)
- Darstellung
- Integration (in vorhandenes Wissen und beabsichtigte Fragestellungen)
- Analyse, Reflexion, Bewertung
- Präsentation

Dies ist nur mit einem bewussten Anteil an metakognitiven Aktivitäten zu leisten, z. B. indem die Bedeutung (bis hin zur Manipulationsmacht) verschieden aufbereiteter Darstellungen reflektiert und erfahrbar wird (vgl. Krämer 1992; Krauthausen/Lorenz 2008).

Zu den Medien selbst bleiben die Aussagen der Rahmenpläne vergleichsweise vage. Genannt werden vielfach der Taschenrechner und der Computer, letzterer speziell mit seinen Anwendungen von Lernsoftware und Internetrecherche. Werkzeugprogramme wie Tabellenkalkulationen, die man bei gewissen allgemeinen und inhaltsbezogenen Kompetenzen assoziieren könnte, finden keine ausdrückliche Erwähnung. Das deckt sich mit den Aussagen über die vorrangigen Nutzungsarten des Computers (vgl. Abb. 2/1 nach Krützer/Probst 2006, S. 13), wonach in der Grundschule im Unterricht oder Arbeitsgruppen mit 96 % die so genannte Lernsoftware dominiert, gefolgt von multimedialen Nachschlagewerken (54 %), Programmen zur Erstellung multimedialer Anwendungen (23 %), Software mit Werkzeugcharakter (18 %) und Programmiersprachen (1 %).

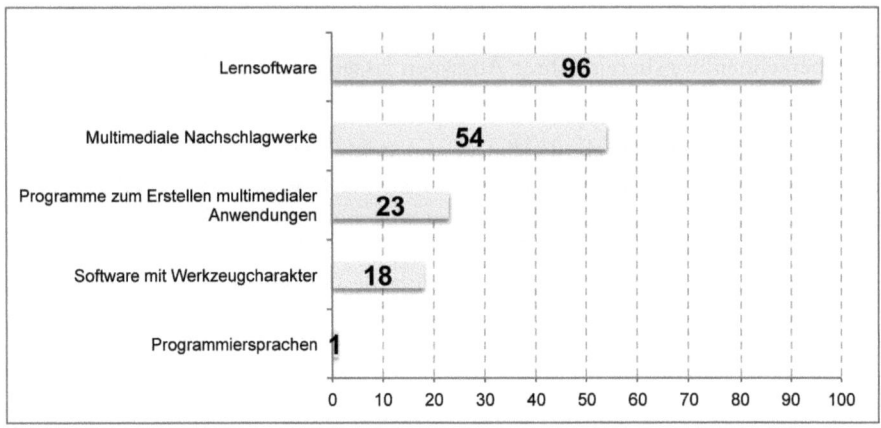

Abb. 2/1: Software in Grundschulen (Datenbasis aus: Krützer/Probst 2006, S. 13)

Die Unbestimmtheit der Aussagen erklärt sich sicher z. T. mit dem Bemühen heutiger Rahmenpläne um eine pointierte Darstellung und v. a. einen überschaubaren Umfang. Sie stellen keine Fortbildungskompendien dar, wie das in früheren Jahren einmal der Fall war (vgl. KM 1974). Die Kehrseite der Medaille ist dann, dass solche Texte kompetentere Leserinnen und Leser voraussetzen, die mit der einschlägigen Terminologie vertraut sind, damit sachgerechte (theoretische und unterrichtspraktische) Konzepte assoziieren und diese selbstständig in das Design adäquater Lernumgebungen überführen können.

Was speziell die digitalen Medien betrifft, so sind die Aussagen in heutigen Rahmenplänen nicht mehr und nicht weniger präzise als beispielsweise im NRW-Lehrplan von 1985. Dort heißt es: »Im Bereich der Mathematik finden elektronische informationsverarbeitende Medien als Problemlösungsinstrumente und vielseitig einsetzbare Werkzeuge in zunehmendem Maße Verwendung. Diese Medien stellen somit auch für den Mathematikunterricht eine große Herausforderung dar. In der Grundschule können sie dann verwendet werden, wenn bei ihrem Einsatz die didaktischen Prinzipien des Mathematikunterrichts beachtet werden« (KM 1985, S. 29).

Nun kann man sich, wie gesagt, aus durchaus guten Gründen auf eine knappe und vergleichsweise vage Form verständigen, zumal diese auch Gestaltungsspielräume eröffnen kann – dies allerdings in alle denkbaren Richtungen. Andererseits könnte man im Falle der digitalen Medien eine im Vergleich zu 1985, also nach immerhin über 25 Jahren, offensivere Positionierung im Hinblick auf den ›didaktischen Mehrwert‹ erwarten.

Ob die Grundschule die benannte Herausforderung nach 25 Jahren konstruktiv und v. a. hinlänglich weitreichend angenommen hat, darüber kann man durchaus geteilter Meinung sein. Hochaktuell, weil vielfach auch heute nicht erfüllt, ist aber mit Sicherheit die Forderung – oder sollte man es nicht gar als ›K.-o.-Kriterium‹ verstehen? –, beim Einsatz digitaler Medien die didaktischen Prinzipien des Mathematikunterrichts zu beachten. Denn gemessen an dem, was heute Erkenntnisstand der Mathematikdidaktik ist, lassen sich zahlreiche Einsatzformen, Produkte und Praktiken des Einsatzes digitaler Medien im Prinzip *nicht* legitimieren. Dass es sie dennoch gibt und dass sie auch nach wie vor propagiert werden, ist vielfach damit zu erklären, dass in solchen Fällen die fachdidaktischen Gütekriterien leicht ausgeblendet werden (können), weil man sich z. B. auf allgemeindidaktische, mediendidaktische, sozialisationsbezogene und weitere Argumente verlegen kann. Die Frage, wie ein *sachgerechter* Medieneinsatz denn nun hier *konkret* aussehen sollte, wird damit auch nicht ansatzweise beantwortet.

Ein weiteres Problem bei Fragen der Nutzung digitaler Medien besteht in der ausgesprochen heterogenen Literaturlage. Da sich zu nahezu jeder Einstellung oder Position ein Quellenbeleg finden lässt, ist es nicht einfach, hier die Spreu vom Weizen zu trennen. Demgegenüber suggerieren die Texte der Rahmenpläne teilweise Voraussetzungen, die de facto gar nicht gegeben sein müssen:

Wenn behauptet wird, »geeignete fachdidaktische Software [böte] z. B. vielseitige individuelle Lern-, Darstellungs- und Übungsmöglichkeiten« (NK 2006, S. 10), dann kollidiert das doch deutlich mit der Tatsache, dass es auf diesem Markt nach wie vor signifikant mehr didaktisch problematische als vertretbare Produkte gibt (vgl. Kap. 4.1). Auch andere Aussagen fallen bei genauerer Betrachtung leicht in die Kategorie »Die Botschaft hör ich wohl, allein, mir fehlt der Glaube«:

»Der Einsatz von Computer und Internet ermöglicht darüber hinaus differenzierte bzw. individualisierte Lernangebote. Er erweitert die Vielfalt von Lernformen im Unterricht und verändert auch die Rolle der Lehrerinnen und Lehrer, die verstärkt als Lernberaterinnen und Lernberater aktiv werden müssen. Insbesondere Erfahrungen mit der Interaktivität, dem Navigieren in Hypertexten und der Reproduzierbarkeit von Texten tragen zur Entwicklung der Lernkultur bei« (BBBM 2004, S. 12). Zweifellos werden hier wichtige, wünschenswerte und hilfreiche *Optionen* beschrieben. Schaut man sich aber konkrete Produkte, Einsatzformen, Unterrichtsszenen etc. an, stimmt der Eindruck nicht selten weniger optimistisch.

- So wird bei Mayrberger (2007, u. a. S. 373 ff.) der Eindruck erweckt, der Einsatz des Computers würde die sachbezogene Kommunikation und die Lernstrategien der Lernenden bereichern und fördern. Die Videodokumente hingegen zeigen aus fachdidaktischer Sicht, die als Bezugsrahmen in der Arbeit gezielt und bewusst ausgeklammert wurde (ebd. S. 16 u. 142) – kann man das überhaupt? – eher ein Parade-*Gegenbeispiel*, sowohl was das Lehrerverhalten betrifft, wie auch die Kommunikation der Kinder (vorwiegend technikfixiert, so wie es auch Krummheuer (1989) bereits in seinen Arbeiten gezeigt hatte), wie auch den zugrunde liegenden Lernbegriff. Der verhandelte Inhalt stammte aus dem Sachunterricht. Und so hat sich der Autor (da selbst Nicht-Experte in diesem Bereich) um Vergewisserung bei der Fachdidaktik des Sachunterrichts bemüht und diese sofort und unzweideutig erhalten: Mit zeitgemäßem Sachunterricht haben die Videosequenzen demnach *nichts* zu tun.

- In einer Analyse der Hypertext-Lesekompetenz von Viertklässlern (Kraska 2010), in der Navigationsstrategien und Einflussfaktoren mit Daten aus den Studien ›Lesen am Computer‹ (LaC 2003) und ›Kompetenzen und Einstellungen von Schülerinnen und Schülern‹ (KESS 4) untersucht wurden, zeigte sich, dass zentrale Teilkompetenzen beim Verstehen nicht-linearer Texte benötigt werden, die beim erfolgreichen Erwerb einer *Print*-Lesekompetenz aufgebaut und erst *dann* auf das Hypertext-Verstehen transferiert werden können. Inhalte von Hypertexten sind also Lesern weder unmittelbar zugänglich, noch wirkt die bloße Konfrontation mit Leseanforderungen in Form nichtlinearer Texte per se schon förderlich auf die Hypertext-Lesekompetenz und die Navigationsstrategien von Grundschulkindern.

Immer wieder besteht in der einschlägigen Literatur zum Computereinsatz speziell in der Grundschule die Gefahr, dass die Verwendung wohlklingender Etiketten, gegen die (wegen ihrer Vagheit) zunächst niemand etwas einwenden würde, das genauere Hinsehen, das Prüfen an etablierten didaktischen Maßstäben, der Nachweis (fach-)didaktisch vertretbarer Legitimationen nicht sorgfältig genug erfolgt oder ganz unterbleibt.

In den klassischen Handbüchern zum Computereinsatz in der Grundschule fällt zudem auf, dass die Mathematik generell deutlich unterrepräsentiert ist:

> **Anregung zur (gemeinsamen) Bearbeitung**
>
> Im Handbuch von Reiter et al. (2000) beschäftigen sich knapp 9 % der Beiträge des Kapitels ›Methodisch-didaktische Beispiele für den Unterricht‹ mit dem Mathematiklernen. Im Handbuch von Schrackmann et al. (2008) sind es drei von zwanzig Videolektionen.
>
> Diskutieren Sie, welche Gründe es dafür geben könnte.

›Der‹ Computer als ›neues‹ Medium profitiert oft immer noch von seinem Image des Besonderen; ihn einzusetzen scheint manchmal per se ein Garant für modernen, zeitgemäßen Unterricht zu sein. Durch die *fachdidaktische* Brille betrachtet und konsequent am Kenntnis- und Entwicklungsstand der Community gemessen, verlieren aber leider immer noch zahlreiche Vorzeigebeispiele ihren Nimbus (die auf Mathematik bezogenen Beiträge in den o. g. Handbüchern bestätigen dies eindrücklich; vgl. etwa Kap. 3.2).

Gleichwohl sind wohl die digitalen Medien *prinzipiell* durchaus mit zeitgemäßen fachdidaktischen Konzepten wie etwa dem aktiv-entdeckenden Lernen und produktiven Üben, der Differenzierung, dem sozialen Lernen etc. sowie weiteren Postulaten im Geist der Rahmenpläne nicht nur verträglich, sondern *können* auch einen didaktischen Mehrwert in sich tragen. Mit dem o. g. Postulat im Hinterkopf, dass beim Einsatz digitaler Medien stets die didaktischen Prinzipien des Mathematikunterrichts beachtet werden sollen, lassen sich einerseits Gütekriterien ableiten (z. B. für die fachdidaktische Bewertung von ›Lernsoftware‹, vgl. Krawehl 2012) und andererseits, wesentlich einfacher, gewisse Praktiken oder Einsatzformen auch ausschließen – wie z. B. die zahlreichen Varianten der elektronischen Arbeitsblätter in der Ausprägung der sprichwörtlichen ›bunten Hunde und grauen Päckchen‹ (vgl. Wittmann 1990) oder ›elektronischer LÜK-Kästen‹, die, ob mit PC oder ohne, zu einem Bürostil-Unterricht verleiten: »Gebeugt über diverse Arbeitsblätter arbeiten die Kinder nacheinander die Aufgaben ab, bis es klingelt« (Bartnitzky 2009, S. 209).

2.3 Mögliche Erwartungen an digitale Medien

Digitale Medien werden – wie traditionelle Medien auch – immer mit gewissen Erwartungen eingesetzt, die auch unterschwellig und unbewusst wirken können. Für den Unterrichtsalltag ist es ebenso hilfreich wie notwendig, wenn der Medieneinsatz in gewisser Weise routiniert erfolgt, denn Routinen haben auch eine entlastende Funktion. So wird die Lehrerin nicht jedes Mal überlegen, warum sie jetzt eigentlich das Schulbuch oder ein Arbeitsheft einzusetzen gedenkt.

Gleichwohl hat sie diese Fragen zu einem früheren Zeitpunkt durchaus sehr bewusst, vertieft und mit einem grundsätzlichen Blick bedacht, z. B. auch in Fachkonferenzen, wenn über die Anschaffung eines neuen Schulbuchs beraten wird. Derart grundsätzliche Überlegungen sind entsprechend auch vonnöten, bevor der Klasse eine bestimmte Software oder ein anderes digitales Medium zur Verfügung gestellt wird. Eine Schenkung oder ein zufällig erworbenes Sonderangebot sollte nicht das einzige Kriterium sein, eine Software auf dem Klassen-PC zu installieren.

Zu den erforderlichen Grundsatzüberlegungen gehört es auch, sich darüber im Klaren zu sein, welche spezifischen Erwartungen man an den Einsatz der Medien hat. Diese können sehr vielfältig sein, und hier sollen nur einige exemplarisch angedeutet werden, die sich bei Unterrichtsbeobachtungen, Schulbesuchen und Fortbildungen gezeigt haben.

2.3.1 Umgang mit Heterogenität

In der jüngeren Vergangenheit hat das Thema Heterogenität zunehmend an Bedeutung im (Mathematik-)Unterricht gewonnen. Ein Lernangebot bereitzustellen, das für *alle* Kinder gleichermaßen individuell optimale Lernchancen bietet, ist eine ausgesprochen anspruchsvolle Aufgabe. Der Markt hält hier eine schier unüberschaubare und ständig noch wachsende Menge an Arbeitsblattsammlungen, Arbeitsheften, Lernspielen, Karteikartensystemen bereit, die es zunehmend auch in digitaler Form gibt (bis hin zu Gehirnjogging auf Spielekonsolen oder Rechentrainer-Apps für Mobiltelefone; vgl. Angebote im iTunes App Store, Rubrik Bildung). Die zugrunde liegende Philosophie ist in diesen Fällen sehr häufig: Viel hilft viel. Denn wenn der Unterricht für breit gestreute Leistungsstände differenzieren soll, dann ist eine denkbare Maßnahme[6], möglichst zahlreiche und vielfältige Materialien/Medien bereitzustellen, aus denen die Kinder selbst auswählen können. Problematisch daran ist nur:

- Die Kinder verfügen nicht ohne Weiteres über didaktisch begründbare Auswahlkriterien, entscheiden also vermutlich eher nach sachfremden Kriterien, Lern*lüsten* und nicht nach tatsächlichen Lern*bedarfen*.

- Die ›Differenzierung‹ besteht lediglich im Trägermaterial, nicht aber, wie es notwendig wäre, in den Aufgabenstellungen. Diese sind bei Alternative A die gleichen ›bunten Hunde‹ oder ›grauen Päckchen‹ wie bei Alternative B. Es dominiert das Prinzip der freien Auswahl und der weitgehenden Beliebigkeit.

- Es besteht die Gefahr, dass der Lehrerin über diese *organisatorisch* recht einfach zu handhabende Praxis essentielle Elemente der Lehrverantwortung entgleiten: die fachliche und fachdidaktische Rahmung der angebotenen Inhalte, die gezielte Unterstützung und Förderung auf der Basis solider diagnostischer Erkenntnisse und die Gelegenheiten zum *gemeinsamen* Lernen an *gemeinsamen* Gegenständen (vgl. z. B. Krauthausen/Scherer 2010b).

- Der überwiegenden Masse der Angebote, die mit angesagten Vokabeln wie konsequenter Individualisierung, effektiver Differenzierung oder Anpas-

---

[6] Dies ist weder die einzige noch die wirksamste Maßnahme, was aber an dieser Stelle nicht ausdiskutiert werden soll (vgl. Krauthausen/Scherer 2010b).

sung an die Lernbedürfnisse der Nutzer werben, liegt de facto ein höchst eingeschränktes Differenzierungsverständnis zugrunde, das in gleich mehrfacher Hinsicht zu kritisieren ist und damit das Behauptete letztlich verunmöglicht: In aller Regel handelt es sich entweder um eine quantitative Differenzierung (mehr oder weniger Aufgaben) oder um eine qualitative Differenzierung (leichtere und schwerere Aufgaben). Kritisch ist hieran Folgendes:

(1) Das Angebot ist – ungeachtet möglicher (Pseudo-)Wahloptionen des Nutzers – *vorab und extern* festgelegt, denn die Programmierer haben bereits ganz bestimmte Aufgaben implementiert und klassifiziert.

(2) Aufgabenschwierigkeit ist ein extrem subjektiver Begriff (vgl. Selter/Spiegel 1997). Er kann nicht vorab[7] entschieden werden. Auch bemisst sich die Schwierigkeit einer Aufgabe nicht allein daran, welche formalsyntaktischen Schritte zu ihrer Lösung erforderlich sind. All dies setzen aber Programmierer bzw. die entsprechenden Produkte (nicht nur digitaler Art!) voraus, indem behauptet wird, ein Programm würde sich dem individuellen Lernstand anpassen, indem es (nach übrigens meist sehr schlichten Regeln, die sich dem Benutzer aber i. d. R. verschließen) auf eine leichtere oder schwerere Stufe schaltet. Diese Praxis wird vom Marketing gerne offensiv beworben, ungeachtet der Tatsache, dass dieses Vorgehen im Bereich des fachdidaktischen und lernpsychologischen Forschung als Illusion gilt.

So vielfältig die Angebote digitaler oder traditioneller Art am Markt auch sind: *Kein* Medium kann gleichsam *per se* sachgerechte und effektive Differenzierung herstellen oder determinieren. Die unabdingbaren Anforderungen, die sich aus dem Postulat einer kind- wie sachgerechten Differenzierung ergeben und die daher selbst ausgebildete Lehrpersonen nicht selten vor große Schwierigkeiten stellen, sollten die Hoffnung relativieren (bzw. zerstören), dass dies eine Maschine besser könne als die flexibel agierende, didaktisch professionelle Lehrerin. Die Hoffnung, bspw. durch den Einsatz einer Software quasi automatisch den Postulaten nach Differenzierung und zeitgemäßem Unterricht gerecht werden zu können, ist also eine zwar immer wiederholte Behauptung, tatsächlich aber ein Trugschluss. Zumindest aber geht dies mit einem recht reduktionistischen Verständnis einher, was die Begriffe wie Differenzierung, Individualisierung, Diagnostik etc. betrifft.

Unabhängig von der Qualität der enthaltenen Aufgaben – und bereits diese ist eben bei den meisten ›Lernprogrammen‹ am Markt mehr als dürftig (vgl. Kap.

---

[7] Dieses Problem trifft übrigens für Arbeitsblätter ebenso zu, die mit der Kennzeichnung grün (leicht), blau (mittel) und rot (schwierig) arbeiten, oder für die ›Krönchenaufgaben‹ in Schulbüchern.

3.1) – kommt der Integration in das Unterrichtsgeschehen größte Bedeutung zu. Das bedeutet auch, dass die Hoffnung, den Computer etwa als ›Parkplatz‹ für Kinder zu nutzen, die mit anderen Aufgaben bereits fertig sind, höchstens an der Oberfläche einen ›modernen‹ Unterricht suggeriert, da die Aktivitäten am Computer isoliert vom übrigen Unterrichtsgeschehen erfolgen, also dort weder beizeiten aufgegriffen und eingebunden werden, noch eine gezielte didaktisch-*inhaltliche* Intention verfolgen.

Es kann durchaus Sinn machen, wenn Kinder zeitliche Freiräume dafür nutzen, z. B. ihre Kopfrechen*fertigkeiten* zu trainieren, es also in erster Linie um Sicherheit und Schnelligkeit geht. Aber auch hier wären vorab seitens der Lehrperson didaktisch relevante Überlegungen zu unternehmen:

- Wenn der Inhalt des Übens nicht der Beliebigkeit überlassen werden soll, stellt sich die Frage, *was* Kind A oder Kind B derzeit in diesem Bereich üben sollte? Didaktische Konzepte des Kopfrechnens wie etwa das BLITZRECHNEN (in analoger wie digitaler Form; vgl. Wittmann/Müller 1990 u. 1992; Krauthausen 1997) betonen daher nicht umsonst die Bedeutung des Lehrgangscharakters.

- Alsdann: Welche Software/welches digitale Angebot und ggf. welcher Teil daraus wäre zu empfehlen? Hier muss die Lehrperson ihrer didaktischen Verantwortung gerecht werden und jene Produkte, die nachweislich auf einem tragfähigen fachdidaktischen Konzept beruhen (z. B. BLITZRECHNEN), von jenen (leider immer noch die Mehrheit stellenden) Angeboten unterscheiden können, die von schul-, fach-, und/oder didaktikfernen Herstellern gemäß einer Herstellungspraxis entwickelt wurden, die man in der Branche ›*Quick & Dirty*‹ nennt und die in aller Regel ein klischeegesättigtes Bild von Mathematik und vom Mathematiklernen repräsentiert.

Eine unglückliche Situation wäre also z. B. wie folgt zu beschreiben: Den Kindern steht zur freien und didaktisch nicht gerahmten Auswahl eine irgendwie zusammengekaufte oder -gesammelte Palette von ›Lernprogrammen‹ und Internet-Links zur Verfügung, die sie zufalls- und lustgesteuert benutzen[8]. Diese Praxis würde weder medienpädagogischen noch fachdidaktischen Anforderungen gerecht und nur die Oberfläche eines ›individualisierten‹, differenzierten Unterrichts vorgaukeln, auch wenn man dem offensichtlich manches Positive abzugewinnen vermag, wie seinerzeit eine Lehrerin in einem Fernsehinterview, das in einem Computerraum aufgenommen wurde, während die Kinder jeweils alleine vor einem PC saßen. Die Lehrerin konterte die kritische Frage der Journalistin wie folgt (Gedächtnis-Protokoll; GKr): »Die Kinder sind *nie* so

---

[8] Erneut: Dies ist keine fragwürdige Situation, die an digitale Medien gebunden wäre. Beim Umgang mit traditionellen Medien wie Arbeitsblättern, Aufgabenkarteien, Lernspielen o. Ä. lässt sich völlig Analoges beobachten.

still, arbeiten *nie* so ausdauernd wie am PC. Und *Mathe* machen sie ja schließlich auch – jeder das, was er braucht. Was also will man mehr?!«

> **Anregung zur (gemeinsamen) Bearbeitung**
>
> Wie stehen Sie zu dieser Einschätzung? Diskutieren Sie das Für und Wider dieser Position, u. a. unter folgenden Leitfragen:
>
> Welche Einstellung verbirgt sich hinter dem 1. Satz? Was spricht hier für/gegen den PC oder für/gegen diesen Unterricht?
>
> Wie charakterisieren und bewerten Sie hier das »Mathemachen«?
>
> Wenden Sie die skizzierte Situation ins Positive: Wie würde sie dann ablaufen und welche fachdidaktischen Konzepte und Postulate kämen dabei zum Tragen?

Zusammenfassend lässt sich zu der in diesem Abschnitt angesprochenen Erwartung an digitale Medien festhalten: In der fachdidaktischen Diskussion ist die Frage nach Möglichkeiten einer sachgerechten Differenzierung sehr virulent. In der (allgemein-)pädagogischen Literatur sowie in der Unterrichtspraxis dominieren aber derzeit nach wie vor die gleichen methodischen Empfehlungen wie vor 30 Jahren. Diese traditionellen Formen der Differenzierung sind notwendig, aber in mehrerlei Hinsicht nicht hinreichend (vgl. z. B. Krauthausen/Scherer 2010 u. 2010a). Daher kann das ›Problem‹ der Differenzierung selbst im alltäglichen, immerhin von professionell ausgebildeten Lehrpersonen erteilten Mathematikunterricht noch keineswegs als zufriedenstellend gelöst gelten.

Die Hoffnung, dass digitale Medien hier den entscheidenden Beitrag bringen würden, ist wohl eher naiv als realistisch, denn die digitalen Medien perpetuieren die klassischen Differenzierungsformen nicht nur ungebrochen, sondern konterkarieren weitestgehend gut begründete fachdidaktische Standards des Mathematiklernens, indem sie ihre Schwächen mit angesagten Schlagworten und Etiketten sowie optisch beeindruckenden Oberflächen oder Programm-Features überdecken – seit den 1980er-Jahren und unverändert bis heute.

2.3.2 Öffnung des Unterrichts

Auch im Zuge dieser Hoffnungen sind im real existierenden Unterricht Phänomene zu beobachten, die zwar – erneut bei digitalen wie analogen Medien – zu bunten oder lebendigen Oberflächen führen, die auch den Eindruck ›aktiver‹ Kinder vermitteln, die de facto aber Offenheit mit Beliebigkeit verwechseln, was dann in der Folge leicht zum Ausdünnen bis hin zum Verschwinden des Sachanspruchs führen kann.

Der didaktische Wert von Offenheit kehrt sich aber dann um, wenn sie vorwiegend organisatorisch-methodisch verstanden und realisiert wird. Lerntheken, Lernbüros, Stationslernen und wie die Dinge alle heißen mögen, realisieren nicht schon als solche offenen Unterricht im Sinne des Konzepts und erst recht kein substanzielles Mathematiklernen. So gibt es durchaus offenen Unterricht mit geschlossener Mathematik (vgl. Steinbring 1999, Wittmann 1996). Die Offenheit muss aber auch und v. a. aus dem Fach, den *Inhalten* kommen. Und selbst dies kann offensichtlich sehr unterschiedlich, ja widersprüchlich verstanden werden:

Peschel (2009), der sich, anders als manche vergleichbare Literatur zum offenen oder geöffneten Unterricht, durchaus auf zeitgemäße mathematikdidaktische Quellen bezieht, gliedert offenen Unterricht in verschiedene Dimensionen (organisatorisch, methodisch, sozial, persönlich) und hat dazu jeweils Stufen der Öffnung formuliert. Eine Dimension stellt auch die *inhaltliche Öffnung* dar, wie sie ja vielfach auch in der Fachdidaktik gefordert wird. Allerdings zeigt sich hier auch, wie unterschiedlich das Verständnis des (vermeintlich gleich) Gemeinten sein kann. Peschel bemisst inhaltliche Offenheit an dem Grad, mit dem die Kinder selbst über ihre Lerninhalte bestimmen können (ebd., S. 80). Die Stufen verlaufen dann von 0 (= keine inhaltliche Öffnung) bis 5 (= weitestgehende inhaltliche Öffnung) und werden wie folgt charakterisiert:

Tabelle 2.1 Offener Unterricht – Dimension ›inhaltliche Öffnung‹ (vgl. Peschel 2009, S. 80)

Stufe	Öffnungsgrad	Merkmale
5	weitestgehend	Primär auf selbstgesteuertem/interessegeleitetem Arbeiten basierender Unterricht
4	schwerpunktmäßig	Inhaltlich offene Vorgaben von Rahmenthemen oder Fachbereichen
3	teils – teils	In Teilbereichen stärkere Öffnung der inhaltlichen Vorgaben zu vorgegebener Form
2	erste Schritte	Kinder können aus festem Arrangement frei auswählen oder sie können Inhalte zu fest vorgegebenen Aufgaben selbst bestimmen
1	ansatzweise	Einzelne inhaltliche Alternativen ohne große Abweichung werden zugelassen
0	nicht vorhanden	Vorgaben von Arbeitsaufgaben/-inhalten durch Lehrer oder Arbeitsmittel

Die Tabelle 2/1 regt zu vielfältigen Fragen an:

> **Anregung zur (gemeinsamen) Bearbeitung**
>
> Diskutieren Sie, bevor Sie weiterlesen, die folgenden Punkte:
>
> a) Die gewählten Formulierungen des Öffnungsgrades können eine implizierte Wertigkeit suggerieren: Je höher die Stufe, desto ›wertvoller‹, weil offener (gar effektiver, schülerorientierter?) der Unterricht?
>
> b) Selbstgesteuertes/interessegeleitetes Arbeiten (Stufe 5) wäre zu konkretisieren: Wie? Vermutlich auch zu relativieren: Warum?
>
> c) Das Kriterium der Offenheit wird markiert durch den Grad der freien Auswahl durch das Kind und den Grad der Vorgaben durch die Lehrperson, die sich gleichsam umgekehrt proportional verhalten und von Stufe zu Stufe aufwärts dem Lernenden stärkeres Gewicht verleihen. Ist ›didaktische Einflussnahme‹ per se schon mit Öffnung von Unterricht nicht vereinbar? Kann die Lehrperson sich beliebig weit zurückziehen oder gar entbehrlich machen?
>
> d) Wie wäre die Stufe 5, also die ›Hochform‹ des offenen Unterrichts, abzugrenzen von einer zufallsgesteuerten Beliebigkeit? Und ist mit der Beschreibung der Stufe 0 kein offener Unterricht mehr vorstellbar?

Beispiele so genannter substanzieller Lernumgebungen in der mathematikdidaktischen Literatur (z. B. Hengartner et al. 2006; Hirt/Wälti 2009; Scherer/Krauthausen 2010; Ruwisch/Peter-Koop 2003 (Hrsg.); Selter 2004); Walther o. J.; Walther et al. 2007 (Hrsg.); Wittmann/Müller 1990 u. 1992) zeigen, dass die Postulate eines (inhaltlich) geöffneten Unterrichts

- *einerseits* durchaus auf den ›unteren‹ Stufen der Tabelle 2/1 realisierbar sind. Denn ›Vorgaben‹ durch die Lehrperson sind nicht zwangsläufig als Einschränkung negativ zu denken; im Gegenteil: Es kann sich um ein notwendiges Moment handeln, welches in der Mathematikdidaktik fachliche Rahmung genannt wird und als solches etwas gänzlich anderes darstellt als eine Einschränkung der Lernenden. Im Gegenteil: Eine fehlende fachliche Rahmung kann den Lernenden die notwendige Orientierung vorenthalten.

- *andererseits* auf den ›höheren‹ Stufen die notwendige Alternative zur Gefahr der Beliebigkeit bieten: Indem sie *innerhalb* der fachlich und fachdidaktisch wohlüberlegten Rahmung, die nur der Lehrperson möglich ist, den Lernenden wirksame Freiräume ermöglichen – bzgl. des Levels der Bearbeitung, der Bearbeitungswege, der herangezogenen Hilfsmittel, der Darstellungsweisen und in bestimmten Fällen auch der Problemstellungen selbst (vgl. Wittmann/Müller 2004, S. 15; Krauthausen/Scherer 2007, S. 228 f.). Erst unter diesen Voraussetzungen kann eine Öffnung des Unterrichts auch zu einer Vertiefung der inhaltlichen Substanz des Lernens beitragen.

Für Wittmann (1996) ist bei einer Öffnung des Unterrichts die fachliche Rahmung *unabdingbar*. Er hält »eine fachlich begründete genetische Strukturierung des Curriculums über die gesamte Schulzeit für absolut notwendig. Kinder sind ja selbst nicht in der Lage einzuschätzen, welche momentanen Lernerfahrungen für ihr weiteres Lernen bedeutsam sind. Sie brauchen daher fachlich klar bestimmte Lernumgebungen, die mit sicherem Blick für langfristige Lernprozesse arrangiert sind« (ebd., S. 5). Die didaktisch wohlüberlegte Auswahl und auch Aufbereitung geeigneter Lernumgebungen, Aufgaben- oder Problemstellungen ist und bleibt also eine genuine Aufgabe der Lehrerin, die keineswegs trivial ist und nicht umsonst eines akademischen Studiums bedarf. Das kann nicht einfach an die Kinder selbst delegiert werden. Erst recht kann dies wohl kaum einer Software überlassen oder bereits vorimplementiert werden.

Stufe 5 nach Peschel würde auch einer Auflösung des Curriculums nahekommen. Nun mag das für manche sogar gewollt sein, wobei die Motive unterschiedlich sein mögen (bis hin zu der Aussicht, endlich die Ansprüche dieses für viele Lehrkräfte so ›sperrigen‹ Faches Mathematik relativieren, wenn nicht gar ignorieren zu können). Nicht vergessen werden sollte darüber aber auch, dass der Mathematikunterricht den Auftrag hat, den Lernenden ein sachgerechtes Bild der Mathematik (als Wissenschaft) zu vermitteln. Das schließt auch ein, ihre Grenzen zu erfahren. Aber eben auch, die Spezifika des mathematischen Arbeitens kennen zu lernen, ihren potenziellen Beitrag zur allgemeinen Denkerziehung und den typischen Charakter einer Wissenschaft mit einem sehr strukturierten, folgerichtigen Aufbau. Am ›Gebäude‹ der Mathematik als Wissenschaft kann nicht nach Belieben mal hier und mal dort herumgebastelt werden. Ihr fachsystematischer Aufbau ist ein zentrales, konstituierendes Wesensmerkmal dieser Wissenschaft. Das spiegelt sich auch im Bereich des Lernens wider und sollte dort erfahrbar sein und bleiben: Das Curriculum kann nicht nach Belieben auf den Kopf gestellt, Lerninhalte können nicht per Zufallsauswahl, Lust und Laune ausgewählt werden – auch wenn es so aussieht, als ›könnten‹ die Kinder vorausgreifende Inhalte schon. Es ist aber kein Selbstwert, Inhalte zu bearbeiten, die erst Jahre später offiziell thematisiert werden. Damit ist die für Lernprozesse so wichtige Zone der nächsten Entwicklung keineswegs in Frage gestellt. Nicht selten findet eine solche vorgreifende Bearbeitung nämlich vorrangig auf der Fertigkeitsebene statt. ›Bearbeiten können‹ und wirkliches Verstehen, insbesondere eine sachgerechte Einordnung in die übergeordneten Sachstrukturen, gehen dabei keineswegs automatisch Hand in Hand und sind erst recht nicht identisch.

Zusammenfassend ausgedrückt bedeutet dies, dass auf Peschels Stufe 0 durchaus ein fachlich höchst gehaltvoller, tiefgründiger und offener Unterricht vorstellbar ist, ebenso wie eine Ausprägung von Stufe 5 denkbar wäre, die durch eine orientierungs- wie substanzlose Beliebigkeit zu beschreiben wäre. Erneut gilt – auch und vielleicht insbesondere für den Einsatz digitaler Medien – die

Tatsache, dass eine wünschenswerte Form der Öffnung nicht schon durch das Medium gewährleistet wird, sondern sachkundiger, verantwortlicher didaktischer Entscheidungen durch ausgewiesene Experten für das Lehren und Lernen von Mathematik bedarf.

2.3.3 Motivation und spielerisches Lernen

Die Polarisierung der angeblichen Gegensätze von Spielen/Spaß (vgl. Kap. 3.1.2) auf der einen und (insbesondere schulischem) Lernen auf der anderen Seite wird v. a., aber nicht nur im populärwissenschaftlichen Rahmen gepflegt und natürlich auch ausgiebig von Software-Herstellern propagiert, da angeblich erst mit digitalen Medien die Motivation zum Lernen erweckt werden kann. Man findet zusammengewürfelte, pauschale Aussagen und Allgemeinplätze, verkürzt oder aus dem Zusammenhang gerissen wiedergegebene Forschungsergebnisse und kreative Folgerungen daraus, wobei sich die dahinterstehende Werbeintention manchmal kaum versteckt, wie etwa in einem Text, an dem die Firma Nintendo beteiligt war (vgl. kiknet 2010) und in dem natürlich auf den Wert der entsprechenden Spielekonsole hingewiesen wird. In Werbetexten oder der Tagespresse werden auch gerne die üblichen Klischees mit entsprechend anbiederndem Sprachduktus bemüht: Lernen wird als ›Pauken‹ bezeichnet, Lehrkräfte sind ›Pauker‹, die einen mit ›dröger Mathematik‹ belästigen, erst mit dem Computer wird Lernen endlich ›Fun‹.

»Walter Benjamin hat diese Tendenz der Didaktik, Lernen als unbewusste Übung durch Spiel, schon 1930 als ein Nicht-ernst-Nehmen von Kindern kritisiert. Die Hinterlist dieser Inszenierung kennzeichnet ›... die ungemeine Fragwürdigkeit, die das Kennzeichen unserer Bildung geworden ist‹ [...]. Der Gegensatz zur Paukschule ist nicht die Spielschule, sondern eine Schule, die Kindern die Mühe abverlangt, über ihre Erfahrungen und ihre Theorien nachzudenken« (Scholz 2001, S. 72). Kinder haben ein Anrecht darauf zu erfahren, wie befriedigend eine Motivation *aus der Sache* sein kann, und dass es nicht nur und immer und sofort der Befriedigung durch extrinsische Belohnungssysteme bedarf, zumal unnötige extrinsische Motivation sogar zum Abbau (noch) vorhandener intrinsischer Motivation führen kann (Lepper et al. 1973)

Natürlich ist die Lebenswelt der Kinder stark von extrinsischer Motivation durchsetzt. Es wäre daher realitätsfremd, im Unterricht ausschließlich auf primäre Motivation zu bestehen. Es ist aber eine Frage der Relationen (vgl. dazu auch Krauthausen 1998c, 36 ff.), d. h., hier hat Schule durchaus auch einen Erziehungsauftrag wahrzunehmen und nicht dem Publikumsgeschmack hinterherzulaufen.

Allzu unterschätzt, auch von manchen Lehrkräften, wird dabei die motivationale Kraft, die die Mathematik als solche auf Grundschulkinder ausüben kann.

Und zwar nicht (nur) dadurch, dass sie geschickt in ›kindgemäße‹ Sachzusammenhänge eingebunden wird (die manchmal die Grenzen zum Kindischen überschreiten). Es bedarf durchaus keiner gewaltigen Inszenierungen (Motivationsakrobatik). Authentischer und ehrlicher ist es da, eine Mathematik darzubieten, die per se Substanz genug enthält, um spannend und fesselnd zu sein: Forschungsaufträge zu substanziellen Aufgabenformaten, z. B. zu Zahlenmauern, Zahlenketten, Rechengittern, Rechendreiecken, Mal-Plus-Häusern etc., also rein *innermathematische* Formate, können nicht nur Kinder nachhaltig fesseln und zu gehaltvoller Auseinandersetzung mit mathematischen Konzepten anregen (vgl. Krauthausen 2009; Krauthausen/Scherer 2010; Scherer 1997a/b/c; Selter 2004; Verboom 2002). Derartige Aufgabenformate sind jedoch in Unterrichtssoftware entweder gar nicht zu finden – Zahlengitter und Rechendreiecke gibt es ja auch im ›richtigen Leben‹ nicht, man kann sich auch nur schwer ein Adventure darum herum vorstellen – oder sie werden in reduktionistischer Weise genutzt, d. h. im Wesentlichen nur in der Grundform, an der üblicherweise die Verfahrensregel des Formats erklärt und gelernt wird. Offene Aufgaben, operative Aufgaben oder gar Forschungsaufträge finden nicht statt; das digitale Aufgabenformat beschränkt sich auf die Rolle des Aufgabenträgers für nach wie vor ›graue Päckchen‹ mit dem primären Ziel, Rechenübungen anzubieten.[9]

Im Zusammenhang mit der Motivationskraft digitaler Medien wird häufig entgegnet, dass Kinder genau diese Produkte oder Phänomene so lieben würden, die hier aus fachdidaktischer Sicht kritisiert werden. Dazu ein Gedächtnisprotokoll, aufgeschnappt in der beeindruckend umfangreichen Software-Abteilung einer großstädtischen Buchhandlung:

Mutter: Guten Tag, ich suche etwas für meinen Sohn, 6. Klasse. Der braucht ein PC-Programm für Algebra.

Verkäufer: Da kann ich Ihnen dieses empfehlen … Es enthält alles für den Matheunterricht der 6. Klasse.

Mutter: Ja, er braucht aber nur Algebra …

Verkäufer: [liest von der Umverpackung der Software ab] Hier, sehen Sie: Arithmetik, Algebra, Geometrie, Textaufgaben. Auch Algebra also, alles mit drauf, was man in Klasse 6 braucht.

Mutter: [irritiert] Ja … aber er braucht eigentlich nur Algebra, sagt er. Und was ist eigentlich der Unterschied zwischen Arithmetik und Algebra?

Verkäufer: Also, wenn Sie nur Algebra wollen, dann kann ich Ihnen das noch empfehlen … [Er wendet sich von der Software-Abteilung ab und greift nebenan ein Buch aus dem Regal.]

---

[9] Bewusst anders wurde die Software ZAHLENFORSCHER (Krauthausen 2006a/b/c) konzipiert (vgl. Kap. 4.7.2).

Mutter: Oh nein, vielen Dank, mit einem *Buch* brauche ich ihm nicht zu kommen; es *muss* etwas für den PC sein.

Das Medium ist also hier das Entscheidende, und weil der betreffende Schüler in erster Linie am PC tätig werden will, ist man versucht, das Medium als Einfallstor zur Sache zu benutzen. In ähnlicher Weise haben auch schon Grundschulkinder z. T. sehr klare Vorstellungen, wie die Sache medial aufbereitet sein soll, wenn man sich auf sie einlassen will. Der Neuigkeitseffekt oder der Nimbus des Nicht-Alltäglichen ist dann beim Computer für manche Kinder der Grund, sich ›sogar‹ auf Mathematik einzulassen.

Die Existenz dieses Phänomens soll keineswegs bestritten werden, es ist aber auch nur bedingt ein gutes Argument, so nachvollziehbar es aus Sicht mancher Kinder auch sein mag: Es ist nicht Aufgabe der Schule, das Motivationsgefüge des Kindes, seinen Geschmack und sein Qualitätsgefühl zu verabsolutieren. *Dass* Kinder etwas bevorzugen, muss allein noch kein Grund sein, dies auch ohne Weiteres zu unterstützen. Statt Anbiederung an den Publikumsgeschmack (Gronemeyer 1996) lautet der Auftrag von Erziehung v. a. auch: Erziehung zur Geschmacks*bildung*, Erziehung zu *wünschenswerter* Lernmotivation und zu *wünschenswerten* Qualitätskriterien anstatt bloße Fast-Food-Mentalität.

Diese Kritik am ›Spaß-Argument‹ besagt keineswegs, dass ›gutes‹ Lernen keinen Spaß machen könne oder sollte, oder sobald etwas Spaß mache, habe es nichts mehr mit ›richtigem‹ Lernen zu tun. Die o. g. und keineswegs singulären Erfahrungen mit substanziellen Aufgabenformaten sprechen eine deutlich andere Sprache. Effektive Lernprozesse zeichnen sich durch ein hohes Maß an Motivation und Freude aus, die allerdings aus der Sache erwachsen und nicht aus ihrer Verpackung. Die Lehrperson kann und sollte diesbezüglich auch ein deutliches Vorbild für die Kinder sein. Spaß als ein unersetzlicher Bestandteil des Lernens ist also notwendig – aber nicht schon hinreichend.

Dass Kinder etwas mit großer Motivation[10] tun, heißt keineswegs schon immer, dass es sie auch geistig beansprucht. Lernfreude kann auch vordergründig sein und darin begründet liegen, dass das Kind sich gezielt einer anforderungsarmen Tätigkeit hingibt, um echten Anforderungen aus dem Weg zu gehen. So kann man Grundschulkinder beobachten, die mit großer Ausdauer und offensichtlicher Freude gleichförmige Aufgabenplantagen *abarbeiten* – auf Arbeitsblättern wie an Computerbildschirmen. Eine gewisse Art von Motivation kann man diesem Tun wohl nicht absprechen, man müsste es aber im fachdidaktischen Sinne wohl eher als Aktionismus und nicht als Aktivität bezeichnen, denn es fehlt ihm sowohl die inhaltliche Substanz wie die fachdidaktische Relevanz, gemessen an dem, was man heute z. B. über produktives Üben und entdeckendes Lernen

---

[10] Vgl. auch zur Frage intrinsischer und extrinsischer Motivation: Krauthausen/Scherer 2007, S. 215 ff.

weiß (vgl. z. B. Winter 1984a/b u. 1989, Wittmann 1990 u. 1992). Hier gilt für das Lernen mit dem Computer das Gleiche wie für das Lernen mit bunten Hunden und grauen Päckchen: »Die Werbung für ›Lernen mit Spaß‹ klingt nach dem Königsweg zum wissenschaftlichen Erfolg. Doch es gibt weder magische Zutaten noch digitale Fertiggerichte fürs schnelle Lernen. Es ist nun einmal nicht leicht« (Stoll 1996, S. 211).

Dieser kleine Exkurs zu Motivationsfragen soll mit einem Zitat von Bruner schließen, dessen Wahrheitsgehalt sich – wie schon in anderen zuvor genannten wie noch folgenden Fällen auch – sowohl für computerfreien Unterricht wie auch bei einem Einsatz digitaler Medien zeigen lässt: »Für kurze Zeit Interesse zu erwecken, heißt nicht dasselbe wie den Grund zu legen für ein lange anhaltendes Interesse im weiteren Sinne. Filme, audiovisuelle Unterrichtshilfen und dergleichen andere Hilfsmittel mögen den naheliegenden Effekt haben, Aufmerksamkeit auf sich zu ziehen. Auf weite Sicht dürften sie dahin führen, dass Menschen passiv werden und darauf warten, dass sich irgendeine Art von Vorhang auftut, um sie aufzurütteln« (Bruner 1970, S. 80).

2.3.4 Entlastung im Unterricht

Die Unterrichtstätigkeit der Lehrpersonen ist durch eine Vielzahl von Aufgaben gekennzeichnet, angefangen von der Stoffauswahl, -aufbereitung und -bereitstellung im Rahmen der Unterrichtsvorbereitung über diagnostische Tätigkeiten und darauf abgestellte differenzierende Maßnahmen im Unterrichtsverlauf bis hin zu Leistungsfeststellungen und konstruktiven Rückmeldungen an die Lernenden. Auf digitale Medien werden in diesen Bereichen vielfältige Hoffnungen auf Unterstützung projiziert (vgl. die Online-Plattformen in Kap. 4.5).

Das Problem in allen Bereichen ist nicht, dass digitale Medien hier grundsätzlich fehl am Platze wären. Reflektiert und verantwortlich eingesetzt, könnten sie eine Unterstützungsfunktion wahrnehmen. Wichtig wäre es aber, die Grenzen dieser Unterstützung zu kennen und zu wahren. Problematisch wird es dort, wo originäre Verantwortlichkeiten der Lehrperson (z. T. sehr weitreichend bis vollständig) ausgelagert und an die Maschine delegiert werden. Und diese übergebührliche Ausweitung des ›Zuständigkeitsbereiches‹ ist durchaus verführerisch, v. a. weil sie sich auch wieder mit allfälligen Etiketten positiv besetzen lässt.

Stoffauswahl

Rahmenpläne beschreiben, wie der Name schon sagt, einen (u. a.) inhaltlichen Rahmen für die im Mathematikunterricht zu thematisierenden Lerninhalte. Sie tun dies heutzutage weniger akribisch ausdifferenziert als in der Vergangenheit und ermöglichen die Erarbeitung dieser Inhalte in zunehmend offeneren Zeitintervallen, z. B. im Laufe von zwei Jahrgangsstufen: Die Zielbeschreibungen werden etwa für das Ende von Klasse 2 bzw. 4 terminiert.

Dies eröffnet für Lernende, aber auch für Lehrende potenziell hilfreiche Freiräume, erfordert von letzteren aber auch eine flexible und überlegte Planung (›Stoffverteilungspläne‹). Die Freiräume der Rahmenpläne müssen also konstruktiv genutzt werden, es gibt keine dezidierten und kleinteiligen Vorgaben mehr. Damit ist die Rolle des jeweils eingeführten Schulbuchs als vermeintliche ›Inhaltsvorgabe‹ insofern gewachsen, als manche Lehrpersonen meinen, ein Jahrgangsband müsse auch in dem betreffenden Schuljahr ›geschafft‹, also vollständig abgearbeitet werden.

Auf diese Anforderung haben Schulbuchverlage reagiert, nahezu jeder Lehrerband bietet – natürlich mit Vorschlagscharakter oder als Orientierung – fertige Stoffverteilungspläne an, inkl. der zu einem bestimmten Zeitpunkt einzusetzenden Kopiervorlagen für Arbeitsblätter. Schulbuchverlage berichten aus ihren Marktanalysen immer wieder übereinstimmend, dass »die Praxis zusätzlich mehr Übungsmaterial wolle«, was durch entsprechende erhältliche Zusatzmaterialien (Arbeitsblättersammlungen, Karteikartensysteme, Lernspiele etc.) auch trefflich bedient wird. Ein Schulbuch ohne ›CD zum Buch‹ ist heute kaum mehr denkbar.

Da die ›moderne‹ Grundschulklasse auch mit dem Computer arbeitet, verwundert es nicht, dass der Markt auch mehrere Regalmeter ›Lernsoftware‹ bereithält, sei es für den Unterrichtseinsatz oder für den so genannten Nachmittagsmarkt, also das häusliche Üben. Die Werbung suggeriert dabei gerne, dass eine CD-ROM all das enthalte, was ›gebraucht‹ wird: »Der komplette Stoff der 4. Klasse«, so oder ähnlich lauten die Aufdrucke der Umverpackungen.

Was aber besagt das? Es bedeutet allenfalls eine Art inhaltliche Vollständigkeit – aber gemessen woran? Es besagt noch rein gar nichts über die Qualität, mit der die Inhalte repräsentiert sind, über ihre Auswahl, eine vielleicht gebotene Reihenfolge und v. a. die Organisation der Lernprozesse. Suggeriert wird ein Vorgehen gemäß der ›Abarbeitungsmetapher‹: Wer das komplette Programm erledigt, ›hat‹ den Stoff der Klasse – so die naive Vorstellung. Weder lässt sich Lernen auf eine CD-ROM pressen, noch hilft die eklektizistische Sammlung diverser Einzelprogramme und Computeraktivitäten bei der Förderung wünschenswerten Lernens (produkt- wie v. a. prozessbezogen!).

Die verantwortliche Planung und Organisation der Lernangebote muss *vorab* von den Experten für das Lehren und Lernen, den Lehrpersonen selbst erfolgen, nach spezifischen fachlichen und fachdidaktischen Kriterien und unter Berücksichtigung der pädagogischen Rahmenbedingungen einer ganz konkreten Lerngruppe. Erst im nächsten Schritt kann geprüft werden, ob und welche digitalen Medien dabei an welcher Stelle und in welcher Funktion einen unterstützenden Beitrag leisten können – erneut kein Spezifikum digitaler Medien, sondern bereits bei jeder Art von Entscheidung über Arbeitsmittel eine traditionelle Praxis und Anforderung. Digitale Medien können also genau wie das Schulbuch oder andere Medien sinnvoll oder kontraproduktiv bzw. entgegen ihrer eigentlichen Intention eingesetzt werden. Das bestimmt nicht das Medium als solches, sondern die Lehrperson mit ihrer fachdidaktischen und methodischen Kompetenz.

Differenzierung

Die Behauptung, dass sich ein Computerprogramm situativ an die individuellen Lernstände und -bedürfnisse der Lernenden anpassen würde, gehört ebenso zum guten Ton, wie sie irreführend ist (vgl. Kap. 2.3.1). Derartige Versprechungen suggerieren, dass eine Software selbstdifferenzierend wirke, und beruhigen damit u. U. das didaktische Gewissen von Lehrerinnen und Lehrern, v. a. wenn sie sich mit den traditionellen Differenzierungspraktiken, die sehr aufwändig werden können, überfordert fühlen.

Erneut besteht die Gefahr, eine originäre Aufgabe und Verantwortung der Profession an ein Medium zu delegieren und darauf zu vertrauen, dass die Maschine es besser könne als die speziell ausgebildete Fachkraft. Und man muss darauf vertrauen, denn nachprüfen kann man es häufig nicht wirklich, da eine Software in aller Regel keinerlei Informationen liefert über die didaktische Struktur des Aufgabenpools, die Praxis der Aufgabenauswahl, die Art und Begründung der beabsichtigten Differenzierung, über sachgerechte Rahmenbedingungen oder Voraussetzungen etc.

Erneut zeigt sich die Parallele zum computerfreien Unterricht, wo ebenfalls oberflächlich modern wirkende Aktivitäten den Eindruck zu suggerieren versuchen, dass hier wünschenswertes differenziertes Lernen vonstattengeht. Das Abarbeiten von Arbeitsblättern, das Abhaken ›erledigter‹ Aufgabenplantagen, die fehlende Kommunikation im Plenum über gemeinsam erlebte Inhalte findet ihre vollständige, wenn nicht gar gesteigerte Entsprechung beim Einsatz digitaler Medien.

Auch in diesem Bereich also kann festgehalten werden: Nicht das Medium sorgt für eine sachgerechte Differenzierung, sondern diesbezügliche Entscheidungen müssen a) vorab und begleitend durch die Lehrperson verantwortlich organisiert werden (didaktische Rahmung statt Orientierungslosigkeit als missverstandene ›Freiheit‹ der Lernenden) und b) in eine notwendige gemeinsame Phase der Integration der Lernprozesse münden. Mit beidem ist das Medium naturgemäß überfordert.

Leistungsmessung und Rückmeldung

Lehrerinnen und Lehrer fordern von so genannten Lernprogrammen immer wieder implementierte Funktionen wie eine Fehleranalyse, eine darauf abgestellte (automatisierte) Zusammenstellung eines Förderprogramms oder einer ›Historie-Funktion‹, die alle Schritte des Nutzers aufzeichnet, um dann bei der Fehleranalyse behilflich sein zu können.

Damit wird aber weit mehr erwartet, als das Medium tatsächlich leisten kann. Es ist illusorisch (nicht nur technisch; s. u.), dass eine Software – erst recht im natürlich auch erwarteten unteren Preissegment – wirklich in der Lage sein sollte, Fehlerstrategien des Grundschulkindes mit der gebotenen Differenziertheit und Zuverlässigkeit zu diagnostizieren. Wer sich intensiver mit individuellen Denk- und Rechenwegen beschäftigt hat (vgl. Selter/Spiegel 1997), der muss ausgesprochen skeptisch werden gegenüber den diagnostischen Versprechungen solcher Computerprogramme oder Online-Systeme (vgl. Kap. 4.5).

Den formulierten Erwartungen der Lehrkräfte versuchen die marktüblichen Produkte zu entsprechen, aus genannten Gründen aber nicht durch tatsächliche Programmoptionen, sondern durch ›simulierte‹, die das Erwartete vorgaukeln (man nennt das heute »Fake«) bzw. durch fragwürdigen Begriffsgebrauch das Gewünschte suggerieren. Nehmen wir als Beispiel nur die *Historie-Funktion oder leistungsmessende Features*. Sie bestehen meist in der bloßen Auflistung von Häufigkeiten der Versuche und der erzielten Lösungen. Es werden die Anzahlen der falschen und richtigen Lösungen gegenübergestellt, vielleicht noch als Prozentrang ausgeworfen, manchmal gar eine Note vergeben. Das dahinterstehende Berechnungsmodell bleibt verborgen. In jedem Fall sind die so angebotenen Informationen – eigentlich sind es nur Daten – für eine professionelle Lehrperson keine wirkliche Hilfe bei der Frage, wie nun sinnvoll fortzufahren wäre. Denn in aller Regel handelt es sich nur um (rudimentär) dokumentierte Lern*produkte*. Das Interessante oder auch ein Problem liegt aber meist in den Lern*prozessen* und ist auch meist nur hier verlässlich zu diagnostizieren. Das aber leisten automatisierte Fehlerprotokolle nicht. Auch gibt es keine überzeugende Verbindung zwischen Fehlermuster und sachgerechter Förderkonsequenz.

Dieses Beispiel soll genügen (weitere verbreitete begriffliche Irritationen s. Kap. 3.1.2), um zu verdeutlichen: Betroffen sind spezifische Qualifikationsfelder von Lehrkräften, betreffen also das professionelle Rüstzeug eines sehr anspruchsvollen Berufsalltags, der niemals eindimensional oder rezepthaft zu bewältigen ist. Schon daher scheint Vorsicht vor übertriebenen Hoffnungen und ein genaueres Hinsehen angebracht zu sein.

Da der Computer allgemein als ›unbestechlich‹, genau und objektiv gilt, wird der Wunsch (die Illusion?) nach einer objektiven Einschätzung, Bewertung und Organisation von Lernprozessen gerne auf die Maschine projiziert, wofür verschiedene Motive denkbar sind. Die Auslagerung dieser Verantwortung kann eine gefühlte Entlastung zur Folge haben (vgl. die Online-Plattformen in Kap. 4.5) und sich zusätzlich durch das Flair eines ›modernen‹ Unterrichts positiv konnotieren lassen – nach innen wie nach außen.

Tatsächlich besteht aber zwischen der enormen Vielfalt ideosynkratischer Verläufe von Lernprozessen und der digitalen Natur des Rechners ein grundsätzliches Spannungsverhältnis. Und so muss man sich fragen, wie realistisch die angedeuteten Hoffnungen tatsächlich sind, zumal im Rahmen von Medien, die für eine Grundschule finanzierbar wären. Die o. g. Unterstützungsbereiche, würde man sie ernsthaft umsetzen wollen, rufen nach hochkomplexen Systemen, die unter dem Begriff der Künstlichen Intelligenz (KI) firmieren.

Dieser hochsubventionierte Forschungsbereich machte seit seiner Entstehung vor über 50 Jahren immer wieder durch Aufsehen erregende Zukunftsversprechungen auf sich aufmerksam. Doch bis heute behauptet niemand, dass ein Computer denken könne. Mit der Frage, was ›künstliche Intelligenz‹ sei, überspringt man allzu leicht die Frage, was menschliche Intelligenz ist. Mit der Frage, was ›virtuelle Realität‹ sei, überspringt man die Frage, was Wirklichkeit ist. Und mit der Frage, was ›computergestütztes Lernen‹ sei, überspringt man die Frage, was das Lernen an sich ausmacht.

In der Forschung wurde immer wieder versucht, z. B. in den späten 1970er Jahren, so genannte Expertensysteme zu entwickeln, die den Korpus des Fachwissens, z. B. von Ärzten oder Geologen abbilden sollten. »Trotz großzügiger Förderung kamen nur Nischenanwendungen heraus, das Versagen führte in den achtziger Jahren zum ›KI-Winter‹, zu der großen Krise« (Drösser 2006). Potenzial, auch für die Schule, sah man im Einsatz so genannter intelligenter tutorieller Systeme, die, um als ›intelligent‹ zu gelten, die folgenden Eigenschaften haben mussten (vgl. Haussmann/Reiss 1990):

- Es gibt eine Wissenskomponente, in deren Rahmen das Programm argumentieren (?) kann.
- Das System kann mit einem Benutzer in vernünftiger (?) Weise über sein Wissen kommunizieren.
- Kognitive Prozesse des Schülers können angemessen (?) modelliert werden.
- Es sind Lehrstrategien integriert.

Wer sich auch nur ansatzweise mit dem (mathematischen) Denken von Grundschulkindern beschäftigt hat, wird zugeben müssen, dass all dies bis heute nur ausgesprochen rudimentär, in keinem Fall hinreichend weit genug, wenn überhaupt realisiert ist.

Was wir bis heute stattdessen beobachten, sofern es um das Mathematiklernen in der Grundschule geht, ist die fortlaufende »Inszenierung eines ›automatisierten‹ Trichter-Musters« (Krummheuer 1989, S. 176) in entsprechenden ›Lernprogrammen‹: Die zu lernenden Inhalte werden in ihre Klein- und Kleinstbestandteile zerhackt und vom Programmierer in operationalisierte Verzweigungsstrategien implementiert. Dazu muss er, *vorab* wohlgemerkt, ›alle möglichen‹ falschen Antworten (und richtigen, denn oftmals gibt es – bei guten Aufgaben – nicht nur eine richtige) vorwegnehmen, um für jeden Fall Verzweigungen zu weiteren Knoten vorzunehmen (vgl. Cyranek 1990). Die Individualität der Lernenden *kann* nicht berücksichtigt werden, denn die Akte ist prinzipiell schon lange geschlossen, wenn der tatsächliche Lernprozess beginnt. Das Programm passt sich nicht an den Schüler an, sondern den Schüler an das Programm. Für die Betreuung dieses Prozesses ist daher auch nicht wirklich mehr eine Lehrperson vonnöten, höchstens ein ›Einhelfer‹.

»Aus der Sicht der Systementwicklung mag eine gelungene Simulation eines Trichter-Musters als ein beachtlicher Schritt der künstlichen Intelligenzforschung gelten. Aus der Sicht der Fachdidaktik dagegen erscheint eine solche Simulation eher als die technologische Perpetuierung einer weiterhin verbesserungsdürftigen Unterrichtspraxis« (ebd., S. 105). Aber selbst die KI-Forschung ist inzwischen auf den Boden der Tatsachen zurückgekehrt. Hatte der führende KI-Forscher Moravec für das Jahr 2030 eigenständig denkende Computer vorausgesagt, die ab 2050 den Menschen in jeder wesentlichen Funktion ersetzen können (vgl. stern 1993), so erklärte ein anderer Protagonist dieser Branche, Marvin Minsky, die KI inzwischen für hirntot: »Es gibt keinen Fortschritt in Richtung allgemeine Intelligenz« (zit. in Drösser 2006), und spottet heute über die überhöhten, fast metaphysische Hoffnungen: »Keiner arbeitet an Robotern, die über das nachdenken, was sie tun. Alles läuft auf der Verhaltensebene, die ganze Energie geht in Fußballroboter, und man lernt nicht viel daraus« (ebd.).

Nach wie vor wird aber anscheinend im Lernsoftwarebereich versucht, Eigenschaften eines ›guten Lehrers‹ und eines klischeehaften Unterrichtsverständnisses in Software zu implementieren. Viel näher liegend wäre doch die Simulation eines ›guten Lernermodells‹. Dass dies aber noch viel komplexer und angesichts des geschilderten Standes der KI-Forschung noch weniger realistisch ist, scheint nicht registriert zu werden. Es scheint v. a. im Klischee der Grundschule als Schule der ›Kleinen‹ begründet zu liegen, für die ein solcher Aufwand als überdimensioniert empfunden wird, warum hier überholte Denk- und Vorgehensweisen überleben, obwohl der lernpsychologische, pädagogische und fachdidaktische Sachverstand inzwischen weit fortgeschritten ist.

Eine Einschätzung vom Beginn der 1990er-Jahre hat auch heute noch Gültigkeit: Dreyfus/Dreyfus (1991) halten den Computer dort für nützlich, wo er für automatisierende Übungen eingesetzt wird, also dort, wo es bewusst um das Erinnern und Einüben von Fakten, Regeln und Prozeduren geht. Aber selbst für den Mathematikunterricht, der damit meist sehr schnell und zu einseitig assoziiert wird, stellt dieser Bereich nur einen sehr kleinen Teil des Spektrums und der Ziele dar, die Mathematik ausmachen (z. B. Einspluseins, Einmaleins, schriftliche Algorithmen).»Man sollte jedoch nicht versuchen, irgendwelche höheren Fertigkeitsstufen vom Computer unterrichten zu lassen, denn die dazu nötigen Fähigkeiten gehen erwiesenermaßen über den Horizont der logischen Maschinen hinaus« (ebd., S. 213). Und sie warnen gleichzeitig vor einer Gefahr, die sich ebenfalls bis heute in Klassenräumen beobachten lässt, sei es im Zusammenhang mit digitalen Lernprogrammen oder mit ihrer papierenen Entsprechung der sprichwörtlichen ›bunten Hunde & grauen Päckchen‹, die Gefahr nämlich, »dass man die Aufgabenbereiche überstrapaziert, für die sich der Computereinsatz aufgrund der großen Effizienz der Geräte anbietet. Solche Effizienz – die Art, wie Computer unermüdlich und ohne zu beurteilen alles noch so oft wiederholen, wie sie jeweils sofort ein Feedback liefern, verschiedene Probleme für verschiedene Studenten bereithalten, wie sie die Protokolle über die Fortschritte der Schüler immer auf dem neuesten Stand halten und wie sie – zumindest zeitweise – hochgradig motivierend wirken – all das legt nahe, jene Teile des Lehrplans auszudehnen, in denen Drill und praktische Übungen angemessen sind. Unter diesem Druck könnte Mathematik leicht zu Addition und Subtraktion degenerieren« (ebd., S. 183).

2.4 Lehren, Lernen, Üben von Mathematik

2.4.1 Fachdidaktische Expertise nicht relevant?

Wenn digitale Medien im Mathematikunterricht der Grundschule sinnvoll und didaktisch vertretbar eingesetzt werden sollen, dann ist es naheliegenderweise unerlässlich, sich zuvor Klarheit darüber zu verschaffen, welche Rahmenbedingungen, Konzepte, Postulate und Ziele ›den Mathematikunterricht‹ charakterisieren. Diese Aussage klingt wie eine Binsenweisheit, die keiner besonderen Erwähnung bedarf. Leider aber ist das nicht so, wie zahlreiche Indizien immer wieder bestätigen.

Denn immer wieder muss aus *mathematikdidaktischer* Sicht, die in diesem Band ja insbesondere im Fokus steht, konstatiert werden, dass Vorschläge zum Einsatz digitaler Medien, selbst so genannte *Best-Practice*-Beispiele, nicht selten die grundlegendsten und elementaren Postulate eines zeitgemäßen Mathematikunterrichts außer Acht lassen oder zumindest nebensächlich handhaben. Die Gründe dafür können vielfältig sein:

Manchen Protagonisten, Produzenten, Nutzern oder Bewertern digitaler Medien sind (aktuelle) Gütekriterien für zeitgemäßes Mathematiklernen und -lehren schlicht nicht bekannt – z. B. weil sie selbst gar nicht aus dem pädagogischen oder schulischen Bereich kommen. Die Bandbreite reicht von Personen aus dem Bereich der Informatik über Fachjournalismus (wobei ›Fach‹ meint: Medien im Allgemeinen, publiziert in Elternzeitschriften, Zeitgeist-Illustrierten, Ratgebersparten der Print- und Fernsehmedien etc.) bis hin zu völlig bereichsfernen Sparten. Dadurch wird suggeriert: ›Lernsoftware‹ kann jeder entwickeln, der die vier Grundrechenarten beherrscht.

Wenn 37 Grund- und Hauptschüler unter Anleitung ihres Lehrers eine Mathe-Software zum Einsatz in den Klassen 1–10 (aller Schularten!) entwickeln, dann sind dahinter durchaus legitime unterrichtsrelevante Zielsetzungen des Vorhabens denkbar. Diese wären aber auf einer anderen Ebene zu vermuten als bei dem Anspruch, eine professionelle Software für Anwender zu entwickeln. Ansonsten wäre doch der Anspruch an die Entwicklung von Arbeitsmitteln drastisch unterschätzt, erst recht, wenn »optimale Differenzierung« und eine Förderung sowohl schwacher als auch hochbegabter Schüler versprochen wird (Haaf 2010). Niemand (im engeren Sinne) Fachfremdes würde je auf die Idee kommen, ein DGS-Tool zu entwickeln (Dynamische Geometrie-Software wie bspw. GEOGEBRA, CINDERELLA, EUKLID, DYNAGEO, CABRI GÉOMÈTRE oder THE GEOMETER'S SKETCHPAD). Der Anspruch des Unterfangens wird also offensichtlich allein festgemacht am gefühlten Schwierigkeitsgrad des Inhalts (ihn selbst zu ›können‹, reicht aus), wobei der, sofern es sich um Grundschulinhalte handelt, als solcher zusätzlich noch allzu leicht unterschätzt wird, was seine fachdidaktischen Implikationen betrifft (vgl. das Beispiel in 3.2.2).

Das gesellschaftliche Image der Grundschule, speziell die Klischees des (angeblich) dort stattfindenden Mathematikunterrichts, ist wesentlich mit dafür verantwortlich, dass hier die sachlich an sich gebotenen Störgefühle oder Hemmungen kaum auftreten. Dass es zudem das Medium als solches und nicht etwa die inhaltliche Expertise ist, was zu solchen Produkten führt, ist auch an Folgendem ersichtlich: Legt man die erwähnte Motivation und (Pseudo-)Expertise zugrunde, dann ließe sich – und das mit weitaus weniger Aufwand – Ähnliches auch im Printbereich entwickeln. Warum also findet man z. B. keine (ähnlich ernst, also gezielt für den Unterrichtseinsatz gemeinten) *Arbeitshefte* für den Mathematikunterricht der Grundschule aus Autorenkreisen wie den genannten? Nähert man sich der (fließenden) Grenze zum so genannten ›Nachmittagsmarkt‹ (Stichwort *Edutainment*), dann kann man solches allerdings finden – analog wie digital.

Eine zweite Gruppe von (Mit-)Entwicklern oder Förderern von ›Lern- oder Übungssoftware‹ ist dem Unterrichten berufsbedingt näher: Personenkreise aus der Schulaufsicht, aus dem Bereich Lehreraus- und fortbildung sowie praktizierende Grundschullehrkräfte oder Fachmathematiker. Auch ein in der Grundschule tätiger Ehepartner wurde schon als (ernst gemeinter) Nachweis von Expertise genannt. Wie immer gilt es hier Pauschalurteile zu vermeiden. Trotzdem gibt es auffallend viele Beispiele, bei denen man den Eindruck gewinnen (und belegen) kann, dass hier vermutlich anderes im Vordergrund stand als eine vertiefte Vertrautheit mit dem aktuellen Erkenntnisstand der fachdidaktischen Forschung. Legt man diesen nämlich zugrunde, dann wirken manche Vorschläge doch sehr schnell als Gegenbeispiele denn als *Best-Practice* (z. B. Bauchinger 2000; Hoanzel 2000; Winter 2000). Im günstigen Fall würde man argumentieren müssen, dass hier andere (mediendidaktische, technik-orientierte, ...) Intentionen vorrangiger waren und der fachdidaktische Sinngehalt ausdrücklich hintangestellt werden sollte.

Das mögen zulässige Motive sein, man sollte sie aber nicht mit falschen bzw. eindeutig zu weit reichenden und damit in die Irre führenden Versprechungen schmücken. Auch die Tatsache, dass Grundschullehrkräfte eine Software (mit-)entwickelt haben, ist keine selbstverständliche Qualitätsgarantie, denn die hier erforderlichen Qualifikationen hat man nicht schon qua Amt oder (allein) durch eine möglichst ›langjährige Unterrichtserfahrung‹. Verlage haben häufig ein verständliches Interesse daran, diesen Personenkreis (und sei es nur als Alibi für ›Praxisbezug‹) einzubinden. Erneut gilt: Das ist notwendig, aber nicht hinreichend. Ähnliches gilt für Verlagsredaktionen, die zunehmend für solche Entwicklungen als hinreichend erachtet werden (»Das Pflichtenheft schreiben wir in der Redaktion selbst; Sie brauchen nur einen kritischen Blick darauf zu werfen.« – Auskunft eines Verlages bzgl. der ›Road Map‹ einer beabsichtigten Software-Entwicklung). Deutlicher kann man die Bedeutung eines konzeptionellen Entwurfs mittels spezifisch erforderlicher Expertise(n) nicht mehr relativieren bzw. verkennen. Auch wird immer noch unterschätzt, dass die Entwicklung digitaler Medien auch andere (eigenständige) Kompetenzen erfordert als bei Printmedien und dass daher ein vorhandenes Printprodukt nicht einfach digital zu ›konvertieren‹, d. h. auf eine CD-ROM zu übertragen ist. Dass Material- und also auch (und besonders) Software-Entwicklung ein durchaus anspruchsvolles Unterfangen für die fachdidaktische Forschung darstellt (Entwicklungsforschung), gerät oft aus dem Blick.

Bis hierher wurde nur angedeutet, *dass* es an entscheidender Stelle mangelt. Damit ist noch nicht geklärt, in welcher Hinsicht es *konkret* mangelt. Das Feld ist hier naturgemäß so weit wie die Vielfalt der tangierten fachdidaktischen Konzepte und Grundfragen des Mathematikunterrichts. Im Folgenden wird daher exemplarisch vorgegangen anhand ausgewählter, gleichwohl fundamental relevanter Begrifflichkeiten oder Konzepte, die für einen zeitgemäßen Mathematikunterricht nicht erst seit Kurzem und auch nicht nur im lokalen deutschsprachigen Raum als *Standard* gelten[11]. Die anzusprechenden Aspekte sind in der (inter-)nationalen Literatur (und Praxis) breit abgesichert, so dass sie grundsätzlich bekannt sein dürften. Umso unverständlicher, warum seit mindestens 25 Jahren ihre nachhaltige Berücksichtigung bei Fragen zum Einsatz digitaler Medien anzumahnen bleibt. Beginnen wir mit einem unterrichtsnahen Beispiel.

2.4.2 Ein Beispiel

Es stammt aus einem Elternforum im Internet (Breitbach 2010). Die Diskussion dreht sich um eine Hausaufgabe, die sowohl den betroffenen Erstklässler, insbesondere aber auch seine Mutter nachhaltig beschäftigte. Bei der Aufgabe handelte es sich um eine spezielle Fragestellung zu Rechendreiecken, einem in der Grundschule wohlbekannten Aufgabenformat. Als solches ist es in zahlreichen Schulbüchern der Grundschule vertreten, allerdings meist nur mit einfachen Fragestellungen, bei denen das Üben von Rechenfertigkeiten im Vordergrund steht. Die weitaus umfassenderen Optionen, die das Format prinzipiell böte (offene Aufgaben, operative Variationen, Forschungsaufträge; vgl. Scherer 1997c; Krauthausen/Scherer 2011), werden allzu selten ausgeschöpft – jedenfalls was die explizit im Schulbuch genannten Vorschläge betrifft. Hier ist das Medium – naturgemäß, denn ansonsten würden Schulbücher mehrere 100 Seiten umfassen – auf die fachkompetente Lehrkraft angewiesen, bei der solche exemplarische Fragestellungen zu Rechendreiecken entsprechende Assoziationen wachrufen, so dass weiterführende Optionen in Eigenregie unterrichtlich aufbereitet werden können. Da Rechendreiecke aber zumindest nominell in vielen Schulbüchern und Arbeitsheften als Übungsformat präsent sind, lassen sie sich auch in digitaler Form (Software oder Internet) finden (googlen Sie einmal danach), wobei in aller Regel nur die reduzierten Varianten der Schulbücher digital ›gedoppelt‹ werden. Für unsere Zwecke ist das Beispiel aber gut geeignet, da es analog wie digital existiert und daher daran grundlegende Postulate des Mathematiklernens und -lehrens in beiden ›Welten‹ erläutert werden können.

> **Anregung zur (gemeinsamen) Bearbeitung**
>
> (a) Diskutieren Sie die kursiv hervorgehobenen Stellen der folgenden Kommunikation.
>
> (b) Machen Sie sich den mathematischen Hintergrund der strittigen Aufgabe aus Absatz [2] und [4] klar (vorgegeben: 3 Außenfelder, gesucht: 3 Innenfelder). Gilt die berichtete ›Formel‹ aus [8] immer, und

---

[11] Für einen umfassenderen Überblick über die Didaktik des Mathematikunterrichts in der Grundschule vgl. Krauthausen/Scherer 2007.

wenn ja, warum? Können Sie diese ›Formel‹ allgemeingültig begründen/beweisen (z. B. durch Algebraisierung)?

(c) Welche theoretischen Konzepte (fachliche wie fachdidaktische wie pädagogische) können hier helfen, Praxis aufzuklären?

Naive Mamafrage eines Erstklässlers zu Rechendreiecken ...[12]

[1] Emily: erstmal vorweg: *Mein Sohn hat keine Probleme in Mathe.* Trotzdem hab ich ihn gestern einen Teil der Aufgaben nicht machen lassen. Sie sollten Rechendreiecke ausfüllen. Diese Dreiecke, die in 3 ›Ecken‹ aufgeteilt sind, von denen man jeweils 2 zusammenzählen muss und außen dann das Ergebnis hinschreibt – 3 Zahlen innen, 3 Ergebnisse außen.

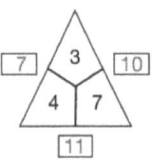

[2] [...] Nun waren da einige Aufgaben dabei, wo innen gar keine Zahlen standen, sondern nur die außen. *Meiner Meinung nach kann man das von einem Erstklässler nicht verlangen* – welche Zahl in welche Ecke des Dreiecks gehört, *kriegt man nämlich nur durch Ausprobieren raus* und das dauert tatsächlich ewig. Ich habs nur bei einer Aufgabe versucht, aber schnell aufgegeben, weil es mir zu blöd war.

[3] *Gibt es da irgendeinen Trick?* Oder *sollen die Kinder tatsächlich ausprobieren, bis sie die richtigen Zahlen haben?* [...] Es war übrigens auch eine Aufgabe dabei, wo außen drei Einsen standen – *was definitiv gar nicht geht*, selbst wenn man drin irgendwo eine Null schreibt, hat man mindestens an einer Seite draußen eine Zwei stehen.

[4] Heute ist wieder so eine Aufgabe mit dabei – außen stehen die Zahlen 15, 13, 10 – welche Zahlen dann wie innen aufzuteilen sind, sollen die Kinder ausrechnen – und *ich bin eben der Meinung, dass das mit Rechnen gar nicht geht* ... Könnt ihr mir da vielleicht helfen?

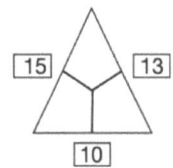

[5] Berenike: *ja, das geht nur mit Ausprobieren, das sollten die Lehrer aber auch deutlich sagen* ... wir haben damals auch viel geholfen. [...]

[6] Emily: Angeblich hat sie nichts gesagt ... na ja, ob das jetzt tatsächlich stimmt, weiß ich natürlich nicht. Unser Herr Sohn ist ein Träumer, und weil er *in Mathe normalerweise ganz vorne mit dabei* ist, wäre es immerhin auch möglich, dass er nicht zugehört hat.

---

12 Der Originaltext wird hier teilweise gekürzt wiedergegeben, ansonsten aber im Sprachduktus und Rechtschreibung wie im Original belassen. Außerdem wurden um des besseren Verständnisses willen Abbildungen eingefügt. Die Absätze wurden durchnummeriert, um sie bei der Kommentierung gezielter ansprechen zu können.

[7] Mir hat jetzt aber in einem anderen Forum eine Mama *eine Art ›Formel‹* geschrieben, *die ist klasse*. Vielleicht kannst du sie ja auch nochmal brauchen:

[8] Alle äußeren Zahlen zusammenrechnen (wäre bei 15, 13, 10 = 38). Wenn man die durch 2 teilt, hat man die gesamten inneren Zahlen (= 19). Und von diesen 19 zieht man dann die äußeren Zahlen einzeln ab, so kriegt man die Zahlen, die man dann nur noch passend reinsortieren muss.

$$19 - 15 = 4, \ 19 - 13 = 6, \ 19 - 10 = 9$$

[9] Ich hab im Internet eine Übungsseite für solche Aufgaben gefunden, da kommt diese Variante gar nicht mit drin vor … und durch diese 1er-Aufgabe war ich dann so irritiert, dass ich dachte, dass da vielleicht irgendwas Wichtiges fehlt. Auf dem Übungsblatt wurde bei diesen Aufgaben nämlich Bezug genommen aufs Mathebuch […].

[10] Nachtrag: Hab grade mit einer anderen Mama telefoniert, die hat ihrem Sohn einen Zettel mitgeschickt, dass bei solchen Dingen doch bitte zukünftig wenigstens eine Erklärung für die Eltern mitgeschickt wird, was in dem Fall vom Kind verlangt wird. Ob es ausprobieren soll bis es draufkommt, kreative Lösungen gefragt sind oder evtl. nur die *Ausdauer und Frustrationstoleranz* getestet werden soll … ihr Sohn hat sich nämlich nach etlichen Versuchen heulend in sein Zimmer verkrochen. Ich bin also nicht die einzige, die ein Problem mit diesen Aufgaben hat …

[11] Lina: Da müssen die Kinder wirklich ausprobieren, was passt. Am Anfang bedeutet das etwas Ausdauer, aber da sie sich ja im Zahlenraum von 20 bewegen, sind die Möglichkeiten durchaus begrenzt. Leo hatte eigentlich nur 1x echte Probleme, als er meinte, weil außen nur gerade Zahlen stehen, dürfen innen auch nur gerade Zahlen stehen und dann nicht weiterprobiert hat. Am besten bei einer Zahl anfangen. Wenn man logisch denkt, hat man es schnell raus. Da die Außenzahlen nicht so niedrig sind, fängt man bei der kleinsten an (10) und überlegt, wie sie sich zusammensetzen könnte. Der Rest ist dann Logik.

[12] Die Formel finde ich für die Anwendung durch die Kinder zu kompliziert. Für die Mutter zum Nachprüfen vielleicht durchführbar, aber nicht wirklich für die Kids. Bei diesen Aufgaben gilt: Versuch macht kluch. Und etwas Ausdauer. Wenn die Kinder es gar nicht schaffen, auch mal ohne gemachte Aufgaben in die Schule schicken und der Lehrerin evl einen Zettel schreiben. Dann muss sie es eben nochmal erklären. Das ist schließlich ihr Job und nicht der der Mutter.

So weit die Forumsdiskussion. Sie bietet zahlreiche Ansatzpunkte, um sich einigen Essentials des Mathematiklernens zu nähern. Zunächst soll nun eine Zuordnung der hervorgehobenen Passagen hergestellt werden, und zwar im Hinblick auf einen Unterricht mit und ohne Unterstützung durch digitale Medien. In den folgenden Abschnitten werden dann die entsprechenden fachdidaktischen Konzepte erläutert, auf die die Äußerungen der Mütter verweisen.

Wann ist man »gut in Mathe« und »ganz vorne mit dabei«?

Nach verbreitetem Verständnis [1 u. 6] gehört dazu u. a.: Man versteht schnell, was gezeigt wird, und kann es korrekt wiedergeben; und man produziert zügig und zuverlässig die richtigen Ergebnisse bei allen Rechenanforderungen, gegebenenfalls auch ›auf Zeit‹. Für die meisten digitalen Rechentrainer ist das ein Muss und Grundlage des Kompetenznachweises am Schluss: Wie viele Aufgaben wurden in welcher Zeit richtig gerechnet? Und Rechnen bedeutet: Eine gegebene Aufgabe sagt eindeutig, was und wie ich vorzugehen habe, hinter das Gleichheitszeichen notiere ich das Ergebnis, meist eine (und nur eine) Zahl.

Kommentar: Mathematiklernen ist weit mehr als die Übernahme und Reproduktion von Gezeigtem. Wer vorrangig so lernt (oder belehrt wird), der bleibt unflexibel (z. B. bezüglich geschickter Rechenstrategien) und ist leicht zu irritieren, wenn gewohnte Aufgabenstellungen nur leicht variiert werden. Dieses Phänomen lässt sich auch bei Erwachsenen noch belegen und ›erzeugen‹, wenn man mit Studierenden an entsprechenden Aufgaben arbeitet, um die eigene Lernbiografie bewusst zu machen. Die Frage, wann welche Rechenstrategie die ›beste‹ ist, lässt sich kaum formal entscheiden (vgl. Threlfall 2002), und auch für ein Computerprogramm würde eine derart ›eingebaute Diagnostik‹, wenn überhaupt, wohl nur mit einem enormen Aufwand an künstlicher Intelligenz zu realisieren sein (und dann aber auch nicht für 50–100 Euro am Markt erscheinen).

Die Rahmenpläne erfordern aber ein flexibles und kreatives Vorgehen. Insofern ist die gehäufte Reproduktion richtiger Ergebnisse für Standardaufgaben kein zwingendes Indiz vertiefter Einsicht, sondern kann auch auf unverstandenem Auswendiglernen beruhen. Das verweist auf einen weiteren Aspekt:

Welches Bild von Mathematik liegt vor?

Mathematik ist exakt, jede Aufgabe hat eine und nur eine Lösung. Mathematik ist Ausrechnen (Rechenfertigkeiten) und es gibt immer einen Königsweg; wer gut oder begabt in Mathe ist, der findet ihn schnell, andere selten oder nie. Entweder man kennt die richtige Formel oder nicht. Und wenn man lange genug übt, was oft Auswendiglernen meint, dann kann man Mathe. So weit, so falsch.

Natürlich ist die Mathematik eine exakte Wissenschaft und geradezu ein Paradebeispiel für einen strukturierten, formal widerspruchsfreien Aufbau. Aber sie ist nicht *nur* das. Auch das Probieren, Explorieren und Austesten von Hypothesen [2] gehört zu dieser Wissenschaft, ebenso wie Ausdauer und Frustrationstoleranz [10] bei der Suche nach einer Lösung. Im Extremfall kann das für einen Mathematiker sogar Jahre dauern, wie man am Fall von Andrew Wiles und dem von ihm gefundenen Beweis von Fermats letztem Satz erleben kann – eine sehr empfehlenswerte Lektüre auch für Nicht-Mathematiker (Singh 1998).

Und eine Lösung kann durchaus auch einmal aus mehreren Teilen bestehen [4] und sich nicht ›direkt‹ ausrechnen lassen. Auch mehrere Lösungen sind – bei entsprechend substanziellen Problemstellungen, um die sich eine Lehrerin bemühen sollte – keine Ausnahme, für viele Schüler aber ungewohnt. Auch das sollten die Lernenden selbst herausfinden. Ein Kollege reagierte einmal auf die Frage eines Studenten, ob es mehr als eine Lösung gäbe, wie folgt:»Falls Sie mindestens zwei gefunden haben, lautet die Antwort: ja.« Er hat damit nicht nur auf humorvolle Art das Problem, wie es sich gehört, zunächst an den Lernenden zurückverwiesen, sondern zugleich auch eine (oder mehrere?) didaktische Botschaft(en) auf der Meta-Ebene geäußert.

Da es zum Auftrag des Mathematikunterrichts gehört, den Lernenden ein adäquates Bild dieses Faches zu vermitteln und zur Relativierung der gängigen Klischees beizutragen, ist der Mutter in Abschnitt [5] zuzustimmen, dass dies nicht nebenbei oder automatisch geschieht, sondern dazu ausdrückliche Signale auf der Meta-Ebene des Lernens erfolgen müssen – z. B. durch die ausdrückliche Wertschätzung und Verstärkung des gewünschten Verhaltens oder durch eine kindgerechte Thematisierung der ›Forscher-Metapher‹: Dass das Mathematiklernen der Kinder in der Grundschule mit dem Forschen des Mathematikers verglichen werden kann, ist nämlich kein ›didaktischer Trick‹, sondern beruht auf zahlreichen *tatsächlichen* Parallelen der jeweiligen Aktivitäten und ist daher ernst gemeint.

Eine ›klasse Formel‹ zu kennen [7 u. 8], sie auch anwenden zu können, bedeutet noch nicht, dass auch Verstehen beteiligt ist. Zeitgemäßer Mathematikunterricht fordert, dass verstanden wird, warum eine Formel so aussieht, wie sie aussieht, warum sie ›funktioniert‹ und v. a. wie sie zustande kommt, also hergeleitet werden kann. Der Unterricht darf auch durchaus ›Tricks‹ [3] thematisieren, allerdings nicht als undurchschaubaren Zauber, der Verständnis vermeidet oder Rechenanforderungen umgehen oder erleichtern hilft, sondern um den Trick zu ent-zaubern, hinter seine Kulissen zu schauen, sein Funktionieren und die dahinterstehende Mathematik zu verstehen, ihn zu ›entlarven‹ (vgl. Scherer/Wellensiek 2011).

2.4.3 Mathematiklernen als aktiver und sozialer Prozess

Mathematiklernen wird übereinstimmend als aktiver Prozess verstanden. Lernen ist eine individuelle Konstruktion von kognitiven Strukturen, der Aufbau und Erwerb von mehrschichtigen, vernetzten Bedeutungszusammenhängen *durch den Lernenden selbst*. Wissen ist demnach nicht ›vermittelbar‹. Keine Lehrerin, kein Lehrmittel, nichts kann *determinieren*, dass und wie sich Lernen im Kopf des Individuums ereignet. Mathematik (wie andere Inhalte auch) kann daher streng genommen nicht gelehrt werden. Lerninhalte lassen sich nicht vom Kopf des Senders (der Lehrperson) in die Köpfe der Empfänger (Schülerinnen und Schüler) überführen, wie dies die ›Rundfunk-Metapher‹ nahelegt (vgl. Seeger/Steinbring, Hrsg. 1992), auch dann nicht, wenn man das ›Band‹ mehrfach hintereinander abspielt. Dass sich dieser Irrglaube dennoch in vielen Köpfen hält, ist u. a. dadurch erklärbar, dass an der Oberfläche der *Eindruck* entstehen kann, dass ›Lernen‹ stattgefunden hat. Der Begriff steht hier bewusst in Anführungszeichen, um damit anzudeuten, dass in solchen Fällen nicht selten eine Verwechslung stattfindet zwischen Lernen und ›Draufschaffen‹: Ob in der Grundschule oder im Studium, allzu oft wird versucht, die angebotenen Inhalte, ob verstanden oder nicht, auswendig zu lernen bzw. zumindest so lange im Gedächtnis zwischenzuspeichern, bis sie bei der nächsten anstehenden Lernkontrolle (ob Hausaufgabe oder Klassenarbeit oder Klausur oder Staatsprüfung, macht da keinen grundsätzlichen Unterschied) reproduzieren zu können. Danach, und das wird durch den folgenden Unterricht nicht selten bestätigt und für Schüler zu einer verlässlichen Erfahrung, kann man dies alles getrost vergessen. Für Außenstehende muss ein ›gutes‹ Klassenarbeitsergebnis dann so aussehen, als hätte tatsächlich der Unterricht Früchte getragen. Das kann so sein, muss aber nicht. Zeitgemäßer Mathematikunterricht zielt auf Vernetzung von Lerninhalten, auf wirkliches Verständnis, das auch robust ist gegenüber Variationen der Erscheinungsform von Inhalten. Dies muss explizit im Unterricht deutlich und gefördert werden, da sich diese Querverbindungen der Inhalte nicht von selbst herstellen.

Dass Lernen in diesem Sinne (nur!) als aktiver Aufbauprozess verstanden werden kann, macht die Lehrperson nicht überflüssig. Auf sie kommen, gemessen am traditionellen Lehr-Lern-Verständnis (vgl. Krauthausen 1998c), anspruchsvollere und vielschichtigere Aufgaben zu. Zwar kann die Lehrerin das Lernen ihrer Klasse nicht garantieren, aber sie kann Rahmenbedingungen schaffen, die dem Lernen förderlicher sind als andere. Diese ›Organisation von Lernprozessen‹ meint weit mehr als eine funktionale oder kindgerechte Klasseneinrichtung mit Orten des gemeinsamen Austauschs wie individueller Rückzugsmöglichkeiten. Es meint auch mehr als die methodische Organisation des Unterrichts, z. B. durch Wechsel der Sozialformen. Es meint auch mehr als die Gewährleistung eines förderlichen Miteinander-Umgehens im sozialen Verbund.

Es meint v. a. die *fachliche Rahmung* der Lernprozesse bzw. der Lernumgebungen, die in erster Linie *inhaltlich* gehaltvoll sein müssen, damit die Mathematik *selbst* als interessant und reizvoll erfahren werden kann und nicht erst durch äußere Verpackung interessant *gemacht* werden muss. Die Lehrerin muss also einen hinreichend komplexen und inhaltlich ganzheitlichen Problemkontext auswählen und ›rahmen‹, innerhalb dessen die Lernenden ihren individuellen Möglichkeiten nach gleichermaßen gefördert und gefordert werden (vgl. Kap. 2.4.6).

Das konstruktivistische Verständnis des Lernens wird manchmal dahingehend missverstanden, dass die Individualität des Lernprozesses zu apodiktisch ausgelegt wird, was zur Abschaffung des sozialen Lernens führen kann (vgl. Bartnitzky 2009; Krauthausen/Scherer 2010a). Das gemeinsame Reflektieren über Zugänge, Bearbeitungswege, Lösungen, Erfahrungen im Rahmen der Beschäftigung mit einer *gemeinsamen* Sache ist in mehrerlei Hinsicht essentiell (Miller 1986 u. 2006). Die Praxis, dass alle an etwas anderem gearbeitet haben – wie man es nicht selten im offenen Unterrichts beobachten kann und wie es ebenso die individuelle Beschäftigung mit Lernprogrammen nahelegt – ist dem nicht förderlich.

Gemeinsame Integrations- und Plenumsphasen nach ausgiebigen Aktivitäten (einzeln oder in Kleingruppen) sind ein hervorragendes Gefäß zur Realisierung sozialen Lernens im Sinne eines gemeinsamen Lernens von- und miteinander an der gemeinsamen Sache. Hier lassen sich die individuellen Lernstrategien und -erkenntnisse integrieren. Hier kann tiefer, als das der Einzelne in der Aktivitätsphase vermochte, in die Sache eingedrungen und fachliche Türen aufgestoßen werden.

Soziales Lernen ist auf Inhalte angewiesen. Dazu bedarf es einer sensiblen, kenntnisreichen und professionellen Moderation durch die Lehrperson. Es gehört dies sicherlich zu den anspruchsvollsten Momenten im Unterrichtsverlauf. Von einer digitalen Lernumgebung ist dies im gemeinten Sinne nicht mit vertretbarem Aufwand zu realisieren. Vermutlich ist dies die Stelle, an der digitale Medien am wenigsten sinnvoll nutzbar sind. Das schließt nicht aus, dass mit digitalen Medien erstellte oder bearbeitete Dokumente in dieser Phase hilfreich sein können. Sie stellen dann aber Dokumente dar wie ein bearbeitetes Arbeitsblatt oder ein zuvor vom Lernenden verfasster Text (Forscher-Tagebuch).

Bezogen auf die Forumskommunikation in Kap. 2.4.2 böten die aufgeworfenen Probleme hervorragende Gelegenheiten für eine Plenumsdiskussion und für die angedeutete aktivistische Auffassung vom Lernen: Lässt sich das genannte Beispiel wirklich nicht berechnen? Geht es wirklich nicht mit einer 1 in den Außenfeldern? In Erprobungen dieser Aufgabe haben Grundschüler mehrfach die Aufgabe mittels Bruchzahlen lösbar ›gemacht‹ – geht das, darf man das und warum (nicht), …? Wie kann man die Lösung auf möglichst geschickte Weise finden? Gibt es nur eine Lösung oder mehrere und warum?

2.4.4 Fachliche Substanz des Mathematiklernens

Die Betonung liegt auf *fachlich* (und meint auch fachdidaktisch), weil dies eine tiefer gehende Expertise voraussetzt als nur den gesunden Menschenverstand, der ja für die Bewältigung der reinen Rechenanforderungen im Grundschulbereich ausreicht. Damit ist dann auch eine entscheidende Stelle markiert, die *eine* Ursache für die überaus schlechte Qualität zahlreicher Software-Produkte oder Nutzungsbeispiele digitaler Medien darstellt. Sie repräsentieren nämlich in aller Regel nur einen sehr schmalen Bereich dessen, was in Lehrplänen sowie den Bildungsstandards für den Mathematikunterricht propagiert und gefordert wird. Diese reduktionistische Tendenz zeigt sich auf mindestens drei Ebenen:

- Programme oder Anwendungen zielen mehrheitlich auf *inhaltliche Kompetenzen* (vgl. KMK 2005a; siehe auch Kap. 2.1 u. 2.2). Und hier wiederum erfolgt eine weitere übergebührliche Einschränkung auf *Rechenfertigkeit* bzw. generell auf die Fertigkeitsebene.

- Die zweite Einschränkung besteht in der Konzentration auf die *Automatisierung* der Rechenfertigkeiten. Geschicktes Rechnen, Rechen*fähigkeiten* kommen kaum so zum Tragen, wie es seitens des Curriculums gefordert ist. Im Prinzip wird nach dem traditionellen Schema F vorgegangen: Beispielaufgabe – Musterlösung – Rechne ebenso! Und dies wird dann an einer Serie gleichförmiger Aufgaben geübt (›getrimmt‹), die i. d. R. durch Zufallsgenerator ausgewählt werden. Dass Mathematik weit mehr ist als Rechnen, bildet sich in den Produkten oder Anwendungen nicht hinreichend ab.

- So gut wie gänzlich unberücksichtigt bleiben zudem die *allgemeinen mathematischen* (prozessbezogenen) Kompetenzen (vgl. ebd.). Da es im Wesentlichen um das Rechnen geht, kann man auch eine zweifellose Stärke des Computers gut nutzen: Er kann sofort die Rückmeldung geben, ob das Ergebnis richtig ist oder nicht. Das funktioniert aber auch nur deshalb, weil das richtige Ergebnis das einzig mögliche ist. Der *Weg* gar zu diesem Ergebnis bleibt uninteressant. Erst recht die Ermunterung zum Vergleich, zur Kommunikation über verschiedene Wege (oder auch Ergebnisse), das Argumentieren, das Darstellen, das Forschen und Problemlösen – prozessbezogene Kompetenzen, wie sie schon als ›allgemeine Lernziele‹ seit 1985 betont wurden und heute als allgemeine mathematische Kompetenzen in den Bildungsstandards (KMK 2005a; siehe auch Kap. 2.1 u. 2.2) fortgeschrieben und besonders betont wurden.

Die Fragen, die sich aus der Forumskommunikation in Kap. 2.4.2 für einen fachlich gehaltvollen Unterricht ergäben, dokumentieren auch, dass das Beherrschen der Grundrechenarten keine hinreichende Ausstattung ist – weder für das Unterrichten in der Grundschule noch für die Produktion digitaler Medien für den Mathematikunterricht:

Nicht jeder Erwachsene wird die auf S. 31 f. zur Bearbeitung empfohlene Aufgabe (b) zum mathematischen Hintergrund erfolgreich bewältigen. Mancher mag ein *Beispiel* gelöst haben, aber die Allgemeingültigkeit der von der Mutter empfohlenen ›Formel‹ zu erkennen oder gar zu beweisen (allgemeingültig, algebraisch), erfordert dann eben eine spezifische Expertise, die zwar mit inhaltlichen Kenntnissen aus der Mittelstufe zu bewältigen ist, meist aber nicht mehr im Erfahrungsbereich von Erwachsenen liegt. Die Algebraisierung solcher Aufgabenformate gehört daher mit gutem Grund auch zum curricularen Inhalt der Lehrerbildung (vgl. KMK 2005b). Auch die Frage, ob außen drei Einsen stehen können, lässt sich je nach Voraussetzungen unterschiedlich beantworten.

Man kann sich die Frage stellen, wie ein Computerprogramm mit derartigen Fragen umgehen sollte. Das wäre höchst relevant für die Entwicklung und Programmierung einer Software zu Rechendreiecken. Erst recht wird es diffizil, wenn man versuchen wollte, die immer wieder geforderte (und von manchen Programmen auch behauptete) Fähigkeit einer Software zu realisieren, in diagnostischer Art und Weise sowie adaptiv individuell am Leistungsstand des einzelnen Lerners orientiert auf Phänomene sachgerecht zu reagieren, die wir im Rahmen eines Forschungsprojekts mehrfach zu Aufgabenstellungen mit Rechendreiecken erlebt haben:

Verschiedene Grundschulklassen gingen der Frage nach, ob es Rechendreiecke geben könne, bei denen die Außenzahlen alle ungerade wären. Was muss ein Programmentwickler dazu wissen, wenn er diese schöne Forschungsaufgabe in seine Software integrieren möchte? Er könnte den (in der Grundschule offiziellen) Bereich der natürlichen Zahlen festlegen. Er könnte intern auch Bruchzahlen zulassen, was die Eingabe von zweimal 0,5 in benachbarten Innenfeldern erlauben würde. Wie würde das ›Hilfemodul‹ der Software in der folgend beschriebenen, real eingetretenen Situation aus einer 4. Klasse reagieren?

S1: Also es gibt Rechendreiecke mit drei ungeraden Zahlen draußen. Ich schreibe außen überall eine 1, und innen kommt überall 0,5.

S2: Ja, aber 0,5 ist doch keine richtige Zahl, keine normale Zahl …

S3: Die darf man nicht benutzen.

S4: Aber es gibt doch Kommazahlen, z. B. ein halber Liter.

Der Lehrer stellte als Impuls die Frage an die Klasse, was denn gerade und ungerade Zahlen seien. Die Schüler benannten die ›Definition‹ einer geraden Zahl so, dass sie durch zwei teilbar sein müsse.

S5: Aber wenn man sie hier benutzen darf, und S1 hat die 1 durch 2 geteilt, dann ist 1 ja doch eine gerade Zahl, denn sie ist durch 2 teilbar!

> **Anregung zur (gemeinsamen) Bearbeitung**
>
> (a) Wie stehen Sie zu dieser Definition einer geraden Zahl? Wie würden Sie auf diese Antwort der Kinder reagieren? Wie gehen Sie (fachlich) mit dem Widerspruch um, dass 1 eine gerade Zahl sei?
>
> (b) Was sind denn ›richtige, normale‹ Zahlen? Wer sagt, ob man welche Zahlen benutzen darf oder nicht?
>
> (c) Über welche fachlichen wie fachdidaktischen Kenntnisse müsste ein Programmentwickler verfügen, damit das ›Diagnose-‹ oder ›Hilfe-Modul‹[13] seiner Software bzw. diese auch generell sinnvoll auf solche (und vergleichbare) Situationen reagieren könnte?

Wer die Diskussion, die sich in der besagten Klasse entspann und die tief in den mathematischen Kern eindrang (Zahlbereiche, Paritäten, Lösbarkeiten, Bedingungen, ...), der mag Zweifel haben, ob sich dies in ähnlicher Weise ereignen würde, wenn dieses Kind vor einem Lernprogramm gesessen hätte.

Sicherlich muss man zugestehen, dass die *Diskussion* schließlich nicht durch ein digitales Medium ersetzt werden soll (vgl. 2.4.3), zumindest hat dies noch niemand ernsthaft gefordert, und es gibt auch keine derartigen Versuche, dergleichen in das Medium zu implementieren. Gleichwohl sollte mit diesem kurzen Einblick dafür sensibilisiert werden, welche fachlichen und fachdidaktischen Fragestellungen zwingend bei der Entwicklung der (nicht nur digitalen) Medien/Arbeitsmittel tangiert sind. Der Oberfläche einer *fertigen* Entwicklung wird (und sollte) man solche vielfältig notwendigen Überlegungen nicht mehr ansehen. Finden sie aber nicht statt, so wird sich die Wirkung sehr bald nachweisen lassen, da es zwangsläufig zu Kollisionen mit grundlegenden Postulaten des Mathematiklernens kommen wird. Das macht es übrigens für Fachleute auch so einfach, die zahlreichen fachdidaktischen Mängel an den meisten Produkten aufzudecken. Es handelt sich nämlich meistens nicht um diffizile Fragen, sondern um ganz offensichtliche Verstöße gegen die elementarsten fachdidaktischen Essentials des Mathematiklernens.

2.4.5 Zeitgemäßes Üben

Der deutlich dominierende Anteil digitaler Medien oder Anwendungen im Mathematikunterricht der Grundschule zielt auf das Üben – vermutlich weil sich

---

[13] Ein solches Modul wird immer wieder von Lehrkräften gewünscht und ist (daher) auch in zahlreichen Programmen zu finden, wenn auch bei genauerem Hinsehen i. d. R. in recht reduktionistischer Form. Diagnostische Kompetenz, wie sie von Lehrkräften erwartet wird, ist damit nicht vergleichbar.

die klischeehaften, aber überholten Vorstellungen und Praktiken darüber, was das Mathematiklernen und speziell das Üben (erst recht in der Grundschule) ausmacht, als recht ›programmier-affin‹ erweisen. Programmiertes Lernen lässt sich nun einmal recht leicht in Programmierroutinen und Codezeilen abbilden. So wundert die große Anzahl an erhältlichen ›Rechentrainern‹ nicht. Legt man ein reduktionistisches Verständnis sowohl des Lehr-Lern-Konzepts des Mathematikunterrichts (Rundfunk-Metapher, s. o.) wie auch der dort zu thematisierenden Inhalte zugrunde (Fokussierung auf Rechenfertigkeiten, s. o.), dann lässt sich das in folgendem typischem Webmuster vieler Produkte wiederfinden:

Die Software generiert einen Pool gleichartiger Aufgaben, die von einem Zufallsgenerator ausgewählt und in einer ›kindgerechten‹ grafischen Aufmachung präsentiert werden. Jede Aufgabe wird programmintern auf Richtigkeit überprüft und eine irgendwie geartete optische und/oder akustische Rückmeldung an das Kind gegeben. Die Fehler werden gezählt und grafisch oder als Prozentwert (manchmal sogar als Note) ausgewiesen. Zur Belohnung gibt es unterwegs ein Spiel oder eine andere optische Ablenkung (jedenfalls ohne Bezug zum mathematischen Inhalt), und *natürlich* (?!) ist ein gutes Programm auch immer in eine Rahmenhandlung eingebunden, die a) austauschbar ist (mit dem Inhalt also nicht originär etwas zu tun hat) und b) nicht selten auch den mathematischen Inhalt überlagert. So mag ein Programm zwar durchaus sinnvolle Teilaufgaben enthalten, diese sind aber nicht direkt auswählbar, weil zuvor unverhältnismäßig lange gleichförmige Rechenprozeduren abzuarbeiten sind, damit man sich in der Rahmenhandlung ›Geld‹ verdient, mit dem man ein ›Eseltaxi‹ mieten kann, das einen dann – irgendwann – zu den tatsächlich interessierenden Aufgaben bringt (Alter et al. 1998).

Sieht man einmal ab von den programmiertechnischen sowie Darstellungsmöglichkeiten moderner Autorensysteme bzw. Displays, dann erkennt man dahinter nach wie vor das Grundprinzip der programmierten Unterweisung (vgl. Krauthausen 1994a) und eines lange überholten Lern- und Übungsverständnisses. Im Rahmen digitaler Medien überlebt es offenbar mit besonderer Beharrlichkeit, auch auf dem Markt der nichtdigitalen Arbeits- und Lernmittel (Kategorie der ›bunten Hunde & grauen Päckchen‹; vgl. Wittmann 1990). In beiden Fällen verschleiern die Verpackung, die äußere Gestaltung, die vordergründige Motivierung oder ein offenbar wirksames Marketing die Tatsache, dass weder die Sache noch das Kind hinreichend ernst genommen werden.

Wie bei den Zielen und Inhalten (vgl. Kap. 2.4.3) ist bei digitalen Medien oder Anwendungen auch bzgl. des Übungsbegriffs ein ausgesprochen reduktionistisches Verständnis anzutreffen. Weder das Konzept des produktiven Übens als solches (Winter 1984a; Wittmann/Müller 1990 u. 1992; Krauthausen/Scherer 2007) noch speziell die Bandbreite der Übungstypen (Wittmann 1992) werden auch nur annähernd im Angebot digitaler Medien für das Mathematiklernen in der Grundschule realisiert. Es dominiert das unstrukturierte Üben. Und mangels Struktur erübrigt sich die Frage nach problemstrukturierten, operativ strukturierten oder sachstrukturierten Übungen. Aus gleichem Grund kommen auch weder reflektiertes noch immanentes Üben zum Tragen, da es keine Muster gibt, über die man nachdenken könnte. Bzgl. der Darstellungsform ist das formale Üben sehr verbreitet (Aufgabenplantagen, wenn auch evtl. in optisch aufgelockerterer Form), das gestützte Üben wird allenfalls angedeutet, da eher statische Diagramme überwiegen (zu Chancen der Dynamisierung vgl. Urff 2009a u. 2010; Ladel 2009; Ladel/Kortenkamp 2009 und Kap. 4.7.1).

Die Vernachlässigung derartiger fachdidaktischer Konzepte oder Postulate führt dann verständlicherweise zu entsprechenden Problemen: Wer das operative Prinzip nicht kennt – ob als Hersteller oder als Nutzer eines Arbeitsmittels oder Computerprogramms –, der wird auch schwerlich unterscheiden oder bewerten können, ob das Aufgabenangebot einer konkreten Software dieses zentrale mathematikdidaktische Prinzip konsequent umsetzt oder ob es sich um eine willkürliche und zufallsgesteuerte Aufgabenabfolge handelt. Gleiches gilt für die o. g. Übungstypen. Programme mit diesbezüglichen Mängeln werden dann kaum Störgefühle hervorrufen. Wer das Konzept des produktiven Übens nicht kennt, der wird auch nicht wissen, dass dazu – ab einer bestimmten Stelle im Lernprozess und nur bei einigen Inhaltsbereichen (z. B. Kopfrechnen oder schriftliche Algorithmen) – auch die Automatisierungsphase gehört, wohlgemerkt unter dem konzeptionellen Dach des aktiv entdeckenden Lernens! In Unkenntnis dessen wird dann mit leichter Hand das Kind mit dem Bade ausgeschüttet, selbst von ›amtlichen‹ Bewertungsinstitutionen:

»Lern- und Übeprogramme [...] sind [...] Programme, die dem Lern-Paradigma des operanten Konditionierens oder der Instruktionstheorie entsprechend den Lerner i. d. R. gängeln und seinen Interaktionsradius stark einschränken« (Engel et al. 1998, S. 19). Auch wenn das oft zutreffen mag, sollte man es nicht übergeneralisieren: Das verbreitete Programm BLITZRECHNEN etwa ist ein Übeprogramm, das vorrangig der Automatisierung dient, fußt aber auf einem ausgearbeiteten und aktuellen fachdidaktischen Konzept (welches vor der Entwicklung der Software-Version entwickelt wurde), in dem auch – ab einer bestimmten Stelle – Automatisierungsübungen ihre Berechtigung haben. Dass in der entsprechenden Handreichung sehr deutliche Aussagen zur Positionierung und zum didaktischen Ort des Programmeinsatzes zu lesen sind, schützt aber offensichtlich nicht vor fragwürdigen Einsatzmöglichkeiten, Erwartungen oder Bewertungen (vgl. Krauthausen 2004).

Bezogen auf die Forumskommunikation in Kap. 2.4.2 lässt sich sagen: Die bei den Müttern Aufsehen erregende Aufgabe des Rechendreiecks mit vorgegebenen Außenzahlen ist zwar noch nicht per se ein Garant zeitgemäßer Übungspraxis (weil keine ›gute‹ Aufgabe einen Automatismus für wünschenswerten

Unterricht darstellt; vgl. Kap. 2.4.6), sie enthält aber alle Voraussetzungen für eine substanzielle Lernumgebung und eine zeitgemäße Übungspraxis mit dem Potenzial einer natürlichen Differenzierung (vgl. Krauthausen/Scherer 2006a/b u. 2007 u. 2010). Es ermöglicht offene Aufgaben, problem- und operativ strukturierte Aufgaben sowie gehaltvolle Fragestellungen für Forschungsaufträge und Erkundungen. Erneut kommt es darauf an, was man daraus macht ...

> **Anregung zur (gemeinsamen) Bearbeitung**
>
> (a) Diskutieren Sie die Frage, warum die digitalen Medienangebote diese Breite und Tiefe vielfach publizierter und erprobter fachdidaktischer Konzepte zum Üben im Mathematikunterricht bis heute noch nicht wirklich widerspiegeln.
>
> (b) Was macht Ihrer Meinung nach auf der anderen Seite die traditionelle Praxis, die nach wie vor an das Grundparadigma des programmierten Lernens angelehnt ist, so beständig. Vergleichen Sie dazu die entsprechenden Produkte auf dem klassischen Arbeitsmittelmarkt und die digitalen Medien.
>
> (c) Untersuchen Sie analoge Arbeitsmittel und digitale Medien aus Ihrer eigenen Klasse daraufhin, ob und inwieweit sie dem Konzept des produktiven Übens förderlich sein können. Für welchen Prozentanteil der jeweiligen Medien trifft das zu?

2.4.6 ›Gute Aufgaben‹ und Aufgabenkultur

Wie oben angedeutet, besteht ein überproportional großer Anteil der Lernangebote bei digitalen Medien für den Mathematikunterricht der Grundschule aus gleichförmigen Aufgaben, die vor allem die Rechenfertigkeit betonen und die Nutzer dazu befähigen wollen, diese Aufgaben sicherer und auch schneller korrekt zu beantworten. Im Vordergrund steht die Kopplung des Reizes Aufgabe mit der Reaktion richtige Lösung, also nach wie vor das behavioristische Grundmodell des Lernens. Dass es gerade in den letzten Jahren eine zunehmende Diskussion in der Mathematikdidaktik zum Thema ›gute Aufgaben‹ gibt (z. B. Granzer 2006; Ruwisch/Peter-Koop (Hg.) 2003; Walther o. J.; Winter 2003), spiegelt sich in den Produkten und Anwendungen digitaler Medien für den Mathematikunterricht der Grundschule noch nicht wider – obwohl auch speziell für diesen Bereich darüber nachgedacht wurde (Krauthausen 2003b) und mit dem ZAHLENFORSCHER auch die *prinzipiell* mögliche konkrete Umsetzbarkeit der hohen didaktischen Ansprüche an HiQ-Software (*High Quality*) gezeigt werden konnte (Krauthausen 2006a/b).

Was Gächter (2004) auf die Aufgabenkultur im Sekundar- und Printbereich bezieht, gilt mindestens in gleicher Weise für die Aufgabenangebote digitaler Medien für die Grundschule:

> »Wir sind eine *Aufgaben-Wegwerfgesellschaft*! Muss man länger als 3 Minuten über den Lösungsweg nachdenken, ist die Aufgabe unlösbar. Das Verweilen bei einem Problem, das Nachdenken über verschiedene Lösungswege und das Ausschöpfen der Möglichkeiten scheint zu anstrengend. [...]
>
> Wir sind eine *Aufgaben-Hamstergesellschaft*! Mit Schrecken erinnere ich mich an ein Buch aus den USA mit 5000 Trigonometrie-Aufgaben. Schülerinnen und Schüler haben das Bedürfnis, alle Aufgabentypen vor der Prüfung zu behandeln, damit diese berechenbar wird und sich nichts Unvorhergesehenes ereignet. Im Eilzugstempo eilt man (am liebsten mit Lösungsheft) von Aufgabe zu Aufgabe. [...]
>
> Neuere Lehrbücher offerieren sogenannte ›*Oasen*‹ oder Einschübe, wo ›Mathematik mit Spass‹ angeboten wird. Ich bin allergisch darauf. Spannende Mathematik reduziert sich nicht auf wenige Seiten. Im Übrigen sind Oasen nur als solche erkennbar, wenn rundherum Wüste ist« (Gächter 2004, S. 185; Hervorhebung GKr).

Bei den eingangs dieses Abschnitts genannten Autorinnen und Autoren lassen sich Kriterien für ›gute‹ Aufgaben finden, die Sie auf eigene konkrete Beispiele bezogen diskutieren können:

Gute und andere Aufgaben

»Eine Aufgabe ist um so wertvoller, je mehr sie nachweislich den engeren oder weiteren Zielen des Mathematikunterrichts direkt oder indirekt dient.« (Winter)

»Gute Aufgaben sind Aufgaben, welche bei Schülern in Verbindung mit grundlegenden mathematischen Begriffen und Verfahren die Entwicklung prozessbezogener Kompetenzen unterstützen.« (Walther)

»Vor diesem Hintergrund vermeiden wir es auch von schlechten Aufgaben zu sprechen. Aufgaben, die im obigen Sinne nicht das Prädikat gut erhalten, können durchaus andere wichtige Ziele, wie z. B. die Routinisierung des Kleinen Einmaleins oder das gezielte Üben anderer Kenntnisse und Fertigkeiten verfolgen. Zur Abgrenzung von guten Aufgaben sprechen wir in diesen Fällen von anderen Aufgaben.« (Walther)

»›gut‹ ist nicht unbedingt ein Merkmal einer Aufgabe oder eines Problems, sondern vielmehr einer Beziehung von Aufgabenstellung und Problemlösenden; ›gut‹ kann selbst eine banale Ausgangsaufgabe sein, wenn sie im Unterricht zum Fragen, Vermuten, Argumentieren und Weiter-Denken anregt.« (Ruwisch)

Was man in Software-Produkten oder Anwendungen digitaler Medien in der Praxis überproportional findet, sind ›andere‹ Aufgaben im o. g. Sinne. Diese haben durchaus ihre Berechtigung – zur rechten Zeit und am rechten didaktischen Ort. Kritisch zu sehen ist ihre überproportionale, dominante Präsenz.

Der Begriff der Aufgaben*kultur* deutet auch an, dass es nicht ausreicht, einen möglichst großen Pool an Aufgaben bereitzustellen, der dann sozusagen selbstwirksam zu gutem Unterricht führen würde. Der Wortbestandteil *Kultur* (vgl. Wahrig-Burfeind 2008) verweist auf eine Ausdrucksform, eine Lebensart, die gelernt werden muss (von Lehrenden wie Lernenden), die sich nicht schon dadurch ad hoc etabliert, dass man die eine oder andere gute Aufgabe in die Lerngruppe gibt. Auch als bloßes Intermezzo wird man dem Potenzial guter Aufgaben nicht gerecht. Sie sollten vielmehr den Alltag des Unterrichts durchdringen und auch in der Wahrnehmung der Kinder ›normal‹ sein. Einer sachgerechten Aufgabenkultur förderlich sind mindestens die folgenden Aspekte:

- Die Aufgaben sind hinreichend komplex, flexibel und variabel.
- Sie sprechen ein breites Spektrum inhaltlicher wie allgemeiner mathematischer Kompetenzen an und ermöglichen deren integrative Förderung.
- Sie haben eine klare fachliche Rahmung (von der Lehrperson vorab didaktisch vorgenommen) und eine reichhaltige mathematische Substanz.
- Sie erfordern eine Haltung, die sich einer verkürzten Übungs- und Erklärungsideologie enthält.
- Sie fordern und fördern Geduld, Ausdauer, Konzentration, Anstrengungsbereitschaft und ein allgemeines Begründungsbedürfnis.
- Sie stellen Zeit, Raum und sachgerechte Hilfen (zur Selbsthilfe) bereit.
- Sie verfolgen keinen (lediglich umgekehrten) Absolutheitsanspruch gegenüber ›anderen‹ Aufgaben.

Mit anderen Worten: »Es wird dann zunehmend deutlicher, dass ›gute Aufgaben‹ auch ›gute Lehrerinnen‹ und ›gute Schulverhältnisse‹ erfordern, wenn sich der Unterricht grundlegend verbessern soll« (Winter 2003, S. 177 f.).

2.5 Neue und alte Medien im Mathematikunterricht

Die Diskussion über den schulischen Einsatz der (immer noch) so genannten ›neuen‹ Medien besteht noch gar nicht so lange. In den 1980er-Jahren wurde sie u. a. beflügelt vom technischen Fortschritt der Geräte, ihrer wachsenden Verbreitung in diversen gesellschaftlichen Bereichen und der zunehmenden ›Handhabbarkeit‹ durch ›informationstechnische Laien‹, auch was die Verfügbarkeit von Programmiersprachen oder Tools betrifft, mit denen Hobby-Programmierer seither auch Lernprogramme entwickeln.

Parallel dazu und mit zunächst deutlich größerer Zurückhaltung lief die Diskussion ab, welche in der offiziellen Erlasslage zu neuen Medien in der Grundschule ihren Niederschlag fand. Bis Mitte der 1980er-Jahre war beispielsweise in NRW der Computereinsatz in der Grundschule nicht erlaubt. »Der Einsatz der Neuen Technologien in der Grundschule hat nicht die Bedeutung, die ihm in anderen Schulstufen zukommt. Es gilt jedoch zu prüfen, inwieweit der Computer als Medium im Unterricht hilfreich sein kann. Dem dienen Modellversuche an ausgewählten Grundschulen« (KM 1985b, S. 7).

Für NRW beispielsweise kann das Soester Symposion ›Computereinsatz in der Grundschule?‹ vom März 1989 als der Beginn des offiziellen Nachdenkens und der Öffnung gegenüber (bzw. der Suche nach) didaktisch verantwortbaren Einsatzmöglichkeiten verstanden werden (LSW 1989a). Grundsätzlichere Fragen nach Anspruch und Wirklichkeit wurden gestellt (Herrmann 1989a), die Literaturlage analysiert (Herrmann 1989b), das damalige Angebot an verfügbarer Unterrichtssoftware (LSW 1989b) sowie deren Qualität (Krauthausen 1989) beleuchtet. Bereits 1992 wurde die ›Geschichtslosigkeit der Mathematiksoftware für die Primarstufe‹ moniert, sprich: die Konservierung überholter behavioristischer Prinzipien assoziativer Lerntheorien (Krauthausen 1992 u. 1994). Diese Texte könnten – die Geschichtslosigkeit lässt sich also nach wie vor reklamieren (vgl. Kap. 3.1) – auch zur Zeit der Drucklegung dieses Buches nahezu unverändert publiziert werden.

Ein weiterer Punkt fällt auf: Verständlicherweise kreiste die Diskussion damals zunächst um das Medium als solches, seine Spezifika, um ›das Neue‹ – sei es im Rahmen eher technikzentrierter Perspektiven oder hinsichtlich der Frage nach unterrichtlichem Nutzen, Mehrwert und Einsatzformen, die didaktisch und pädagogisch legitimierbar waren. Letztere waren häufig gekennzeichnet durch das Prinzip: Nun haben wir den Computer, was können wir damit machen? Die reine Verfügbarkeit war der Ausgangspunkt der Überlegungen, nicht ein didaktischer Bedarf. Vielfach wurden veraltete Rechner aus Wirtschaft und Behörden in Form von ›Schenkungen‹ in der Grundschule entsorgt. Für ›die Kleinen‹ seien die Maschinen noch gut genug, wurde in Verkennung der an sich umgekehrten Notwendigkeiten argumentiert. Richtig war das nur, wenn man sich auf schlichte Frage-Antwort-Anwendungen beschränkte. Die Mathematikdidaktik war da aber bereits sehr viel weiter.

Die Diskussion über Einsatzmöglichkeiten digitaler Medien auf der einen und die fachdidaktische Entwicklung und Diskussion auf der anderen Seite verliefen aber (zu) lange als zwei voneinander recht unabhängige Stränge, auch wenn bereits früh die Hauptmängel der üblichen Grundschulsoftware benannt worden waren:

- »behavioristisches Lern- und Übungsverständnis
- unverhältnismässig hoher Anteil an drill-&-practice
- ungenügender Curriculumbezug
- ungenügendes oder fehlendes didaktisches Begleitmaterial
- programmiertechnische Mängel
- reduktionistisches Begriffsverständnis z. B. bezüglich […] Übung, Schüleraktivität, Interaktivität, Differenzierung, Motivation, Lernprozessdiagnostik« (Krauthausen 1995c, S. 6).

Aus heutiger Sicht lässt sich sicherlich konstatieren, dass die Anwendungen programmiertechnisch verlässlicher, fehlerfreier und stabiler laufen sowie mit zuvor ungeahnten ›Features‹ aufwarten (wobei noch nichts über deren didaktischen Sinn oder gar Alternativlosigkeit gesagt sein muss). *Alle* anderen genannten Punkte hätten aber bis heute einen prominenten vorderen Platz auch auf einer aktuellen Mängelliste.

Was der Diskussion damals (wie heute?) fehlte, war eine ganzheitlichere Betrachtung, die auch der Tatsache Rechnung trug, dass es beim Lernen (mit oder ohne Computerunterstützung) auch immer um *Inhalte* geht – das, was *Mathematik*lernen ausmacht, wurde und wird entweder gar nicht oder sehr reduktionistisch berücksichtigt – und dass es für das Lernen von Mathematik eine eigenständige Wissenschaft gibt – die Mathematikdidaktik –, deren Erkenntnisstand genutzt werden müsste. Damit sind nicht nur generelle mathematikdidaktische Essentials zum Lernen und Üben und Mathematiktreiben gemeint, sondern auch spezifischere Erkenntnisse über den Einsatz von Medien (gleich welcher Art) beim Mathematiklernen (vgl. Kap. 2.4).

Sowohl die benennbaren unterschiedlichen Funktionen als auch die Gütekriterien *nicht*digitaler Arbeits- und Anschauungsmittel (vgl. zusammenfassend Krauthausen/Scherer 2007, S. 240–263) können z. B. auch Relevanz haben für den Einsatz, auf jeden Fall aber für das Nachdenken über *digitale* Medien.

> **Anregung zur (gemeinsamen) Bearbeitung**
>
> Die unten abgebildete Liste stellt einige wesentliche Gütekriterien zur Beurteilung von (analogen) Arbeitsmitteln und Veranschaulichungen zusammen, die im Mathematikunterricht von Bedeutung sind. Die Liste ist nicht hierarchisiert.
>
> a) Diskutieren Sie, inwiefern welche dieser Kriterien zur Beurteilung von allgemein üblichen Arbeits- und Anschauungmitteln ebenso für *digitale* Medien von Bedeutung sind. Welche halten Sie für weniger relevant und warum?
>
> b) Gibt es Ihrer Meinung nach weitere, hier nicht genannte Gütekriterien, die speziell für digitale Medien relevant werden? Prüfen Sie dazu an-

hand Ihnen bekannter Unterrichtssoftware, inwiefern welche dieser Kriterien in welcher Qualität konkret repräsentiert bzw. berücksichtigt werden.

- - - - -

» 1. Wird die jeweilige mathematische Grundidee angemessen verkörpert?
2. Wird die Simultanerfassung von Anzahlen bis 5 bzw. die strukturierte (Quasi-simultan-)Erfassung von größeren Anzahlen unterstützt?
3. Ist eine Übersetzung in grafische (auch von Kindern leicht zu zeichnende) Bilder möglich? (Ikonisierung)
4. Wird die Ausbildung von Vorstellungsbildern und das mentale Operieren mit ihnen unterstützt?
5. Wird die Verfestigung des zählenden Rechnens vermieden bzw. die Ablösung vom zählenden und der Übergang zum denkenden Rechnen unterstützt?
6. Werden verschiedene individuelle Bearbeitungs- und Lösungswege zu ein und derselben Aufgabe ermöglicht?
7. Wird die Ausbildung heuristischer Rechenstrategien unterstützt?
8. Wird der kommunikative und argumentative Austausch über verschiedene Lösungswege unterstützt?
9. Ist eine strukturgleiche Fortsetzbarkeit gewährleistet?
10. Ist ein Einsatz in unterschiedlichen Inhaltsbereichen (anstatt nur für sehr begrenzte Unterrichtsinhalte) möglich?
11. Ist ein Einsatz im Rahmen unterschiedlicher Arbeits- und Sozialformen möglich?
12. Ist eine ästhetische Qualität gegeben?
13. Gibt es neben der Variante für die Hand der Kinder auch eine größere Demonstrationsversion?
14. Ist die Handhabbarkeit auch für Kinderhände und ihre Motorik angemessen?
15. Ist eine angemessene Haltbarkeit auch unter Alltagsbedingungen gegeben?
16. Ist die organisatorische Handhabung alltagstauglich (schnell bereitzustellen bzw. geordnet wegzuräumen)?
17. Sind ökologische Aspekte angemessen berücksichtigt?
18. Stimmt das Preis-Leistungs-Verhältnis?« (Krauthausen/Scherer 2007, S. 262 f.)

3 Das Qualitätsdilemma digitaler Lernumgebungen

3.1 Zur Geschichtslosigkeit des Status quo

3.1.1 Vorbemerkungen[14]

Im Zusammenhang mit dem PC-Einsatz im Mathematikunterricht der Grundschule lässt sich eine bedenkliche Geschichtslosigkeit insofern feststellen, als lange formulierte Erkenntnisse nicht zur Kenntnis genommen und daher ebenso lange bekannte Mängel weiterhin perpetuiert werden. Und das betrifft nicht nur die Zeitspanne seit der 3. Auflage von Krauthausen/Scherer (2007). Bei der Konzeptionierung des vorliegenden Buches hätte man auch problemlos auf nahezu sämtliche vergangenen Publikationen vom Ende der 1980er-/Anfang der 1990er-Jahre zurückgreifen können, wörtlich und mit nur wenigen irrelevanten Anpassungen – und es würde immer noch den heutigen Status quo beschreiben; oft würde man gar nicht bemerken, wie alt die Texte bereits sind (z. B. Krauthausen 1991b/1992/1994).

In Krauthausen (1991a) werden bereits auf der Grundlage umfangreicher Software-Bewertungen an der Beratungsstelle für Neue Technologien am Landesinstitut in Soest deutliche Mängel in Bereichen benannt, die im Prinzip auch heute, 20 Jahre später, noch auf breiter Front auszumachen sind: zugrunde liegendes Verständnis von Lernen, prozentuales Überangebot an Fertigkeitstraining/Automatisierung, unzureichendes didaktisches Begleitmaterial, fragwürdige Protokoll-/Diagnose-/Auswertungsfunktion, keine oder nur marginale Eingriffsmöglichkeit in den Datenbestand, Einschränkungen in der Navigation, Praxis der Korrektur von Fehleingaben und des Umgangs mit Fehlern, Praxis der Rückmeldungen, Programmsteuerung, Bildschirmdesign (Grafik, Typografie, Farbe, Ton) und nicht zuletzt bei der Sachrichtigkeit (ebd. S. 35–37).

---

[14] Die Überlegungen dieses Kapitels 3.1 wurden – mit einigen Überarbeitungen – aus dem Buch *Einführung in die Mathematikdidaktik* transferiert (Krauthausen/Scherer 2007, Kap. 3.3.2). Der dort zu findende Text wurde für den vorliegenden Band adaptiert (Kap. 2.3.3 und 3.1), weil es hierzu de facto wenig nennenswert Neues zu berichten gäbe.

Der zweifellos zu verzeichnende technische Fortschritt, qualitativ wie quantitativ, ist unbestritten: Es befinden sich heute signifikant mehr und deutlich bessere Computer in den Grundschulen. Dagegen lassen sich auch nur annähernd vergleichbare Qualitätssprünge im Bereich der fachdidaktischen Qualität der Softwareangebote wie der Unterrichtsvorschläge bei Weitem vermissen. Wie kommt so etwas, wie lässt sich dieses Phänomen erklären? Mehrere Deutungen[15] sind denkbar, wobei vieles dafür spricht, dass sie in vielfältiger Kombination auftreten:

- Die Entwicklung von High-Quality-Software ist kostenintensiv und nicht aus der Portokasse zu bezahlen (s. u. sowie Krauthausen 1998b u. 1999).

- Verlage scheuen mehr und mehr solche Investitionen und beschränken sich lieber auf die ›CD zum Buch‹ (kaum mehr als elektronische Arbeitshefte), einfach und billig herzustellen, und/oder favorisieren das, was man in der Programmiererszene mit ›Quick & Dirty‹ bezeichnet.

- Speziell Software für das Grundschulalter wird zu einem erstaunlich hohen Anteil von Personen entwickelt, die keinerlei originäre Beziehung und damit Expertise für das Lernen und Lehren von Mathematik besitzen; selbst Entwicklungen von Lehrkräften sind (fach-)didaktisch oft von überraschend dürftiger Qualität. Schulbuchautoren und/oder Verlagsredakteure entwickeln abseits ihres eigentlichen Kerngeschäfts und ihrer eigentlichen Expertise eher nebenbei. Es wird nicht registriert, dass die Software-Entwicklung wesentlich mehr und anderes bedeutet als die Portierung von Printprodukten und -erfahrungen auf eine CD-ROM.

- Die Fachdidaktik verhält sich zu zurückhaltend, sowohl mit einer klaren Positionierung gegenüber dem didaktisch fragwürdigen Marktangebot als auch im Hinblick auf die professionelle Entwicklung alternativer, fachdidaktisch zeitgemäßer Modelle und *Best-Practice* Beispiele.

- Es herrscht Orientierungslosigkeit bei der didaktischen Bewertung von Softwareprodukten. Man überlässt die Evaluation weitgehend externen Kreisen, die nicht originär mit Unterricht, Lernen und Lehren oder dem Fach zu tun haben (entsprechend skurril lesen sich manche Bewertungen dann auch). Kriterienkataloge, sofern überhaupt vorhanden, sind zu vage, zu willkürlich, zu unsystematisch. So genannte Gütesiegel überschwemmen den Markt, nicht selten von Verlagen selbst initiiert oder unterstützt, jedenfalls weder systematisch begründbar noch in irgendeiner Weise geschützt. Sie und ich könnten jederzeit ein eigenes Gütesiegel kreieren und auf die Umverpackungen kleben. Alles, was man dazu braucht, ist eine ausgefallene Idee oder Bezeichnung sowie ein funktionierendes Marketing.

---

[15] Sie werden hier nur kurz angedeutet und im Folgenden ausführlicher behandelt.

- Der Computereinsatz im Mathematikunterricht der Grundschule ist immer noch nicht wirklich das ›Megathema‹ dieser Schulform. Und das ist durchaus nicht bedauernd gemeint, sondern als ernsthafte These: Solange das entdeckende Lernen, das produktive Üben, das substanzielle Mathematiktreiben noch nicht wirklich flächendeckende Normalität und Realität geworden ist, sondern durch fragwürdige Realisierungen vermeintlich ›moderner‹ Konzepte konterkariert wird – Stichwort: offene Kommunikation mit geschlossener Mathematik (Steinbring 1999) oder Offenheit mit Konzept (Selter 1997) bzw. Offenheit vom Fach aus (Wittmann 1996) –, so lange sollten wir uns nicht einreden lassen, dass ausgerechnet der PC hier einen Fortschritt verspräche. Nahezu alle Indizien und Erfahrungen sprechen bislang dagegen – sofern man sich auf fachdidaktische Gütekriterien verständigt und einlässt.

Für die folgende Auseinandersetzung mit der Problemlage werden Eingrenzungen in dreierlei Hinsicht vorgenommen:

(1) Grundsatzdiskussion: Auf sie wird hier verzichtet, obwohl man die grundsätzliche Frage eines Computereinsatzes ausdrücklich nicht für abschließend geklärt halten sollte – anders als Mitzlaff/Speck-Hamdan (1998) dies bereits sehr frühzeitig taten, wenn sie sagen: »Es geht heute […] nicht mehr um die Frage des ›Ob‹, sondern um einen selbstverständlichen, pädagogisch sinnvollen Einsatz des Computers als ein Medium neben anderen« (ebd., S. 11). Diese Beschreibung mag vielleicht diesen Anschein haben, weil ja doch auch in der Grundschule die Instrumentierung weit fortgeschritten ist und sich der Softwaremarkt zunehmend ausweitet.

Die »Ergebenheit in den Lauf der Dinge« (von Hentig 2002, S. 13) sollte aber nicht darüber hinwegtäuschen, dass nach wie vor aus unterschiedlichen Perspektiven neue Beiträge vorliegen, die nicht einfach ignoriert werden dürfen. Ob das nun provokativ vorgetragene Plädoyers für ein Pro sind, die behaupten, wir (und d. h. auch bereits kleine Kinder) würden durch Computerspiele und TV ›klüger‹, weil man von einem veränderten Intelligenzbegriff ausgehen müsse und die heutigen Medien förderlich für den Umgang mit Komplexität seien (Johnson 2006), und das bereits für Kinder ab 2 Jahren (vgl. Kap. 4.4.2). Oder ob es die mahnenden Worte eines Weizenbaum (Weizenbaum/Wendt 2006), eines von Hentig (2002) oder auch eines mit neuen Fakten (eher selten in dieser Diskussion) aufwartenden Spitzer (2005) sind: Sie lassen sich argumentativ nicht einfach als rückständige Kritik unbelehrbarer Bedenkenträger deklarieren und vom Tisch wischen. Beiträge wie diese verdienen eine durchaus kritische, jedenfalls ernsthafte Berücksichtigung. Und das wiederum bedeutet, dass sie ggf. auch zur Revision bisheriger Meinungen führen müssten. Überhaupt sollte man es sich – nicht nur bei diesem Thema – immer offenlassen, wenigstens hin und wieder noch einmal grundsätzliche Fragen zu stellen und sich seines Handelns rückzuversichern. Insofern bleibt die Grundsatzdiskussion durchgängig virulent und nicht nur noch eine Frage des Wie.

(2) Fokus auf Grundschule, Mathematikdidaktik: Dieses Kapitel (wie auch das ganze Buch) beschränkt sich auf die Grundschule und speziell ihren Mathematikunterricht. Gemeint ist damit ein zeitgemäßer Unterricht gemäß den Postulaten und Standards des aktuellen mathematikdidaktischen Forschungsstandes (vgl. Kap. 2.4 und Krauthausen/Scherer 2007). Das bedeutet, dass auch hier der Primat der Didaktik beansprucht wird, und wir sollten präzisieren: der *Primat der Fachdidaktik*. Das ist deshalb so ausdrücklich zu betonen, weil ›die Computerdiskussion‹ in der Grundschule seit Jahren dominiert wird von der (allgemeinen, Schul- oder Medien-)Pädagogik (sie liefert i. d. R. professionelle Beiträge zur Diskussion, auch wenn das die Notwendigkeit einer fachdidaktisch begründeten Konkretisierung oder Absicherung nicht entbehrlich macht), aber leider auch von zahlreichen Pseudoexperten (das ist die zweifelhafte Seite). Die Geschichte dieser so genannten ›Expertenratschläge‹ außerhalb jedweder didaktischer oder schulpädagogischer Expertise ist zum großen Teil eine unrühmliche. »Es ist nicht der unwesentlichste Vorteil wissenschaftlicher Kenntnisse, dass sie uns immun gegen Pseudowissenschaft machen« (Gopnik et al. 2003, S. 237), und dies ist ein wesentlicher Grund für das Plädoyer, der *spezifisch* zuständigen Wissenschaft vom Lernen fachlicher Inhalte, der Fachdidaktik, eine prominentere Rolle und Beachtung als bisher einzuräumen. Denn mathematikdidaktische Minimalanforderungen sind in großem Ausmaß für den Computereinsatz in der Grundschule (immer noch) nicht erfüllt.

(3) Exemplarische Auswahl: Es kann hier nur auf ausgewählte Aspekte und Beispiele eingegangen werden kann. Fokussiert wird v. a. auf so genannte Lernsoftware, also Programme für das Mathematiklernen und -üben (i. d. R. auf CD) im Grundschulalter. Denn laut einer Erhebung im Auftrag des BMBF stellt diese Kategorie 96 % der Computernutzung in der Grundschule dar (Krützer/Probst 2006). Der Zusatz »so genannte« Lernsoftware soll signalisieren, dass dieser Begriff weder terminologisch geklärt noch glücklich ist. Dem Mathematikdidaktiker Lorenz (1997, S. 57) »sind auch keine dementsprechenden Programme bekannt, auch wenn sich viele so nennen.«

Die Grundposition dieses Buches zur Frage ›Computer, ja oder nein?‹ lässt sich als kritisch-optimistisch bezeichnen. Kritisch, weil es nach wie vor (mehr als) die im Folgenden genannten Probleme gibt. Optimistisch aufgrund der Zuversicht, dass sich Grundschule und Fachdidaktik nicht in die normative Kraft des Faktischen ergeben müssen, sondern gestalten können. Der Einsatz des Computers in der Grundschule sollte aber an bestimmte, v. a. fachdidaktische Minimalanforderungen gebunden sein, hinter die er nicht zurückfallen darf. Hierzu braucht es didaktische Konsequenz und Beharrlichkeit. Wer eine solche Position vertritt, muss mit folgenden Standardentgegnungen rechnen:

- Selbstverständlich achte man heute verstärkt auf pädagogisch-didaktische Belange.
- Es gäbe mittlerweile zahlreiche Informationsquellen (Software-Rezensionen, Gütesiegel für empfehlenswerte Produkte usw.) und ein recht breites Angebot an guten Programmen sei, anders als noch vor Jahren, inzwischen verfügbar.
- Ohne Internet gehe heute nahezu nichts mehr, und so müssten die Kinder bereits möglichst früh, d. h. in der Grundschule, darauf vorbereitet werden.

Allerdings gibt es hinreichend Indizien dafür, dass all dies in großem Ausmaß, zumindest für die Grundschule, immer noch nicht zutrifft. Zu finden ist eher – v. a. aus fachdidaktischer Perspektive – ein Konglomerat aus verklärender, vordergründiger, ja oft inkompetenter Praxis, die den potenziellen Abnehmern (Eltern, Lehrkräften, Schülerinnen und Schülern) etwas vorzumachen versucht. Und obwohl die Naivität des Vorgehens manchmal schon fast rührend ist, entfalten diese Praktiken z. T. auf recht subtile Weise ihre Wirkung.

In der Diskussion und den einschlägigen Publikationen ist zudem Klartext zu sehr unterrepräsentiert – und das macht einen nicht unerheblichen *Teil des Problems* aus. Mit den kritischen Einwürfen in diesem Band sollen aber gleichwohl keine irrationalen, technik-feindlichen, ideologischen Ressentiments verfochten werden. Computerphobie nach Art historischer Maschinenstürmerei ist ebenso fehl am Platze wie ein euphorisches »Chip-Chip-Hurra« (Brunnstein 1985). Es soll aber an Dinge erinnert werden, die auch durch den erreichten Stand der Technik alles andere als bedeutungslos geworden sind.

3.1.2 Fragwürdige Suggestionen

Erfolgsversprechungen

Nachdem in den 90er-Jahren einmal eine Software nur kurz (aus juristischen Gründen?) mit einer ›Versetzungsgarantie‹ warb, nennt sich ein aktuelles Produkt immerhin »die Software mit Lerngarantie« (Barber et al. 2002, S. 2). Worauf gründet sich diese Garantie? Die Umverpackung gibt darüber Aufschluss: auf »die Reihenfolge: Erst üben, dann testen und danach spielen« (ebd.). Das Bedenkliche ist, dass solche Versprechungen von zahlreichen Eltern geglaubt werden und leider auch manches vordergründige Gewissen von Lehrkräften beruhigen können, anstatt ihr didaktisches Gewissen zu beunruhigen oder zumindest zu irritieren.

Abgesehen davon, dass dieser Dreischritt absolut kein zwingender ist, liegt bei vielen Programmen in allen drei Fällen ein fragwürdiges Begriffsverständnis vor: Die Konzeption des Übens ist z. T. überholt oder zu reduktionistisch (eingegrenzt auf das Training von Rechenfertigkeiten). Transparenz und konzeptioneller Aufbau des ›Tests‹ sind nicht selten kritikwürdig und folgen in erster Linie der Logik programmierter Unterweisung. Und das so genannte spielerische Lernen ist schon seit Langem einer der am meisten missbrauchten Begriffe (nicht nur) im Zusammenhang mit Lernsoftware (s. u. sowie Kap. 2.3.3).

Das Versprechen der Leistungsverbesserung erweist sich bei folgendem Gedankenexperiment sofort als wenig beeindruckend: Man stelle sich einen primär fertigkeitsorientierten Mathematikunterricht (ohne Computer) vor, in dem das Abarbeiten von Aufgabenplantagen, die Produkt- und Ergebnisorientierung im Vordergrund steht und die Beherrschung algorithmischer Lösungsverfahren dominiert. In einem solchen Unterricht werden strukturell auch die Lernkontrollen so konstruiert sein, dass sie bevorzugt genau diese Fertigkeiten abprüfen. Und da ist es nun überhaupt nicht verwunderlich, dass in einem solchen Fall massives und ausgiebiges Üben eine Verbesserung bewirken wird. Aus dem Blick geraten sollte nur zweierlei nicht: Erstens hat das so Angelernte erfahrungsgemäß nur eine sehr geringe Halbwertzeit und gerät schnell wieder in Vergessenheit (hier geschieht eigentlich kein Lernen, sondern nur ein Merken). Und zweitens hat ein solches Vorgehen so gut wie nichts mit lehrplankonformem Unterricht zu tun, bei dem Lernen, Leistung und Mathematik sehr viel mehr und Differenzierteres bedeutet als in diesem Gedankenexperiment (und in den meisten Software-Realisierungen).

Lehrersurrogate

Es gehört beim Einsatz von Computern im Unterricht nach wie vor seit den 1980er-Jahren zum guten Ton, nachdrücklich darauf hinzuweisen, dass *natürlich* dadurch die Lehrperson nicht ersetzt werden solle. Tatsache ist aber, dass die meisten Lernprogramme gleichwohl versuchen, möglichst detailgetreu professionstypische Aktivitäten einer ›guten‹ Lehrerin zu simulieren – oder das, was man dafür hält: Sie weist vorausgewählte Aufgaben zu (Sperrmöglichkeiten im Lehrermodul), sie zeigt, wie es geht (›Hilfen‹), sie kontrolliert, sie wertet aus, sie belohnt und sanktioniert, sie vergibt Noten. Zu all diesen Teilhandlungen eines klischeehaften Lehrerinnenbildes, das man schon bei Schule spielenden Kleinkindern beobachten, aber auch in den Köpfen vieler Entwickler von Grundschulsoftware erkennen kann, lassen sich problemlos Entsprechungen in zahlreichen Software-Produkten finden.

Ein Trend ist seit einiger Zeit unübersehbar: »Die CD zum Buch« ist nahezu ein Muss. Der laut Aussage zahlreicher Verlage ständige Ruf der Praxis nach »mehr Übungsaufgaben« kann mit einer CD unaufwändig bedient werden, ohne das Schulbuch oder Übungsheft kostenintensiv auszuweiten. Aber: Dabei werden auch die gängigen methodischen Muster übernommen, wobei programmiertechnische Gimmicks vorzugaukeln versuchen, hier wäre der Paradigmenwechsel zum ›neuen Lernen‹ vollzogen. Tatsächlich sind die meisten Produkte, sobald man sie vor mathematikdidaktischem Hintergrund oder dem der Lehr- und Bildungspläne durchleuchtet, sehr schnell als »betriebsblinde Lernmittelmodernisierung« (Schönweiss 1994, S. 47) zu entlarven.

Und wenn versucht wird, statt einer Lehrersimulation ein zeitgemäßes Lernerbild zu implementieren, was wesentlich aufwändiger und anspruchsvoller ist, dann erkennt man nicht selten genau jene Fragwürdigkeiten wieder, die auch z. B. aus Fehlformen offenen Unterrichts (auch ohne PC) bekannt sind: Beliebigkeit, Strukturlosigkeit, Vernachlässigung des Sachanspruchs, Dominanz von Oberflächenphänomenen und eine unüberlegte Auswahl der Lernangebote.

Spaß und spielerisches Lernen

Zu den resistentesten ›Viren‹ im Lernsoftware-Geschäft gehören das Spaßargument und die Verheißung eines spielerischen Lernens (vgl. Kap. 2.3.3). Es ist die immer wiederkehrende Polarisierung der angeblichen Gegensätze von Spielen/Spaß *vs.* Lernen. In der Folge wird nahezu reflexhaft die Mathematik in aufwändige Rahmenhandlungen eingebunden, verbunden mit einem für Designfachleute z. T. unerträglichen Umgang mit Grafik, Klang, Farbgebung und Grundsätzen des Screendesigns. Die Edutainment-Welle des Nachmittagsmarktes ist voll in die Klassenzimmer geschwappt. »Ich glaube, es gibt verschiedene Arten von Spaß. Es gibt so etwas wie ernsten Spaß, also Freude an der Forschung, Begeisterung an der Arbeit, die Faszination des ›problem solving‹ [...] etwas ganz anderes als ›Edutainment‹ – ein Wort, das ich im Übrigen zutiefst verabscheue« (Weizenbaum/Wendt 2006, S. 183).

Ist das Differenzierungsvermögen zwischen leisen harmonischen Klängen, Farben oder Darstellungen auf der einen Seite und lauten aggressiven Darstellungen im gehetzten Comic-Stil auf der anderen bereits verloren gegangen? Hat auch hier schon die ›McDonaldisierung‹ des Lernens eingesetzt (vgl. Ritzer 2006)? Da Lernen an sich scheinbar nicht interessant sein *kann*, muss es interessant *gemacht* werden – so die unausgesprochene Philosophie. Und das geschieht offenbar am besten dadurch, dass man um den ›heißen Inhalt‹ eine Verpackung herumlegt – das multimediale Brötchen um die mathematische Wurst. Dabei geht es um die Wurst – *gerade* um die Wurst!

Die Hoffnung oder das Motiv, das Kind möge vor lauter Spiel und Action gar nicht merken, dass es in Wirklichkeit lernt[16], ist der Versuch, Kinder zum Ler-

---

[16] Ein häufig zu findendes Argument für angeblich gelungene Software-Produkte lautet folgendermaßen (vgl. z. B. Stanek 2006): »Lernen und Wissen auffrischen, versteckt in unterhaltsamen Spielen und gewürzt mit viel ermunternden Rückmeldungen und Anreizen. Der kleine Spieler merkt so kaum, dass er eigentlich lernt, anstatt

nen zu ›überlisten‹. Aber Kinder haben ein Anrecht darauf zu erfahren, dass Lernen auch an Ausdauer, Anstrengung und Verantwortlichkeit gebunden ist (vgl. aktuelle Bildungspläne, z. B. MSJK 2003, S. 16 f., 72, 88) und keineswegs nur ständig aus *Fun* und Weiterzappen besteht. Des Weiteren haben sie ein Anrecht darauf zu erfahren, wie befriedigend eine Motivation aus der Sache sein kann, und dass es nicht nur und immer und sofort der Befriedigung durch extrinsische Belohnungssysteme bedarf (zur Problematik von sekundärer und primärer Motivation vgl. Krauthausen/Scherer 2007, dort Kap. 3.1.5). Um ein Gefühl dafür zu bekommen, wie sehr die Verabsolutierung der Spaß-Metapher das Verständnis von Lernen und Lehren tangiert und korrumpiert, und was Mathematiktreiben demgegenüber wirklich bedeuten sollte, kann man sehr schön dem folgenden längeren Zitat von Joseph Weizenbaum[17] entnehmen:

> »Was ich bezüglich des Lernens für sehr gefährlich halte, ist die Art und Weise, wie das Wissen per Bildschirm aufgenommen wird. Es erreicht die Zuschauer nämlich, ohne dass sie auch nur irgendwelche Anstrengungen auf sich nehmen müssten. Absolut mühelos – sozusagen auf Knopfdruck.
>
> Aber so lernt man nicht. Ich kann nur wiederholen: Lernen bedeutet nicht die Anhäufung von Wissen. Das Wissen muss von den Lernenden vielmehr mit einem gewissen eigenen Einsatz, mit einer gewissen Mühe und Anstrengung aufgebaut werden, sonst bleibt es nicht. Es muss erarbeitet werden. Es fällt einem nicht in den Schoß.
>
> Nehmen wir die Mathematik. Der Mathematiker ist wie ein Taxifahrer in einer großen Stadt, zum Beispiel in Berlin. Er kennt seine Stadt wirklich gut. Wenn eine Kreuzung oder eine Straßenecke erwähnt wird, weiß er sofort, wo sie sich befindet. Nicht, weil er das Straßenverzeichnis auswendig gelernt hat, er weiß nämlich auch, wie man von einem Ort zum anderen, von einer Straße zur anderen gelangt. Er kennt Tricks, so genannte Schleichwege, und die Notwendigkeit, in manchen Fällen zuerst in eine ganz andere Richtung zu fahren. Er kennt aktuelle Umleitungen und weiß, wo man nur dann fahren sollte, wenn die ›rush hour‹ noch nicht angebrochen ist. Das alles hat er im Kopf, er kennt seine Stadt.

---

zu spielen. Damit machen die beiden neuen Abenteuer die Sommerferien ohne viel Aufhebens zur Nachhilfezeit.«

[17] Joseph Weizenbaum (1923–2008) war Professor für Computerwissenschaften am berühmten MIT in Cambridge/USA. Bekannt wurde er v. a. durch sein Programm Eliza (vgl. S. 203 f.), mit dem man natürlichsprachige Eingaben über eine Tastatur an einen Computer geben konnte, die dieser dann verarbeitete. Das Programm wurde als Meilenstein der künstlichen Intelligenz gefeiert, ein Begriff und ein Forschungsbereich, dem Weizenbaum danach ausgesprochen kritisch gegenüberstand (vgl. Weizenbaum/Wendt 2006). Später, und nicht zuletzt als Folge der Reaktionen auf Eliza, wurde er zu einem der bekanntesten Gegner eines kritiklosen Umgangs mit dem Computer.

> Ähnlich ist es beim Mathematiker. Er kennt einen gewissen Teil der Mathematik und weiß, wie darin herumzugehen ist, wo sich die Schleichwege befinden und wo es vielleicht notwendig ist: am Anfang die Gegenrichtung einzuschlagen. [...] Stellen Sie sich zwei ältere Mathematiker vor, die schon sehr viel Erfahrung haben, und der eine sagt zum andern: ›Es ist doch ganz einfach, dieser Raum und jener Raum ...‹. Damit meint er auf keinen Fall: ›Das kann ich meine Studenten in einem Semester oder in einer Vorlesung beibringen.‹ Nein, einfach ist es nur, wenn man sich bereits einen gewissen Ausgangspunkt erarbeitet hat und von dieser Warte aus argumentiert. Aber dort erst einmal hinzukommen, diesen Ausgangspunkt also zu erreichen, ist kompliziert und schwierig und anstrengend. Man kann sich diesen Weg nicht ersparen, den Weg zu dem Punkt hin, von dem aus es dann einfach ist« (Weizenbaum/Wendt 2006, S. 181 f.).

»Kognitive Anforderungen [...] sind mit kognitiven Mitteln zu lösen«, fordert auch Wember (1987, S. 174). Dies durch spielerische Einkleidungen zu verdecken und dieser Praxis gar noch den pädagogischen Qualitätsausweis des ›Fortschrittlichen‹ zuzusprechen, kann man als unlauteres Vorgehen bezeichnen. Geissler (1998, S. 30) spricht vom ›Schöner Lehren‹ bzw. ›Schöner Wohnen‹ im Haus des Lernens: »Allein, dies funktioniert nur um den Preis der sich erhöhenden Dosis; das Karussell dreht sich immer schneller, die Aufmachung wird immer greller, die Illusion immer dünner und der Spaß immer kleiner« (ebd.). »Walter Benjamin hat diese Tendenz der Didaktik, Lernen als unbewusste Übung durch Spiel, schon 1930 als ein Nicht-ernst-Nehmen von Kindern kritisiert. Die Hinterlist dieser Inszenierung kennzeichnet ›... die ungemeine Fragwürdigkeit, die das Kennzeichen unserer Bildung geworden ist‹ [...]. Der Gegensatz zur Paukschule ist nicht die Spielschule, sondern eine Schule, die Kindern die Mühe abverlangt, über ihre Erfahrungen und ihre Theorien nachzudenken« (Scholz 2001, S. 72).

Begriffliche Irritationen

Im Umfeld von Lernsoftware wird häufig mit Versprechungen in Form von *Etiketten* gearbeitet, die Eltern und auch Lehrerinnen an einer sensiblen Stelle tangieren können: offener Unterricht, Freiarbeit, Projekte, neues Lernen, abgestimmt auf die Lehrpläne aller Bundesländer etc. Hinter diesen Begriffen stehen aber nicht selten fragwürdige Realisierungen. So ist zu befürchten, dass z. B. unter dem Etikett offener Unterricht, für den der PC angeblich wie geschaffen sein soll, eine Kopplung von verfeinerter ›offener‹ Unterrichtstechnologie, geschlossener Kommunikation und inhaltlicher Standpunktlosigkeit (vgl. Brosch 1991, S. 40) lediglich technisch perfektioniert wird. Spitzenreiter unter den begrifflichen Irritationen auf Verpackungen und in Anzeigen sind nach wie vor folgende:

- *Selbstkontrolle:* Sie war bereits in den Zeiten der programmierten Unterweisung ein hoch gehandeltes Gut. Und auch heutzutage gehört sie zu den positiv besetzten pädagogischen Etiketten, wenn auch unter veränderter Begründung: Der Lernende soll unabhängig von der Lehrperson selbst die Richtigkeit seiner Bearbeitung überprüfen können. Nicht nur, um die Lehrperson zu entlasten, sondern weil es zum Paradigma des eigenständigen und selbstverantwortlichen Lernens gehört, zu dem die Kinder bereits in der Grundschule sukzessive zu befähigen sind. So weit, so gut. Auch zahlreiche Arbeitsmittel – erneut digitale wie analoge – werben mit dem Stempel der Selbstkontrolle, realisiert durch z. B. Lösungsblätter oder -folien, Kontrollzahlen oder mechanischen bzw. grafischen Abgleich von Musterlösung und Bearbeitung (vgl. z. B. LÜK, LOGICO) und im Softwarebereich über eine akustische oder optische Rückmeldung des Programms.

Tatsächlich handelt es sich bei all dem aber gerade *nicht* um Selbstkontrolle, sondern um eine an das Material/Programm delegierte Fremdkontrolle: Anstelle der Lehrerin sagt der Computer (genau wie die Stöpselkarte oder die Lösungsziffer oder ein konsistentes Puzzlebild) dem Kind, ob seine Lösung richtig oder falsch ist. Oehl hat bereits 1962 sehr klar darauf hingewiesen, dass wirkliche Selbstkontrolle »eine erhöhte geistige Urteilskraft« (ebd., S. 33) verlangt. Man muss mathematische Beziehungen von einem übergeordneten Standpunkt aus und kraft einer Einsicht in die Zusammenhänge überprüfen. »Jeder Kontrolle muss ein Denkakt zugrunde liegen, der die Kontrollmaßnahmen auslöst« (ebd., S. 33 f.). Davon sind die Umsetzungen handelsüblicher Materialien, in welcher Form auch immer, meist meilenweit entfernt; hier wird ein didaktisch belegter Begriff schlicht missbraucht.

- *Diagnostik:* Meist wird programmintern nur auf falsch/richtig geprüft. Das ist nicht prinzipiell zu kritisieren, denn die Sinnhaftigkeit ist abhängig vom didaktischen Ort. Problematisch wird es, wenn der Umgang mit den so erhaltenen Informationen fragwürdig wird (nach dem dritten Fehler etwa Vorgabe der richtigen Lösung) oder wenn weit mehr suggeriert wird, als eine Software überhaupt leisten kann, z. B. Adaptivität (s. u.) oder angeblich aufschlussreiche Hinweise für die Lehrerin (= prozentuale Auszählungen von richtig/falsch oder Noten). Auch wenn Lehrkräfte, wie viele Verlage sagen, immer wieder nach solchen Diagnosemodulen verlangen, kann man das durchaus mit didaktischen Argumenten diskutieren (vgl. Krauthausen 2004) und muss diesem Bedürfnis nicht durch die Implementierung einer Pseudodiagnostik vorschnell nachkommen.

- *Adaptivität:* Zahlreiche Programme werben mit der Fähigkeit, sich (automatisch) passgenau auf die individuellen Lernbedürfnisse seiner Nutzer einzustellen. Suggeriert wird damit eine hochkomplexe Diagnostik, die in effiziente Lehraktivitäten der Software umgesetzt wird. Zugrunde liegt aber meist die Verwechslung der Begriffe Adaptivität und Adaptierbarkeit: »Ein System ist adaptierbar, wenn es durch externe Eingriffe an veränderte Bedingungen angepasst werden kann« (Leutner 1995, S. 142; Beispiele: verstellbarer Autositz, per Handventil gesteuerte PKW-Heizung, Veränderung von Programmfunktionen durch Auswahlmenü/Voreinstellungen). Das leisten die meisten Programme auch (jedenfalls annähernd). Was sie aber suggerieren, ist mehr, nämlich Adaptivität: »Ein System ist dann adaptiv, wenn es sich selbstständig an veränderte Bedingungen anzupassen vermag« (ebd., S. 143; Beispiele: elektronische Motorregelung, durch Thermostat gesteuerte Heizung, kontextsensitive Hilfen bei Anwendersoftware). Adaptivität wird von Lernsoftware ständig behauptet, tatsächlich aber meist nur simuliert, z. B. durch ein vor-eingestelltes ›Herauf-‹ bzw. ›Herunterschalten‹ zwischen vorab (!) fest definierten Stufen: Drei Fehler auf Ebene A bewirken den Sprung auf Ebene B. Und zehn korrekte Lösungen auf Ebene B erlauben den Sprung auf Ebene A.

Aber bereits dies ist an diverse Vorannahmen gebunden (was ist ›herauf‹ oder ›herunter‹?!). Für Schüler X oder Schülerin Y muss eine ›niedrigere‹ Schwierigkeit nicht dasselbe bedeuten, und es ist auch gar nicht vorauszusetzen, dass diese Stufe dann auch wirklich die optimale Förderung sein muss. Zudem werden auch die Hilfsangebote selbst inhaltlich nicht hinreichend durchdacht: Ein Programm bietet zur Aufgabe 4 · 9 (standardmäßig) u. a. folgende ›Hilfen‹ an: ›Vormachen‹ oder ›Leichtere Aufgabe‹. Die sehr naheliegenden Nachbaraufgaben 5 · 9 oder 10 · 4, die man bei dem Auswahlangebot ›Leichtere Aufgabe‹ als Erstes erwarten würde, werden aber nicht angeboten; stattdessen heißt es, es gäbe hierzu keine leichtere Aufgabe.

Die mitunter vorgetragene Behauptung, ein Programm individualisiere den Lernvorgang, ist auch deshalb fragwürdig, weil der Schwierigkeitsgrad von Aufgaben nicht allein daran gemessen werden kann, welche formal-syntaktischen Schritte zur Lösung durchlaufen werden müssen (vgl. Matros 1994). Das Implementieren einer natürlichen Differenzierung (vgl. Krauthausen/Scherer 2007, dort Kap. 3.1.6 sowie 2010) jedoch, die noch am ehesten hier sinnvoll sein würde, sucht man vergebens in gängigen Lernprogrammen. Das freilich aus leicht verständlichen Gründen, denn diese setzt eine andere Aufgabenkultur, einen anderen Lernbegriff und ein vertieftes Verständnis des Differenzierungskonzepts voraus, als den meisten Programmen zugrunde liegt.

Und wenn in der theoretischen Literatur der Multimedia-Entwicklung von einem ausgesprochen hohen Implementationsaufwand adaptiver Systeme gesprochen wird (hier bedarf es nicht zuletzt einer aufwändigen Realisierung ›künstlicher Intelligenz‹), dann ist plausibel, warum eine Grundschulsoftware im Preissegment um 40 Euro dies realistischerweise wohl nicht wirklich anbieten kann.

Ein Blick zurück auf bekannte Argumente

Unter dem Aspekt der Geschichtslosigkeit ist immer wieder festzustellen, dass beim Blick in ältere Publikationen einerseits enorme technische Fortschritte nicht zu übersehen sind. So besehen können *Produkte* aus den 1990er-Jahren heutzutage in der Tat kurios wirken. Andererseits: Beiträge aus der gleichen Zeit, die sich weniger mit konkreten Realisierungen als vielmehr mit *fachdidaktischen Postulaten* auseinandersetzten, sind nach wie vor auch heute noch aktuell (vgl. Krauthausen/Herrmann 1994).

Und auch die Pro-Argumente der Diskussion sind weitgehend die gleichen geblieben, wenngleich immer noch nicht wirklich eingelöst oder nach wie vor der o. g. Begriffsverwirrung unterliegend. Die Frage nach dem didaktischen Mehrwert wurde (und wird) zwar immer wieder behauptet, er ist auch gewiss – allerdings unter durchaus anspruchsvollen Rahmenbedingungen – zu erzielen, aber nicht auf der Ebene der Schlagworte, die nach wie vor die Diskussion bestimmen. Spiegeln wir einmal exemplarisch einige der Standardargumente von ›damals‹ (Hansen 2001) an Postulaten eines zeitgemäßen Mathematikunterrichts in der *Grundschule* (im Folgenden abgekürzt als zMU):

- *Aktualität*: Für einen zMU heutiger Tage ist mangelnde Aktualität kein zwingendes Argument. Anders als vielleicht in gesellschaftswissenschaftlichen Fächern ruft kein »frustrierender Umgang mit veralteten Schulbüchern« (Hansen 2001, S. 172) einen Bedarf nach digitalen Medien hervor. Die Schulbuchlandschaft ist ausgesprochen heterogen, größere Verlage haben gar mehr als ein Werk am Markt und die Aktualisierungsrhythmen sind bereits sehr kurz. Auch der Bedarf an ›moderneren‹ Aufgaben ist nicht wirklich ein Thema: ›Gute Aufgaben‹ finden sich im Zuge der entsprechenden Diskussion (vgl. Walther o. J. und 2011) immer mehr in Fachzeitschriften und -publikationen (vgl. Wittmann/Müller 1990 u. 1992); und zum anderen gehören viele dieser ›guten Aufgaben‹, die sich ja nicht selten auf innermathematische Muster und Strukturen stützen, gerade zum jahrtausendealten Bestand der Mathematik und können mit Fug und Recht als Klassiker gelten.

- *Der PC bietet die Möglichkeit einer stärkeren Binnendifferenzierung*. Dieses Argument kann in aller Regel als Marketing-Strategie entlarvt werden, die (auch heute noch) weder von den marktüblichen Produkten eingelöst wird, noch auch nur ansatzweise die konzeptionellen Postulate einer zeitgemäßen Differenzierung erfüllt, da den Behauptungen ein sehr reduktionistischer Differenzierungsbegriff zugrunde liegt. Differenzierung ist mehr, als ›geduldige Trainer‹ für Lernschwache zur Verfügung zu stellen und leistungsstärkere Schüler via Internet mit zusätzlichem Lernstoff zu versorgen (vgl. Hansen 2001, S. 172)

- *Öffnung der Schulen*: In einem zMU ist es wenig plausibel, dass sich Schüler untereinander oder mit ›Experten‹ über Mail mit anderen ›austauschen‹ sollten. Hier wäre jede professionell moderierte Plenumsdiskussion innerhalb der eigenen Lerngruppe weitaus effektiver und sinnvoller. Die bloße Entfernung der ›Gesprächspartner‹ hat keinerlei Eigenwert. Der ›Ernstfallcharakter‹ von Textproduktionen kommt durchaus auch in Lernjournalen oder Lerntagebüchern zur Entfaltung. Einstweilen viel wichtiger als eine (mal wieder nur) organisatorische/methodische Öffnung wäre für den aktuellen Mathematikunterricht die schon lange proklamierte »Öffnung vom FACH« (Wittmann 1996).

- *Veröffentlichung von Unterrichtsergebnissen*: Hier gilt Ähnliches wie zuvor. Wer will denn diese Exponate auf den Schul-Homepages alle lesen? Worin liegt der Sinn? Eine Aufgabenbearbeitung wird doch nicht dadurch wertvoller, dass sie einer anonymen Öffentlichkeit dargeboten wird. Lerntagebücher oder Ausstellungen im eigenen Schulhaus sind weitaus näher liegend und bieten die sinnvollen Sprech- und Schreibanlässe (vgl. Kap. 4.2.5 u. 4.5).

- *Authentizität von Materialien aus dem Netz*: Auch hier ist die Frage zu stellen, ob zMU darauf essentiell angewiesen ist. Die direkte Umwelt der Kinder ist voll von authentischer Mathematik, und das bereits im Vorschulalter (vgl. Freudenthal 1981). Natürlich lassen sich aktuelle Daten und Informationen (≠ Wissen!) aus dem Internet beschaffen – z. B. als Grundlage zur Bearbeitung von Fermi-Aufgaben oder anderen Sachproblemen, bei denen kein genaues Ergebnis angestrebt wird, sondern plausible Abschätzungen auf der Basis rationaler Annahmen. Aber dies sind punktuelle Erfordernisse – genauer: Erleichterungen, denn notwendig (also die Not wendend) sind sie schon deshalb nicht, weil bspw. Fermi-Aufgaben nicht erst lösbar wurden, seit der Computer zur Hand ist. Eine frühere 4. Klasse des Autors hat sich Ende der 1970er-Jahre Datenmaterial für eine Fermi-Aufgabe über das Müllaufkommen einer Großstadt dadurch beschafft, dass ein Brief an den Oberbürgermeister von Düsseldorf geschrieben wurde. Das dauerte zwar länger als per E-Mail, bedurfte mehr als eines Mausklicks, bot allerdings auch gleichzeitig noch eine Reihe weiterer wertvoller Lernanlässe, die beim Befragen von Wikipedia außen vor bleiben. Insofern ist wohl zuzustimmen, dass digitale Medien manches beim Lernen erleichtern können und unter bestimmten Umständen auch sollen (z. B. wenn es nicht den aktuellen Kern des Lernprozesses ausmacht) – aber eben nur unter bestimmten Umständen, »denn primär muß der Unterricht darauf gerichtet sein, Denken zu ermöglichen und nicht (ohne weiteres), es zu erleichtern« (Winter 1983, S. 71).

- *Möglichkeiten von bilingualem oder fächerübergreifendem Unterricht*: Der Autor dieses Bandes hat bereits in den Jahren 1979 bis 1982 in griechischen Seiteneinsteigerklassen, also bei Grundschulkindern, die kaum ein Wort Deutsch sprachen, Mathematik unterrichtet. Ein Weg, um persönlich und stofflich zueinander zu finden, waren immer wieder die Bewusstmachung und das wechselseitige Interesse, wie die Begriffe denn in der einen oder anderen Sprache hießen; Kinder wie Lehrer bekamen ihre Hausaufgaben, häufig vorkommende Wendungen oder Sätze (ganzheitlich) für den nächsten Tag zu lernen, die natürlich auch wechselseitig ›abgehört‹ wurden. Englisch in der Grundschule wird dies für die meisten Lehrkräfte heute einfacher aussehen lassen. Aber es braucht dazu keinen Computer, ebenso wenig wie für die Forderung nach ›fächerübergreifendem‹ Unterricht – einem übrigens ähnlich verfänglichen ›Zauberwort‹ der pädagogischen Diskussion wie die Differenzierung. Auch hier wäre weit mehr zu bedenken und fachdidaktisch genauer hinzuschauen, als es das bloße Schlagwort an Modernität suggeriert.

- *Höheres Motivationsniveau*: Die Halbwertzeit dieser Motivation dürfte, wie bei allen ›neuen‹ Medien, gering sein. Bei zunehmender Alltäglichkeit (vgl. den Tageslichtprojektor) dürfte sich diese Motivation also schnell verflüchtigen. Wichtiger in diesem Zusammenhang ist aber auch die Frage, um welche Art von Motivation es sich dabei handelt: um eine prinzipiell wünschens- und förderungswerte Motivation oder um eine subtile Facette der ›Anbiederung an den Publikumsgeschmack‹ (Gronemeyer 1996; vgl. auch die Problematik von primärer und sekundärer Motivation bei Krauthausen/Scherer 2007, S. 215 ff.).

- *Anlass zur Kommunikation*: Der behauptete, qua Medium intensivierte Austausch unter Schülern ist nicht selten eine Illusion. Denn erstens ist die Kommunikation nicht per se inhaltsbezogen, sondern allzu oft technikorientiert, oberflächlich oder eine technologische Perpetuierung einer Simulation des Trichtermusters (vgl. Krummheuer 1989; Mayrberger 2007). Und zweitens braucht es dazu keine neuen Medien: Wer erlebt hat, wie sich Grundschulkinder nach einer Phase individueller oder gemeinsamer Erkundung über substanzielle Problemstellungen rein innermathematischer Natur in der Plenumsdiskussion engagieren, Lösungswege vergleichen, erläutern, begründen, tiefer in das Problem eintauchen – und zwar nicht auf sanften Druck der Lehrperson hin, sondern getragen von der spürbaren Eigendynamik der Sache, die mehr als die halbe Klasse freiwillig davon abhielt, in die große Pause zu gehen (vgl. Krauthausen/Scherer 2010b) –, der wird leicht einsehen, dass eine derartig tiefgreifende, sachbezogene und substanzielle Kommunikation nicht nur keines PCs bedarf, sondern mit einem PC schlechterdings nicht möglich wäre.

Fassen wir zusammen: Die Botschaft sollte nicht lauten, dass die genannten Argumente keine Berechtigung hätten oder falsch seien. Zu warnen wäre aber vor ungerechtfertigter Leichtgläubigkeit angesichts oft allzu pauschaler Schlagworte. Man kann die Frage des Mehrwerts digitaler Medien für das Lernen und Lehren durch verschiedene ›Brillen‹ betrachten, und jedes Mal werden sich naturgemäß auch andere Argumente oder Gewichtungen ergeben. Was der Diskussion bislang nachweislich gefehlt hat, ist aber der Blick durch die fachdidaktische Brille sowie vorgängig schon allein die Einsicht, dass dieser Blick in der Tat ein *unverzichtbarer* ist. Wer aber die mathematikdidaktische Perspektive mit der gebotenen Konsequenz einnimmt, wird (für Fachleute: mit leichter Hand) für zahlreiche Produkte, Anwendungen oder Einsatzszenarien begründete ›K.-o.-Kriterien‹ vorfinden, die bereits sehr weitreichend helfen würden, die Spreu vom Weizen zu trennen.

3.1.3 Entprofessionalisierungstendenzen

Lehrerinnen als Expertinnen

In der Praxis wie in der Literatur kokettieren Lehrkräfte hin und wieder mit einer überraschenden Haltung gegenüber den Inhalten oder Arbeitsmitteln und stellen die Tatsache, dass ihnen ihre Schüler überlegen seien, als Merkmal moderner Pädagogik dar:

»Rainer wollte nicht den vorgeschlagenen BUDENBERG bearbeiten, sondern es reizte ihn, ein anderes Programm – den BAUKASTEN – zu versuchen. Ich hatte das selbst noch nie ausprobiert, wusste also natürlich nicht, wie es funktionierte, und ich bekam es bei meinen ersten Versuchen auch nicht hin. Als ich merkte, dass ich ungeduldig wurde, drückte ich Rainer die Maus in die Hand und bat ihn, ein bisschen zu experimentieren. Es vergingen keine fünf Minuten, da kam er mit einer Erfolgsmeldung. Später hat er mir das Programm erklärt und er war sehr stolz darauf. Die Kinder erklären uns Lehrern etwas. Das kommt öfter einmal vor, aber meistens wissen wir bereits, was die Schülerinnen und Schüler uns erzählen. Diese Situation war ganz anders: Ich profitierte von dem, was Rainer herausgefunden hatte, ich lernte von ihm« (Schwichtenberg 2001, S. 124).

Keine Frage, wenn ein Kind eine Software gut (gar besser als die Lehrerin) beherrscht, dann verschafft ihm der Umgang damit wohl einen gewissen Lustgewinn. Man sollte das aber nicht ›Lernzuwachs‹ nennen (vgl. Matros 1994). Und um Missverständnissen vorzubeugen: Das Postulat des Von- und Miteinander-Lernens ist gewiss ausdrücklich auf Schüler *und* Lehrer anwendbar. Nachdenklich stimmt aber die Frage, ob es nicht doch immer noch eine didaktische Selbstverständlichkeit sein sollte, sich erst sehr gründlich mit einer Software zu beschäftigen, bevor man sie in den Unterricht einbindet. Bitte machen Sie einmal das folgende Gedankenexperiment: Übertragen Sie das o. g. Zitat auf eine computerfreie Unterrichtssituation. Würde sich eine Lehrerin mit der gleichen Selbstverständlichkeit z. B. im Zusammenhang mit einem Schulbuch äußern? Falls nein, dann zeigt dies sehr deutlich die Macht des Mediums.

Die genannten Selbstzuschreibungen beziehen sich übrigens meist auf *technische* Aspekte. Eine technisch einwandfreie Ausstattung, verbunden mit einem entsprechenden verlässlichen Support (durch Profis und nicht durch zufällig ausgewählte Kolleginnen oder Kollegen an der Schule; vgl. Lilie 2011) sollte zu den Voraussetzungen gehören. Die primäre Kompetenz einer Lehrerin, die den Computer einsetzt, liegt aber an anderer Stelle, nämlich a) bei ganz grundsätzlichen pädagogischen Fragen (von Hentig 2002) und b) bei Fragen, für die gerade sie als Spezialistin ausgewiesen ist: Fragen sinnvollen Lernens und Lehrens, hier: von Mathematik – ob mit oder ohne Computerunterstützung. Wer fachdidaktisch ›fit‹ ist, hat auch eine ganze Reihe substanzieller Argumente und Gütekriterien für eine sinnvolle Computernutzung im Unterricht. Unbekümmertheit in der folgenden Hinsicht ist daher für uns schwerer nachzuvollziehen, kommt aber in der Literatur an prominenter Stelle durchaus vor:

»Die Programme, die ich benutze, sind keine Software, die entdeckendes Lernen begünstigen. So bleiben zwar noch die alten Lernformen, aber die Computer sind interessante Werkzeuge, die genutzt werden können, um den Lernstoff zu bearbeiten. Und vielleicht könnte der Computer in dem einen oder anderen Fall ein Auslöser dafür werden, den Unterricht doch ein wenig offener zu gestalten?!« (Schwichtenberg 2001, S. 126). Warum regt sich kein Störgefühl dabei, Arbeitsmittel einzusetzen, von denen man selbst erkannt hat, dass sie fundamentalen Forderungen aller Bildungspläne nicht entsprechen? Der Computer als extrinsischer Motivationsautomat – das gleiche altbekannte Argument überlebt seit 25 Jahren. Zudem völlig unnötig, weil die produktiven Alternativen in der Mathematikdidaktik heutzutage (und auch bereits damals) wirklich nicht mehr zu übersehen sind. Unter diesen Umständen fällt es schwer, die im Zitat ausgedrückte Hoffnung zu teilen. Auch fragt man sich aus fachdidaktischer Sicht, was dort unter ›offen‹ verstanden wird – erneut die einseitig auf Methode und Organisation ausgerichtete Öffnung unter Ausklammerung der mindestens ebenso notwendigen Öffnung vom Fach aus (vgl. Wittmann 1996)?

Publikationen zum Mathematikunterricht

Dort, wo in der Literatur etwas zum Computer im Mathematikunterricht der Grundschule gesagt wird – auffallend oft äußern sich hierzu v. a. Pädagogen (nicht selten relativ allgemein) oder Praxislehrkräfte (die von konkreten Einzelerfahrungen berichten) –, findet eine ernsthafte oder ausdrückliche Berücksichtigung mit fachdidaktischen Standards i. d. R. kaum statt. Zwar wird von Voraussetzungen gesprochen, unter denen der Computereinsatz Sinn mache. Dass diese aber realiter allzu oft so gar nicht gegeben sind, wird entweder flugs übergangen oder gar nicht erst erwähnt, jedenfalls im Fortgang solcher Texte nicht weiter berücksichtigt. So entsteht der Eindruck, es handle sich um Fakten statt um einen Konjunktiv. Kritische Beiträge sind insgesamt selten (empfehlenswert etwa Scholz 2001 oder Matros 1994), dafür aber um so lesenswerter.

Des Weiteren ist auffallend, dass im Rahmen des recht breiten Angebots zum Thema Computer und Grundschule der *Mathematikunterricht* überraschend selten vorkommt. In dem Buch *Grundschule und neue Medien* (Mitzlaff/Speck-Hamdan (Hg.), 1998) findet man 26 Beiträge, kein einziger davon zum Mathematikunterricht. Unter über 40 Beiträgen eines anderen (österreichischen) Handbuchs (Reiter et al. (Hg.), 2000) sind es immerhin drei zum Mathematikunterricht (auf 2,5 % der Seiten). Diese sechs Seiten sind schnell charakterisiert.

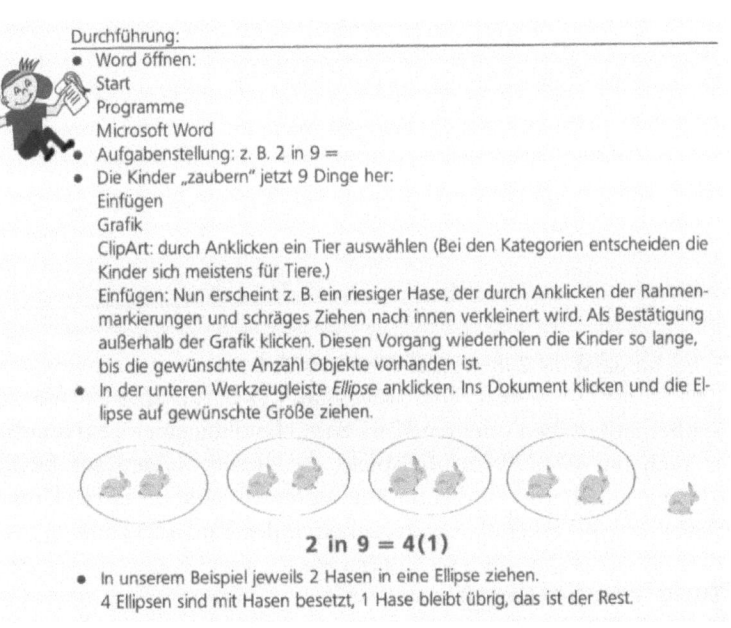

Abb. 3/1: Mathematiklernen oder Textverarbeitungskurs? (aus Winter 2000, S. 100)

»Zu- und Wegzählen im Zahlenraum bis 10«: Mit dem ›Kran‹ des BUDENBERG-Programms müssen Plus-Terme dem entsprechenden Ergebnis ›zugeführt‹ werden. *»Mathematik-Fitness-Training«:* Neben einer Reihe computerfreier Aktivitäten in Gestalt der sprichwörtlichen bunten Hunde sowie voreingestellter Additionsaufgaben geht es hier um das Würfeln mit drei Würfeln (für Hunderter-, Zehner-, Einerziffer), bei dem zwei bis fünf Summanden erwürfelt und dann addiert werden müssen. Die Kontrolle erfolgt mit einem Excel-Arbeitsblatt – mit Kanonen auf Spatzen geschossen. *»In-Sätzchen mit Rest«* (Divisionsaufgaben mit Rest; Winter 2000), das Ziel: Die Kinder sollen »durch entdeckendes Lernen selbst herausfinden, dass Mal-Sätzchen und In-Sätzchen in einem Zusam-

menhang stehen« (ebd., S. 100): In Word erzeugen die Kinder Ellipsen und setzen Clip-Arts in diese Mengenkreise ein, um zu sehen, wie oft die Zwei in die Neun passt. »Wenn sich der Hase weigert, sich in die Ellipse zu setzen, klickt man ihn mit der rechten Maustaste an => Reihenfolge => in den Vordergrund. Man kann ihn jetzt problemlos in die Ellipse platzieren« (ebd., S. 101; vgl. Abb. 3/1).

Anschließend entwerfen die Kinder mit Word eine zweispaltige Tabelle und schreiben in die linke Spalte (irgendwelche!) ›In-Sätzchen‹ sowie in die rechte Spalte die zugehörigen Ergebnisse (vgl. Abb. 3/2).

In-Sätzchen von 2	
2 in 15 =	7 (1)
2 in 9 =	4 (1)
2 in 11 =	5 (1)
2 in 5 =	2 (1)
2 in 6 =	3
2 in 3 =	1 (1)
2 in 13 =	6 (1)
2 in 16 =	8
2 in 8 =	4
2 in 19 =	9 (1)

Abb. 3/2: Wie oft passt die 2 in ...? (aus Winter 2000, S. 101)

Ist das Mathematiktreiben oder ein Kurs zum Handling einer Textverarbeitung? *Best* oder auch nur *Good Practice*-Beispiele, die diesen Namen aus fachdidaktischer Sicht nur annähernd verdienten und deren Integration in ein Unterrichtskonzept überzeugend erkennbar wäre, sehen in der Tat anders aus.

Bewertung von Software

Die didaktische Qualität des überwiegenden Marktangebots ist nach wie vor grundsätzlich und nachhaltig zu kritisieren (z. B. Scholz 2001). An der Gültigkeit der Zustandsbeschreibung von Radatz et al. (2006) hat sich seither wenig verändert: »Noch immer sind über 97 % aller angebotenen Softwareprodukte nichts anderes als elektronische Arbeitsblätter, die ›graue Päckchen‹ und ›bunte Hunde‹ in überquellenden Animationen verstecken und so das angeblich so leidige Geschäft des Übens interessanter gestalten wollen« (ebd., S. 32).

Bewertungspraxis

Diesbezüglich besteht ein erheblicher Professionalisierungsbedarf. Die fachdidaktische Wissenschaft überlässt das Feld der Bewertung von Schulsoftware zu sehr externen Akteuren, die keine spezifische Expertise in Fachdidaktik oder Lernen oder Grundschule aufweisen. Deren Lernsoftware-Ratgeber aber sind für Schulen oft das Leitmedium für Kaufentscheidungen. Oder man setzt eben das ein, was der Markt an Produkten bietet, in der Hoffnung, es sei von Experten entwickelt und/oder zumindest von ›amtlicher‹ Stelle geprüft. Ein Genehmigungsverfahren wie bspw. für Schulbücher gibt es aber für Software nicht. Allenfalls zu finden sind Empfehlungslisten oder Einschätzungen z. B. durch die Landesinstitute der Bundesländer. Aber auch diese können aufgrund des beschriebenen Mangels an detaillierten Evaluationsinstrumenten kaum vertiefte Einsichten und Entscheidungshilfen anbieten. Auch über die Art der Expertisen der Autorinnen und Autoren solcher Empfehlungen erfährt man i. d. R. nichts.

Dabei ist die Substanz der Bewertungen fachdidaktisch dürftig und die Kriterien undurchsichtig, z. B. was die Vergabe der bis zu 6 Büffel (!) betrifft – Mathematik und büffeln, ein offenbar unausrottbares Klischee, von denen die Feibelschen-Bewertungen seit Jahren nur so wimmeln, dass es schon fast an Satire grenzt (vgl. u. a. Feibel 1998, S. 234-249). Da nützt es auch nichts, einen imaginären Lehrer zu Wort kommen zu lassen: Eine Bildschirmabbildung wird betitelt mit: »Was ist das kleinere Übel? Mathe oder Viren?« (Feibel 2011); tatsächlich geht es um Matheaufgaben, aber welches klischeehafte Bild von Mathematik wird hier erneut transportiert und zementiert?! Und weiter: »das sagt der Lehrer: Lässt man die didaktischen Schwächen außer Acht, kann Mathematik mit diesem Programm durchaus schmackhaft gemacht werden« (ebd.). *Gerade sie*, die didaktischen Schwachen, *darf* man aber nicht außer Acht lassen: Sie sind, auch abgesehen davon, dass es um gänzlich anderes gehen sollte als ›Schmackhaftmachen‹, ein K.-o.-Kriterium! Hier wie vielerorts besteht ein deutlicher Bedarf nach mehr Klartext gegenüber dubiosen und Expertise-freien Software-Rezensionen. Natürlich, dies ist nur ein Beispiel, aber die Argumentationsstruktur ist leider symptomatisch. Und sie zeigt auch die Gefahr, dass selbst Lehrkräfte dafür anfällig werden können.

In jüngerer Zeit sind vermehrt auch Software-Rezensionen mit Beteiligung von Kindern zu lesen, wogegen im Prinzip gar nichts zu sagen wäre. Es macht sogar großen Sinn, eine Beurteilung nicht nur vom grünen Tisch, sondern ›im Feld‹ zu erproben. Bedenken scheinen allerdings dann angebracht, wenn das abschließende Urteil primär durch deren Einschätzung und Meinung zustande käme (Kortus 1998). Hier wird oft recht gedankenlos behauptet, was alles ›kindgemäß‹ sei. Nicht selten liegt dem ein klischeehaftes Niedlichkeitsschema (Gopnik et al. 2003, S. 197) zugrunde und weniger eine halbwegs realistische Einschätzung sowohl über ästhetische wie inhaltliche Bildungsbedürfnisse und -ansprüche von Kindern als auch über deren Fähigkeit, diese bereits aus übergeordneter Perspektive selbst beurteilen zu können. Wie soll man es einschätzen, wenn behauptet wird, dass die durchgeführten Interviews mit Kindern erbracht hätten, dass »Kinder sehr wohl fähig sind, Computerprogramme zu rezensieren und auch ihre Wünsche hinsichtlich Aufbau und Inhalt einer Software zu verbalisieren« (Kortus 1998, S. 142), obwohl im gleichen Beitrag klar wird, dass diese Einschätzungen rein gar nichts zu tun haben mit didaktischen Kriterien, sondern mehr oder weniger spontane Anmutungen der Kinder darstellen! Etwas voreilige oder zu einseitige Euphorie also, wenn behauptet wird, dass »[m]an sieht, es waren richtige Experten am Werk« (ebd., S. 143).

Noch einmal: Den Sinn der Befragung von Kindern wird keineswegs bezweifelt, es fragt sich aber, was daraus resultiert. Es wird zu schnell so getan, als sei die einzig denkbare und vernünftige Konsequenz, Kinderwünschen unmittelbar in vollem Umfang zu entsprechen oder noch drastischer: Man schaue nur genau hin, was Kindern Spaß macht, und produziere dann eine Software, die möglichst viel davon bietet. Gronemeyer (1996, S. 181) nennt das »Gefälligkeitspädagogik, Anbiederei an den Publikumsgeschmack«.

Gütesiegel

Auch die Vielzahl (meist ungeschützter) Gütesiegel ist eher als Marketing-Instrument zu verstehen denn als (fachdidaktisch) fundierte Orientierungshilfe. Das belegt die Zusammensetzung der ›Expertenrunden‹, hier am Beispiel der Giga-Maus der Zeitschrift *Eltern for family* (Hinze 1999): Pädagogische Psychologen, Fachjournalisten der Zeitschrift *Eltern*, Redakteur mit Schwerpunkt Erziehung, Redakteurin mit Schwerpunkt Unterhaltung für Kinder, Redakteurin, zuständig »für die schönen Seiten des Lebens: Reisen, Essen, Wochenende« (!), Leiterin der HP Consumer Products Business Organisation, Software-Rezensent der Computerzeitschrift *CHIP*, WDR-Mitarbeiter. Wohlgemerkt: Von solchen Gremien wird auch Software für das Mathematiklernen bewertet – für die Grundschule, niemals aber z. B. ein dynamisches Geometrie-System der Mittel- oder Oberstufe. Da ist man natürlich kein Fachmann; für Grundschule und ›die Kleinen‹ aber fühlt sich offenbar jeder als Experte.

Die resultierenden Hinweise der Ratgeberliteratur sind eher schlicht: »Deswegen ist der Computer vor allem für lernschwache Schüler ein Segen. Man kann es auf folgende Formel bringen: Je mehr Probleme ein Kind beim Lernen hat, desto wichtiger wird der PC bei der Wissensvermittlung« (Wiesner 1999, S. 24). Doch es geht auch euphorischer: »Weil es beim Lernen mit dem Computer nicht mehr so viel Leerlauf wie beim Frontalunterricht gibt, kann das bisherige Lernpensum in zwei Tagen pro Woche bewältigt werden. Mit dem Vorteil, dass der Lernstoff etwa dreimal so lange im Gedächtnis bleibt« (ebd., S. 24 f.). Man ist geneigt, solchen Unfug lieber gleich als Satire zu nehmen und hinzuzufügen: … und folglich sechsmal so viel Spaß macht, denn $2 \cdot 3 = 6$.

Kriterien zur Qualitätsprüfung

Obwohl eigentlich die fachdidaktische Qualität das zentrale Legitimationskriterium für den Einsatz digitaler Medien im Mathematikunterricht darstellen sollte, bilden vorhandene Evaluationsinstrumente – meist Kriterienlisten, deren Zustandekommen nicht transparent wird und deren Zusammenstellung willkürlich wirkt – diese i. d. R. nicht hinreichend differenziert ab. Mehr noch: Sie existieren im Prinzip nicht, jedenfalls nicht, was den Bereich der Unterrichtssoftware betrifft. Vorschläge zur Bewertung zeichnen sich dadurch aus, dass sie die (fach-)didaktische Qualität mehr als kursorisch bis gar nicht konkret berücksichtigen. Zu einem Kriterienkatalog für die Bewertung pädagogischer Software, herausgegeben vom Institut für die Pädagogik der Naturwissenschaften und Mathematik (IPN) in Kiel, heißt es zum Bereich fachdidaktischer Standard: »Hier kann es keine einheitliche Beurteilung geben, da Programme aus unterschiedlichen didaktischen Auffassungen entstehen. Es wird deshalb wenigstens erwartet, daß das Programm ausreichende Informationen darüber enthält, welche Ziele damit verfolgt werden, in welchem inhaltlichen Zusammenhang es eingesetzt werden kann und welche Vorzüge es gegenüber herkömmlichen Unterrichtsverfahren verspricht« (IPN-Blätter, S. 4–5, zit. in Meier 1995, S. 165). Eine derart vage Beschreibung hilft verständlicherweise der Lehrerin vor Ort nicht, um tragfähige und begründete Entscheidungshilfen zu bekommen – v. a. weil die formulierte Erwartung angesichts des Marktangebots an Unterrichtssoftware für die Grundschule bestenfalls leider als ›frommer Wunsch‹ bezeichnet werden kann: Die gewünschten Informationen fehlen nämlich oder reduzieren sich auf wenig hilfreiche Selbstverständlichkeiten.

Ansätze, die den fachdidaktischen Blick ins Zentrum rücken, findet man zwar, Ergebnisse und weitere Bemühungen stehen aber noch aus: Mitte der 90er-Jahre war ein Projekt von Becker-Mrotzek/Meißner (1994/1995) mit diesem Anspruch angetreten (wurde aber nicht fortgeführt). Auch das DEP-Projekt an der Universität Siegen (Didaktische Entwicklungs- und Prüfstelle für Lernsoftware Primarstufe; Brinkmann/Brügelmann 2004) verfolgt ein solches Ziel. Allerdings wurde die entsprechende Website zuletzt am 10.11.2004 aktualisiert.

Fachdidaktik hingegen, als die Wissenschaft vom Lehren und Lernen fachlicher Inhalte, wird als naheliegende Instanz für Softwarebewertung so gut wie nicht wahrgenommen, erst recht nicht als zentrale Instanz. Aber auch bei Bewertungsversuchen vor stärker pädagogisch-didaktischem Hintergrund gibt es noch große Probleme, z. B. den Allgemeinheitsgrad. Das liegt nicht am grundsätzlichen Fehlen von Kriterien (diese stehen im Grunde in den fachdidaktischen Anteilen der Bildungspläne), wohl aber am Fehlen fachdidaktisch differenzierter Kriterienkataloge. Der vielleicht unrealistische Spagat zwischen dem Wunsch nach einem leicht handhabbaren und ökonomisch zu erstellenden Eignungsprofil für eine Software kollidiert immer wieder mit der an sich erforderlichen Akribie des genauen Hinsehens (s. u.). Urff (2009b) hat auf folgende Mängel (bisheriger) Kriterienkataloge zur Bewertung von Unterrichtssoftware hingewiesen:

- Die unterschiedliche Gewichtung von Kriterien relativiert deutlich die scheinbare Objektivität und macht das Ergebnis zu Beurteiler-abhängig.
- Die Kriterien sind oft willkürlich ausgewählt (also nicht theoriegestützt abgeleitet).
- Die Kriterien bleiben an der Oberfläche zulasten einer notwendigen fachdidaktischen Tiefe.
- Die Kriterien berücksichtigen weder den Einsatzzweck noch mögliche Verwendungszusammenhänge (›didaktische Orte‹).
- Die Kriterien sind inhaltsanalytisch bzw. produktorientiert; sie fokussieren darauf, dass eine Software ›teacher proof‹ ist, anstatt einen wünschenswerten Lerner zu modellieren.

Und so werden ›Neue Medien‹ einerseits seit Jahren für die Grundschule propagiert, ohne dass weder den Lehrkräften vor Ort noch in der Fachdidaktik solide Instrumente zur Qualitätsbewertung von Software oder allgemeiner digitalen Medien und von sachgerechten Implementationsformen zur Verfügung stünden. Legitimation erfahren die Neuen Medien stattdessen vorrangig aus zu vagen oder medienpädagogischen Kontexten. Dadurch geraten meist die spezifisch fachdidaktischen Erfordernisse aus dem Blick, was einerseits zu einer Trivialisierung der Ansprüche und andererseits (nahezu folgerichtig) zu Produkten und Nutzungsvorschlägen führt, die auf breiter Front dem fachdidaktischen Erkenntnisstand wie auch der zeitgemäßen Unterrichtspraxis oft drastisch, d. h. teilweise um Jahrzehnte hinterherhinken.

So wenig sich bislang vorliegende Kriterienkataloge also wirklich für eine fachdidaktische Bewertung eignen, so sehr können sie ein ergiebiger Reflexionsgegenstand für Veranstaltungen der Lehrerbildung sein. Denn man kann darüber trefflich in fachdidaktische Theorien eintauchen und das didaktische Bewusstsein schärfen. Im Rahmen eines Forschungskolloquiums zu einer Entwicklung von Krawehl (2012) konnte überzeugend deutlich werden, dass eine fachdidaktisch fokussierte, hochauflösende Analyse eines nahezu beliebig herausgegriffenen Softwarebeispiels einer ›Reise durch zahlreiche Theorien und Konzepte eines zeitgemäßen Lernens und Lehrens von Mathematik‹ gleichkommt: Ist ein ›Nein‹ auf die Frage, ob das Programm unmittelbare Rückmeldungen auf die Eingaben des Nutzers bietet, eher negativ oder positiv zu bewerten? Ist eine große Anzahl an Aufgaben schon ein Qualitätsmerkmal? Ist es nur ein Manko (immer, wann, unter welchen Bedingungen?), wenn ein Programm es dem Lehrer verwehrt, das Angebot um eigene Aufgaben zu erweitern? Ein und dasselbe Kriterium kann bei einer offenen Lernumgebung ganz anders zu bewerten sein als bei einem explizit ausgewiesenen Trainingsprogramm. Eine unmittelbare Rückmeldung etwa kann in einem Falle durchaus Sinn machen, in einem anderen aber völlig kontraproduktiv sein. Darüber täuschen die schlichten Ankreuzformulare oder standardisierten Fragebögen hinweg, sie lassen solche Unterscheidungen nicht zu.

Vor diesem Hintergrund hat Krawehl (2012) erstmals den Versuch unternommen, theoriegeleitet ein Bewertungsinstrumentarium zu entwickeln, das konsequent und hochauflösend auf den Postulaten einer zeitgemäßen Mathematikdidaktik beruht und dazu auch neuere Erkenntnisse von Theorien aus der Evaluationsforschung nutzbar macht und adaptiert. Auch andere von Urff (2009b; s. o.) benannte Schwachstellen üblicher Kriterienkataloge werden mit diesem Instrumentarium konstruktiv aufgegriffen. Es adressiert in erster Linie fachdidaktische Wissenschaftlerinnen und Wissenschaftler und ermöglicht diesem Expertenkreis eine hochauflösende fokussierte Bewertung von Unterrichtssoftware auf der Basis theoretisch abgeleiteter und begründbarer Gütekriterien. Wünschenswert wäre es (in einem Folgeprojekt), dieses komplexe Instrument dahingehend zu bearbeiten, dass es zu einem in der Handhabung praxistauglichen ›Lackmus-Test‹ würde, mit dessen Hilfe auch Lehrpersonen vor Ort in ihrem Unterrichtsalltag unter vertretbarem Aufwand gleichwohl tragfähige Bewertungen generieren und Unterstützung beim Einsatz von digitalen Medien erhalten.

Kostenfaktor von High-Quality-Software

Nahezu jeder Schulbuchverlag hat heute auch Grundschulsoftware im Programm. Aber die professionelle Entwicklung von High-Quality-Software (HiQ-Software) ist nicht aus der Portokasse zu bezahlen. »Eine professionelle, sorgfältige Produktion kostet etwa eine viertel Million Mark« (Vietmeier 1997, S. 100) – dem heutigen Stand (inflationsbereinigt) entsprechend rund 155.000 Euro. Sie kann auch nur gelingen, wenn spezifisch ausgebildete Profis aus diversen Bereichen kooperieren (partizipative Technikgestaltung; vgl. Klotz 1992; Krauthausen 1998b u. 1999). Und es ist nicht leicht, »die kompetenten ›Macher‹ zu finden. Didaktische, gestalterische, medienpädagogische und technische Kompetenz finden sich nicht in einer Person vereint. Neue Produkte lassen sich nur in einem Team von qualifizierten Fachautoren, Gestaltern und Programmierern entwickeln« (Vietmeier 1997, S. 101). Und solche Spezialisten kosten eben Geld. »Die Skala zwischen Professionalität und Dilettantismus [allein bei den Programmierern; GKr]«, schreibt ein Fachmann der Multimedia-Produktion, »spreizt sich zuweilen sogar bis zum Faktor hundert« (Peters 1995). Solche Unterschiede bei der Auswahl geeigneter Programmierfirmen zu erkennen – das ist sicher ein Dilemma –, gelingt aus verständlichen Gründen eher Insidern.

Erfahrungen von Schulbuchverlagen mit Printprodukten sind nicht ohne Weiteres zu übertragen, ja, manchmal sogar hinderlich. Und trotzdem muss sich ein

Verlag entscheiden: *Quick & Dirty*, wie es in der Multimedia-Szene heißt, oder *High Quality* (inkl. der dann erforderlichen Investitionen). Ein nicht unwesentlicher Teil des Problems besteht in der naiven Vorstellung, die Entwicklung von Lernsoftware bestünde darin, Inhalte auf ein anderes Medium zu portieren – statt auf Papier jetzt auf CD-ROM. Ein Irrtum, der die Eigengesetzlichkeiten des Mediums und die sich daraus ergebenden spezifischen Anforderungen (auch didaktisch konzeptioneller Art) verkennt und der zu eben jenen Produkten führt, wie sie mehrheitlich am Markt sind: elektronische Lehrers-Surrogate statt medial unterstützte Arbeitsumgebungen für Lernende.

Für die technische Seite (Programmierung) gilt angesichts des im Prinzip Machbaren: Weniger ist sehr oft mehr (vgl. die ursprüngliche, inzwischen nicht mehr erhältliche Version des Programms *Factory*; Krauthausen 2003b oder Kap. 4.7.2). Aber nichts ist auch schwieriger, als Einfachheit und Schlichtheit (in der positiven Bedeutung des Wortes) zu realisieren, denn die Komplexitäten unterhalb der Benutzeroberfläche sind bei HiQ-Entwicklungen enorm. Es ist eine eigene Kunst (und daher teuer), diese Komplexität und Flexibilität eines Programms durch eine gleichwohl intuitive, übersichtliche und ästhetisch anspruchsvolle Programmoberfläche handhabbar zu machen. Die Ansprüche an die Programmierung werden also nicht einfacher, sondern komplexer – und das v. a. bei Software für die Grundschule!

3.1.4 Wo ist der Fortschritt?

Zweifellos ist in den letzten 20 Jahren eine enorme quantitative und technisch-qualitative Entwicklung zu verzeichnen: Es gibt mehr und bessere Computer an Grundschulen. Ein inhaltlich-qualitativer, didaktischer Durchbruch lässt aber im Prinzip immer noch auf sich warten, jedenfalls sofern man auf breite Erträge setzt und sich nicht schon von Einzelaktionen beeindrucken lässt.

Es besteht immer noch die Gefahr, den Computer als Allzweckwaffe gegen Defizite zu benutzen, die an anderer Stelle und aus anderen Gründen verursacht wurden – und eigentlich auch dort angegangen werden müssten. Wenn man den Computer einsetzen möchte, sollte man daher manchmal vorab über Dinge nachdenken, über die man vielleicht bereits noch früher (ohne den Computer) hätte nachdenken sollen. Das Delegieren an die Maschine kann ein schlechtes ›Unterrichts-Gewissen‹ leicht weg-suggerieren und dies auch noch mit positiv besetzten Motiven rationalisieren: Man ermöglicht schließlich den Kindern, nicht ins Hintertreffen zu geraten. (Wirklich? Gemessen woran? Und in welcher Hinsicht?)

1991 wurde angesichts der Frage des Computereinsatzes in der Grundschule die AWARE-Strategie vorgeschlagen (Krauthausen 1991b): **A**nforderungen definieren / **W**arten können / **A**rgumente fordern / **R**essentiments vermeiden /

Euphorien verhindern. Glaubt man neueren Publikationen (Padberg 2005, Radatz et al. 2006), dann scheint diese Strategie auch heute noch das Gebot der Stunde zu sein, denn die Postulate können auch heute noch nicht als generell erfüllt, ja im Einzelfall nicht einmal als konsensfähig gelten (vgl. Büttner/Schwichtenberg 2001).

Immer bessere Technik mag neue Möglichkeiten eröffnen, und so kann der Eindruck entstehen, die Schule hinke stets hinterher, weil sie ja immer erst wieder neu über die Innovationen nachdenken müsse – und selbst das gesteht man ihr manchmal bereits nicht mehr zu! Dieses Nachdenken sollte sie sich aber in der Tat auch nicht nehmen lassen – und es sollte ein Nachdenken bleiben, kein Hinterherdenken. Didaktische Konzepte unterliegen nämlich anderen Gesetzen und Halbwertszeiten als technische Innovationsschübe. Beständigkeit, reflektierte Wachsamkeit (s. o. AWAREness) ist also nicht zwangsläufig gleichbedeutend mit Trägheit und verpassten Anschlüssen, wie man es der ›konservativen‹ oder ›unbeweglichen‹ Schule so gerne vorwirft.

Dem bekannten Jazz-Trompeter Dizzy Gillespie wird das Bonmot zugesprochen, es habe ihn zehn Jahre gekostet, ein Musikinstrument spielen zu lernen, und weitere zehn Jahre, um zu wissen, welche Stücke er besser nicht spielen sollte. Bedenkt man, wie lange inzwischen Computer im Mathematikunterricht der Grundschule erprobt und zunehmend selbstverständlich eingesetzt werden, dann stellt deren technische Beherrschung und Funktionssicherheit zwar (leider) immer noch keine zu vernachlässigende Größe dar. Aber das ›Instrument spielen zu können‹ ist immer weniger das Problem. Inzwischen sollten wir aber auch gelernt haben, welche Stücke wir besser nicht weiter präsentieren wollen, d. h. welche Zielsetzungen, Einsatzformen und welches Qualitätsniveau von Software in der Grundschule aus guten Gründen entbehrlich sind. Denn es muss auch bei einem beabsichtigten Computereinsatz um ein Mathematiklernen auf der Grundlage aktueller Erkenntnisse mathematikdidaktischer Forschung und Unterrichtspraxis gehen. Es gibt keine Rechtfertigung, hinter diesen Stand zurückzufallen, erst recht nicht allein die faktische Existenz digitaler Medien in unseren Schulen.

Bei all dem sollte auch die Grundschule selbst ihren Einfluss nicht unterschätzen. Zwar ist es keine leichte Aufgabe, den Horizont neuer Entwicklungen im Auge zu behalten und dennoch Bodenhaftung zu bewahren. Aber solange die Schule hier nicht wirklich auf Qualität für ihre Kinder besteht, wird es beim fragwürdigen Status quo bleiben. »Wir bekommen das, was wir akzeptieren« (Higgins 1988) – das gilt nicht nur für das Lehr-/Lerngeschehen zwischen Kindern und Lehrpersonen, es wird auch mitbestimmend sein für den weiteren Weg des Computers im Grundschulunterricht. Die Grundschule hat allen Anlass, didaktisch selbstbewusst zu sein und sich von den Gesetzen des Nachmittagsmarktes das Heft nicht aus der Hand nehmen lassen. Sie muss allerdings deutlich ihre konkreten Bedarfe für die mediale Zukunft und begründete Qualitätsmaßstäbe äußern – und dann auch durch ihr Kaufverhalten konsequent dokumentieren!

3.1.5 Stärkerer Einfluss der Fachdidaktik

Was wir für die Grundschule nach wie vor brauchen, ist mehr Ernsthaftigkeit und mehr spezifische Expertise bei der Entwicklung, bei der Bewertung und beim Einsatz von Software im Unterricht. Dazu scheint uns vonnöten zu sein, dass die Fachdidaktik häufiger und deutlicher Position beziehen und damit nicht zuletzt der Schulpraxis klarere Entscheidungshilfen anbieten müsste. Die bisherige Zurückhaltung hat mit dazu beigetragen, dass die Gesetze des Nachmittagsmarktes (Video- und Computerspiele) auch den Computereinsatz im Unterricht mehr und mehr infiltrieren. Das ›Einmischen‹ kann auf verschiedenen Ebenen geschehen:

- Im Zusammenhang mit dem Computereinsatz müssen *fachdidaktische Standards deutlich(er) vertreten* werden: inhaltliche und allgemeine mathematische Kompetenzen, entdeckendes und soziales Lernen, produktives Üben, substanzielle Lernumgebungen – all dies darf nicht dem Computer als Motivationsautomat geopfert werden.

- Die Dominanz der elektronischen Arbeitshefte oder Dubletten von Schulbuchseiten könnte relativiert werden, wenn a) Übungsprogramme den formulierten Standards des produktiven Übens gerecht würden, b) stärker die medienspezifischen Vorteile des Computers (Verarbeitung zeitbasierter Daten) nutzen würden und c) auch über didaktisch sinnvolle alternative Software-Typen nachgedacht und entsprechende Beispiele auf konzeptionell sinnvolle Integrations- oder Adaptionsmöglichkeiten geprüft würden.

- Bei der Entwicklung zeitgemäßer und fachdidaktisch vertretbarer Produkte muss verstärkt der wünschenswerte *Lerner* mit seinen Bedürfnissen und Rahmenbedingungen in den Fokus rücken. Statt dessen klassische *Lehrer*aktivitäten zu modellieren und ›perfektionieren‹ zu wollen, scheint – nach allem, was man bislang sehen kann – allzu leicht in tradierte Muster der programmierten Unterweisung und des klassischen Trichtermusters abzudriften (Bauersfeld 1983b; Krummheuer/Voigt 1991). Darüber können auch aktuellste Programmiertechniken und Oberflächendesigns nicht hinwegtäuschen.

- *Lehrerbildung:* Es gibt zu selten und zu unregelmäßig spezifische Aus- und Fortbildungsveranstaltungen über Grundschulsoftware für den Mathematikunterricht, die von fachdidaktischem Personal mit diesem Fokus angeboten werden. Auch oder gerade angesichts der schlechten Qualitätsstandards verfügbarer Produkte wäre aber dieses Thema wichtig. Software-Beispiele oder diverse Bewertungskataloge im Rahmen der Lehrerbildung zu analysieren, kann über die jeweilige Software hinaus für die fachdidaktische Professionalisierung ausgesprochen ergiebig sein, denn »auch ganz absurde Lehrmittel und -methoden können Lehrer, wenn sie sie gerade kennenlernen, zum Nachdenken anstacheln und so ein Erwachen didaktischen Bewusstseins markieren« (Freudenthal 1978, S. 93). In diesem Sinne kann das Software-Angebot als hervorragende Anregung zum Nachdenken und Diskutieren über wichtige didaktische Fragen dienen: Welches Bild von Mathematik wird vermittelt? Welche Vorstellungen von Lernen liegen dem Programm zugrunde? Was lernt ein Kind durch dieses Programm?

Die Lehrerinnen als Experten für das Lehren und Lernen müssen zwecks kompetenter Urteilsbildung heutzutage auch Expertinnen des Lehrens und Lernens mit Computerunterstützung sein – ohne aber dabei ihre bisherigen und gut begründeten Bezugssysteme und Standards aus den Augen zu verlieren! Mit der Entscheidung für einen Computereinsatz sind ihr bisheriges Wissen und ihre ureigenste Expertenschaft keineswegs obsolet geworden. Nur informiert können sie ihrer Verantwortung für das Lernen in der Schule und im Hinblick auf ihre Beratungsfunktion (z. B. der Eltern) kompetent gerecht werden. Naives Alltagsverständnis oder der sprichwörtliche gesunde Menschenverstand reichen dazu nicht aus.

Lehrerinnen müssen dazu v. a. in ihrem pädagogischen und fachdidaktischen Selbstbewusstsein gestärkt werden, damit sie nicht auf vordergründige Versprechungen der Medienbranche hereinfallen. Es gilt der Primat der Didaktik. Vielfach wird es um das Auspendeln von Faszination und Distanzierung gehen, keines von beiden sollte sich verselbstständigen. Wir bewahren unsere Schulen umso eher vor einer Flut von Junk-Software, je besser die Lehrerinnen ihr ureigenes Geschäft verstehen und versehen, und das heißt eben auch, je solider ihre fachdidaktischen Kenntnisse sind. Gute Schule kommt von guten Lehrerinnen, nicht von guter Software!

- Sofern es um konkrete Produkt-Entwicklungen geht, muss die Fachdidaktik federführend sein, was, realistisch betrachtet, ein umfassendes Arbeitsprogramm bedeutet. Und in letzter Konsequenz sollte es auch Rückzug bedeuten, wenn es, von welcher Seite und aus welchen Gründen auch immer, didaktisch fragwürdig werden sollte (vgl. Matros 1994).

- Aussagen über die Qualität von Software lassen sich zum einen durchaus auch bereits am grünen fachdidaktischen Tisch gewinnen. Zum anderen müssen aber auch die Verwendungssituation und der Kontext des Unterrichts, v. a. sinnvolle Integrationsmöglichkeiten, berücksichtigt werden. »Nach dem heutigen Erkenntnisstand ist es kaum möglich, prinzipielle Aussagen über die Lernwirkungen von Multimedia zu machen. Der Vergleich und eine kritische Bewertung der existierenden Studien- und Übersichtsarbeiten hat zwar gezeigt, dass Multimedia über Potenziale zur Verbesserung der Lernleistung verfügen. Dennoch hat die überwiegende Mehrheit der heute im Einsatz befindlichen Multimediasysteme nur wenig oder gar keine positive Wirkung auf die Lernleistung« (Hasebrock 1995, S. 390). Für den Grundschulbereich stehen dezidierte Arbeiten zur Wirkungsforschung in diesem Sinne immer noch aus (vgl. Kap. 3.3). Es wäre aber lohnenswert, mehr darüber zu wissen, wie eine verfügbare Medientechnik aus didaktischer Sicht mit vorhandenen (oder wünschenswerten) Lernumgebungen zusammengebracht werden und mit ihnen harmonisieren kann. Dass der Computereinsatz im Mathematikunterricht der Grundschule die Wahrscheinlichkeit dafür erhöht, dass sich entdeckendes Lernen eher – und zwar medienbedingt – einstellen wird, dafür fehlen auch heute noch die nachweislichen Plausibilitäten bzw. wirklich überzeugende Beispiele, die über singuläre Exempel hinausgehen oder überzeugend dafür sprächen, dass sie verbreitet einwurzeln würden, indem entsprechende Folgeentwicklungen zu erwarten wären.

3.1.6 Mathematikdidaktische Zurückhaltung

Warum aber verhält sich die Mathematikdidaktik so zurückhaltend? Hierfür kann es verschiedene, darunter durchaus gute Gründe geben. Insofern scheint die Ansicht von Mitzlaff vielleicht etwas zu vereinfachend, der (aus der Außenperspektive) das Motiv unterstellt: »Augenscheinlich tut sich die deutsche Mathematikdidaktik mit dem ICT-Einsatz in der Grundschule und seinen mathematikdidaktischen Potenzialen schwer« (Mitzlaff 2007, S. 537). Aber das Problem mit den (seit Ende der 1980er) behaupteten Potenzialen, die sich ja theoretisch auch nicht von der Hand weisen lassen, liegt in der Tatsache, dass es bislang – wenn man nach breiter und unaufgeregter Integration in den Unterricht sucht – bei *Potenzialen* geblieben ist.

Auch aus der Enttäuschung von nicht eingetretenen, zuvor aber vielleicht etwas vollmundig angekündigten ›didaktischen Gewinnen‹ wurde offensichtlich gelernt, dass man *vorher* genauer hinschauen sollte. Die fachdidaktisch gut begründete Kritik von Matros (1994) am damaligen Modellversuch CLIP, der, zuvor als fachdidaktischer Berater des Versuchs tätig, dann mit bemerkenswerter Konsequenz ausstieg, als er die Entwicklung des Programms FELIX fachdidaktisch nicht mehr mittragen konnte und seine Einschätzung im Abschlussbericht des Modellversuchs niederschrieb, ist auch heute noch lesenswert – nicht zuletzt, weil hier offen gesprochen und nicht pädagogisch verklärt wird: »Die Perversion eines automatisierenden Übens zum Merkspruch-gestützten Dressurakt wird leider im Falle der schriftlichen Rechenverfahren im Unterricht ohnehin häufig praktiziert, aber das Programm FELIX stellt durch die Rigorosität seiner Dressur alle bisher erfundenen Maßnahmen in den Schatten« (ebd., S. 137). Oder: »Wenn man schon Unterrichts-Software für den Computereinsatz in der Grundschule entwickeln will, dann kann man an den in der jeweiligen Fachdidaktik gesetzten Maßstäben nicht vorbei, schon weil man nicht verhindern kann, dass solche Programme von vielen Lehrern in Ermangelung qualifizierter Kriterien als vorbildlich eingestuft werden könnten« (ebd., S. 145). Es ist ein Leichtes, die Gültigkeit der Grundargumente seiner Kritik auf heutige Unterrichtssoftware auszuweiten, die in aller Regel »inhaltlich keinerlei didaktische Innovationen« (ebd., S. 162) mit sich bringt.

Ein weiterer Grund ist für die bisherige Zurückhaltung der Mathematikdidaktik denkbar und vermutlich maßgeblich: Der Computereinsatz – aufs Ganze der Fachdidaktik und ihres Selbstverständnisses gesehen – stellt durchaus (auch heute) noch nicht das ›Megathema Nr. 1‹ dar, hinter dem alles andere zurückstehen müsse. Die Fortschritte der Entwicklungen bspw. in der Mathematikdidaktik der letzten 25 Jahre (so lange etwa wird ja ernsthaft über den Computereinsatz in der Grundschule nachgedacht), gerade in der Grundschule, sind respektabel und auch über diese Schulform hinaus anerkannt. Hier ist Unterrichtsentwicklung mit Breitenwirkung unübersehbar. Und auch ohne dem Computereinsatz bislang eine prominentere Rolle in den Forschungsbemühungen zuzuweisen, liefert die fachdidaktische Diskussion der vergangenen 25 Jahre auch für einen verantwortlichen Computereinsatz notwendige Gütekriterien, deren Fehlen (oder Ignoranz) ja in der Vergangenheit vor allem für die fragwürdigen Entwicklungen ursächlich war.

Ein weiterer Grund: Jene Publikationen, die aus spezifisch mathematikdidaktischer Expertise seit 20 Jahren vorliegen, werden im Mainstream der Diskussion um den ICT-Einsatz offensichtlich zu wenig zur Kenntnis genommen (s. Dominanz der Medienpädagogik oder allgemeinen Pädagogik), jedenfalls in typischen Handbüchern zum Computereinsatz in der Grundschule nicht referenziert.

Und nicht zuletzt: Die beschworenen »mathematikdidaktischen Potenziale« werden in den meisten (gerade *nicht* fachdidaktisch fundierten) konkreten Realisierungsbeispielen konterkariert oder sind auf einer Ebene angesiedelt, über die die Mathematikdidaktik seit einiger Zeit weit hinaus ist. Demgegenüber werden mathematikdidaktisch als ›Meilenstein‹ und konsequenteste Anwendung zeitgemäßer fachdidaktischer Postulate bezeichnete Produkte am Markt nicht so akzeptiert, dass sie für Verlage interessant und überlebensfähig wären (vgl. ZAHLENFORSCHER; Kap. 4.7.2 u. Krauthausen 2006a). Wer aber auf Qualität von Produktentwicklungen setzt, der bekommt diese nicht zum Nulltarif. Und für die Sparte *Quick & Dirty* geben sich Fachdidaktiker offensichtlich ungern her, da hier auf Druck der Verlage oder aus Kostengründen allzu schnell Essentials der eigenen Wissenschaft aufgegeben werden müssen.

Hier also von einer »eigentümlichen Verweigerung mancher Mathematikdidaktiker und ihrer Fixierung auf (häufig nicht unproblematische) Lern- und Trainingssoftware« (Mitzlaff 2007, S. 537) auszugehen, greift zu kurz, ist mindestens aber vereinfachend – abgesehen davon, dass die mit Recht beklagten, qualitativ sehr fragwürdigen Programme der genannten Kategorie in den seltensten Fällen tatsächlich von Mathematikdidaktikern entwickelt, sondern allenfalls (und auch dies eher nur nebenbei) beraten wurden. So sehr also eine deutlichere Positionierung aus der mathematikdidaktischen Community wünschenswert wäre (s. o.), so sehr ist eine ›Zurückhaltung‹ dann doch der Beteiligung an fachdidaktisch fragwürdigen ICT-Schnellschüssen vorzuziehen. Denn die z. T. wirklich eklatante Kluft zum heutigen fachdidaktischen Erkenntnisstand trägt kaum dazu bei, sich ernsthaft mit derartigen Produkten auseinanderzusetzen, zumal ausgewiesene fachdidaktische Experten bei der Konzipierung wie Produktion in aller Regel kaum zu finden sind, was auch den Diskurs in der Community nicht fördert.

All dies mögen Gründe sein, warum sich die mathematikdidaktische Forschung im Grundschulbereich – obwohl als weit entwickelte Fachdidaktik anerkannt, was die konzeptionelle Erneuerung des Mathematikunterrichts betrifft – bislang wenig umfassend und systematisch mit der Entwicklung und Bewertung/Evaluation von Software für den Mathematikunterricht der Grundschule befasst hat. Die Bewertung von Unterrichtssoftware, digitalen Medien im Mathematikunterricht der Grundschule allgemein inklusive ihrer Implementationsformen stellt also seit Jahren ein deutliches Forschungsdesiderat dar (vgl. Krawehl 2012).

3.2 Exemplarische Diskussionen

Über die Qualität von Softwareprodukten, die von den Anbietern oder Entwicklern gerne ›Lernprogramme‹ genannt werden, de facto aber i. d. R. Trainingssoftware traditioneller Machart darstellen, ist viel geschrieben worden, ohne dass sich nennenswert etwas geändert hätte (vgl. 3.1). Ein fast 20 Jahre alter Text (Krauthausen 1992/1994) ist noch heute von, so gesehen, nahezu erschreckender Aktualität. Daher wird sich die folgende Diskussion weniger mit dieser Software-Kategorie befassen, obwohl sie die bei Weitem am meisten verbreitete Nutzungsform digitaler Medien in der Grundschule darstellt (vgl. Abb. 2/1).

Das Anliegen, speziell die Bedeutung des fachdidaktischen Blickwinkels und diesbezüglich qualitativ vertretbare Einsatzmöglichkeiten zu sensibilisieren, soll stattdessen an einem Beispiel konkretisiert werden, bei dem es um die Nutzung eines Werkzeugprogramms, der Tabellenkalkulation Excel, geht. Diese Überlegungen verstehen sich exemplarisch, denn sie sind analog auf andere Situationen übertragbar. Es soll transparent gemacht werden, dass es in der Tat nicht nur ein notwendiger, sondern auch ein spezifischer Blick ist, mit dem digitale Lernumgebungen diskutiert werden müssten.

Als Argumentationshilfe für eine stärkere Nutzung von ICT im Unterricht wird verständlicherweise gerne über konkrete Unterrichtserfahrungen berichtet, häufig in der Form, dass sie – unausgesprochen oder explizit – als *Best-Practice*-Beispiele gemeint sind. Solche Konkretisierungen haben für den Betrachter den Vorteil, dass er sich nicht mehr nur auf der theoretischen Ebene mit dem Mach- oder Wünschbaren auseinandersetzen muss, sondern am konkreten Fall erkennen und diskutieren kann, inwieweit konzeptionelle Vorannahmen, theoretische Konzepte und Postulate mit einer tatsächlichen Realisierung konform gehen. In diesem Zusammenhang kann man – und zwar nicht nur als Einzelphänomen, sondern als gängiges Muster – die folgenden grundsätzlichen Probleme beobachten:

- Die Argumentation verlagert sich schnell und stark auf mediendidaktische, allgemeinpädagogische oder gar vorrangig technische Aspekte.
- Grundlegende Postulate der Fachdidaktik geraten aus dem Fokus, sie werden entweder unausgesprochen nicht erwähnt oder bewusst ausgeklammert[18] (z. B. bei Mayrberger 2007, S. 107: »Untersuchungen mit primär fachdidaktischem Fokus werden im Folgenden nicht berücksichtigt«).
- Häufig werden Argumente zwar genannt, dann aber in der Folge nicht konsequent auch für die Bewertung oder Einschätzung der Situation genutzt. Stattdessen versucht man, an sich diskussionswürdige Phänomene immer noch irgendwie zu retten, zu verteidigen. Transparente Legitimationen verbunden mit entsprechendem Klartext wären da manchmal hilfreicher.
- Viele positiv hervorgehobene Phänomene werden vorrangig dem ICT-Einsatz zugutegehalten, sind aber tatsächlich weder typisch für den Einsatz digitaler Medien noch auf sie angewiesen.

Im Folgenden soll versucht werden, diese Hypothesen an einem ergiebigen Beispiel zu konkretisieren. Es steht für viele andere vergleichbare, was die kritisch anzusprechenden Momente betrifft, wobei sich das ausgewählte aber aus mehreren Gründen besonders empfiehlt:

- Es handelt sich um eine multimedial veröffentlichte, allgemein zugängliche Quelle. Der konzeptionelle Rahmen wird in Schrackmann et al. (2008) aus-

---

[18] *Kann* man das überhaupt? Bzw. welchen Aussagewert haben dann geschlussfolgerte Statements noch ...?

führlich beschrieben. Dem Buch liegen 2 DVDs mit 20 videodokumentierten Unterrichtsbeispielen bei. Eine derart umfassende Dokumentation und Datenlage ist ausgesprochen selten, wenn es um die Darstellung des ICT-Einsatzes im Unterricht geht. Wo Papier noch sprichwörtlich geduldig sein kann und sich allgemeine Postulate leicht behaupten lassen, da wird ein videodokumentierter Unterricht zwangsläufig konkret.

- Die Videodokumentationen in der genannten Quelle sind beispielhaft als Arbeitsmaterial für Lehrkräfte, insbesondere in der Lehrerbildung gestaltet: Man findet jeweils das Originalvideo (O-Ton der Klassensituation) und dann jeweils das gleiche Video mit einem Off-Kommentar der Lehrperson zu der gehaltenen Stunde, manchmal eine separate Version mit dem Off-Kommentar eines Experten. Welcher Art diese Expertise ist, wird nicht gesagt, nur dass sie »vor einem ICT-didaktischen Hintergrund« erfolgt (ebd., S. 223). Des Weiteren gibt es ein Interview der Lehrkraft zur Stunde, speziell bzgl. des Einsatzes von ICT, sowie ein Interview mit den beteiligten Schülerinnen und Schülern.

- Es wird ausdrücklich nicht von *Best-Practice*-Dokumentationen gesprochen. Vielmehr werden »typische Realisierungsformen des Computereinsatzes im Unterricht und die Variationsbreite von ›Good-Practice‹-Modellen sichtbar gemacht« (ebd., S. 205). Ob diese Kennzeichnung zurecht besteht, soll im Folgenden untersucht werden.

- Ein großer Vorteil des Buches samt seiner beiden CD-Beilagen ist die Tatsache, dass die Dokumente mit Anregungen für eine problemorientierte, auch kritische Auseinandersetzung mit Fragestellungen auf verschiedenen Ebenen versehen sind. Das macht sie wie gesagt besonders geeignet für die Lehrerbildung (vgl. ebd., S. 211 ff.).

Im Folgenden soll nun eine Unterrichtsstunde exemplarisch ausführlicher betrachtet werden, in der es um mathematische Lerninhalte geht (übrigens nur drei von zwanzig: Üben von Längenmaßen und Grundoperationen, geometrisches Konstruieren, Programmieren mit Lego-Mindstorms). Allerdings findet man eine weitere Stunde (Visualisieren von Daten mit Excel), die in der gezeigten Lektion nur formal dem Fach ›Mensch und Umwelt‹ zugeordnet ist, in der es aber nicht nur peripher um zentrale mathematische Ideen geht (Mittelwert, Daten; vgl. aber auch den Anspruch fächerübergreifenden Unterrichts). Diese Unterrichtsstunde soll also näher analysiert werden, zu einer anderen wird es nur einen zusammenfassenden Kommentar geben (vgl. 3.2.3).

Zunächst werden der Ablauf und die Hintergründe der Stunde grob skizziert. Danach soll versucht werden, verschiedene Fragen und Aspekte genauer zu diskutieren, v. a. im Hinblick auf die Frage ›*Good Practice*: ja oder nein?‹, und dies unter fachdidaktischer Perspektive.

3.2.1 Stundenskizze ›Visualisieren von Daten mit Excel‹

Die Stunde wurde aufgezeichnet in der Abschlussklasse einer schweizerischen Primarklasse (die Primarschule umfasst in der Schweiz die Klassen 1–6). Die Klasse ist ausgestattet mit sieben Computern, soweit im Video erkennbar fünf Laptops und zwei Tisch-PCs. Mit der Diagrammfunktion von Excel sollen die Freizeitaktivitäten der Klasse dargestellt und ausgewertet werden.

Die Erhebung der notwendigen Daten haben die Lernenden bereits eine Woche lang vorab vorgenommen und dazu täglich ihren persönlichen Zeitaufwand notiert, den sie für vorher vereinbarte Freizeitaktivitäten investieren: Hausaufgaben, Sport, Fernsehen, Lesen, Games, PC. Nun sollen die Werte zusammengetragen und an Plakaten dargestellt werden, um danach die Durchschnittswerte für die einzelnen Aktivitäten zu ermitteln und diese Daten in eine Excel-Grafik zu überführen. Folgende Lernziele werden benannt:

- »Die Schülerinnen und Schüler berechnen den Durchschnitt der zusammengetragenen Zeiten für die einzelnen Freizeitaktivitäten in einem gegebenen Excel-Dokument.
- Die Schülerinnen und Schüler stellen in Gruppen ein Balkendiagramm in Excel her« (Schrackmann et al. 2008, S. 271).

Rundum an Wänden der Klasse hat die Lehrerin für jeden Wochentag jeweils identische DIN A2-große Plakate gehängt, auf denen die o. g. Aktivitäten notiert sind. Die Schülerinnen und Schüler übertragen nun ihre individuell erhobenen Daten auf diese Wochentagsplakate, indem sie hinter jede Aktivität ihren persönlichen Zeitwert notieren. Dadurch entstehen Datensätze von 19 Schülerinnen und Schülern zu allen sechs Aktivitäten, und das für jeden Wochentag. Die Plakate werden in einer späteren Sequenz der Stunde dann gruppenweise ausgewertet.

Zuvor zeigt die Lehrerin anhand eines vorbereiteten Excel-Arbeitsblatts auf ihrem Laptop, wo welche Daten einzugeben sind und dass sich dann der Durchschnitt automatisch berechnet, da die entsprechende Formel von ihr vorab bereits entsprechend implementiert wurde.

In einer Gruppenphase werten dann jeweils 2–3 Schülerinnen und Schüler eines der Plakate aus, indem sie die einzelnen Werte in das Excel-Arbeitsblatt eintragen. Die vom Programm ermittelten Durchschnittswerte werden auf das Plakat übertragen und dann in ein zweites, neues Excel-Arbeitsblatt eingetragen, auf dem dann die entsprechende Grafik in Form eines Balkendiagramms erstellt wird bzw. werden soll. Dies wird, bis auf zwei Gruppen, auch von allen erreicht.

Vorab kann man festhalten: Dem Expertenkommentar auf dem Video zur Stunde ist uneingeschränkt dahingehend zuzustimmen, dass Tabellenkalkulationen bereits in der Grundschule sinnvoll eingesetzt werden können. Bei dieser 6. Klasse handelt es sich um die Klasse einer (dort 6-jährigen) Schweizer Grundschule. Die Einschätzung des Experten lässt sich aber durchaus für die vierjährige Grundschule aufrechterhalten. Ob man dann das sehr komplexe Office-Paket mit Excel einsetzen sollte (die Lehrerin nennt es ein »ganz einfaches« Programm), das kostenlose Werkzeug GEOGEBRA[19] (vgl. Meier 2011) oder besser eines der v. a. im amerikanischen Raum erhältlichen vereinfachten ›kindgerechten‹ Tabellenkalkulationen, darüber lässt sich diskutieren, für beide gibt es gute Pro- und Kontra-Argumente.[20] Dass es didaktisch gut begründete Einsatzmöglichkeiten gibt und dass Tabellenkalkulationen im Unterricht auch erfolgreich eingesetzt werden können, das haben bereits Unterrichtsvorschläge aus den frühen 90er-Jahren gezeigt (u. a. Kniep-Riehm 1995 u. 1996; vgl. Kap. 4.3). Insofern ist der Einsatz von Tabellenkalkulationen keineswegs neu, gleichwohl in der Tat nicht weit verbreitet, vermutlich auch deshalb, weil ihr sachgerechter Einsatz unter dem Primat der Didaktik (und nicht vorrangig als PC-Kurs) nicht trivial ist und eine sorgfältige Analyse und Ausbalancierung von fachdidaktischen und mediendidaktischen Zielen erfordert.

3.2.2 Diskussion der Stunde

Wohlgemeinte Vorsorge vs. Prinzip der logischen Folgen

Die Übertragung der erhobenen Rohdaten auf die Plakate ist gut organisiert, sie erfolgt dadurch zügig und ohne Gedränge. Bedauerlich ist allerdings, dass die Lehrerin durch detaillierte Vorgaben versucht, mögliche Hindernisse bereits im Vorfeld aus dem Weg zu räumen. Es lässt sich natürlich nicht sagen, ob sie das bewusst tut, das ist aber für das Folgende auch nicht wichtig.

Erkennbar wird hier ein Muster, das sich im Verhalten von Lehrkräften häufig beobachten lässt und dem auch durchaus gute Motive zu unterstellen sind: Man versucht den Lernenden zu helfen, indem man ihnen mögliche Klippen aus dem Weg räumt, die man aus der übergeordneten, planerischen und didaktisch reflektierten Perspektive der Lehrkraft besser als die Lernenden antizipieren

---

[19] GEOGEBRA ist eine kostenlose Mathematik-Software (interaktive Geometrie, Algebra und Tabellenkalkulation), einsetzbar von der Grundschule bis zur Universität. Die Website bietet neben dem Programm-Download auch zahlreiche Unterrichtsmaterialien an (http://www.geogebra.org/cms/; vgl. auch Gächter/Lacher 2008; Meier 2011a/b; Wolfseher 2011).

[20] »Komplett ausgestattete Werkzeugprogramme können aus didaktischer Sicht sehr wertvoll sein, aber sie können auch Schattenseiten haben; denn sie sind für andere Zwecke entwickelt worden und, wichtiger, es können ihnen Möglichkeiten fehlen, die aus didaktischer Sicht unentbehrlich sind« (Dreyfus 1994, S. 204; Übers. GKr).

kann und daher ›vorsorglich‹ vermeiden möchte. Es ist vielleicht auch ein tief und zuverlässig verankertes Verhaltensmuster von Lehrenden, im Unterricht stets um möglichst große Eindeutigkeit bemüht zu sein, d. h. Missverständnissen, Holzwegen oder potenziellen Verständnisfallen tunlichst vorzubeugen.

Kann es aber nicht sein, insbesondere angesichts des zeitgemäßen Verständnisses von Lernen und Lehren, angesichts der Philosophie der Bildungspläne und Bildungsstandards (insbesondere der prozessbezogenen Kompetenzen), dass Schule viel zu sehr oder zumindest viel zu schnell um Eindeutigkeiten bemüht ist, wo Irritationen manchmal besser wären?

Natürlich ist das nicht so gemeint, dass Unterricht permanent Verwirrung stiften sollte. Aber überlegt platzierte Irritationen, die Routineerfahrungen aufbrechen, die den Lernenden aufhorchen und stutzen lassen, spielerisches ›Dagegenhalten‹ im argumentativen Diskurs sind die eigentlichen (und natürlichen) Auslöser für Lernprozesse (vgl. die Äquilibrationstheorie Piagets (1972)) und haben auch motivationales Potenzial: So genannte dosierte Diskrepanzerlebnisse können Motivation durch kognitiven Antrieb befördern; zu solchen Diskrepanz-Erlebnissen zählen z. B. Wechsel/Neuigkeit, Überraschung/Staunen, Unklarheit/Zweifel, Lücken – als ›milde‹ Formen, aber durchaus auch bis hin zu *fachlichen* Provokationen, die den Lernenden herausfordern können (vgl. Zech 2002). In solchen Fällen kann man es als Aufgabe von Lehrpersonen verstehen, gezielt zu überlegen, an welcher Stelle welche ›Verunsicherung‹ förmlich bewusst implementiert wird, um solche Motivationen zu ermöglichen. Das böte zudem die Chance, dass die Motivation eher aus der Sache erwachsen könnte, die sich temporär als ›sperrig‹ erweist, anstatt vom Lehrer künstlich geschaffen zu werden. Provokation ist natürlich nicht in einem aggressiven Sinne gemeint, der landläufig dem Begriff schnell anhängt. Eine vergleichbare Wirkung kann eine andere Verhaltensweise der Lehrperson haben, ohne dass diese dazu aktiv intervenieren muss: das Prinzip der logischen Folge.

Dieses Prinzip wird sehr gerne unterschätzt, was seine Fruchtbarkeit für Lehr-Lern-Prozesse betrifft. Vielfach scheint es der o. g. verinnerlichten Einstellung von Lehrenden zu widersprechen, dass man die Lernenden und auch sein eigenes Lehrverhalten möglichst konsequent auf Eindeutigkeiten hin orientiert und beeinträchtigende Faktoren möglichst im Vorfeld schon auszuschließen versucht. Betrachten wir unter diesem Aspekt noch einmal die Eingangssequenz der Stunde:

So gut sie methodisch organisiert war, was den Ablauf betrifft, so sehr enthält sie im Prinzip unnötige Festlegungen, die zur Folge haben, dass sich wertvolle und vertiefte Lernanlässe erst gar nicht ereignen können: Die Lehrerin hält alle Schülerinnen und Schüler an (»ganz wichtig!«), ihre Daten – anders als auf ihren persönlichen Datenzetteln – in Minuten und ohne Größenbezeichnung auf die Plakate zu schreiben. Was mag ihr Motiv dafür sein? Es scheint naheliegend, dass dadurch versucht werden soll, die Lernenden davor zu ›schützen‹, später, beim Übertragen der Daten vom Plakat in die Excel-Tabelle, die Werte mal als Minuten, mal als Stunden, mal mit oder mal ohne Bezeichnung einzutragen. Ein solches Vorgehen wäre ja durchaus zu erwarten und überhaupt nicht unrealistisch. Aber in der Tat würde Excel das nicht verzeihen und mit einer Fehlermeldung oder verfälschten Ergebnissen aufwarten.

Warum aber muss die Lehrerin die Lernenden davor ›beschützen‹? Was würde geschehen, wenn man sie gewähren ließe und die erwartbaren falschen Ergebnisse oder Fehlermeldungen – der Logik der Sache folgend – aufträten, wenn man also die logischen Folgen des Tuns eintreten ließe? Nichts wirklich Bedenkliches! Im Gegenteil: *Aus der Sache heraus* ergäben sich wertvolle Fragen und Anlässe zum vertieften inhaltlichen Nachdenken:

- Kann der erhaltene Wert überhaupt sein? (Plausibilitätsprüfung, auch z. B. eminent wichtig beim überschlägigen Prüfen von Taschenrechnerergebnissen)
- Wie kann so ein wenig plausibles Ergebnis zustande kommen?
- Was hat Excel da eigentlich getan? Ein Rechenfehler ist doch gerade beim Computer am ehesten auszuschließen ...

Durch derartige Überlegungen wird man zwar zum gleichen Ergebnis gelangen, dass bei der Dateneingabe auf die gleiche Einheit zu achten ist und dass die Größenbezeichnung nicht mit eingegeben wird. Diese Einsicht wird aber nicht von der Lehrperson vorgegeben (zudem ohne begründende Erläuterung), sie muss nicht von den Schülerinnen und Schülern geglaubt oder – Lerngehorsam praktizierend – nur befolgt werden. Sie kann von den Lernenden selbst, aus der Sache heraus, die sich zuerst noch sperrig zeigt, entwickelt und dann auch verstanden werden. Ein möglicher fruchtbarer Konflikt (Irritation i. S. des Prinzips der logischen Folgen) wird den Lernenden also hier durch vorschnelle Eindeutigkeitsfixierung vorenthalten.

Technische Einschränkungen vs. didaktische Grundsätze

Nachdem alle Schülerinnen und Schüler ihre persönlichen Werte auf die Plakate übertragen haben, bereitet die Lehrerin die folgende Gruppenarbeitsphase dadurch vor, dass sie der Klasse die entsprechende Aufgabe erläutert. Eine wichtige Entscheidung, denn Zieltransparenz und Erwartungshintergrund sollten nicht nur dann für alle Beteiligten gegeben sein, wenn selbstständig in Kleingruppen gearbeitet werden soll. Das oben angesprochene Bemühen um Eindeutigkeit lässt sich auch in dieser Phase beobachten (die Lehrerin zeigt detailliert durch Vormachen im Sinne der kleinen und kleinsten Schritte, wie die Daten in Excel einzutragen sind); das soll aber jetzt nicht weiter verfolgt werden. Zumal dieses Bemühen auch durch eine Tatsache förmlich konterkariert wird, auf die wir nun den Blick richten wollen.

Um das Ausfüllen des Excel-Arbeitsblatts zu demonstrieren, versammelt die Lehrerin, an einem Schülertisch vor einem Laptop sitzend, die gesamte Klasse, also 19 Schülerinnen und Schüler, im Halbkreis um sich mit den Worten:»Ihr könnt jetzt alle hier um diesen [Laptop] in einen großen Halbkreis kommen, sodass ihr alle auf den Bildschirm sehen könnt.« Dies ist aber offensichtlich nicht für alle möglich. In ihrem Off-Kommentar bezeichnet die Lehrerin es als eine häufig benutzte Praxis,»weil wir nicht immer einen Beamer installieren können; der ist leider nicht immer frei«. Im späteren Interview sagt sie, dass der Beamer der Schule nicht von vielen Kollegen benutzt wird und es deswegen sehr gut möglich sei, ihn einzusetzen. So fragt man sich, wieso es hier nicht geschah, wo es von der Sache her nahezu unabdingbar gewesen wäre und selbst die Videoaufzeichnung der Stunde offenbar kein Argument war, für die sogar ausdrücklich die Option bestand, Sequenzen zu wiederholen, wenn die Lehrperson nicht zufrieden mit der Realisierung war (ebd. S. 205). Die Lehrerin hält die schlechte Sicht aber für kein Problem und beschreibt die Schüler als »recht aufmerksam beim Zusehen«. Beobachtet man die Schüler während dieser Phase genauer, dann schauen sie alle irgendwie irgendwann auf den Laptop-Monitor; ob dies aber ausreicht, um die kleinschrittigen Anweisungen umfassend zu verfolgen und zu verstehen, kann bezweifelt werden …

Der Experte hält einen Beamer-Einsatz in seinem Off-Kommentar auch für besser, findet sich aber mit der Situation recht schnell ab:»… ist aber offenbar nicht möglich, da die Geräte fehlen.« – Man erkennt hierin ein Phänomen, welches die Diskussion um den Computereinsatz seit Mitte der 1980er-Jahre ungebrochen wie ein roter Faden durchzieht: Gemeint sind die klassischen Formulierungen der Art ›an sich sollte‹ oder ›wenn denn dies oder das gegeben wäre‹ oder ›Wenn wir denn gute Software hätten, dann …‹. Und bereits wenige Sätze später sind diese nur kurz tangierten Einschränkungen vergessen und stehen kühnen Erwartungen oder Versprechungen nicht mehr im Wege. Unübersehbare Mängel werden also höchstens kurz angedeutet, bevor man sich pragmatisch arrangiert.

Ob das die bernsteinfarbene Schrift auf schwarzem Grund war, die ›Blöckchengrafik‹ der Monitorauflösung, die Langsamkeit der Rechner, der den Lehrpersonen nicht zumutbare Aufwand an technischem Support von ausgemusterten Geräten (Firmen oder Behörden hatten das Gefühl, den Schulen mit Computerspenden etwas Gutes zu tun, und erkannten schnell diesen Weg als billige Art der Altgeräteentsorgung – »Für das, was die Schule damit macht, sind die noch gut genug …«), die fehlende oder unerträglich langsame Internetanbindung oder die fachdidaktisch völlig indiskutable Qualität von 97 % der am Markt vertriebenen Lernprogramme – nichts wog schwer genug, als dass man dafür nicht bis dato völlig selbstverständliche didaktische Standards aufgeben oder ›relativieren‹ würde.

Wie bewerten es Fachseminarleiterinnen und -leiter in einer Lehrprobe (ohne ICT!), wenn die Lehrerin eine ganze Klasse im Halbkreis um sich versammelt, um ihr auf einem DIN A4-Blatt Details zu erklären, die dort in 10-Punkt-Schrift notiert wären? Warum ruft so etwas im einen Fall (ohne ICT) durchaus, im anderen (mit ICT) aber deutlich seltener Störgefühle hervor? Warum werden didaktische Grundsätze so unterschiedlich konsequent eingefordert? Ist es die Eigengesetzlichkeit des Mediums, die so oft heruntergespielt wird, wenn man betont, der PC sei ja doch nur ein Medium unter vielen? Ist es die Verlagerung der Argumentation – weg von fachspezifischen Erfordernissen oder didaktischen Basics hin zum (allzu oft technisch dominierten) Umgang mit dem Medium (s. u.)? Natürlich sind verschiedene Argumentations- oder Begründungskontexte legitim, aber was man häufig vermisst, ist eine *ausbalancierte* Berücksichtigung (s. u.).

Vormachen/Nachmachen vs. Ernstnehmen der Sache

Was geschieht nun in dieser Unterrichtsphase im Halbkreis? Die Art und Weise, wie die Excel-Tabelle ausgefüllt werden soll, wird von der Lehrerin kleinschrittig vorgemacht: »Wir müssen ja jetzt die Daten an diesen Plakaten zusammenrechnen. Und das geht ganz einfach mit diesem Programm, das ich jetzt auf allen PCs installiert habe.« Die Lehrerin führt vor, wie man vom Desktop das ›Ausrechnungsprogramm Freizeit‹ (= die vorbereitete Excel-Datei) aufruft: »Und jetzt kann man hier von A1 bis A20 diese Minutenzahlen eingeben.«

Sie gibt einige Beispielwerte in ihren Laptop ein und erklärt, dass fehlende Werte jeweils »einfach« mit der Eingabe von Null behandelt werden müssen. »Die erste Zahl, die ihr beim A23-Feld seht, das ist das alles zusammengerechnet, das wäre jetzt in meinem Fall 150 Minuten. Und dann bei 26 [gemeint ist offenbar die Zelle A26; GKr] rechnet es das genau gleich durch 20. Das heißt, diese Zahl hier unten ist jetzt der Durchschnitt; aha: Montag haben wir als Klasse durchschnittlich 7,5 Minuten Fernsehen geschaut. Soweit klar für alle? So, dann geht an eure Plätze zurück.«

Wie gesagt soll uns nun weniger interessieren, dass diese Details kaum einer der Umstehenden wirklich auf dem *Monitor* sehen kann, was sich an den individuellen Aufmerksamkeiten im Video ablesen lässt. Was uns hier mehr interessiert, ist der fachdidaktische Blickwinkel, und dabei tangieren wir auch wieder das oben bereits angesprochene Phänomen, dass die eigentliche Sache selbst (hier: die mathematische Idee) von der allgemeinpädagogischen, mediendidaktischen oder gar technischen Perspektive an den Rand, wenn nicht gar gänzlich verdrängt wird:

Summe bzw. Mittelwert hat die Lehrerin vorab bereits als Excel-Funktion in das Tabellenblatt eingegeben. Sie bemerkt dazu in einem Kommentar, es sei ein »sehr sehr einfaches Programm. Ich hab das mit den Schülern nicht selber gemacht, ich hab ihnen das vorgegeben. Für eine Lektion wär das sonst zu viel«.

Damit wird die Struktur des Excel-Arbeitsblatts aus organisatorischen Gründen zur Black Box, obwohl doch *gerade darin* die mathematisch (s. u.) wie mediendidaktisch relevanten Aspekte schlummern. Durch die gewählte Vorgehensweise wird der PC lediglich auf einen überdimensionalen Taschenrechner reduziert. Und die Reduktion geht sogar noch weiter, denn beim Taschenrechner müssten die Schülerinnen und Schüler ja bewusst die Summen der Werte bilden und dann ebenso bewusst durch die Anzahl der Datensätze dividieren. Auch wenn man selbst dies noch besinnungs-los (mechanisch) tun könnte, wird im vorliegenden Fall nicht einmal das erforderlich. Denn anders als die Lehrerin im Interview sagt, *berechnen* die Schülerinnen und Schüler nicht einen einzigen Mittelwert. Sie tippen lediglich Datensätze ein, der Computer berechnet automatisch und nach für die Schüler intransparenten Regeln den Mittelwert und zeigt ihn in der vordefinierten Formelzelle an.

Jene Aspekte, durch die der Computereinsatz in dieser Situation ein besonders ergiebiges Medium werden könnte (entweder bzgl. der spezifischen Stärken einer Tabellenkalkulation oder bzgl. der mathematischen Idee des Mittelwerts), bleiben gänzlich unberücksichtigt: »Mit der Tabellenkalkulation wird […] die Dynamisierung des Rechenblattes erreicht, eine Option, die in der herkömmlichen ›Papier-Mathematik‹ so nicht möglich ist« (Arnold 1997, S. 20). Was-wäre-wenn-Situationen, die Analyse operativer Variationen der Daten oder der Auswirkungen von Parameterveränderungen gehören bspw. zu den medienspezifischen Stärken einer Tabellenkalkulation. Das geht übrigens weit über die Fachgrenze der Mathematik hinaus und es wäre gerade im hier vorliegenden Fach ›Mensch und Umwelt‹ hochrelevant (vgl. Kap. 4.3).

Dass die Schülerinnen und Schüler nicht viel gerechnet haben, ist hier übrigens nicht das Problem und auch generell kein k.-o.-Kriterium. Es sei nur deshalb angesprochen, um zu zeigen, wie schnell man durch sprachliche Formulierungen Dinge suggeriert, die einfach nicht stattfinden. Auch im Fachunterricht können und sollen durchaus allgemeinere Lernziele Beachtung finden, und die ›handwerkliche‹ Generierung von Daten, das bloße Ausrechnen, wird dann in seiner Bedeutung bewusst relativiert (vgl. Meier 2011b). Was den Einsatz einer Tabellenkalkulation betrifft, können solche übergeordneten Ziele des (Mathematik-)Unterrichts u. a. sein:

- In einer Sachsituation mathematisierbare Aspekte erkennen, diesen nachgehen und dabei den Sinn von ›Mathematisierung‹ und Modellbildung erfahren.
- Erkennen, dass bei Mathematisierungsprozessen nur die mathematisierbaren Aspekte eines (meist komplexeren) Sachverhalts in den Blick genommen werden und dass bei der Modellbildung Wirklichkeit reduziert und Bedingungen gesetzt werden, z. T. fiktive Annahmen eingehen können und es nur um Ausschnitte der Wirklichkeit geht.
- Rechnen als Werkzeug zur Erkenntnisgewinnung erleben und nicht nur als Selbstzweck. Mathematik dient in diesem Sinne als Instrument zur Sacherschließung und zur Erweiterung des Umweltverständnisses (s. u.: Anwendungsorientierung).

Dies alles ist übrigens keineswegs innovativ, wie manchmal suggeriert wird: Die genannten drei Punkte sind Teil einer Auflistung von Lernzielen, die am Ende einer Unterrichtseinheit in einer 4. Klasse als erreicht eingeschätzt wurden, nachdem die Klasse im Rahmen einer Projektarbeit eine Tabellenkalkulation eingesetzt hatte (vgl. Kniep-Riehm 1996; ebenso Kniep-Riehm 1995; Schubert 2009). Hier ging es selbstverständlich *auch* um das Medium und seine sachgerechte Handhabung; aber es geschah in einer ausbalancierten Weise und ohne Außerachtlassung oder Trivialisierung der fachlichen Lerninhalte. Die Sache stand im Mittelpunkt, nicht die Frage, wie man Daten in Excel am Beispiel einer (letztlich austauschbaren) Sache eingibt. Auf das oft zu hörende Argumentationsmuster, das sei eben nur heute nicht geplant, würde aber im nachfolgenden Unterricht erfolgen, wird weiter unten noch eingegangen …

Verpasste Lernchancen

Die unterstützende Funktion des Computers im Mathematikunterricht beschränkt sich keineswegs auf die im Interview von der Lehrerin betonte Tatsache, dass die Schüler erkennen werden, dass die Diagrammerstellung mit Excel, anders als mit Papier und Bleistift, »schnell und sehr genau« vonstattengeht[21]. »Computer-Werkzeuge haben das Potential, den Lernprozess nicht nur als ›Verstärker‹ zu unterstützen (Zeitersparnis bei bloßen Berechnungen oder einfache Anfertigung von Grafiken), sondern vor allem auch als ›Re-Organisierer‹« (Dreyfus 1994, S. 210; Übers. GKr). Sie sollen also Katalysator sein für eine strukturelle Durchdringung der Situation. Das digitale Medium soll einen weiteren, einen anderen, einen vielleicht ansonsten unüblichen Blickwinkel auf die Sache erlauben. Im Idealfall liefert das Perspektiven, die vielleicht sogar originär und ganz spezifisch nur durch dieses Medium möglich sind. Das betrifft v. a.

---

[21] *Das* haben die Schülerinnen und Schüler zweifellos erkannt, wie ihre Interviews andeuten. Aber hier sollte es um mehr gehen.

eine Stärke des Computers, die Verarbeitung zeitbasierter Daten, was als enormer Vorteil ausgespielt werden kann im Rahmen von Visualisierungen, Simulationen oder interaktiv dynamisierten Situationen wie auch anhand von Tabellenkalkulationen (Durchspielen von Was-wäre-wenn-Situationen). Ziel bei all dem ist es, Verstehensprozesse zu unterstützen, konzeptionelle Begriffsbildung zu fördern oder Konzeptionsverständnisse zu rekonstruieren (re-organisieren bei Dreyfus). Welche Idee, welches Konzept aber wird in der hier vorliegenden Stunde reorganisiert ...?

Die folgenden substanziellen Fragen und wichtigen Lernanlässe, die dafür prädestiniert wären, bleiben außen vor, nicht zufällig oder aus Zeitnot. Sie sind offensichtlich gar nicht beabsichtigt, weil man ansonsten nicht ein fertig vorprogrammiertes Excel-Arbeitsblatt *vorgeben* könnte, sondern die Lernenden, ausgehend von ihren Vorerfahrungen, dabei unterstützen würde, das Konzept zu *entwickeln*:

- Was ist eigentlich ein ›Mittelwert‹ (wobei hier, wie meist, das arithmetische Mittel gemeint ist)? Welche anderen Mittelwerte gibt es? (Median, Modalwert) Wann setzt man welchen und warum am besten ein? Welche Vor- und Nachteile haben sie jeweils?

- Wie kann man die Formel wirklich verstehen, die in eine Excel-Tabelle eingetragen wird und die viele Schülerinnen und Schüler (auch Erwachsene) oft nur als auswendig gelerntes ›Gedicht‹ aufsagen, aber nicht erklären können? Warum muss sie ausgerechnet so lauten, wie sie lautet? Die Idee des Mittelwertes kann bereits im 2./3. Schuljahr im Rahmen von klassischen Übungen an der Hundertertafel sehr anschaulich entwickelt, konkret gesehen, durch Handlungen an der Tafel von Kindern hervorgebracht und dann auch von den Schülern verstanden werden. Man muss eine solche Formel oder Berechnungsregel dann nicht nur glauben.

- Welche (informative, suggestive bis hin zu manipulierende) Wirkung hat bei den hier zu erstellenden Balkendiagrammen die gewählte Skalierung auf den Achsen sowie die Frage, ob die Achsen jeweils bei 0 beginnen oder nicht? (Vgl. Krämer 1992; Meier 2011b; vgl. Kap. 4.3.3)

- Was hat es mit der Dezimalschreibweise auf sich? Wieso und wo ist – und zwar in der Umwelt und im Computer – mal die Schreibweise mit Komma, mal mit Punkt üblich? Und was bedeutet das eine jeweils im anderen Fall? Diese Frage stellt sich in der Stunde in der anschließenden Gruppenarbeitsphase, die Lehrerin erläutert das wie folgt:

»Zum Teil sind die Computer anders eingestellt. Je nach Einstellung muss man [bei Dezimalzahlen; GKr] mit Komma oder mit Punkten eingeben. Darauf muss man achten. Das hat ebenfalls ein bisschen Schwierigkeiten bereitet. Als die Kinder das wussten, war's ebenfalls kein Problem mehr.«

Wenn man einmal mehr technische Unzulänglichkeiten der Ausstattung übersieht[22]: Auch bei diesem Phänomen werden wichtige und gehaltvolle Anlässe für eine fachliche Durchdringung durch Vorgaben oder ›Informationen‹ wegerklärt. Oder was hat die Gruppe zur Dezimalschreibweise gelernt, bei der man anlässlich der Eingabe des Wertes 17,6 vom diktierenden Schüler hört: »Nicht Punkt, Komma! ... Ah, ist egal.«?

Das Problem der Formelvorgabe wird auch im Expertenkommentar angesprochen und kritisiert. Als denkbare Alternative wird angeboten, »im klassischen Papier-und-Bleistift-Verfahren die Durchschnittsberechnung zu üben und dann in Excel anzuwenden«. Es sollte aber weniger darum gehen, in einer lediglich anderen Umgebung (analog statt digital) die rechnerische (technische) Anwendung einer irgendwie gelernten (bzw. hier vorgegebenen) Formel zu trainieren. Die mathematische Idee des Mittelwertes wird dadurch gar nicht tangiert: *Warum* denn kann man den Mittelwert berechnen, indem man die Summe der Daten durch ihre Anzahl teilt? Gewiss, es soll nicht gesagt werden, dass das ohne ICT-Einsatz im real existierenden Unterrichtsalltag laufend Beachtung fände; konkrete Unterrichtsvorschläge dazu lägen aber in der fachdidaktischen Literatur vor. Aber durch ICT einen fachdidaktischen Zugewinn zu suggerieren, ist gleichwohl hier nicht überzeugend.

Letztlich (s. o.: pragmatisches Arrangieren) wird der hier gewählte Weg (enge Handlungsanweisungen durch die Lehrerin und fertig vorgegebenes Spreadsheet) vom Expertenkommentar dennoch für methodisch möglich erklärt, weil er »zur Entdeckung der Formel führen kann«. Diese Hoffnung muss aber aus fachdidaktischer Sicht mehr als bezweifelt werden. Dass dieser Weg ›allemal legitim‹ sei, »da es ja in dieser Stunde nicht um die Erarbeitung der Formel, sondern um die Diagrammfunktion von Excel geht«, entspricht der gerne benutzten Argumentationslinie (situativ ›hilfreiches‹ Ausblenden der fachdidaktischen Perspektive), die wir weiter unten noch explizit ansprechen werden.

Interessanter und spannender ist da der Vorschlag des Experten, eine Halbklasse traditionell und die andere Hälfte mit Excel arbeiten zu lassen. Hieraus könnten sich erneut wichtige Lernerfahrungen und -ziele ergeben, die sowohl über das Medium als auch über die Mathematik im engeren Sinne hinausreichen und von zentraler lebensweltlicher Relevanz wären (insofern: hervorragend passend zum hier gezeigten Fach *Mensch & Umwelt*). Beide Varianten müssten dann aber auch ausdrücklich gegenübergestellt und ausgewertet werden – gemäß der Argumentationslinie der Lehrerin gewiss ›zu viel für eine Lektion‹. Nun muss man aber auch nicht alles in einer einzigen Stunde erledigen; wenn man etwas

---

22 Wie schön und passend sind sie doch in Wahrheit hier, ermöglichen sie doch erneut durch das Prinzip der logischen Folge willkommene Lernanlässe!

als wichtig, gehaltvoll, vielleicht sogar paradigmatisch erachtet, dann wird man eben auch guten Gewissens mehr Zeit dafür investieren (s. u.).

Subtile Steuerung statt selbstständiges Lernen

Schauen wir weiter in den Stundenverlauf: Nachdem die frontale Erklärungsphase abgeschlossen ist, gehen die Schülerinnen in Kleingruppen zu 2–3 an die bereitstehenden Rechner. Jede Gruppe erhält eines der Plakate mit folgendem Hinweis der Lehrerin: »Jetzt rechnet ihr als erstes mal die Durchschnittszeit, so wie ich es euch gezeigt habe, vom Hausaufgabenlösen, Sport, Fernsehen, Lesen, Games und PC aus. Ihr könnt das nachher gleich da unten [auf das Plakat; GKr] hinschreiben.«

In der Gruppe, auf die im Video vorrangig fokussiert wird, erkennt man: Einer diktiert die Werte (ohne den Blick von dem Plakat zu nehmen), ein anderer tippt die Werte in Excel ein. Die Lehrerin wertet das im Kommentar als ›gute Selbstorganisation‹. Man könnte auch über die Wirksamkeit unausgesprochener, aber virulenter Rollenzuweisungsmechanismen diskutieren, über Kriterien, die eine Aufgabe mehr oder weniger für eine Gruppenarbeit geeignet machen, oder über die Frage, was ein mechanisch und ohne Aufblicken Zahlen diktierender Schüler über den Mittelwert lernt, über die Handhabung der Excel-Tabelle oder über die Bedeutung der dahinterliegenden Mittelwert-Formel …

Als die Lehrerin einer Gruppe über die Schultern schaut, interveniert sie wie folgt: »Achtung, bei euch hat da irgendetwas nicht ganz geklappt« und übernimmt das Trackpad des Laptops. »Der hat da irgendwas … Irgendwas hat da nicht gestimmt mit der Formel, die ist bei euch weg.« Sie ›bereinigt‹ das Problem selbst, ebenso wie bei der nächsten Gruppe, bei der sie vorbeischaut. Im Off-Kommentar des Experten wird dies beschrieben, aber nicht didaktisch eingeordnet. Ob die Schüler das Problem oder die Tatsache, dass es überhaupt eines gibt, verstanden haben, vermag man nicht zu beurteilen, die Indizien im Video sprechen allerdings massiv dagegen, denn es wird keinerlei Transparenzangebot der Lehrerin gemacht. Auch dem Zuschauer wird der Hintergrund, der die Zweifel des Experten dann spätestens bestätigt, erst durch das Interview der Lehrerin evident. Das ›Problem‹ ergab sich situativ nämlich durch folgenden Umstand:

Die Formel der Durchschnittsberechnung, die die Lehrerin in eine Excel-Zelle implementiert hatte, war auf die 20 Schüler ihrer Klasse ausgelegt. Ein Schüler hatte aber seinen Zettel an diesem Tag nicht dabei, so dass seine Werte fehlten, es lagen also nur 19 Datensätze vor. Daher musste die Formel korrigiert werden (das Prinzip der logischen Folge wird erneut nicht genutzt) – ein an sich wunderschöner realitätsnaher Anlass, um fachlich über die Struktur der Formel und ihre strukturellen Relationen bei Parametervariationen nachzudenken! Diese Chance wird aber dadurch nicht genutzt, dass die Lehrerin, wie sie in ihrem

Kommentar zur Stunde bemerkt, zu jeder einzelnen Gruppe gehen muss, ›um das kurz zu ändern‹. Wieso aber muss *sie* in allen Tabellen die Änderung vornehmen? Wäre das nicht eine hervorragende Gelegenheit, fachlich in die Problematik des Mittelwertes einzutauchen?! Das ›Problem‹ ist doch in Wirklichkeit ein fachdidaktisches ›Geschenk‹, das sich situativ ereignet und das man gar nicht so überzeugend hätte planen können.[23]

Ein mathematikhaltiges Werkzeug wie Excel ist natürlich in der Lage, automatisierte Berechnungen auszuführen sowie diese flexibel und effektiv in grafische Darstellungen zu überführen. Aber es wird normalerweise keine jener konzeptionellen Schwierigkeiten berücksichtigen können, die sich für Lernende ergeben können, die sich mit der Konstruktion mentaler Bilder oder mit dem Verstehen fachlicher Konzepte auseinandersetzen (vgl. Dreyfus 1994, S. 207). Das muss, sofern man Werkzeugprogramme einsetzt, von der Lehrperson selbst und bewusst implementiert oder ermöglicht werden. Die Lehrerin könnte bspw. das Fehlen eines kompletten Datensatzes zur Diskussion stellen nach dem Motto: »Was tun …? – Was geschähe denn, wenn 2, 3, 4, … 18 Schüler von 20 fehlen würden?« Das kann man simulieren, das Arbeitsblatt dynamisieren (bis hin zu Extremfällen unter der Frage: Was geschieht mit …, wenn…? – Operatives Prinzip! Wittmann 1985) – eine der Stärken von Tabellenkalkulationen! An welcher Stelle würde die Lerngruppe stutzig? Welche Rückschlüsse hat dies auf das Verständnis der anzupassenden Mittelwert-Formel?

Erfolgsmeldung

Nachdem die Gruppen ihre Daten vom Plakat in das Excel-Arbeitsblatt übertragen haben, soll nun zu diesen Daten ein Diagramm erstellt werden. Wie der Betrachter aus dem Interview der Lehrerin erfährt, hat die Klasse Vorerfahrungen mit der Diagrammerstellung nach klassischer Papier-Bleistift-Methode und auch bereits einmal ein Diagramm mit Excel erstellt. Eine explizite Verknüpfung mit diesen Vorerfahrungen ist nicht erkennbar (was aber auch am Filmschnitt liegen und daher nicht abschließend beurteilt werden kann).

Zur Diagrammerstellung wird nun ein neues Excel-Blatt geöffnet, in das die zuvor auf dem 1. Blatt gefundenen Mittelwerte eingetragen werden. Mehrmals spricht die Lehrerin davon, dass die Schüler die Mittelwerte auf diesem ersten Excel-File »berechnet« hätten, was nicht zutrifft, denn das Programm hat dies besorgt. Die Schüler haben lediglich Daten eingegeben, ohne die implementierte Formel auch nur zu sehen, geschweige denn zu durchschauen. Das macht aber einen deutlichen Unterschied. Für die Diagrammerstellung erhalten die

---

[23] »Sollte die zu lernende Mathematik sich am Werkzeug orientieren, oder sollte sich das Werkzeug an der zu verstehenden Mathematik orientieren?« (Dreyfus 1994, S. 207; Übers. GKr).

Gruppen jetzt einen ›Laufzettel‹ mit detailliert vorgegebenen Schritt-für-Schritt-Anweisungen: Eine Schülerin liest die Anweisungen (eine Sammlung von Programmbefehlen und zu drückenden Buttons) vom Laufzettel diktierend ab: „Einfügen – Diagramme drücken – Säulen anklicken – zweimal Weiter drücken – Diagrammtitel eingeben – Rubrikenachse unten rechts …"

Es wird sogar vorgegeben, welche der sieben von Excel alternativ angebotenen Säulendiagramme gewählt werden sollen – damit alle das Gleiche haben. Wäre es aber nicht viel ergiebiger, man hätte verschiedene Diagramme? Die vom Dialogfeld in Excel zur Auswahl angebotenen Alternativen böten erneut hervorragende Diskussionsanlässe, z. B. die Frage, ob man zwei- oder dreidimensionale Säulen wählen möchte. Diese Frage betrifft weit mehr als ästhetische Präferenzen, sie enthält durchaus mathematische Substanz bis hin zu manipulierender Sprengkraft bei der Interpretation der Diagramme (vgl. Krauthausen/Lorenz 2008, S. 179–181; vgl. Kap. 4.3.3).

Die Lehrerin beendet die Stunde mit der Bitte, die Datei abzuspeichern, damit man »das morgen beenden kann«. Sie hält die Stunde für erfolgreich, bezieht das im Interview aber ausschließlich auf Fragen der Handhabung von Excel. Alle Schüler hätten »ein gutes Resultat erzielt; es sind fast alle fertig geworden mit ihren Diagrammen. Bei zwei Gruppen muss ich jetzt noch schauen, wo der Fehler liegt«. Weder das Video noch die Kommentare noch das Buch geben leider Aufschluss darüber, welche Fortführung diese Stunde nun findet, wie sie überhaupt in eine übergeordnete Unterrichtsreihe einzuordnen ist. Letzteres wäre ja (unabhängig vom ICT-Einsatz) wünschenswert, um isolierte Einzelstunden zu vermeiden, die keine Anbindung haben oder Interdependenzen zu anderen Lernfeldern oder -inhalten transparent machen.

Expertenmeinungen

Wie wird die Stunde insgesamt im Off-Kommentar vom Experten eingeschätzt? Diese Frage soll auch deshalb auch hier beleuchtet werden, weil daran deutlich wird, wie viele und wie unterschiedliche Meinungen es geben kann. Das ist an sich nichts Überraschendes (und schon gar nicht typisch für ICT), denn jeder weiß, wie unterschiedlich eine Unterrichtsstunde von verschiedenen Beobachtern eingeschätzt werden kann. Der Bereich ICT ist aber vielleicht besonders ›anfällig‹ für eine solche Deutungsvielfalt, und zwar aus folgendem Grund:

Wer äußert sich (oder macht sich überhaupt erst die Mühe) zur Qualität von Unterrichtsstunden in der Grundschule? Lehrende im Rahmen der 1. und 2. Phase der Lehrerausbildung, Prüfungskommissionen zur 2. Staatsprüfung, Schulaufsichtsbeamte, Mitglieder von Schulinspektionen (ohne Anspruch auf Vollständigkeit). All diese Personen können ein und dieselbe Stunde durchaus mit unterschiedlichen Schwerpunkten betrachten und einschätzen und dabei zu durchaus unterschiedlichen Ergebnissen gelangen (s. u. bzw. überhaupt in diesem Kapitel). Gemeinsam ist ihnen aber: Sie stammen alle aus einer vergleichbaren Community von *Experten für das Lernen und Lehren*, sie sind alle mit Unterricht und Lehrerbildung vertraut; es ist ihre Profession, aus der heraus sie sich, wenn auch aus verschiedenen Blickrichtungen, äußern.

Anders sieht es nicht selten beim Computereinsatz, speziell in der Grundschule, aus: Bereits in den 80er-Jahren und anhaltend bis heute fühlen sich Personenkreise berufen, hier Einschätzungen abzugeben oder Produkte zu entwickeln, die von ihrer Profession her reichlich disjunkt zum Bereich Schule und Unterricht sind. Gerne werden ›Lernprogramme‹ von Laien entwickelt, die nie einen Bildungsplan oder gar fachdidaktische Basics angeschaut haben, z. T. gar nicht wissen, dass es solche wie auch eine eigenständige Wissenschaft der Mathematikdidaktik gibt. Den Autoren dieses Buches erreichen seit Jahren regelmäßig Anfragen solcher Entwickler, die ›mal eben ein paar Informationen brauchen‹. Es ist keine einfache Aufgabe, solchen Personen plausibel zu machen, dass der Mathematikunterricht in der Grundschule keineswegs trivial ist und dass die ›Beherrschung des Stoffs‹ (gemeint sind immer nur die Rechenfertigkeiten) sowie gute Programmierkenntnisse bei Weitem nicht ausreichen, um sinnvolle und vertretbare Applikationen für den Unterricht zu entwickeln.

In beiden Fällen kann es also zu unterschiedlichen Einschätzungen, Sichtweisen und Bewertungen kommen. Allerdings: Im ersten Fall der, nennen wir sie einmal schul-affinen Experten, können sich diese bei Bedarf auf bestimmte Blickwinkel oder Schwerpunkte verständigen und für ein konkretes Projekt darauf einigen, was zu deutlich konsensuelleren Urteilen führt. Im zweiten Fall, den nicht schul-affinen Experten, ist dies unwahrscheinlich, denn wie soll zwischen IT-Journalisten, Programmierern, Vermessungsingenieuren, TV-Journalisten, Eltern – keine Erfindungen, sondern real erlebte Fälle – oder anderen selbsternannten Experten eine gemeinsame Sachebene mit Schulexperten zustande kommen? Wohlgemerkt: Niemandem ist vorzuwerfen, dass er sich in Schule und Didaktik nicht auskennt, wenn seine Expertise in völlig anderen Bereichen liegt. Was irritiert, ist aber die auffallend verbreitete Haltung, sich zu Fragen des Computereinsatzes in der Grundschule zu äußern, *obwohl* man sich offensichtlich und verständlicherweise dort nicht auskennt.

Zwar wird bei Schrackmann et al. (2008) nicht transparent gemacht, was die spezifische Expertise des (allerdings zweifellos schul-affinen) Experten ist, der die Excel-Videostunde kommentiert. Viele seiner Anmerkungen legen einen eher allgemeinpädagogischen und mediendidaktischen Schwerpunkt nahe, kaum aber einen mathematikdidaktischen. Auch aus diesem Grunde wurde hier diese Videostunde so intensiv analysiert, da es im vorliegenden Buch ja ausdrücklich um den mathematikdidaktischen Fokus geht, der mit der Videostunde, den Kommentaren der Lehrerin und des Experten sowie der Schüler kontrastiert werden sollte.

Der Experte bezeichnet, wenn auch bezogen auf das im Video vorrangig zu sehende Schülerpaar, die Lernziele der Stunde als erreicht. Zur Erinnerung: Das erste Lernziel lautete: »Die Schülerinnen und Schüler berechnen den Durchschnitt der zusammengetragenen Zeiten für die einzelnen Freizeitaktivitäten in einem gegebenen Excel-Dokument.« Wie im Video zu sehen, haben die Schülerinnen und Schüler aber keineswegs einen Durchschnitt berechnet, sondern lediglich Daten eingetippt und die Berechnung mittels einer für sie unsichtbaren Formel dem Computer überlassen.

Das zweite Lernziel lautete: »Die Schülerinnen und Schüler stellen in Gruppen ein Balkendiagramm in Excel her.« Auch dieses hält der Experte für erreicht. Man muss dem insofern zustimmen, als ein in der Tat nachweisbares Produkt (Balkendiagramm) von den Schülern hervorgebracht wurde. Eine nicht-triviale Einschränkung besteht allerdings darin, dass hier vorrangig das Produkt zählt, dass der Weg seiner Entstehung (über kleinschrittig vorgegebene Handlungsanweisungen lt. ›Laufzettel‹) aber ein ausgesprochen *reproduktiver* war und Einsichten in den dahinter stehenden fachlichen Zusammenhang keine Rolle spielten. Nun kann man natürlich Lernziele auf verschiedenen Ebenen ansiedeln, und je nachdem, wie man sie formuliert, mögen sie erfüllt sein oder etwas vermissen lassen. Als Bezugsebene bieten sich daher u. a. die aktuellen KMK-Bildungsstandards[24] an (KMK 2005a, S. 7 ff.).

Ein Abgleich mit diesen fällt hier ernüchternd aus – und zwar sowohl hinsichtlich der Bewertung inhaltlicher wie allgemeiner Kompetenzen als auch die Anforderungsbereiche betreffend (ebd., S. 13), die sich bei der vorliegenden Lektion im Grunde ausschließlich auf dem untersten Niveau AB 1 bewegen: »Das Lösen der Aufgabe erfordert Grundwissen und das Ausführen von Routinetätigkeiten« (ebd.). Bereits das »Erkennen und Nutzen von Zusammenhängen« (ebd.; Anforderungsbereich II) wird nicht wirklich gefordert, da bspw. das Verständnis der Mittelwertformel nicht erforderlich ist (sie ist ja bereits programmintern implementiert). Und auch die strukturelle Relation bzw. die Konsequenz, die sich durch die Tatsache ergibt, dass ein Datensatz unerwarteterweise fehlt, wird nicht gefordert, da die Lehrerin das ohne Erläuterungen selbst, wie sie sagt, ›repariert‹. Völlig außerhalb der Diskussion – selbst für dieses vom Kommentator als ›schneller arbeitend‹ bezeichnete Schülerpaar – ist gar der Anforderungsbereich III (»Verallgemeinern und Reflektieren: Das Lösen der Aufgabe erfordert komplexe Tätigkeiten wie Strukturieren, Entwickeln von Strategien,

---

[24] Dass die Stunde in der Schweiz stattfand, macht dieses Instrument nicht ungeeigneter, da dort die zentralen Botschaften völlig entsprechend in vergleichbaren Vorgaben formuliert sind.

Beurteilen und Verallgemeinern«; ebd.). Schneller ist eben u. U. etwas anderes als substanzieller oder tiefgreifender, und als Differenzierungsmaßnahmen empfiehlt die fachdidaktische Literatur auch seit Langem anderes als einfach nur ›Zusatzaufgaben‹ zu verteilen.

Welche »neuen« Möglichkeiten eröffnet denn gerade ICT, wie der Experte ausdrücklich behauptet, für die Fachdidaktik? Die Stunde ist wohl kaum beispielhaft für eine technisch orientierte Einführung in die Arbeit mit Excel, und erst recht nicht für das zwangsläufig mathematikhaltige Thema ›Erstellen von Diagrammen aus Umfragen‹. Auch im Weiteren bleiben fachliche und fachdidaktische Essentials im Expertenkommentar außen vor. Stattdessen geht es ausschließlich um die »besonders interessanten« (!) mikroanalytischen Beobachtungen bzgl. arbeitsteiliger Kooperationen, (Geschlechter-)Rollenverhalten, Funktionswechsel, Gestik, Mimik der Akteure etc. (s. u.: Perspektivenwechsel und -vermeidung).

Weiterhin bemerkenswert ist für den Kommentator, dass die Lehrerin »an mehreren Punkten der Klasse gleichzeitig zu sein scheint«. Tatsächlich ist nichts anderes (also keineswegs ICT-Spezifisches) zu beobachten, als was man in jedem guten differenzierten Unterricht erleben kann, dass nämlich die Lehrerin ihre eigenen, durch eine überlegte fachliche Rahmung (!) gewonnenen Freiräume dazu nutzt, um individuelle Unterstützung anzubieten – und dazu ist sie nun einmal naturgemäß in der Klasse unterwegs. Insofern verwundert die Einschätzung des Kommentators, dass hierdurch »die besondere Bedeutung der Lehrperson bei der ICT-Arbeit« unterstrichen würde. Hilfestellungen geben, die Arbeitsprozesse beobachten, das gehört zum Alltag einer differenziert arbeitenden Lehrerin – völlig unabhängig davon, ob es mit oder ohne ICT geschieht. Dass dies keine leichte Aufgabe ist, wie im Kommentar angemerkt wird, ist dabei unbestritten (vgl. Krauthausen/Scherer 2010).

Der Kommentator stellt die Frage, wie der Unterricht auf den Betrachter wirkt, und er persönlich fühlt sich dabei »weniger an Unterricht, sondern eher an ein Büro oder eine Werkgruppe erinnert, die mit Hilfe moderner Technik eine Aufgabe oder ein Kleinprojekt bearbeitet, wobei eine Person, die die Chefin oder Meisterin sein könnte, nach dem Rechten schaut und ihren Mitarbeitern oder Lehrlingen Hilfen gibt«. Unabhängig davon, dass die Büro-Metapher etwas bemüht wirken mag: Aber warum nur wird eine solche Arbeitsweise immer als ein Gegensatz zu Unterricht suggeriert?

Ungeachtet der Tatsache, dass sich auch heutzutage sicher noch ein sehr konservativer Unterricht finden lässt, so hat sich doch in den vergangenen Jahren durchaus der Paradigmenwechsel mehr und mehr vollzogen. Für die zunehmend selbstständige, selbstverantwortliche, aktiv-entdeckende Praxis des Lernens und Lehrens gibt es nicht nur theoretisch ausgearbeitete, sondern bis auf die Ebene von Schulbüchern und Arbeitsmitteln ausgearbeitete fachdidaktische

Konzepte, die sich nachweislich auch in der Unterrichtspraxis mehr und mehr etablieren. Dass es nach wie vor Gegenbeispiele gibt, ist zum einen erklärbar und zum anderen kein Grund, diese zu perpetuieren und als Gegensatz zu gutem Unterricht aufzubauen.

Ob man nun die Büro-Metapher[25] oder Ähnliches bemüht oder einfach von gutem Unterricht spricht: Das hier (pathetisch) Hochgelobte ist – zunächst einmal – in keiner Weise auf ICT angewiesen. Andererseits, wenn ICT sich überzeugend als Bereicherung für zeitgemäßen Unterricht anbieten will, wofür es ja durchaus gute Argumente gibt, dann sollten als *Good-Practice*-Beispiele, die wirklich überzeugen können, auch solche herangezogen werden, die nicht hinter den aktuellen Erkenntnissen und dokumentierten Ergebnissen der fachdidaktischen Forschung zurückbleiben.

Schülermeinungen

Zunächst beschreiben Sandro, Nensin und Smail kurz auf die Frage »Was hast du in dieser Lektion mit dem Computer gearbeitet?«, was sie in der Stunde getan haben. Erwartungsgemäß beziehen sie sich also auf die erlebten Handlungsabläufe. Spannender als eine Frage der Art »Was hast du heute *getan*?« wäre natürlich die Frage »Was hast du heute *gelernt*?« Für den Unterschied zwischen diesen Fragen lässt sich erfahrungsgemäß durchaus schon auf Grundschulebene sensibilisieren. Dadurch lassen sich wertvolle metakognitive Prozesse initiieren, die zu sehr ergiebigen Unterrichtsgesprächen und anschließenden Bewusstmachungsprozessen führen können.

Das berührt natürlich sowohl Stunden mit als auch ohne ICT-Einsatz: Wie oft wird in Abschlussphasen (neben schlichten Ergebnisvergleichen) nicht mehr angesprochen als die vorrangig affektive Komponente (Wie hat es euch denn gefallen?), die natürlich ihre volle Berechtigung hat, da Lernen ohne Beteiligung von Affekten wenig sinnvoll ist (notwendig, aber nicht hinreichend). Der potenzielle Gehalt solcher Phasen geht aber auch deutlich darüber hinaus, da hier wichtige Prozesse der Selbstvergewisserung, der Bewusstmachung des eigenen Tuns und seiner Sinnhaftigkeit, der zunehmenden Selbstverantwortung für das eigene Lernen auch metakognitiv und metakommunikativ – allesamt langfristige Lernprozesse – initiiert werden können.

Die nächste Frage lautet: »Was gefällt dir an der Arbeit mit dem Computer? Was nicht?« Das Filmeschauen wird gemocht, nicht hingegen die Viren im Internet, die man ständig prüfen müsse. Smail berichtet, dass in bestimmten freien Phasen andere Programme genutzt werden können: TKKG oder FAHRRADPRÜFUNG. Nensin hebt hervor, dass der Computer manches schneller macht als von Hand und dass gewisse Dinge einfach vorbereitet seien, z. B.

---

25 Bei Bartnitzky (2009) ist sie aus einem anderen Grund auch eher negativ belastet.

muss man ein Diagramm nicht von Hand zeichnen. Negative Dinge fallen ihr nicht ein, außer dem Stress, wenn man einmal etwas nicht verstehe. Auch Sandro nennt als erstes Argument, dass man mit dem PC schneller arbeiten könne: »Er zeigt gleich, was das Resultat ist.« Ihm missfällt deshalb, wenn der PC überlastet ist und so lange braucht. Auch vermisst er einen Internetanschluss an der Schule.

Wie kaum anders zu erwarten, steht für die Kinder oft der Werkzeugcharakter mit seiner erleichternden Funktion im Vordergrund, ist er doch auch nachvollziehbarerweise etwas, was zunächst einmal beeindrucken muss und kann. Der Computer kann nun mal ein höchst effektives Werkzeug sein. Wenn ihm dies im Alltag und in anderen Zusammenhängen zweifellos zum Vorteil gereicht, muss das nicht automatisch und zwingend gleichermaßen auch bereits für Situationen des Lernens oder didaktische Kontexte gelten. Die Einzelinterviews im vorliegenden Fall sind daher geeignet, die Einstellungen und das Vorwissen der Kinder sowie ihre Vorerfahrungen inkl. von außen übernommener Vorstellungen aufzudecken. Dieses Material ist dann eine gute Startrampe für weitere Gespräche im Klassenverband im Hinblick auf Mediendidaktik und Medienerziehung.

»Wie arbeitest du am liebsten mit dem Computer?«, ist die nächste Frage des Schülerinterviews. Sandro arbeitet am liebsten alleine, es sei denn, man hätte eine ›gute‹ Gruppe. Nensin bevorzugt die Gruppe, weil ggf. ein anderes Kind immer weiterwisse. Sando arbeitet ebenfalls gerne alleine, ohne dass ihn jemand stört; er möchte alleine überprüfen, ob er es kann oder nicht. Er hat es nicht gerne, wenn ihm jemand zuschaut und sagt, was er tun soll. Auch solche Ergebnisse bieten die Möglichkeit, auf einer Meta-Ebene über Arbeitsmethoden und Sozialformen zu sprechen (ob mit oder ohne ICT-Nutzung) – im Sinne einer Bewusstmachung des eigenen Lernens, des bevorzugten Lernstils und möglicher Arbeitstechniken.

Perspektivenwechsel und -vermeidung

Die Excel-Stunde aus Schrackmann et al. (2008) wurde recht ausführlich analysiert, und dies kritisch, aber durchaus nicht überkritisch aus fachdidaktischer Perspektive, weil vor dem Hintergrund gängiger mathematikdidaktischer Erkenntnisse und Standards. Man kann nun sagen – eine übrigens verbreitete Argumentationsfigur, um fachdidaktische Ansprüche auszuklammern oder zu relativieren –, dass es ja hier in dieser Stunde gar nicht um Mathematik ging und auch nicht gehen sollte: Die Stunde ist, wie explizit nachzulesen, im Fach *Mensch & Umwelt* angesiedelt. Auch kann man, wie ebenfalls vielfach zu erfahren, den sachgerechten Umgang mit dem PC oder einer Software (hier: Excel) als mediendidaktischen Fokus in den Vordergrund stellen.

Übersehen wird dabei häufig, dass sich sowohl in den Lernpsychologien wie in den Fachdidaktiken seit Längerem ein forschungsgestützter Hintergrund entwickelt hat, welcher der Bedeutung und den Spezifika des Faches eine größere Bedeutung zuschreibt. Dies gilt keineswegs nur für die Mathematik. Auch für den Sachunterricht plädierte Schreier (1995) für eine Wiederbelebung des Sachanspruchs. Hinzu kommt, um auf die hier analysierte und videodokumentierte Unterrichtsstunde zurückzukommen, dass der Expertenkommentar ausdrücklich glauben machen möchte, dass »gerade die Tabellenkalkulation mit Excel […] die besonderen Potenziale der ICT auf[zeigt] und […] den Fachdidaktiken neue, bisher in unseren Regionen kaum genutzte Möglichkeiten [eröffnet]«. Das ist freilich eine recht hoch angesetzte Behauptung.

Denn Mathematikdidaktiker/innen fragen sich – jedenfalls angesichts dieser Lektion, denn grundsätzlich ist dem durchaus etwas abzugewinnen (s. o.) –, welche ›neuen‹ Möglichkeiten das denn sein sollen, die hier in dieser Stunde auch nur ansatzweise deutlich werden können. Die fachdidaktischen Möglichkeiten, die potenziell in der dargestellten Thematik wie in der grundsätzlichen Anlage der Stunde enthalten wären (s. o.), sind zum einen keineswegs auf ICT angewiesen und werden zum anderen hier auch nicht ansatzweise genutzt, ja sogar völlig und teilweise offensichtlich bewusst ausgeblendet.

Die hier – mit Hilfe von Mathematik – aufgeworfenen oder zumindest naheliegenden quantitativen wie qualitativen Fragen und Gesprächsanlässe (Freizeitverhalten von Schülerinnen und Schülern) sind absolut nicht nur im innermathematischen Raum relevant, ihre Effekte reichen in unser aller tägliches Leben hinein. Die Stunde im Fach *Mensch & Umwelt* anzusiedeln, ist daher durchaus plausibel. Aber wenn Wissenschaft (welche auch immer) zur Lebensbewältigung hilfreich sein soll, wie es u. a. das erklärte Ziel des Mathematikunterrichts ab Klasse 1 ist, dann sollten diese Interdependenzen genutzt und die Lernanlässe vernetzt werden. Das Argument, hier ginge es ›eher um (technische oder mediendidaktische) Fragen der PC-Nutzung‹, wäre daher didaktisch wenig zeitgemäß. Und nicht zuletzt ließe es fundamentale und höchst nützliche Lernanlässe ungenutzt verstreichen. Der Mathematikunterricht auf der einen Seite muss (u. a.) Erfahrungen dazu ermöglichen, wie dieses Fach zur Umwelterschließung beitragen kann (vgl. die Funktionen des Sachrechnens bei Winter 1985). Er muss dabei also erklärtermaßen auch über sich selbst, d. h. über seine fachinhaltlichen Ziele im engeren Sinne hinausweisen. Als ›Anwendungsorientierung‹ war diese Idee bereits 1985 im Mathematiklehrplan NRW an prominenter Stelle zu finden (KM 1985) und findet sich auch in aktuellen Lehr-/Rahmenplänen (z. B. MSJK 2003).

Aber Anwendungsorientierung ist in *zwei* Richtungen zu denken: Einerseits wird vorhandenes Alltagswissen aufgegriffen und genutzt, um mathematische Ideen aufzuklären, zu konkretisieren, anzuwenden. Andererseits aber kann und soll auch mit Hilfe der Mathematisierung – also *gerade und spezifisch* durch den mathematischen Blick, durch den Einsatz mathematischer Ideen oder Verfahren – neues Sachwissen (außerhalb der Mathematik) entstehen können. Auch hierin liegt die Klammer zu und mit anderen Fächern und die Forderung nach dem Nutzen und Transparentmachen von Interdependenzen mit anderen Fächern begründet. Insofern wäre das Rückzugsargument, heute ginge es ja gar nicht in erster Linie um Mathematik, sondern primär um was auch immer, eine künstliche und durch die Sache nicht gerechtfertigte Abgrenzung, da nützliche und einfach naheliegende sowie wechselseitig befördernde Lernanlässe nicht genutzt werden.

Das manchmal in diesem Zusammenhang zu hörende ›Zeit-Argument‹ (»Wann soll ich denn darauf auch noch eingehen?«) ist ebenfalls wenig überzeugend, denn erstens bedeutet das keine zusätzliche Unterrichtszeit. Und zweitens lassen sich in solchen Fällen sehr oft Lernziel-Importe und -Exporte nutzen: Im Sprach- und Aufsatzunterricht wird irgendwann darüber zu sprechen sein, wie man ›gute‹ Texte verfasst (Gütekriterien). Auch im Mathematikunterricht ist das Konzept des Schreibens mathematischer Texte als didaktisches Konzept nicht neu (vgl. Kap. 4.2). Warum also nicht Gütekriterien auch einmal an einem selbst verfassten *mathematischen* Text elaborieren und diskutieren? Das spart nicht nur Zeit, es ermöglicht auch Transfer und Sinnerweiterungen. Und wenn im Rahmen der Medienerziehung der Umgang mit ›Neuen‹ Medien oder Standard-Werkzeugprogrammen auf dem Plan steht, warum dann nicht den Gebrauch von Excel an einem gleichzeitig in anderer Hinsicht sinnhaften Beispiel, also nicht durch Ausklammerung von Mathematik, sondern *gerade* an sich sachlich förmlich aufdrängenden mathematischen Ideen (s. o.) explorieren?

Worin soll, vereinfacht ausgedrückt, der (Zeit-)Vorteil liegen, zwei Stunden zur Handhabung von Excel am Beispiel des Freizeitverhaltens zu planen (und dies im Prinzip nur als Aufhänger und inhaltlich nicht wirklich ernst zu nehmen) und irgendwann, jedenfalls unabhängig davon, in zwei Stunden Mathematikunterricht die Idee des Mittelwertes zu thematisieren? Wäre es nicht – für die Schüler überzeugender und transparenter sowie für die Sache näher liegend – sinnvoller, statt diesen isolierten 2+2 lieber 4 Stunden am Block anzusetzen, um das Vorhaben ganzheitlich anzugehen und dabei doch beiden (und mehr) Anliegen gerechter zu werden?

Zusammenfassend: Man kann natürlich eine Sache aus verschiedenen Perspektiven betrachten, und Schwerpunktsetzungen sind daher auch im Unterricht legitim. Was aber schwer vorstellbar bleibt, ist die Variante, die Sache auszuklammern. Denn dann besteht die Gefahr des Strickens ohne Wolle. Bezogen auf den Einsatz von ICT kann das dazu führen – und es gibt de facto zahlreiche Belege dieser Art –, dass zwar diverse Argumente angeführt werden mögen, warum dieses oder jenes jetzt ein Vorzeigebeispiel für die ICT-Nutzung im Unterricht sei. Nimmt man aber die zu lernende Sache in den Blick, und das ist die Perspektive der Fachdidaktik, dann fällt in solchen Situationen nicht selten auf, dass die Behauptungen auf sehr weichem Grund stehen oder wenig gemein haben mit den aktuellen Erkenntnissen. Manchmal gar eignen sich solche ›Belege‹ aus fachdidaktischer Sicht geradezu als Gegenbeispiele – z. B. Hoanzel 2000, Winter 2000 oder (diesmal auf den Sachunterricht, aber auch die behauptete Sachkommunikation bezogen) die Pinguin-Stunde bei Mayrberger 2007. Wenn man also wo auch immer liest, dass man – egal aus welchen Gründen – die fachdidaktischen Argumente einmal beiseitelassen würde, dann fragt man sich: Geht das überhaupt? Sind fachdidaktische Argumente nicht eine *conditio sine qua non*? Ist guter und vertretbarer Unterricht möglich, ohne die Sache und ihre spezifisch didaktischen Fragen im Blick zu haben?

> **Anregung zur (gemeinsamen) Bearbeitung**
>
> Im Interview führt die Lehrerin der Excel-Stunde einige Vorzüge an, die der Computereinsatz in ihren Augen hat. Diskutieren Sie diese Einschätzungen[26] aspektreich und kontrovers. Welche relevanten und hilfreichen theoretischen (v. a. mathematikdidaktischen) Konzepte können Sie für Ihre Argumentation heranziehen?
>
> 1. Es motiviert die Schüler noch ein bisschen mehr, wenn sie den PC benutzen dürfen.
>
> 2. Die Schüler akzeptieren den Computer besser als die Selbstkontrolle oder die Kontrolle durch die Lehrerin: Der Computer meldet ›Es ist falsch‹, auch wenn nur ein Punkt fehlt, es geht dann einfach nicht weiter, da müssen sie so lange korrigieren, bis es richtig ist.
>
> 3. Ein Vorteil ist die individuelle Förderung. Beim PC kann man besser auf jedes Kind spezifisch eingehen. Gerade bei Lernprogrammen gibt es zum Teil Abstufungen zwischen schwer, mittel und einfach.

3.2.3 Kurzanalyse der ›Werkstatt Längenmaße‹

Eine weitere Videodokumentation in Schrackmann et al. (2008), die sich auf den Mathematikunterricht bezieht, ist die Längenmaße-Werkstatt in einer 3. Klasse. Sie wird im Folgenden nicht so ausführlich analysiert wie die vorgenannte Excel-Stunde, es werden nur einige Kommentare zu klassischen Phänomenen zur Diskussion gestellt. Leider fehlt zu dieser Lektion auch der Expertenkommentar. Am Anfang steht eine zusammenfassende Einschätzung, danach werden dann einige Aspekte konkretisiert, die (z. T. seit vielen Jahren) *paradigmatisch* für die entsprechende Praxis und Diskussion sind:

---

[26] Sie wurden für diesen Zweck sprachlich gekürzt.

1. Ein didaktischer Mehrwert durch ICT-Einsatz ist nicht erkennbar.
2. Auch ohne einen didaktischen Mehrwert kann der PC prinzipiellerweise als *ein* Medium unter anderen eine Berechtigung haben. Wie bei allen anderen Medien wäre dabei allerdings die Relation zwischen Kosten/Aufwand und Nutzen/Effekt im Blick zu behalten. Kann diese in plausibler Weise als vertretbar gelten, dann müssten allerdings noch weitere Bedingungen erfüllt sein: Insbesondere dürfte diese Form der ICT-Nutzung nicht hinter die zeitgemäße Praxis anderer Medien und auch nicht hinter didaktische Postulate eines zeitgemäßen Mathematikunterrichts zurückfallen.

Betrachtet man unter diesen Gesichtspunkten die Längenmaße-Werkstatt, dann lässt sie sich im Hinblick auf das letztgenannte Kriterium diskutieren. These: Es handelt sich um eine traditionelle Übungsstunde, in der an verschiedenen Stationen inhaltlich gleichartige Aufgaben (z. B. Zuordnungen/Übersetzungen von verschiedenen Längenschreibweisen) ohne irgendwelche (z. B. operativen) Zusammenhänge trainiert werden (vgl. den Übungstyp des ›unstrukturierten Übens‹ bei Wittmann 1992) – Abarbeiten von Aufgabenplantagen im Sinne der klassischen ›bunten Hunde & grauen Päckchen‹ (Wittmann 1990). Der wesentliche Unterschied ist das *Trägermedium*. Als solches werden hier eingesetzt:

- Längenkärtchen (Zentimeter-/Komma-/Bruchschreibweise) an der Klettentafel
- PROFAX-Geräte (Profax 2011; Aufgaben in Form von Lochkarten, die in einen Rahmen geschoben und dann per Stift bearbeitet werden; ähnliches Prinzip: LOGICO; Finken 2011)
- PC-Programm LOTLOTHSOFT (2010)

Kritik lässt sich in folgender Hinsicht anmelden, und wohlgemerkt: Diese gilt durchaus nicht nur für diese konkrete Stunde, sie kann als paradigmatisch gelten für ähnlich organisierte Beispiele von Stationsarbeit oder andere Formen des so genannten offenen Unterrichts:

- *Selbstkontrolle vs. (delegierte) Fremdkontrolle:* Hierzu wurde an anderer Stelle bereits einiges gesagt (vgl. Kap. 3.1.2), so dass hier nur konstatiert werden kann: Selbstkontrolle im eigentlichen Sinne findet hier *nicht* statt, sondern die übliche delegierte Fremdkontrolle.
- *Abarbeiten von Aufgaben*: Die Kinder arbeiten i. d. R. (außer an der Klettentafel) alleine das Pensum ab, das entweder vom Material oder vom Lehrer vorgegeben/zugewiesen wurde (vgl. Bürostil-Unterricht; Bartnitzky 2009). Der ›Erledigungs-Metapher‹ folgend, stehen die Kinder dann in Reihe vor dem Pult an (zeitweise warten 5–6 Kinder dort), um sich die externe Kontrolle des Lehrers abzuholen. Dieser kann in der kurzen Zeit kaum anders, als lediglich ein Richtig-/Falsch-Urteil zu fällen, einen mehr oder weniger

hilfreichen Kommentar zu geben (»Jaa, ein typischer Julia-Fehler ... Bisschen Konzentration!«) oder einen Handzettel auszugeben, auf den er das weitere Trainingsprogramm notiert: »PC-Programm, Übung Nr. 270, 20 Aufgaben«).

- *Organisation vor Inhalt:* Auf den Klassen-PCs läuft ein typischer Vertreter so genannter Lernprogramme, in Wirklichkeit ein Trainingsprogramm mit allen seit Langem hinlänglich bekannten Mängeln (vgl. Kap. 3.1). Die Begründung für den Einsatz ist vorwiegend organisatorisch und weder didaktisch noch inhaltlich: Der Lehrer kann korrigieren, während die Kinder am PC sitzen (Lehrerkommentar im Video). Es ist nicht erkennbar, wie das behauptete Ziel der Vertiefung plausibel erreicht werden sollte, es sei denn, man versteht unter Vertiefung ein rein quantitatives Mehr an (zusammenhanglosen) Übungen.

- *Diagnose und Lernkontrolle:* Der Lehrer erläutert in seinem Kommentar, dass er Programme einsetze, die das Arbeitspensum der Schüler protokollieren (auf einem persönlichen Memory-Stick, über den jedes Kind verfügt). Das, was dokumentiert wird, ist aber nur die Anzahl der gerechneten Aufgaben sowie die Anzahl und der Prozentanteil der richtig und falsch gerechneten Aufgaben – nichts weiter. Als relevante Bezugsebene für dieses Üben drängt sich daher (auch für die Lernenden) die Menge des ›Geschafften‹ in den Vordergrund. Das wird auch den Schülern suggeriert, wenn sie angehalten werden, die erreichte Prozentzahl auf ihren Zettel zu notieren.

- Einen diagnostischen Hinweis für den Fall, dass ein Kind in irgendeiner Weise Schwierigkeiten hat, erlaubt dieser Wert nicht. Denn die Lehrerperson muss wissen, welche Fehlerart vorliegt (Denkfehler, Flüchtigkeitsfehler, Handhabungsfehler, Notationsfehler[27]), wie die Rationalität des Fehlers aussieht (die wenigsten Fehler sind ›dumme‹ Fehler, viele enthalten einen ausgesprochen rationalen Kern; vgl. Selter/Spiegel 1997), worin mögliche Ursachen liegen. Erst dann ist eine sachgerechte Hilfe möglich, die über das schiere ›Noch-mehr-Üben‹ hinausreicht. Wie tief die genannte Überhöhung der Erwartungen an PC-Programme in die Einstellungen von Lehrpersonen eingewurzelt ist, zeigt sich z. B. auch in Äußerungen wie: »Es gibt sogar Programme, die mit der Zeit merken, wo das Kind Schwierigkeiten hat, und dann spezielle Übungen für diesen Schüler zusammenstellen.« (Lehrerkommentar) Eine Software *kann* derartige Dinge nicht »merken«, sie kann lediglich im Vorhinein implantierten Programmiercode abarbeiten und – wenn das einigermaßen ›gut‹ gemacht ist – den *Eindruck* suggerieren, als besäße das Programm die didaktische Kompetenz, auf individuelle

---

[27] Jede Fehlerart kann – zudem je nach didaktischem Ort ihres Auftretens – verschiedene Gewichtungen bedeuten und recht unterschiedliche Maßnahmen erfordern.

Schwierigkeiten mit spezifisch passenden Fortführungen zu reagieren. In aller Regel gehört diese Behauptung aber zu den größten, wenn auch werbeträchtigsten Marketing-Lügen im Bereich des Lernsoftwaregeschäfts. Ein weiteres (erneut nur organisatorisches) Argument für die Memory-Sticks besteht darin (lt. Lehrerkommentar), dass der Lehrer »während der Lektion nicht zum Kind hin muss, es kann seine Arbeit beenden, versorgt den Memory-Stick, sucht sich eine neue Arbeit, und ich bin auch frei für andere Dinge«. Von diesen anderen Dingen ist in der (allerdings nur kurzen) Videodokumentation nur die Korrekturtätigkeit am Pult (s. o.) zu sehen. Und ist ›zum Kind hin zu müssen‹ nicht eine nach wie vor gültige Selbstverständlichkeit?

- *Sofortige Rückmeldung:* Das unmittelbare Feedback einer Software, und dieses ist in der Tat möglich (aber auch nicht schon *immer* sinnvoll!), hält der Lehrer für einen besonderen Grund, warum Kinder gerne am PC üben. Eine solche gibt es allerdings auch bei anderen Medien wie Profax, Logico & Co., die just in dem Moment im Video gezeigt werden, als der Lehrer dieses Argument für den PC nennt. Das von ihm zum Ausdruck gebrachte Bedauern darüber, dass diese Materialien v. a. bei jüngeren Kollegen in Vergessenheit zu geraten scheinen, ist aber wohl unbegründet, da es wirklich hinreichend viele und hinreichend gute Alternativen gibt (Stichwort: gute Aufgaben, substanzielle Lernumgebungen).

- *Vermeintliche Individualisierung:* Die Zusatzübungen, die der Lehrer den Kindern am PC vorgibt, zeigen nach seiner Einschätzung, wie gut man mit dem PC »individualisieren kann, also gezielt einem Kind eine Übung zuteilen kann, in der es noch Defizite hat und wo ein weiteres Üben sich lohnt«. Auch dies kann, wenn man die Kategorie der Trainingsprogramme und ihre durchgängigen, ja paradigmatischen Qualitätsdefizite kennt, bezweifelt und allenfalls als Wunschvorstellung bezeichnet werden. Individualisierung und Differenzierung im klassischen Sinne mögen dies auch in Unterrichtssituationen ohne ICT glauben machen, dies lässt sich aber durchaus kritisch durchleuchten (vgl. Krauthausen/Scherer 2010). Auch die Etiketten Differenzierung und Individualisierung stehen in der Gefahr, rückwärtsgewandt und letztlich kontraproduktiv (v. a. was das soziale Lernen betrifft) umgesetzt zu werden und sich trotzdem als ›modern‹ zu geben.

3.3 Zur Wirksamkeit von Lernsoftware

3.3.1 Wozu Wirkungsforschung?

Es gibt ein nahezu unüberschaubares Angebot an Unterrichts-/Lernsoftware für das Mathematiklernen im Grundschulalter, aber so gut wie keine empirischen Belege über ihre tatsächliche Wirksamkeit oder Effekte (in welcher Richtung auch immer). Das mag man einerseits bedauern, denn vermutlich würden sich dann manche marktschreierischen Versprechungen relativieren. Andererseits: Hat jemals jemand nach Wirkungsforschung und statistischen Belegen im Zusammenhang mit einem Schulbuch gefragt? Wo gibt es Störgefühle beim Einsatz diverser Lernmaterialien, deren Wirksamkeit niemals nachgewiesen wurde? Braucht man überhaupt derartige Belege, und wenn ja, wozu? Mit der Propagierung und Einführung des aktiv-entdeckenden Lernens als durchgängiges Unterrichtsparadigma hat man auch nicht gewartet, bis Belege in Gestalt aufwändiger statistischer Längsschnitt-Wirksamkeitsstudien vorlagen. Hätte man dies getan, stünde die Unterrichtsentwicklung mit Sicherheit nicht dort, wo sie heute steht. Andererseits ist das Bedürfnis berechtigt, über die grundsätzliche Güte von Schulbüchern, Arbeitsmitteln oder auch Lernsoftware Aufklärung zu bekommen.

In Schul- oder Kultusministerien gibt es Genehmigungsverfahren für Schulbücher (als ›Leitmedium‹ des Unterricht), die diese erfolgreich passieren müssen, bevor sie auf den Markt gebracht werden dürfen. Schon für Arbeitshefte zu diesen Büchern gilt das nicht mehr, und ebenso wenig für Arbeitsmittel aller Art sowie Lernsoftware. Aber solche Genehmigungen wären ja auch noch keine empirischen Belege für die *tatsächliche Wirksamkeit*, eher eine Bestätigung ihrer *grundsätzlichen Konformität* mit Bildungsplänen und Bildungsstandards. Aber so, wie man mit einem fachdidaktisch hochwertigen Schulbuch dennoch einen fragwürdigen Unterricht mit geringen Lerneffekten machen kann (und umgekehrt), so kann auch die Effektivität von Lernsoftware nicht nur vom grünen Tisch bewertet werden, sondern muss unterschiedliche Verwendungszusammenhänge berücksichtigen (vgl. Krawehl 2012). Die didaktische Beurteilung am grünen Tisch stellt also auch bei Lernsoftware eine grundsätzliche Eignung insofern fest, als ihr Aufbau, die Qualität ihres Angebots und ihre Handhabung dem fachdidaktischen Erkenntnisstand und den Postulaten eines zeitgemäßen Mathematiklernens entsprechen müssen bzw. ihnen zumindest nicht widersprechen dürfen. Worauf beruht aber die in der Werbung immer wieder vorgetragene Behauptung, dass der Einsatz von Lernsoftware so wirkungsvoll sei? Man kann den Eindruck gewinnen, dass hier eine z. T. diffuse Allianz zu Tage tritt zwischen dem Webmuster gängiger Software-Produkte und der Methodik von Wirksamkeitsanalysen.

3.3.2 Wirkungsforschung zu überholten Konzepten?

Die meiste Software ist immer noch angelegt als automatisierter Tutor, auch CAI genannt (*Computer Aided Instruction*). Der Lerninhalt wird in kleine und kleinste Schritte zerlegt und planvoll abgearbeitet (dahinter steckt die Illusionen der programmierten Unterweisung oder auch der Lernziel-Operationalisierung; vgl. Krauthausen 1992). Dass dieses Prinzip nach wie vor in den Köpfen von Software-Entwicklern prominent repräsentiert ist, zeigt das folgende Erlebnis: Kürzlich wurde der Autor von einem (fachfremden!) Entwickler angesprochen, dem es – warum auch immer – in den Sinn gekommen war, Software für den Mathematikunterricht der Grundschule zu entwickeln. Er war völlig von der Idee überzeugt, dass man jeden Lerninhalt so portionieren und digital modellieren könne, dass jedweder denkbare Lernpfad ›abgedeckt‹ sei und der PC dann darauf passende Reaktionen anbieten könne. Es sei lediglich eine Frage der hinreichend hohen ›Auflösung‹. Atomisierung des Lernstoffs und Lernzieloperationalisierung pur! Haben wir diese Diskussion nicht schon in den 1970er-Jahren geführt und aus guten Gründen hinter uns gelassen …? CAI nutzt v. a. die folgenden Möglichkeiten des Computers (vgl. Jurich 2001), die gerade *nicht* primäre Relevanz für zeitgemäße Lernprozesse haben:

- unmittelbares Feedback (in behavioristischen Lerntheorien ein wichtiges Thema, unter einem konstruktivistisch orientierten Lernverständnis kann eine sofortige Rückmeldung aber didaktisch auch kontraproduktiv sein),
- wiederholtes Angebot gleichförmiger Aufgaben, die dann im ›Bürostil‹ (vgl. Bartnitzky 2009) abgearbeitet werden müssen,
- Speicherung großer Datenmengen.

Derartige Optionen sind vielleicht interessant für das Training (die Automatisierung) von Fertigkeiten und die gedächtnismäßige Aneignung von Fakten (deklaratives Wissen) – also nur für einen kleinen Bereich des Mathematikunterrichts. Dazu bedient sich auch heute noch die meiste Lernsoftware der behavioristischen Prinzipien der klassischen und der operanten Konditionierung (vgl. Käser 2008a). Zwar ist man sich durchaus dessen bewusst, dass auf diese Weise eher deklaratives Wissen vermittelt werden kann, weil es als solches gut in Programmcodes zu überführen ist. Und man weiß auch: »Immer dann, wenn komplexes Wissen, Verständnis von Zusammenhängen oder umfassende Fertigkeiten oder gar Fähigkeiten und Haltungen vermittelt werden sollen, so dass eine Fragmentarisierung des Lernziels kaum möglich ist, reichen behavioristische Ansätze zur Organisation des Lernprozesses nicht aus« (ebd., S. 15).

Aber es wird eben nicht bedacht, dass der zeitgemäße Mathematikunterricht eine klar formulierte und gut begründete Priorisierung gerade des Letzteren fordert und die Mehrzahl der Lernsoftware-Produkte in aller Regel gerade den *an-*

deren Bereich bedient. Zeitgemäßer Mathematikunterricht soll (bereits seit mindestens 1990) ausdrücklich auch Fähigkeiten, Einstellungen/Haltungen und v. a. allgemeine mathematische Kompetenzen fördern. Hier leistet verfügbare CAI *keinen* Beitrag. Die gängigen (so genannten) Lernprogramme sind nach wie vor einem überholten Paradigma verpflichtet bzw. unterstützen allenfalls den ausgesprochen kleinen Bereich der Automatisierungsübungen. Dieser als solcher zwar legitime Bereich wird in Relation zum Ganzen dann noch kleiner, wenn man Geläufigkeit nicht ausschließlich als Folge ausdauernden formalen Trainings, sondern als Begleiterscheinung häufig vollzogener Einsicht versteht, d. h.: Selbst beim Üben von schriftlichen Rechenverfahren, die ja einer Automatisierung zugeführt werden sollen, macht es mehr Sinn, hierzu *produktive* Übungsformen zu nutzen (im Sinne von Wittmann/Müller 1992) und dadurch die Geläufigkeit zu steigern, zugleich aber eben auch höherwertige Lernziele im Blick zu haben.

3.3.3 Grundsätzliches zu Wirksamkeitsstudien

Käser et al. (2008b) sehen einen großen Bedarf an Wirksamkeitsanalysen, denn: »*Ausschließlich* eine empirische Überprüfung liefert letztlich den Nachweis dafür, ob die Konzeption eines Lernprogramms gelungen ist und ein Einsatz zu einer Vermittlung und nachhaltigen Sicherung von Mathematikkenntnissen führt« (ebd., S. 96; Hervorh. GKr). Diese Einschätzung kann man kritisch diskutieren, und zwar aus mehreren Gründen, denen im Folgen – nach einer Kurzübersicht – näher nachgegangen werden soll:

- Wirkungsforschung ist sicher notwendig. Aber wenn man sich erst dann ein Urteil über die Effektivität eines Schulbuchs erlauben dürfte, wenn dazu eine empirische Überprüfung vorläge, dann wäre der Mathematikunterricht vermutlich heute nicht dort, wo er steht. Nicht zuletzt spielt es auch eine große Rolle, *wie* man denn ein Schulbuch/eine Software in welchem Unterricht einsetzt.

- Die Tatsache einer empirischen Überprüfung ist nicht schon ein Selbstwert. Betrachtet man den überhöht wirkenden theoretischen Überbau mancher Untersuchungen (Käser et al. 2008b; Keldenich 2008), der kaum etwas mit den dann ausgewählten Untersuchungs*gegenständen* zu tun hat (›bunte Hunde & graue Päckchen‹), dann entsteht der Eindruck, dass hier mit Kanonen auf Spatzen geschossen wird.

- Das Ergebnis mancher empirischen Untersuchung (behauptete Leistungssteigerung) ist wenig überraschend – aber nicht wegen der Qualität der Software, sondern es ist bereits aus theoretischen Erwägungen prognostizierbar und auch schon mit behavioristischen Argumenten begründbar. Dieses der ›didaktischen Konzeption‹ der Software im Sinne eines Qualitätsbeweises zuzuschreiben, scheint gewagt. Gehäuftes Üben von bloßen Rechenfertigkeiten hat eben (unter bestimmten Umständen) seinen Effekt, Mathematikunterricht ist aber weitaus mehr.

- Auch die Messinstrumente sind zu diskutieren: Ein Mathematiktest misst keine Mathematikleistung, sondern das, was dieser konkrete Test unter ›Mathematikleistung‹ versteht (vergleichbar verhält es sich mit Intelligenztests). Besteht ein Leistungstest vorrangig aus Aufgaben, die v. a. *Rechenfertigkeiten* überprüfen, dann sollte man die Ergebnisse nicht als ›mathematische Leistungsfähigkeit‹ hochgeneralisieren. Hier werden oft mit beeindruckenden Begrifflichkeiten Genauigkeit und ›gesicherte Erkenntnisse‹ suggeriert, wo man in Wahrheit sehr viel differenzierter argumentieren müsste. Die Ursache ist oft, dass die Expertise bei der Untersuchung eher auf der Seite der Forschungsmethodik und weniger in der Vertrautheit mit dem fachdidaktischen Forschungsstand und Unterricht liegt.

3.3.4 Spezifische Probleme von Wirksamkeitsanalysen

Dieses seltsame Spannungsverhältnis zwischen real existierender, nach wie vor behavioristisch orientierter Praxis der meisten Lernsoftware und gleichwohl besserem Wissen wird nicht nur unzureichend diskutiert und entsprechenden Konsequenzen zugeführt. Auch die Wirksamkeitsanalysen selbst, z. B. in Käser (2008), unterliegen im Prinzip dem gleichen Webmuster, sowohl was die Untersuchungsmethoden betrifft wie v. a. auch die Auswahl der untersuchten ›Lernprogramme‹. Einige spezifische Probleme sollen exemplarisch am Sammelband von Käser (2008a, Hrsg.) deutlich gemacht werden, um zu zeigen, dass solche Wirksamkeitsanalysen nicht schon für sich sprechen, sondern aufgrund bestimmter Grundannahmen und Rahmenbedingungen durchaus kritisch gesehen werden können bzw. sollten.

Argumente austauschbar

In der Literatur findet man sehr unterschiedliche Aussagen zur Wirksamkeit von Lernsoftware (vgl. Jurick 2001), angefangen von einer beeindruckenden Leistungssteigerung bis hin zur Wirkungslosigkeit. Das heißt, man wird für nahezu jede Position irgendwo ›Belege aus der Forschung‹ finden können, was die Angelegenheit weder transparenter noch verlässlicher macht. Käser (2008b) zeigt die Austauschbarkeit der Argumente durch den Verweis auf ein Gedankenexperiment: Nehmen wir einmal an, dass bereits seit Jahrhunderten Computerspiele weit verbreitet wären und nun das Buch als ›neues Medium‹ hinzuträte[28]. Sähe die entsprechende Kulturkritik dann vielleicht wie folgt aus?

> »Das Lesen von Büchern unterfordert unsere Sinne. Anders als die altbewährte Tradition der Videospiele, die das Kind in eine lebhafte, dreidimensionale Welt versetzen, angereichert mit bewegten Figuren und Musik und gesteuert durch eigene Entscheidungen und Fingerspitzengefühl, sind Bücher nichts als eine starre Abfolge von Wörtern auf einer Seite. Nur der kleine Teil des Gehirns, welcher für die Schriftverarbeitung zuständig ist, wird während des Lesens aktiviert, während Spiele die gesamte Sensumotorik in Anspruch nehmen. Außerdem isolieren Bücher in tragischer Weise. Während Spiele seit vielen Jahren Kinder und Jugendliche in ein komplexes soziales Miteinander zu ihren Gleichaltrigen einbinden, in dem virtuelle Welten gemeinsam erschaffen und erforscht werden, zwingen Bücher das Kind sich an einen ruhigen Ort abseits von anderen Kindern zurückzuziehen. Diese neuen ›Bibliotheken‹ sind ein erschreckender Anblick: Dutzende junger Menschen, im Normalfall so lebhaft und gemeinsam aktiv, sitzen allein für sich in Sesseln, lesen leise, überflüssig für ihre Mitmenschen. [...] Aber vielleicht die gefährlichste Eigenschaft dieser Bücher liegt in ihrer Linearität. Eine Erzählung kann in keiner Weise kontrolliert werden – man lehnt sich einfach zurück und folgt der Geschichte, die erzählt wird. [...] Dies bringt die Gefahr mit sich, dass unsere Kinder eine allgemeine Passivität annehmen und sie sich hilflos fühlen ihre Lebensumstände zu verändern. Lesen ist kein Prozess aktiver Teilhabe; es ist eine unterwürfige Tätigkeit. Die Leser der jungen Generation lernen einer Geschichte zu folgen statt Geschichten zu schreiben« (Käser 2008b, S. 3 f.).

Verheißungen im Konjunktiv

Ein immer wieder anzutreffendes Muster von Publikationen zum Computereinsatz sind ›Verheißungen im Konjunktiv‹. Diese bestehen stets aus zwei Teilen: Es werden (mehr oder weniger enthusiastisch) verlockende Aussichten (Verheißungen) für das Lernen und Lehren proklamiert. Manche Lehrpersonen mögen dafür u. U. höchst empfänglich sein (vgl. in Kap. 4.5 die Äußerung des Lehrers angesichts der Plattform *Lernserver*), was zu einer ›Aufmerksamkeitsfokussierung‹ insofern führen kann, als der zweite Teil – der Konjunktiv – leicht überlesen wird. Das wird zusätzlich dadurch verstärkt, dass in vielen Publikationen nahezu musterhaft dieser Konjunktiv zwar (meist einleitend) am Anfang explizit nachzulesen ist, dann aber im weiteren Fortgang des Beitrags keinerlei Erwähnung mehr findet – nach dem Motto: aus dem Auge, aus dem Sinn.

---

[28] In dem Zusammenhang ebenfalls sehr amüsant: Die YouTube-Videos von Simmons (2006) und froggygermany (2007).

Im folgenden Beispiel sieht man, dass für den erstgenannten Effekt auch klassische ›Eye-Catcher‹, also aktuelle Schlagwörter, in Szene gesetzt werden: »Der Einsatz geeigneter Lernsoftware in einem differenzierenden Unterricht mit offenen Lernformen könnte eine effektive Fördermöglichkeit sowohl fachspezifischer als auch computerbezogener Fähigkeiten im Sinne des neuen Schulgesetzes darstellen« (Keldenich 2008, S. 164). Differenzierender Unterricht, offene Lernformen, effektive Fördermöglichkeiten – welche Lehrperson würde da nicht hellhörig, versammeln sich doch hinter diesen Begriffen die *Big Problems* des Unterrichtsalltags. Und bei diesem schwierigen Geschäft könnte geeignete Lernsoftware helfen? Welche Lehrkraft würde da gelassen bleiben? Ach ja, der *Konjunktiv*. Sie *könnte*! Aber:

- Geeignete Lernsoftware in nennenswertem Ausmaß und von einer Qualität, die aktuellen Erkenntnissen und Postulaten entspricht (jedenfalls keine, die über Forschungsinstrumente hinaus Eingang in den Markt gefunden und sich dort durchgesetzt hätte), gibt es bis heute kaum.

- Die Realität der Differenzierungspraxis im Unterrichtsalltag folgt immer noch den gleichen Empfehlungen wie vor 30 Jahren; auch die pädagogische Literatur schreibt diese seither weitgehend *unverändert* fort, und so auch Keldenich (2008, S. 165 ff.), die eben diese Formen der klassischen inneren Differenzierung als theoretischen Rahmen ihrer Untersuchung unkommentiert referiert. Aber warum werden Maßnahmen empfohlen, die offenbar das Differenzierungsproblem immer noch nicht gelöst haben, denn das Schlagwort gehört zu den aktuellsten derzeit? Ein Grund: Man kann die Differenzierungsfrage nicht in den Griff bekommen, wenn man das v. a. methodisch-organisatorisch (inhaltsneutral) versucht (vgl. Krauthausen/Scherer 2010a).

- Offener Unterricht mit geschlossener Mathematik ist kein Fortschritt, die ›Offenheit vom FACH‹ aus (Wittmann 1996) steht noch weitgehend aus und ist in der aktuellen Unterrichtspraxis oft weniger prominent als gewisse Fehlformen offenen Unterrichts, die zwar weitaus einfacher zu realisieren sind, aber sowohl das eigentliche Konzept als auch das, was man über zeitgemäßes Mathematiklernen weiß, eher konterkarieren (vgl. Bartnitzky 2009).

Design der Untersuchungen

Grund für derart heterogene Forschungsbefunde liegen u. a. im Design der Untersuchungen: Es wird Unterschiedliches unter dem Begriff CAI verstanden, die Untersuchungen finden auf verschiedenen Schulstufen statt, die Qualität der untersuchten Programme ist von sehr unterschiedlicher Güte, es gibt sehr unterschiedliche Untersuchungs-/Messmethoden, die Wirksamkeit ist auch abhängig von der Art der Inhalte und von der Art der Lernenden. Was wird für sinnvolle Wirksamkeitsanalysen gebraucht? Laut Käser (2008b, S. 4) Folgendes:

- eine klare Charakteristik der Adressaten
- eine präzise Definition der Effekte, die als ›Wirkung‹ gelten sollen
- eine Bestimmung der Elemente des Systems ›Computer‹ (Welche Facetten von Hard- und Software werden auf ihre Wirkung hin untersucht?)
- Welche Nutzungsmöglichkeiten gibt es?
- Welche Effekte zeigen sich dann?

Diese Kriterien suggerieren, dass man diese Aspekte hinreichend zuverlässig erheben und untersuchungstechnisch kontrollieren könnte. Wie erstellt man aber eine ›klare Charakteristik der Adressaten‹ bzw. wie aussagekräftig ist diese dann? Reicht es zu wissen, dass mit der Software Drittklässler arbeiten sollen, und das entsprechende formale Curriculum dieser Jahrgangsstufe zu kennen?[29] Sicher nicht. Heterogene Leistungsstände ›klar zu charakterisieren‹, die Vielfalt denkbarer Verstehensprobleme zu diagnostizieren sowie die notwendige Individualität einer sachgerechten Reaktion zu gewährleisten, dies alles sind hochkomplexe Anforderungen, die bereits für die Lehrperson im Unterricht ein höchst anspruchsvolles Unterfangen darstellen. Und das will man vorab festlegen und ›klar charakterisieren‹ …?

Ähnliches gilt für die ›präzise Definition der Effekte‹. Wer erlebt hat, wie unvorhersehbar und unerwartet Kinder im Rahmen von Lernprozessen agieren können und dadurch selbst erfahrene und sehr kompetente Lehrpersonen immer wieder überraschen, der muss Zweifel daran hegen, dass Effekte (antizipativ!) präzise beschreibbar sein sollen, ohne zu einer unzulässigen Vereinfachung oder Verkürzung der Prozesse zu führen. Hier wird insgesamt eine Präzision suggeriert, die v. a. forschungsmethodisch motiviert ist, dazu aber die Realität über Gebühr vereinfacht, weil sie in erster Linie ›messbar‹ gemacht werden muss. Dieser Prozess führt notwendigerweise über einschränkende Operationalisierungen. Das wäre so lange noch kein Problem, wie man dann hinterher die Ergebnisse vorsichtig formulieren und interpretieren würde. Tatsächlich erliegen viele Untersuchungen aber der Gefahr, an dieser Stelle eher über Gebühr *generalisierend* vorzugehen.

Ein Beispiel: Die Studie von Keldenich (2008) will untersuchen, »inwieweit mathematische Fähigkeiten von Zweitklässlern durch den zielgerichteten Einsatz einer ausgewählten Lernsoftware als individuelles Fördermittel im Unterricht verbessert werden können« (ebd., S. 164). Schon zwei Seiten später erfolgt nahezu unbemerkt aber eine deutliche Reduktion: Nun ist nicht mehr von ›mathematischen Fähigkeiten‹ die Rede, sondern es geht lediglich noch um ›Faktenwissen‹, und zwar beim Rechnen, was wie folgt begründet wird: »Für das

---

[29] Die Analysen in Käser (2008a, Hrsg.) lassen diesen Eindruck entstehen.

Lösen komplexer mathematischer Aufgaben ist die Beherrschung der Grundrechenarten [...] notwendig, so dass die Förderung mathematischer Kompetenzen eine zentrale Aufgabe der Grundschule darstellt« (ebd., S. 166). Beherrschung der Grundrechenarten ist aber nicht gleichzusetzen mit mathematischer Kompetenz, es ist eine (relativ kleine) Teilmenge. Es wird von wiederholtem Üben und Automatisierung gesprochen, in einem Atemzug übrigens mit Winters Ansatz des produktiven Übens (Winter 1984a), der tatsächlich darüber weit hinausgeht. Und dann wird für die Studie eine Software ausgesucht und drei Monate lang für 20 Minuten in der Woche (!) eingesetzt, die von der Autorin explizit behavioristischen Lernprinzipien und der Automatisierungsintention zugeordnet wird: »Der Lerngegenstand wird in kleinen Einheiten und in verschiedenen Aufgabentypen kindgemäß dargeboten und der Lernende erhält sofort Richtig-Falsch-Rückmeldungen« (Keldenich 2008, S. 168). Alsdann wird mit einem statistischen Apparat die Wirksamkeit der Software analysiert. Die gezogene Schlussfolgerung referenziert nun weder das Problem der Softwareauswahl noch die vorausgegangene Eingrenzung auf behavioristisches Training von Rechenfertigkeiten, sondern verkündet allumfassend: »Lernsoftware eignet sich in besonderem Maße zur Realisierung des individuellen Förderanspruchs im Bereich der inneren Differenzierung« (Keldenich 2008, S. 167). Da staunt der Laie, und der Fachmann wundert sich ...

Übrigens sind die o. g. genannten Kriterien von Käser (2008b, S. 4) auch allesamt *inhaltsunabhängig*. Die Vagheit dieser Praxis erinnert stark an die Diskussion über Differenzierung mit ihren allgemeindidaktischen Vorschlägen. Entsprechend kann es dann Ergebnis einer solchen Analyse sein, dass einer Software positive Lerneffekte bescheinigt werden, diese Software aber – neben der o. g. Übergeneralisierung des Gültigkeitsbereichs von Wirksamkeitsaussagen – sowohl inhaltlich als auch fachdidaktisch nur ein sehr reduktionistisches oder traditionelles, jedenfalls nicht mehr zeitgemäßes Verständnis von Lernen, Lehren oder Mathematikunterricht hat. Dieser Reduktionismus betrifft v. a. die zwei schon mehrfach erwähnten Facetten:

- Mit sehr wenigen Ausnahmen setzt sich das Marktangebot (leider immer noch) primär aus Programmen zusammen, die eher einen Rechenunterricht als einem zeitgemäßen Mathematikunterricht repräsentieren. Es geht also vorrangig um Fertigkeitsschulung, Rechenfertigkeiten statt Rechenfähigkeiten und schon gar nicht um Mathematiktreiben im Sinne entdeckenden Lernens und problemlösender Aktivitäten in mathematisch gehaltvollen Aufgabenkontexten.

- Die von den Bildungsstandards klar aufgewerteten (aber bereits im NRW-Lehrplan von 1985 und seither fortlaufend enthaltenen) allgemeinen mathematischen Kompetenzen (vgl. KMK 2005a) bleiben unberücksichtigt.

Die Aussagekraft einer ›messbaren Steigerung mathematischer Leistungen‹ in einem so reduzierten Bereich ist aber auch noch aus einem weiteren Grund wenig beeindruckend, ja sogar vorab erwartbar, allein schon aus Erfahrungen aus dem computerfreien Unterricht: Gehäuftes Üben von Fertigkeiten führt eben zu einem gewissen Behaltenserfolg, und wenn ein Unterricht nur darauf abzielt, kann er das als ›Lernerfolg‹ verkaufen – ungeachtet der Tatsache, dass die hohe Vergessensrate meist nicht bedacht wird und das Ganze wenig mit zeitgemäßem Unterricht zu tun hat (vgl. Kap. 3.1.2 zu Erfolgsversprechungen).

Aus dieser Perspektive ist die Schlussfolgerung von Käser (2008, S. 8) nicht zwingend: Ein Edutainment-Produkt ohne explizite Lehrabsicht, das sozusagen ›unmerklich‹ gewisse Inhalte wie z. B. Rechenfertigkeiten ohne die Notwendigkeit einer Instruktion durch eine Lehrperson oder einer Hilfe durch Eltern spielerisch vermittelt (inzidentelles Lernen), kann im o. g. Sinne vielleicht kurzfristig zu einer ›messbaren Leistungssteigerung‹ führen. Ob diese Software *allein dadurch schon*, wie Käser meint, eine gelungene *Konzeption* unter Beweis stellt, darf bezweifelt werden, da es in der Schule nicht um Leistung um jeden Preis und mit allen Mitteln geht. Würde man ein solches Produkt nun in einer pädagogisch angeleiteten Situation, also bspw. durch fachdidaktisch kundige Lehrpersonen einsetzen, dann (so Käser) müsste der Lernerfolg sogar noch größer sein. Dem kann man insofern bedingt zustimmen, als eine kompetente Lehrkraft auch mit schwachen Lernprogrammen (Arbeitsheften, Schulbüchern, Materialien, etc.) möglicherweise noch etwas ›retten‹ kann. Die Frage bleibt aber (s. o.), warum man mit aller Kraft Dinge aus der Kategorie der ›bunten Hunde & grauen Päckchen‹ (vgl. Wittmann 1990) retten will, wo die fachdidaktische Landschaft zuhauf Alternativen anbietet, die als solche und ohne Optimierungsbedarf Sinn machen und sich weitaus eher förmlich aufdrängen. Das Angebot an gehaltvollen Aktivitäten für den Mathematikunterricht der Grundschule ist seit einiger Zeit bereits dermaßen umfangreich, dass die Grundschullehrerin eher die Qual der Wahl hat und das Angebot im Laufe von vier Grundschuljahren bei Weitem nicht ausschöpfen könnte. In jedem Fall greift es aber zu kurz, aus ›Erfolgen‹ beim inzidentellen Lernen den Schluss zu ziehen: »Insofern sind positive Ergebnisse unter dem Ansatz einer einmaligen Anwendung hinreichend für die Empfehlung, die getesteten Programme auch zielgerichtet als Instrumente einer pädagogischen Intervention einzusetzen« (Käser 2008, S. 8).

4 Szenarios zu digitalen Medien im Mathematikunterricht

4.1 Artenvielfalt digitaler Medien im Mathematikunterricht

In der Literatur finden sich an vielen Stellen Vorschläge zur Kategorisierung unterschiedlicher Software-Arten. Diese sind in gewisser Weise akademisch und z. T. auch dem Erkenntnisinteresse des jeweiligen Kontextes geschuldet. Hier soll daher auch kein weiteres oder gar *das* Kategoriensystem angeboten, sondern dafür sensibilisiert werden, ›Software‹ oder ›Computereinsatz‹ im Mathematikunterricht der Grundschule nicht zu eingegrenzt zu verstehen und stattdessen den Blick zu öffnen für die potenzielle Artenvielfalt der Produktformen, Einsatzvarianten oder Szenarien.

Regelmäßige Studien zum Nutzungsverhalten zeigen ja, dass die mit großem Abstand häufigste Realisierungsform des Einsatzes digitaler Medien in der Nutzung so genannter Lernprogramme besteht (vgl. Abb. 2/1). Ebenso wurde gezeigt, dass diese de facto sogar noch weiter auf reproduktiv ausgerichtete Trainings- und Drillprogramme reduziert zu verstehen sind. Sie stellen häufig das digitale Pendant zu Arbeitsmitteln oder analogen Medien dar, wie man sie seit Jahren aus dem Grundschulunterricht kennt (z. B. LÜK, LOGICO, diverse Karteikartensysteme etc.) und die man aus fachdidaktischer Sicht zum Teil ebenso kritisch beurteilen kann. Die Portierung solcher Arbeitsmittel auf eine digitale Variante, »ergänzt um die zweifelhaften Gratifikationen einer bunten, aber nicht minder geistlosen Kunstwelt« (Schönweiss 1994, S. 47), ist also im Prinzip kaum mehr als »betriebsblinde[n] Lernmittelmodernisierung« (ebd.). Dass es – derzeit – kaum oder zu wenige (deutschsprachige) Alternativen gibt, beschreibt aber allenfalls den aktuellen Status quo, der im Vergleich mit dem Angebot von vor 15–20 Jahren aber auch überraschend wenig kreative Weiterentwicklungen zeigt.

Will man sich konzeptionelle Gedanken über die Zukunft der digitalen Medien im Mathematikunterricht der Grundschule machen, dann tut man gut daran, die Schnelllebigkeit der Technikentwicklung nicht gleichzusetzen mit der im Vergleich dazu langsameren Entwicklung pädagogischer und (fach-)didaktischer Konzepte. ›Langsamer‹ ist dabei durchaus nicht negativ gemeint, im Gegenteil:

Wohlüberlegte, begründete und abgewogene didaktische Konzepte überleben manche Technik, und das ist ein Vorteil, kein Nachteil. Insofern zielt auch der manchmal zu hörende Vorwurf eher ins Leere, die Schule sei als Institution zu schwerfällig und behindere den Einzug des technischen Fortschritts, dem sie ständig hinterherhinke. Man sollte also durchaus darauf bestehen, *nach*denken zu können, statt *hinter*herdenken zu müssen.

Das bedeutet aber eben auch, den Blick zu weiten für mögliche Entwicklungen, die derzeit noch nicht in den Schulen anzutreffen sein mögen und deren Finanzierbarkeit meist als Erstes bezweifelt wird. Dabei sind die Fragen der Kosten oder auch der Verbreitung erfahrungsgemäß jene, die sich am schnellsten erledigen. Ein Beispiel: Als das BLITZRECHNEN Anfang der 1990er-Jahre entwickelt wurde und seine Optionen auf einen Speicherbedarf hinausliefen, der nicht mehr auf einer Diskette, dem damals verbreiteten Medium, abzulegen war und deshalb mit dem Gedanken gespielt wurde, das Programm auf einer CD-ROM anzubieten, gab es von verschiedenen Seiten aus der Praxis und aus dem Verlagsumfeld zunächst größte Bedenken, da im Prinzip keine Grundschule über einen PC mit CD-Laufwerk verfügte. Man kann sagen, dass sich diese Situation noch während der Entwicklung der Software erledigt hatte. Wer also über die Zukunft digitaler Medien im Grundschul-Mathematikunterricht nachdenkt und dabei an nachhaltigen didaktischen Konzepten interessiert ist, der ist mit folgenden Prinzipien gut beraten:

- *Nicht von der Technik her denken* – man kennt das aus der Vergangenheit: Jetzt haben wir den PC, was kann man nun alles damit tun …? –, sondern aus der Sicht des Unterrichts und des Lernens und Lehrens von Mathematik: Welche Optionen, welche Entwicklung würde man sich – zunächst unabhängig von digitalen Medien – konzeptionell wünschen? Das nennt man den *Primat der Didaktik*. Und dann erst, in zweiter Linie, kann weiter gefragt werden, ob und welche digitalen Medien inwiefern diesen Intentionen zuträglich und förderlich sind.

- Der Primat der Didaktik schließt aber auch nicht kategorisch aus, *ergänzend* in den Blick zu nehmen, ob und welche Optionen sich *qua Medium* ergeben könnten und an die man bislang, ohne die Medien, gar nicht gedacht haben mag, weil sie eben nicht im Vorstellungshorizont lagen (wie z. B. die neuen Aufgabenstellungen, die sich (erst) durch den Taschenrechner ergeben haben; vgl. Spiegel 1988).

- Weder technikfixierte Euphorien noch statusbewahrende Ressentiments sind zukunftsträchtig. Wünschenswert scheint eine Mischung aus den *positiven* Seiten dieser *beiden* Extreme zu sein, man könnte es *Visionen mit Bodenhaftung* nennen, auch wenn das überhaupt nicht neu ist: Schon 1993 wurde das Motto »Eyes on the horizon, feet on the ground« formuliert: »Wie kann die Pädagogik ein wachsames Auge auf den Horizont der sich anbahnenden neuen technologischen Entwicklungen richten und dabei gleichzeitig die Füße auf dem Boden behalten?« (Heppell 1993, S. 97, Übers. GKr)

Wenn also dieses 4. Kapitel auch auf Szenarien eingeht, die derzeit noch nicht flächendeckend in Grundschulen anzutreffen sind (vgl. Tablet-Apps in Kap. 4.4.2), dann geschieht das in der o. g. Absicht, den Blick zu weiten (*eyes on the horizon*) für Entwicklungen, die sich durchaus bereits konkret anbahnen und insofern keine Hirngespinste sind (vgl. Kap. 4.4), um dadurch aber den Vorteil zu nutzen, frühzeitig und in Ruhe und gelassen (*feet on the ground*) über konzeptionelle Fragen nachzudenken – *gerade weil* es für die Grundschule derzeit noch keinen entsprechenden Handlungsdruck gibt, unter dem ja Entscheidungen auch gerne einmal übers Knie gebrochen werden.

Ob man also nachdenkt über die Kategorie der Simulationsprogramme (vgl. Krauthausen 1994c/d u. 1995) und ihren möglichen Beitrag zum Mathematiklernen, über Werkzeugprogramme wie Textverarbeitung, Tabellenkalkulationen oder GEOGEBRA, über Tools zum Kalenderrechnen (vgl. Krauthausen/Lorenz 2008), über Suchmaschinen oder GOOGLE EARTH (ebd.), über Anwendungen wie LEGO-MINDSTORMS (http://education.lego.com/) oder LOGO-Varianten wie IGEL (vgl. Schwirtz 2008) oder über den Einsatz von digitalen Whiteboards oder Tablets, welche die ›Post-PC-Ära‹ einläuten sollen (Pelkmann 2011a) – in allen Fällen sollte das o. g. Motto gelten: Informieren wir uns und denken wir in Ruhe, sachlich und frühzeitig über mögliche Entwicklungen nach, um dann ggf. zum adäquaten Zeitpunkt mit einer wohl begründeten Konzeption gut vorbereitet zu sein auf Dinge, die wir uns jetzt vielleicht noch nicht konkret vorstellen mögen. Um es mit einem berühmten Zitat des amerikanischen Eishockeyspielers Wayne Gretzky zu sagen: »I skate to where the puck is going to be, not where it has been« (Folie aus der Eröffnungs-Keynote der WWDC 2009, San Francisco).

Dieses 4. Kapitel will einige Anregungen zusammen stellen, wie der Einsatz digitaler Medien im Mathematikunterricht *auch* aussehen könnte. Dies geschieht nicht mit der Intention, hier nun die in allen Fällen ›endgültigen‹ Empfehlungen mitzuteilen. Vielmehr versteht sich das Kapitel als ein *Angebot zur Diskussion* über die didaktische Bewertung der Beispiele. Manche sind aktuell bereits zu realisieren, manche – *noch* – Zukunftsmusik, aber bereits absehbar. Und wie bereits erwähnt: Es macht Sinn, die didaktische Diskussion *frühzeitig* zu führen. Und solange es noch keinen konkreten Handlungsdruck gibt (wie etwa bei den Tablet-Apps, die *gerade deshalb* ausführlich thematisiert werden; vgl. Kap. 4.4.2), sollte man dies als eine komfortable Situation nutzen.

Kriterien für die Aufnahme eines Szenarios in dieses Kapitel gibt es verschiedene: Es können die unkomplizierte Beschaffung oder breite Verfügbarkeit einer Software sein, die guten Integrationsmöglichkeiten in den übrigen Mathematikunterricht, die Originalität jenseits des Mainstreams der gewohnten Einsatzformen oder auch die vermutliche Zukunftsträchtigkeit. Ein anderer denkbarer Betrachtungsfokus, nämlich die Orientierung an den einzelnen Kompetenzen der Bildungsstandards für das Fach Mathematik in der Grundschule (KMK 2005a), wurde bereits an anderer Stelle gewählt (Krauthausen/Lorenz 2008). Die dort genannten Beispiele wurden hier mit wenigen Ausnahmen nicht erneut aufgenommen (vgl. ebd.). In jedem Fall ist die folgende Zusammenstellung aber natürlich nicht vollständig, was auch gar nicht beabsichtigt war. Es geht, wie gesagt, um den Anstoß *exemplarischer Diskussionen*.

4.2 Textverarbeitung

Im Kapitel 3.2.1 wurde der unterrichtliche Einsatz von Excel, einem Vertreter so genannter Werkzeugprogramme, näher betrachtet. Die Mathematiknähe von Tabellenkalkulationen liegt auf der Hand, wenn man sieht, dass eine der mathematischen Leitideen der Bildungsstandards lautet: »Daten, Häufigkeit und Wahrscheinlichkeit« (KMK 2005a). Von daher erscheint es naheliegend und plausibel, über einen sachgerechten Einsatz von Tabellenkalkulationen im Mathematikunterricht nachzudenken (vgl. Kap. 4.3).

Weniger plausibel mag das – zunächst – für Textverarbeitung sein, ein weiterer und allgemein sehr weit verbreiteter sowie zunehmend selbstverständlicher Vertreter von Standardsoftware im Alltag. Dabei lassen sich mehrere didaktische Gründe anführen, warum auch ihr Einsatz lohnend für den Mathematikunterricht sein kann. Diese berücksichtigen die Tatsache, dass Schriftlichkeit hier zwei Funktionen haben kann: einerseits als Instrument, mit dessen Hilfe sich Lernprozesse unterstützen lassen, andererseits als Dokument, mit dessen Hilfe sich über Inhalte und Lernprozesse kommunizieren lässt.

4.2.1 Mathematische Texte als fachdidaktisches Konzept

Das Schreiben mathematischer Texte gehört, neben der Forschung selbst, auch zu den Tätigkeiten von Mathematikerinnen und Mathematikern in der Wissenschaft. Es ist also Bestandteil des Fachs bzw. des Betreibens von Mathematik. Die Konventionen des wissenschaftlichen Schreibens über Mathematik sind weder zwingend noch in natürlicher Weise aus dem Fach selbst ableitbar (Burton/Morgan 2000). Und wenn Mathematikunterricht mehr sein soll als der ›Transfer‹ von Fakten und Fertigkeiten und das Ziel stattdessen (auch) heißt, ein authentisches Bild des Faches zu gewinnen, also »learning to be mathematical« (ebd., S. 450), dann bedeutet Mathematiklernen und Mathematikunterricht – beginnend schon in der Grundschule – die Befähigung zur Teilhabe an mathematischen Diskursen. Und das bedeutet auch, »sowohl ein Konsument als auch ein Produzent von Texten zu werden, die im Rahmen der Gemeinschaft als legitime mathematische Texte akzeptiert werden« (ebd., S. 450, Übers. GKr).

Das Schweizer Schulbuch *Ich mache das so! Wie machst du es? Das machen wir ab* (Gallin/Ruf 1995) ist sicher die weitreichendste Umsetzung des Verständnisses, dass Mathematik und Sprache zusammengehören, und zwar von Anfang an: In einem einzigen Schulbuch (Bd. 1: Kl. 1–3; Bd. 2: Kl. 4–5; Bd. 3: Kl. 5–6) werden beide Fächer integriert bearbeitet, und zwar mit einem ausdrücklichen Fokus auf Kommunikation und verstehendem Lernen. ›Reisetagebuch‹ nennt es die schweizerische (Mathematik- und Sprach-)Fachdidaktik, andere Begriffe wie etwa Journale oder Portfolios (mit zum Teil auch anderen Implikationen oder Ausgestaltungen oder Zielen) sind inzwischen ebenso in der Mathematikdidaktik etabliert.

Schon 1989 haben Borasi/Rose auf das Potenzial mathematischer Texte (sie sprechen von *journals*) hingewiesen: »Durch das Schreiben von Journalen können die Lernenden ermutigt werden, ihre Gefühle, ihr Wissen, die Prozesse und Einstellungen gegenüber der Mathematik zum Ausdruck zu bringen und darüber zu reflektieren – und sich natürlich in all diesen Bereichen auch weiterzuentwickeln. Auf der anderen Seite kann die Lehrperson durch das Lesen der Schülertexte eine Fülle von Informationen über die Lernenden und den Unterricht als solchen erhalten – und konsequenterweise ihre Lehrtätigkeit optimieren. Und nicht zuletzt können solche Texte eine neue Form des Dialogs zwischen der Lehrperson und den einzelnen Lernenden etablieren. Dies fördert die individuelle Lernbegleitung ebenso wie eine hilfreiche Lernatmosphäre in der Klasse« (Borasi/Rose 1989, S. 347; Übers. GKr).

Selter (1996) beschreibt vier idealtypische Formen für schriftliche Eigenproduktionen:

- *Aufgaben erfinden:* Die Kinder denken sich zu einem verabredeten Bereich (fachliche Rahmung) selbst Aufgaben aus, die sie anschließend bearbeiten/lösen.
- *Aufgaben mit informellen Vorgehensweisen bearbeiten:* Die Kinder bearbeiten verabredete Aufgabenstellungen mit selbst gewählten Vorgehensweisen und dokumentieren diesen Bearbeitungsprozess.
- *Über den Lehr-/Lernprozess schreiben:* Indem Kinder beispielsweise notieren, was sie getan bzw. (wichtiger!) gelernt haben, wird metakognitive Bewusstheit gefördert.
- *Auffälligkeiten beschreiben und begründen:* Diese Form fokussiert auf innermathematische Muster, die sich beschreiben und mit vielfältigen Mitteln begründen lassen.

Vor allem die beiden letzten Formen zeigen, dass das Schreiben im Mathematikunterricht seine besonderen Stärken insbesondere im Rahmen und im Hinblick auf die allgemeinen, prozessbezogenen Kompetenzen entwickelt (vgl. KMK 2005a). Dazu muss der Unterricht aber auch so angelegt sein (z. B. was dazu geeignete Lernangebote, Aufgabenstellungen, Lernumgebungen betrifft), dass diese gezielt und bewusst gefördert werden können. Die Rezeption und Produktion eigener mathematischer Texte (schriftliche Eigenproduktionen) als selbstverständlicher Bestandteil des Mathematikunterrichts ist auch nicht einseitig auf die Verwendung der mathematischen Fachsprache oder Symbole beschränkt. Gewiss sollen die Lernenden auch diese spezifische Terminologie kennen lernen, aber nicht im Sinne unverstandener Formeln oder Formalismen, sondern im Rahmen einsichtsvoller Lernprozesse, die natürlich ihre Zeit brauchen. Bereits in der Grundschule kann damit begonnen werden, kleine mathematische Texte zu verfassen. Ausgangspunkt sind die singulären Texte der Lernenden (lt. Gallin/Ruf geschrieben in der Sprache des Verstehens), die langsam zu den regulären Texten (der Sprache des Verstandenen; ebd.) weiterentwickelt werden. »Erst mit dem Aufschreiben werden die singulären Denkbewegungen jeder Schülerin und jedes Schülers individuell festgehalten und können gewürdigt werden« (Gallin/Ruf 1995, S. 17).

Unzulänglichkeiten und Mängel in mancherlei Hinsicht sind in der Anfangsphase zu tolerieren, weil sie normal sind. Peter Gallin (Mathematikdidaktiker) und Urs Ruf (Sprachdidaktiker) werben dafür in ihrem Schulbuch mit Hilfe der Werkstatt-Metapher: »Man darf allerdings nicht in der Rolle des geladenen Gastes verharren, der im aufgeräumten Wohnzimmer empfangen werden will. Als Leserin oder als Leser eines Reisetagebuchs betreten Sie unangemeldet und unerwartet die Werkstatt eines lernenden Menschen. Unfertige Werkstücke versperren den Weg, darunter auch Fehlerhaftes oder Misslungenes. Leicht kann der Gast stolpern, sich an einem fremdartigen Werkzeug verletzen oder durch Rauch und Dämpfe gereizt werden; leicht übersieht er Kostbarkeiten, die da und dort unauffällig und vielleicht schon ein bisschen verstaubt herumstehen, und stösst sie achtlos um. Wer sich in der Werkstatt eines Lernenden umsieht, kann Zeuge einmaliger Ereignisse werden. Altbekannte Tatsachen erscheinen oft sogar für Fachleute in einem neuen Licht, wenn sie bei der Geburt der Erkenntnis dabei sind. Man darf allerdings über die Begleiterscheinungen des Gebärens nicht erschrecken. Und man darf auch elementare Regeln des Respekts nicht missachten« (Gallin/Ruf 1995, S. 43). Auch hier also gilt es, die ›Erfindungen‹ der Kinder behutsam den Konventionen der ›offiziellen‹ Mathematik anzunähern: »*connecting inventions with conventions*« (Lampert 1990).

Auch Grundschulkinder lernen schnell, dass Schriftlichkeit natürlicherweise zum Mathematikunterricht dazugehört. Das 1. Schuljahr einer Grundschule wuchs gleichsam mit dieser Botschaft auf: Regelmäßig und zunehmend selbstverständlich wurden Zeit und Anlass geboten, um sich mit einfachsten Mitteln schriftlich auszudrücken. Das waren verständlicherweise zunächst v. a. Bilder, Ein-Wort-Sätze oder kurze Kommentare wie z. B. von Dilek (vgl. Abb. 4/1).

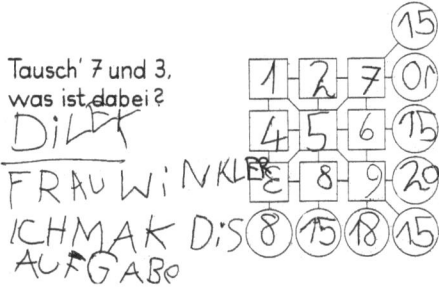

Abb. 4/1: »Frau Winkler, ich mag diese Aufgabe.«

Auch als die Texte etwas länger wurden, hatten sie natürlich noch keine Perfektion im Hinblick auf Grammatik oder Rechtschreibung. Entscheidender ist aber, dass es für die Kinder selbstverständlich und keine Überwindung war, sich überhaupt schriftlich zu äußern (s. o. Werkstattcharakter). Diese Haltung ist wertvoll für das Lernen in allen Fächern und sollte daher ausdrücklich und bewusst wertgeschätzt werden. Schon Anfang des 2. Schuljahres waren die Kinder problemlos in der Lage, schriftsprachlich mit dem Autor über mathematische Inhalte zu kommunizieren (vgl. Abb. 4/2).

Abb. 4/2: Was ist gerade und was ist ungerade?

Gubler-Beck (2004, S. 44–46) betont mehrere Funktionen der Verschriftlichung (dort am Beispiel des ›Sammelbuchs‹[30]):

- Anlass und Anregung zur Reflexion über den eigenen Lernprozess und das eigene Wissen (beginnend schon in der Grundschule)
- Bewusstmachung eigener Lernfortschritte
- Sammeln, Ordnen und Systematisieren als geistige Grundtechniken (Aebli 1981)
- Kompatibilität mit dem Postulat des aktiv-entdeckenden Lernens
- Verdeutlichung des Zusammenhangs von Lernprozess und Lernprodukt
- Förderung allgemein-mathematischer Kompetenzen (v. a. Argumentieren und Formulieren)
- Nutzung als Nachschlagewerk für weitere Schreibanlässe authentischer Texte
- Diagnosegrundlage für die Lehrperson
- Quelle für authentische Gespräche über mathematische Inhalte

Wichtig für die Förderung der schriftsprachlichen Kompetenzen ist die Kommunikation über die selbst verfertigten Texte, damit daraus allgemeine oder spezifische Gütekriterien für die Textproduktion einsichtsvoll erfahren und abgeleitet sowie ebenso sachgerechte Überarbeitungen vorgenommen werden können (vgl. Maier 2004). Das kann mit den Verfassern alleine geschehen oder auch im Plenum, wo beispielsweise zwei unterschiedliche Texte zu ein und demselben Gegenstand parallel in eine gemeinsame »Redaktionssitzung« eingebracht und zum Gegenstand einer gemeinsamen Analyse gemacht werden können. Die dabei heranzuziehenden Gütekriterien für einen ›guten‹ Text, die Gründe also, warum mal dieser oder jener Text besser ›gefällt‹, berühren unmittelbar auch Interessen, Ziele und Bereiche des Sprachunterrichts (s. u.).

Von solchen Gesprächen können die von den Lernenden zu überarbeitenden Texte profitieren, wenn gewisse Rahmenbedingungen bedacht werden (vgl. Gubler-Beck 2004). So sollte man nicht nur bei den ersten Versuchen keine umfänglichen und fehlerfreien Texte als Maßstab heranziehen oder erwarten, sondern auch bei den Korrekturgesprächen behutsam beginnen, um die Verfasser nicht zu überfordern. Wird eine Textrevision ernst genommen, dann muss auch hinreichend Zeit dafür zur Verfügung gestellt werden. Ein ›Auslagern‹ auf die Hausaufgaben beispielsweise lässt wenig deutlich werden, dass Textrevision ein integraler Bestandteil von Textproduktion ist. Die Hilfen zur Überarbeitung

---

[30] Das Sammelbuch ist ein Schnellhefter zur Sammlung von Einsichten, gewonnen aus der Bearbeitung geeigneter Aufgaben. Es kann z. B. Rechenwege, Regeln/Definitionen oder Handlungsanweisungen enthalten (vgl. Gubler-Beck 2004).

müssen konkret und transparent formuliert sein, am besten auch schriftlich, denn vage Hinweise (»lebendiger schreiben«) helfen wenig. Gemeinsames Sprechen über Texte sollte zum regulären Bestandteil des Unterrichts werden, sei es zur kollektiven Revision oder auch zur Analyse von besonders gelungenen Beispielen.

Wie unschwer zu erkennen sein wird, lassen sich die genannten Intentionen im Zusammenhang mit schriftlichen Eigenproduktionen im Mathematikunterricht hervorragend mit Hilfe einer *Textverarbeitung* realisieren. Hier ist es v. a. die einfache Möglichkeit des Editierens, die es erlaubt, einen umfänglichen Text recht einfach zu überarbeiten, ohne ihn erneut abschreiben zu müssen (was die Motivation für eine Überarbeitung verständlicherweise drastisch senkt), und dennoch am Ende ein vorzeigbares, sauberes Produkt zu haben. Ein Beispiel:

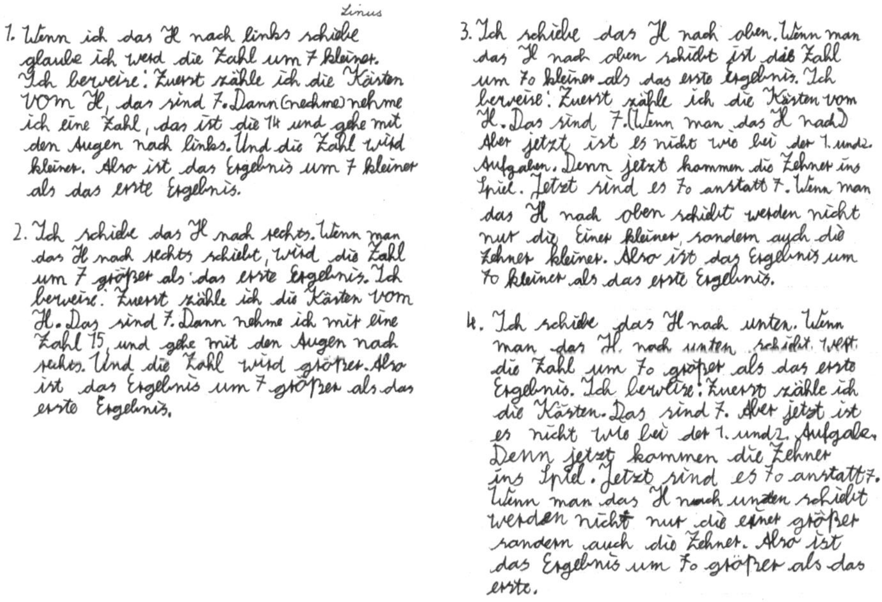
Linus

1. Wenn ich das H nach links schiebe glaube ich werd die Zahl um 7 kleiner. Ich berweise: Zuerst zähle ich die Kästen vom H, das sind 7. Dann (nechme) nehme ich eine Zahl, das ist die 14 und gehe mit den Augen nach links. Und die Zahl wird kleiner. Also ist das Ergebnis um 7 kleiner als das erste Ergebnis.

2. Ich schibe das H nach rechts. Wenn man das H nach rechts schiebt, wird die Zahl um 7 größer als das erste Ergebnis. Ich berweise: Zuerst zähle ich die Kästen vom H. Das sind 7. Dann nehme ich mit eine Zahl 15, und gehe mit den Augen nach rechts. Und die Zahl wird größer. Also ist das Ergebnis um 7 größer als das erste Ergebnis.

3. Ich schiebe das H nach oben. Wenn man das H nach oben schibt ist die Zahl um 70 kleiner als das erste Ergebnis. Ich berweise: Zuerst zähle ich die Kästen vom H. Das sind 7. (Wenn man das H nach) Aber jetzt ist es nicht wie bei der 1. und 2. Aufgaben. Denn jetzt kommen die Zehner ins Spiel. Jetzt sind es 70 anstatt 7. Wenn man das H nach oben schibt werden nicht nur die Einer kleiner, sondern auch die Zehner kleiner. Also ist das Ergebnis um 70 kleiner als das erste Ergebnis.

4. Ich schibe das H nach unten. Wenn man das H nach unten schibt wert die Zahl um 70 größer als das erste Ergebnis. Ich berweise: Zuerst zähle ich die Kästen. Das sind 7. Aber jetzt ist es nicht wie bei der 1. und 2. Aufgabe. Denn jetzt kommen die Zehner ins Spiel. Jetzt sind es 70 anstatt 7. Wenn man das H nach unten schibt werden nicht nur die einer größer sondern auch die Zehner. Also ist das Ergebnis um 70 größer als das erste.

Abb. 4/3: Bearbeitung von Linus (3. Klasse)

In einer 3. Klasse wurde die Lernumgebung *Buchstaben auf der Hundertertafel* bearbeitet. Dabei ging es u. a. um die Summe jener Zahlen, die von einer Pappschablone in Form eines Großbuchstabens abgedeckt wird und wie man diese Summe besonders geschickt finden kann (Idee des Mittelwertes bei symmetrischen Buchstaben; vgl. Krauthausen 2003a). Auch operative Veränderungen wurden in den Blick genommen wie z. B. die Frage: Was geschieht mit der Summe, wenn man das ›H‹ um ein Feld nach rechts/links/oben/unten verschiebt? Linus hat diese Frage sehr detailliert, z. T. redundant, jedenfalls recht umfangreich beschrieben (vgl. Abb. 4/3). Wie auch immer eine redaktionelle

Überarbeitung aussehen würde: Man könnte es ihm nicht verdenken, wenn er wenig Lust verspürte, diesen umfangreichen Text danach noch einmal ›ordentlich‹ abzuschreiben.

Im Vergleich zu handschriftlichen Notationen gibt es allerdings eine Einschränkung bei der digitalen Variante einer Textverarbeitung: Gemeint ist nicht die (anfangs normale) Gewöhnungsphase der Kinder an die sachgerechte Handhabung der Tastatur und das Auffinden der Buchstaben. Vielmehr kann die Beschränkung der Tastatureingaben auf alphanumerische Zeichen (Buchstaben, Ziffern, Sonderzeichen wie Punkt, Komma, Klammern) eine ungewollte Begrenzung darstellen. Das betrifft bereits Tastenkombination für den ›deutschen‹ Mal-Punkt: Selbst manchem Erwachsenen ist nicht bekannt, dass der ASCII-Code dafür ein spezielles Zeichen auf jeder Tastatur bereitstellt und von daher weder der (Satzzeichen-)Punkt noch der Buchstabe ›x‹ benutzt werden muss (wie er im angelsächsischen Raum üblich ist).

Schaut man sich die auf Eigenproduktion zielenden ›Texte‹ an (z. B. bei Selter/Spiegel 1997; Hengartner et al. 2006; Hirt/Wälti 2009), dann wird schnell deutlich, dass die hilfreichen bis notwendigen Notationsformen der Kinder (nicht nur zu Beginn) schnell über alphanumerische Zeichen hinausweisen. Was in der analogen Notation in ganz natürlicher Weise genutzt wird, sind Skizzen, Punktmuster, Plättchenkonfigurationen, Pfeile, Farben. Zwar lassen sich diese prinzipiell auch mit Hilfe des PCs generieren. Aber dazu braucht man, wenn man es auch nur semiprofessionell angehen will, weitere spezielle Software (Grafik- und DTP-Programme) und spezifische Kenntnisse über den Import von externen Dateien in eine Textvorlage. Wie auch immer es zu machen wäre: In keinem Fall ist es ein intuitives und leicht zu adaptierendes Vorgehen.

Die inzwischen durchaus in ›Denk-Reichweite‹ geratenen Potenziale von gestengesteuerter Direktmanipulation, ansatzweise bereits in einigen Apps[31] für Tablets wie das iPad oder bei den zunehmend an Marktverbreitung gewinnenden SmartBoards verwirklicht, haben derzeit noch nicht die Verbreitung und Selbstverständlichkeit erreicht, die für einen Einsatz in der Grundschule erforderlich wäre. Solange, wie dies nicht gegeben ist, muss man sich mit Kompromissen begnügen und z. B. Freiräume in der Textverarbeitung vorsehen, in die nach dem Ausdruck handschriftliche Skizzen eingebracht werden können (was aber u. U. das Distribuierungsproblem verstärkt; s. u.).

Eine andere Möglichkeit bot die Software ZAHLENFORSCHER (Kap. 4.7.2 u. Krauthausen 2006a/b/c): Hier gab es im Modus ›Forschen‹ ein so genanntes

---

[31] Hier ist es in mehreren Apps bereits intuitiv möglich, einem geschriebenen Text Fotos oder Handskizzen zur Seite zu stellen, ja auch *auf* hochgeladenen Bildern oder PDF-Texten (mit Finger oder Tablet Pen) zu zeichnen sowie handschriftliche Notizen zu platzieren.

Forscherheft sowie einen Ergebnisordner. Beide stellen im Prinzip ein in die Software implementiertes Textverarbeitungsmodul dar, mit einfachen Formatierungsoptionen sowie (auf der Meta-Ebene) Tipps für die Lernenden zu einer sinnvollen Strukturierung eines Textes (Leitfragen). Die vom Benutzer zuvor bearbeiteten Zahlenmauern (um dieses Aufgabenformat drehten sich die diversen Forschungsaufträge der Software) stellten ein mehr oder weniger geordnetes Repertoire an Beispielen dar. Die eine oder andere selbst generierte Zahlenmauer kann, weit besser als umfangreiche sprachliche Umschreibungen, dazu geeignet sein, um die schriftsprachliche Beschreibung des Bearbeitungsprozesses im Textverarbeitungsteil anschaulich zu illustrieren. Der ZAHLENFORSCHER ermöglichte nun, mit einem Mausklick ein ausgewähltes Beispiel automatisch in die Textverarbeitung zu übernehmen und dort so zu platzieren (und auch später, nach einer Überarbeitung des Textes, umzusortieren), dass es zu einer Abbildung an einer frei zu wählenden Stelle im Text wird. Derartig einfach zu handhabende, programmiertechnisch aber (zur Zeit der damaligen Entwicklung) aufwändige Lösungen sind jedoch die absolute Ausnahme, sofern es um Grundschulsoftware geht.

4.2.2 Lernziel-Importe und -Exporte

Ein erwartbarer Einwand gegen die Realisierung der o. g. Vorschläge bezieht sich auf die verfügbare Zeit: »Wann soll ich das denn alles noch tun, wo das Schuljahr oft nicht einmal für die grundlegenden Dinge ausreicht?« Völlig unabhängig von der Frage, ob, wo, wie viel Zeit in der alltäglichen Unterrichtspraxis ohne Substanzverlust durchaus eingespart werden könnte, lassen sich Synergieeffekte dadurch nutzen, dass die Produktion und Analyse von Texten (im allgemeinen Sinne) relevante Lernziele mehrerer Fächer bedienen.

Da ist zum einen der Sprachunterricht: Im Rahmen der Aufsatzerziehung wird z. B. an einem bestimmten Punkt darüber zu sprechen sein, was einen ›schönen‹ Text eigentlich ausmacht. Es wird also um Gütekriterien gehen (wörtliche Rede belebt einen Text; vermeidbare oder auch notwendige Redundanzen/ Wiederholungen etc.), die sich allerdings je nach Adressatenbezug, den zu bedenken man auch erst lernen muss, unterscheiden können. Es gibt unterschiedliche ›Textsorten‹ (z. B. Erlebnisaufsatz, Bildbeschreibung, mathematische Begründung eines Zahlenmusters), die jeweils unterschiedliche Gütekriterien erfordern. Auch im Sachunterricht sind vielfältige Anlässe der Textproduktion gegeben.

Es spielt nun für manche dieser Lernziele nicht immer eine Rolle, an welcher Textsorte sie erfahren und exploriert werden. Vieles, was man an Attributen für eine sach- und adressatengerechte Textgestaltung lernen soll, kann man an einem Erlebnisaufsatz oder an einem mathematischen Text gleichermaßen erfahren (ggf. auch einmal im direkten Abgleich beider Textsorten, um auch die Unterschiede bewusst herauszuarbeiten). Das aber spart Zeit, weil mit ein und derselben Aktivität Lernziele, Kompetenzen und Standards gleich mehrerer Fächer bedient werden. Durch derart fächerübergreifende Erfahrungen erhöht sich zugleich die Wahrscheinlichkeit, die fachbezogenen Aspekte nicht als zu isoliert wahrzunehmen (vgl. Bauersfeld 1983a: subjektive Erfahrungsbereiche), sondern ihre Vernetzung mit anderen Bereichen zu erkennen, was zu einer Vertiefung und größeren Nachhaltigkeit der Lernprozesse beitragen kann.

4.2.3 Bewusstheit des Lernens

Das Verschriftlichen von Gedankengängen führt generell zu einem ›Verlangsamen des Denkens‹. Das kann zu größerer Bewusstheit des Denkens beitragen. Was Heinrich von Kleist über »die allmähliche Verfertigung der Gedanken beim Reden« schrieb, kann wohl mit Fug und Recht auch auf die allmähliche Verfertigung der Gedanken beim Schreiben übertragen werden. Diese allmähliche Verfertigung kann bereits während des Schreibprozesses selbst erfolgen (quasi-simultane Textproduktion und -revision) oder in sukzessiver Weise, wenn ein Textentwurf im Anschluss an eine Diskussion in der Rechenkonferenz einer Überarbeitung (oder mehrerer) unterzogen wird, bis er zu einer als final markierten Version gereift ist. Auf diese Weise können wertvolle Beiträge geleistet werden, die zu einer wachsenden Sensibilität für Sprache und damit erhöhter Sprachkompetenz führen – und natürlich zu vertieften Einsichten in mathematische Strukturen.

4.2.4 Effektives Editieren

Aus früheren Zeiten, in denen Textverarbeitungssysteme noch außerhalb unserer Erfahrungs- und Vorstellungswelt lagen, ist manchem die Erfahrung präsent, dass Schülerinnen und Schüler sich gegen eine ›Verbesserung‹ ihres Aufsatzes wehrten, weil das i. d. R. bedeutete, nicht nur die lokalen Optimierungen vorzunehmen, sondern den gesamten Text erneut abzuschreiben. Aus heutiger Sicht scheint dies nur allzu verständlich. Und zwar, weil hier wohlbegründbare Intentionen (Optimierung eines Textes) überlagert werden durch – in diesem Kontext – sekundäre Begleiterscheinungen: Jede minimale Änderung wie der Austausch eines Wortes, das Umstellen des Satzbaus, erst recht das Einfügen von ganzen Passagen verunstaltete das Erscheinungsbild des handgeschriebenen Textes zwangsläufig. Das musste das ästhetische Empfinden sowohl der Lehrenden wie der Lernenden verletzen, und auferlegte letzteren zudem die – in diesem Kontext – völlig sekundäre Fleißarbeit des erneuten Abschreibens. Diese Unlust konnte sich dabei auf das Verfassen von Texten generalisieren.

Transparente Überarbeitungskriterien und -hinweise vorausgesetzt, wird die Revision von Texten dagegen beim Gebrauch einer Textverarbeitung von sekundären, handwerklichen Tätigkeiten entlastet. Die einfachen, flexiblen und vielfältigen Möglichkeiten des Editierens erlauben es dem jeweiligen Autor, seine Aufmerksamkeit auf den Inhalt und die Struktur des Textes zu konzentrieren. Das übersichtliche und klare Erscheinungsbild (Layout) wird durch die Software gewährleistet – zeitsparend und effektiv.

Auch wenn man zunächst geneigt sein mag, Layoutfragen für sekundär zu halten, so muss man auch hierbei mit z. T. unbewussten, gleichwohl wahrgenommenen Wirkungen rechnen: »Alle Stilentscheidungen haben das Potenzial, Wichtigkeit, Dringlichkeit und Wert zu suggerieren. Also müssen sie solche Entscheidungen immer wohl überlegt treffen« (Duarte 2009, S. 95). Aber auch ohne Kinder bereits zu professionellen Gestaltern und Layoutern machen zu wollen[32], kann man die Erziehung zum Ordnen und Strukturieren (vgl. Aebli 1981), die sich beim Einsatz einer Textverarbeitung sinnvoll aktivieren und fördern lässt, für wertvoll und erstrebenswert erachten. Die Schreibmotivation jedenfalls dürfte es spürbar erhöhen, wenn durchaus umfangreiche Überarbeitungen vergleichsweise einfach umzusetzen sind und sich dazu noch (automatisch) am Ende ein ästhetisch anschauliches und damit gerne vorzeigbares Endprodukt ergibt.

4.2.5 Distributionsmöglichkeit

Mitte der 1970er-Jahre propagierte ein Buch mit dem Titel *Schulaufsätze – Texte für Leser* (Boettcher et al. 1974), dass Aufsätze nicht nur zum Selbstzweck geschrieben werden sollten, sondern dass derartige Texte dann gewinnen könnten, wenn sie auch für ihre Autoren als ›ernsthaft‹ erfahrbar würden, indem sie an echte Adressaten gerichtet werden (was dann auch in unterscheidbare Textsorten münden wird). Das Schreiben wird dann authentischer, weil es einen realen Zweck verfolgt und einen realen Adressaten anspricht.

Der klassische Schulaufsatz und auch der mathematische Text (sofern es diesen damals schon gab) wurden ins Schulheft geschrieben und hatten zumeist nur die Lehrperson, vielleicht noch die Eltern als Leser. Wollte man den Kreis erweitern, z. B. auf das Klassenplenum, blieb zunächst das Vorlesen (was kaum eine gemeinsame Revision ermöglichte), später das Übertragen auf eine OHP-Folie (handschriftlich oder per Kopierer). Aber auch dann war der Text für die

---

[32] Die zunehmende Flut unüberlegter PowerPoint-Präsentationen (u. a.) in der Schule könnte allerdings ein ›Kleines Einspluseins des Gestaltens‹ nahelegen. Es gibt dazu hinreichend spezifische Literatur zum Präsentationsdesign.

einzelnen Schülerinnen und Schüler in dem Sinne ›entrückt‹, als dass er nicht handgreiflich verfügbar war (z. B. für eigene Notizen).

Der mit einer Textverarbeitung revidierte Text hingegen kann unaufwändig ausgedruckt werden, so dass jedes Kind eine eigene Vorlage vor sich hat, um darauf dann Anmerkungen, Markierungen etc. vorzunehmen, wenn gemeinsam über diesen Textentwurf gesprochen wird. Das Versenden des Textes per E-Mail eröffnet weitere (authentische!) Leserkreise bis hin zur Platzierung im Internet, z. B. auf der Schul-Homepage. Wohlgemerkt: Dabei geht es nicht nach dem Motto ›Je weiter gestreut, desto besser‹ (vgl. Kap. 3.1.2 und 4.5). Nach wie vor sollte der Primat der Didaktik gelten, aber auch seine Berücksichtigung eröffnet Möglichkeiten, die für wünschenswerte Lernprozesse förderlich sein können.

Ein persönlicher USB-Stick für jedes Kind und/oder eine Möglichkeit, Texte aus der Schule per E-Mail nach Hause zu senden (ob an die Familienadresse oder eine sofern vorhandene, persönliche Mailadresse des Kindes) sind durchaus keine Seltenheit mehr und eröffnen die Möglichkeit, Texte aus dem Unterricht auch zu Hause weiterzubearbeiten oder umgekehrt.

4.3 Tabellenkalkulation

Wir alle sind tagtäglich mit einer Unmenge von Daten befasst. Seit das Internet zu einer Selbstverständlichkeit des Alltags geworden ist, kann von einer explosionsartigen Datenflut gesprochen werden, wobei man sich bewusst bleiben sollte, dass Daten und Informationen noch lange nicht gleichzusetzen sind mit Wissen. »Im Jahr 2007 betrug die Menge aller gespeicherter Informationen laut Wissensmagazin *Scinexx* 295 Trillionen Bytes. Auf CDs gebrannt würde das einen Stapel bis über den Mond hinaus ergeben. Die Bitmenge entspräche dem 315-Fachen der Menge aller Sandkörner auf unserem Planeten« (dnews 2011).

Unsere Umwelt ist also zunehmend durch Zahlen bestimmt. Wir Menschen haben uns die Zahlen »als neutrale Mittler in Dienst genommen, um uns die Natur zu erklären, um die Welt in den Griff zu bekommen, zumindest numerisch. Sie repräsentieren Zusammenhänge, die in Wirklichkeit weit komplexer sind, als es jede Ziffernfolge ausdrücken kann. Zahlen sind die willigen Vereinfacher. Deshalb zählen wir so eifrig« (Gleich et al. 2000, S. 50).

Nicht zuletzt aufgrund dieser Entwicklung ist der Umgang mit Daten ein wichtiger Bereich der ›erweiterten Kulturtechniken‹ geworden (Lengnink/Leuders 2008). »Das Erheben, Darstellen, Verdichten und Deuten von Datenmaterial bedeutet die Auseinandersetzung mit einem Stück Lebenswirklichkeit« (Kniep-Riehm 1995, S. 32) – auch bereits für Grundschulkinder. Denn das Zählen von Dingen, das Sammeln, das Ordnen gehören zu den natürlichen Aktivitäten des

Menschen, also auch bereits von Kindern. Daher kann man sie auch schon recht früh mit dem (grafischen) Darstellen und Deuten von Daten befassen – also »mit Prozessen, die stark vereinfacht sind, aber dennoch der auf höherem Niveau praktizierten Datenanalyse sehr ähnlich sind« (Hancock 1995, S. 33).

4.3.1 Verankerung in den Bildungsstandards

Folgerichtig sind auch in den Bildungsstandards (KMK 2005a, S. 7 ff.) entsprechende Aktivitäten für die Grundschule verankert, sei es unter der Leitidee *Daten, Häufigkeit und Wahrscheinlichkeit* oder im Rahmen der allgemeinen/prozessbezogenen Kompetenz *Darstellen*. Im Einzelnen:

Allgemeine mathematische Kompetenz Darstellen:
- »für das Bearbeiten mathematischer Probleme geeignete Darstellungen entwickeln, auswählen und nutzen,
- eine Darstellung in eine andere übertragen,
- Darstellungen miteinander vergleichen und bewerten« (ebd., S. 8).

Leitidee ›Daten, Häufigkeit und Wahrscheinlichkeit‹:
- »in Beobachtungen, Untersuchungen und einfachen Experimenten Daten sammeln, strukturieren und in Tabellen, Schaubildern und Diagrammen darstellen,
- aus Tabellen, Schaubildern und Diagrammen Informationen entnehmen« (ebd., S. 11).

Häufigkeit und Wahrscheinlichkeit (Vergleich von Wahrscheinlichkeiten in Zufallsexperimenten):
- »Grundbegriffe kennen (z. B. sicher, unmöglich, wahrscheinlich),
- Gewinnchancen bei einfachen Zufallsexperimenten (z. B. bei Würfelspielen) einschätzen« (KMK 2005a, S. 11).

Neubert (2009) hat den Versuch einer konzeptionellen Grundlegung unternommen, um diese Vorstellungen im Unterricht umsetzen und fördern zu können. Er benennt dazu sechs Bausteine:

1. Erste Erfahrungen beim Erfassen und Darstellen von Daten sammeln (ab Kl. 1)

2. (Inhaltliches) Verständnis für grafische Darstellungen entwickeln (Stufung der Darstellungsformen (vgl. ebd.: 5 Stufen; fortschreitende Schematisierung)

3. Arbeit mit grafischen Darstellungen: (a) Entnehmen von Informationen (Interpretieren und Auswerten von Statistiken), b) Anfertigen (Zeichnen) von grafischen Darstellungen, c) Vergleichen verschiedener Darstellungen des gleichen Sachverhalts

4. Erstellen und Darstellen eigener Statistiken

5. Mittelwerte in der Grundschule (Modalwert und arithmetisches Mittel[33])

6. Hochrechnungen und Stichproben (Bestimmen von großen Anzahlen ohne vollständiges Auszählen; Näherungen, Fragen sinnvoller Genauigkeit)

4.3.2 Datenerfassung und Datendarstellung

Hasemann et al. (2008) explorieren an anschaulichen Beispielen, was die KMK-Standards für den Mathematikunterricht der Grundschule bedeuten. Sie verweisen auf den Unterschied zwischen dem Erfassen von Daten, dem immer eine Festlegung der relevanten Merkmale vorausgehen muss, und dem Darstellen der Daten, bei dem eine bewusste Entscheidung über geeignete Darstellungsmittel getroffen werden muss. Die Auswahl geeigneter Darstellungen ist nämlich nicht schon durch die darzustellende Sache präfiguriert, sondern bedarf bewusster Entscheidungen. »Strichlisten und Tabellen eignen sich besonders dann zur Darstellung der Daten, wenn es um die Ermittlung von Anzahlen, also um Häufigkeiten geht. Dagegen eignen sich andere Formen wie z. B. Kreis- oder Blockdiagramme besser, wenn Unterschiede bei den Anzahlen deutlich gemacht werden sollen« (ebd., S. 143). Das hat durchaus lebensweltliche Bedeutung, denn »jede Darstellung von Daten hat einen bestimmten Informationswert (er kann gering oder irrelevant, die Darstellung kann sogar irreführend sein)« (ebd., S. 144).

4.3.3 Manipulationskraft der Darstellung

Die Manipulationskraft statistischer Diagramme lässt sich tagtäglich in der Presse verfolgen: Wie verändert sich die Aussage (der suggestive Gehalt) eines Diagramms, wenn z. B. die Skalierung einer Achse verändert wird oder wenn als unterer Rand des Streifendiagramms mal der Nullpunkt, mal eine andere Größe gewählt wird? (vgl. Krämer 1992; Meier 2011b) Solchen suggestiven und manchmal gezielt eingesetzten Manipulationen unterliegen nicht nur Erwachsene, z. B. bei politischen Aussagen oder in der Werbung. Auch bei Kindern kann sich die Art der Darstellung auf ihre Interpretation der Daten auswirken, und es gehört mit zum Erziehungsauftrag der Schule, zu einem aufgeklärten und kritischen Umgang mit solchen Phänomenen beizutragen. Dass dies bereits in der Grundschule möglich ist, zeigen die weiter unten skizzierten Projekterfahrungen von Kniep-Riehm (1995/1996), Wuschansky/van Lück (1993) oder Dennhöfer/Neubert (2006).

---

[33] Neubert betont, »dass zunächst inhaltliches Verständnis aufgebaut wird, bevor die rechnerische Bestimmung erfolgt« (S. 774).

Dass Darstellungen massiv verfälschende Aussagen suggerieren können, liegt manchmal auch an der Konstruktion der Software: Speziell für Kinder vereinfachte und adaptierte Tabellenkalkulationen bieten statt abstrakter (flächiger) Streifendiagramme Darstellungsweisen an, die sich um mehr Anschaulichkeit bemühen. So wird eine Statistik über die Vorliebe für bestimmte Eissorten nicht mit Balken, sondern durch aufeinandergetürmte Eiskugeln dargestellt. Ist aber das Anschaulichste auch notwendigerweise das Beste? Oder werden nicht sogar *falsche* mathematische Sachverhalte transportiert? Denn was bedeutet eine ›Verdopplung‹ der Länge (der Kanten) bei einem Strichdiagramm, einem Streifendiagramm und einem dreidimensionalen Diagramm aus Würfeln oder eben Eiskugeln?

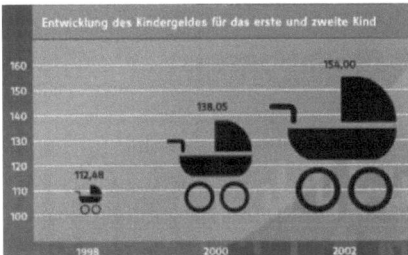 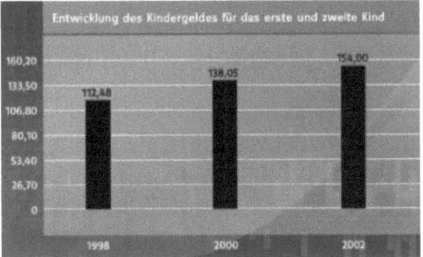

Abb. 4/4: Verfälschende ›anschauliche‹ Darstellung und Streifendiagramm

Die linke Darstellung in Abb. 4/4 mit den so ›anschaulichen‹ Kinderwagen suggeriert völlig falsche Relationen, weil der Bereich unter 100 abgeschnitten wurde. Im ›nüchternen‹ Balkendiagramm (Abb. 4/4 rechts) hingegen sind die Relationen korrekt abgebildet und vermitteln einen völlig anderen Eindruck. Übersetzt man die Daten einmal in ein vergleichbares Diagramm (mit Null als x-Achse) in die Kinderwagen-Darstellung (Abb. 4/5), dann wird der (deutlich weniger dramatische) Unterschied im Vergleich zum ersten Kinderwagen-Diagramm offenkundig.

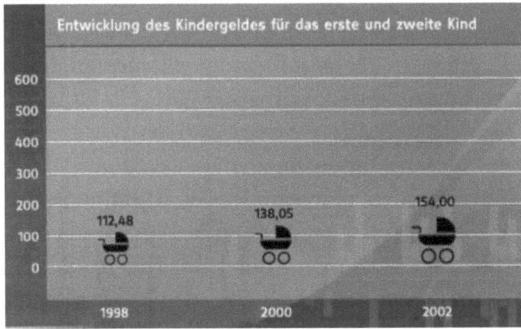

Abb. 4/5: Korrekte ›anschauliche‹ Darstellung

Eine Klasse, die Erfahrungen mit dem Ausmessen von Flächen hat (beispielsweise die Größe eines Raums mit Einheitsfliesen ausmessen/berechnen; vgl. Standards zur Leitidee *Größen & Messen*, KMK 2005a), verfügt bereits über die mathematischen Voraussetzungen, um diese Problematik zu durchschauen: Man denke sich den Kinderwagen durch ein schlichtes Quadrat umrahmt, dann wird deutlich – und diese Erfahrungen können die Kinder beim Auslegen von Flächen mit Einheitsquadraten experimentell machen –, dass die Verdopplung einer Quadratkante zu einer Vervierfachung der Fläche führt (analog bei den idealisiert als Würfel gedachten Eiskugeln zu einer Verachtfachung). Durch derartige experimentelle Vergleiche kann bereits recht früh für suggestive und irreführende Praktiken sensibilisiert werden.

4.3.4 Möglichkeiten digitaler Kalkulationsblätter

Tabellenkalkulationen können die Lernenden von reinen Rechen- oder grafischen Prozeduren entlasten. Das ist ein legitimes Argument für den Software-Einsatz – wenn er denn nicht darauf beschränkt bleibt, sondern zugunsten von Einsichtsgewinnung in mathematische Ideen erfolgt. Denn so schnell und sauber der PC diese Arbeiten bearbeiten mag, so sehr erledigt der PC nur die formale Rechen- und Zeichenarbeit. Gleichwohl bleibt es den Lernenden überlassen, die mathematische Idee und auch die Ergebnisse zu verstehen (vgl. Niess 1993). Das beinhaltet auch einen reflektiert kritischen Umgang mit Darstellungen (*Data Literacy*; vgl. Hancock 1995).

Didaktisch bleibt es also vorrangig, dass der Umgang mit Daten nicht darauf beschränkt wird, statistische Kennwerte (z. B. das arithmetische Mittel; vgl. 3.2.1) rechentechnisch ermitteln zu können oder die Anfertigung von Diagrammen handwerklich zu beherrschen. Wichtig für eine *Data Literacy* ist v. a. auch das Interpretieren, das Deuten von Daten und ihren Darstellungen in einem lebensweltlichen Kontext. Damit geht es ausdrücklich um Reflexionstechniken (Lengnink/Leuders 2008). Wenn der Fokus auf diesen Kompetenzen liegt, dann kann die rein rechnerische oder zeichnerische oder auf die Darstellung bezogene Arbeit, ein u. U. recht aufwändiges Unterfangen, jenem Medium aufgetragen werden, das dafür spezifisch besser geeignet ist, also z. B. einer Tabellenkalkulation (*Spreadsheet; digitales Rechenblatt*). Das Werkzeug entlastet damit die Lernenden von (in diesem Zusammenhang) weniger wichtigen Tätigkeiten zugunsten der Arbeit auf höherem Niveau. In den Mittelpunkt rückt der eigentliche mathematische Inhalt (Interpretation von Diagrammen, die Bedeutung unterschiedlicher Skalierungen etc.; vgl. Meier 2011b). Auch Schülerinnen und Schüler mit Lernschwierigkeiten können dabei den curricularen Anschluss behalten, auch ohne zuvor alle Lücken geschlossen zu haben bzw. ohne über die im vorliegenden Beispiel sinnvollen rechnerischen Voraussetzungen souverän zu verfügen (vgl. Dreyfus 1994).

Effektivität

Die Tabellenkalkulation erlaubt eine schnellere und genauere Darstellung von Daten. Effektivität in diesem Sinne ist zweifellos beim Computereinsatz im Alltagsleben ein wesentliches Argument. Dies muss aber in didaktischen Kontexten nicht zwingend in gleicher Weise gelten: Die schriftlichen Rechenverfahren (Algorithmen), wie sie in Klasse 3 und 4 thematisiert und eingeführt werden, sind auch ›effektiv‹, Effektivität ist ein konstituierendes Merkmal von Algorithmen (vgl. Krauthausen 1993; Bauer 1998). Für das *Erlernen* von Algorithmen sowie ihre didaktische Einordnung in den Kontext anderer Rechenmethoden muss das aber differenzierter betrachtet werden. Nicht umsonst wird seit Mitte der 1990er-Jahre für den Mathematikunterricht der Grundschule eine stärkere Betonung der halbschriftlichen Rechenstrategien propagiert und seither auch zunehmend in Schulbüchern umgesetzt, obwohl diese voraussetzungsreich(er) und aufwändiger sind, was ihre Notation betrifft. Sie dennoch aufzuwerten und die Algorithmen in ihrem Gewicht und Zeitbedarf im Unterricht zu relativieren, wird dabei mit anderen Argumenten als der puren Effektivität begründet (die nicht bestritten wird, allerdings ihren Wert erst an späterer Stelle ausspielt), hier treten eben didaktische Argumente in den Vordergrund: Halbschriftliche Strategien entsprechen weit mehr dem zeitgemäßen Lernverständnis, sie bedienen ein weit größeres Spektrum an Lernzielen und sie sind nicht zuletzt auch mathematisch weiterführend (Beispiele dazu in Krauthausen 1993).

Wenn also der PC eingesetzt wird, um eine möglichst effektive Rechenarbeit oder Diagrammerstellung zu erzielen, dann entspricht das einer seiner spezifischen, sogar namensgebenden Stärken (lat. computare, engl. to compute = zusammenrechnen), derer man sich durchaus auch im Mathematikunterricht bedienen kann und sollte – allerdings unter dem Primat der Didaktik, so wie es auch für den Taschenrechner mehr, aber auch weniger sinnvolle und legitimierbare Einsatzmöglichkeiten gibt (vgl. Spiegel 1988). Unter dem Effektivitätsargument wirkt der Computer also in einer Verstärkungsfunktion, denn er berechnet v. a. größere Datenmengen schneller und stellt sie schneller dar, als es ›von Hand‹ möglich wäre. Das aber ist selbstverständlich, Dreyfus nennt es trivial. Jedoch: »Computerwerkzeuge haben mehr Potenzial, als Lernprozesse lediglich in einer Verstärkungsfunktion zu unterstützen. […] Viel wichtiger ist ihre Funktion als Re-Organisierer« (Dreyfus 1994, S. 210; Übers. GKr).

Die Effektivität einer Anwendersoftware, wie es Tabellenkalkulationen sind – und daraufhin werden sie bedarfsorientiert konstruiert –, zielt auf den Inhaltsbereich, den der Anwender im Alltag benötigt. Das primäre Konstruktionskriterium ist die innere Logik und Struktur dieses Anwendungsbereichs, nicht die psychologische Struktur, die im Rahmen von *Lernprozessen* relevant wird: »Ein mathematisch basiertes Werkzeug kann erwartbar in sehr effektiver Weise Berechnungen durchführen und grafische Darstellungen zeichnen, aber es wird nicht notwendigerweise irgendeine jener potenziellen Schwierigkeiten in Betracht ziehen, die Schüler haben können, wenn sie mit der Konstruktion sachgerechter mentaler Bilder befasst sind« (ebd., S. 207; Übers. GKr). Mentale Bilder sind ideosynkratisch, können sich also von Individuum zu Individuum unterscheiden. Daher müsste ein digitales Werkzeug, das für didaktische Zwecke eingesetzt werden soll, so flexibel sein, dass ein gewisses Spektrum der individuellen Denkwege möglich bleibt. Für eine Standard-Anwendersoftware spielen solche Bedarfe keine Rolle, denn sie wurden nicht als didaktische Werkzeuge entwickelt. Was die Auswahl einer bestimmten Software betrifft, bedeutet das: »Sollte die zu lernende Mathematik vom Werkzeug abhängen, oder sollte das Werkzeug auf die Mathematik abgestimmt sein, die es zu lernen gilt?« (ebd., S. 207; Übers. GKr). Die Frage ›Standard-(Büro-)Software oder für Grundschüler speziell adaptierte Programme?‹ wird weiter unten noch einmal aufgegriffen …

Dynamisierung

Während Berechnungen mit Papier und Bleistift statisch sind, erlaubt eine Tabellenkalkulation die Dynamisierung des Rechenblatts und nutzt damit eine medienspezifische Funktion des digitalen Werkzeugs. So wie der Taschenrechner bei didaktisch sinnvollen Einsatzformen (vgl. Spiegel 1988) qua Medium zu neuen Aufgabenstellungen und Möglichkeiten führen kann, so erlaubt auch die Tabellenkalkulation Optionen, die auf herkömmliche Art und Weise nicht oder zumindest nicht mit vertretbarem Aufwand möglich wäre.

Die Dynamisierung lässt sich auf das mathematikdidaktisch zentrale ›operative Prinzip‹ beziehen (vgl. Wittmann 1985; Krauthausen/Scherer 2007), das in Kurzform durch die drei Begriffe Objekt – Operation – Wirkung umschrieben wird. Dieses operative Prinzip der Mathematikdidaktik definiert Wittmann so:

»Objekte erfassen bedeutet, zu erforschen, wie sie konstruiert sind und wie sie sich verhalten, wenn auf sie Operationen (Transformationen, Handlungen, …) ausgeübt werden. Daher muß man im Lern- oder Erkenntnisprozeß in systematischer Weise
(1) untersuchen, welche Operationen ausführbar und wie sie miteinander verknüpft sind,
(2) herausfinden, welche Eigenschaften und Beziehungen den Objekten durch Konstruktion aufgeprägt werden,
(3) beobachten, welche Wirkungen Operationen auf Eigenschaften und Beziehungen der Objekte haben (›Was geschieht mit …, wenn …?‹)« (Wittmann 1985, S. 9).

Im Rechenblatt einer Tabellenkalkulation sind Objekte in Form von Vorgabewerten, implementierte Funktionen und Ergebniswerte enthalten. Diese Objekte stehen in gewissen Beziehungen oder Verknüpfungen zueinander. Wenn die funktionalen Zusammenhänge zwischen Zellen der Tabelle verständig aus dem übergeordneten Sachkontext abgeleitet und implementiert wurden (was die Excel-Lektion in 3.2.1 ja vermissen ließ), dann können operative Variationen in Form von Was-wäre-wenn?-Situationen durchgespielt, interaktiv simuliert und deren Auswirkungen betrachtet werden.

Ein Beispiel: Für ein Klassenfest sollen Getränke, Knabbereien und Preise beschafft werden. Die Klassenkasse gibt ein oberes Limit der Ausgaben vor. Wenn die einzelnen Posten, die Mengenangaben und die Einzelpreise in ein digitales Rechenblatt eingetragen und entsprechende Teilsummen definiert werden, dann können durch Veränderung einzelner Parameter diverse Möglichkeiten durchgespielt werden. Dabei sind sachliche Aspekte leitend (Brauchen wir wirklich so viele Salzstangen? Macht das nicht Durst, so dass die Getränke zu knapp kalkuliert wurden? usw.). Nicht die umfänglichen Berechnungen stehen im Vordergrund, da diese vom Programm in Echtzeit erledigt werden. Wohl aber macht es Sinn, die gebotenen Funktionen gemeinsam zu überlegen und zu implementieren. Durch operative Variationen lassen sich dann dynamisch Situationen simulieren und auf der Basis der programminternen Neuberechnungen inhaltlich interpretieren. Dadurch erhalten die Lernenden ein Gefühl dafür, welche Änderung sich wie und auf was auswirkt. Durch den dynamischen Charakter können Handlungen frei durchgespielt und auch wieder rückgängig gemacht werden. Schlussfolgerungen werden auf der Grundlage der vom Programm gelieferten Berechnungen möglich. Aus diesen Möglichkeiten resultiert die potenzielle Chance des Computers, ein systematisches Begründen in mathematikhaltigen Kontexten zu unterstützen und zu fördern (vgl. Dreyfus 1994).

4.3.5 Themen und Anlässe

Konkrete Anlässe für die Sammlung, Analyse, Deutung und Darstellung von Daten liegen förmlich auf der Straße: Ob es um den Autoverkehr vor der Schule geht (Dennhöfer/Neubert 2006), um den eigenen Schulweg (Bergmann/Spindeler (2009), Wetterbeobachtung in der Grundschule oder Bohnenwachstum (Meukow 2009), Vögel im Frühling (Kniep-Riehm 1996), Schädlingsbekämpfung (Wuschansky/van Lück 1993), um den Eierverbrauch vor dem Hintergrund der Hühnerhaltung und Eierkennzeichnung (Schubert 2009) oder den Stromverbrauch des Hamburger Doms (Kosegarten/Falschlehner 2010). Ein weiteres Beispiel ist das Projekt zur Einrichtung eines Klassenaquariums (vgl. Müller/Wittmann 1984). Auch hier gibt es zahlreiche Daten, die in einem Zusammenhang stehen und für die bestimmte Sachzwänge zu berücksichtigen sind: Wie viele Fische kann man in ein Aquarium vorgegebener Größe setzen? Was muss, was kann an Zubehör angeschafft werden? Was kosten die einzelnen Posten? Was ist über die reine Neuanschaffung an Unterhaltungskosten zu berücksichtigen? etc.

An Daten und Fragestellungen, die einerseits innermathematische Lernanlässe bieten und andererseits auch über die Fachgrenzen hinausweisen, besteht also kein Mangel. Auch Sachbücher aus dem Bereich Biologie (Flindt 2000), das Leben überhaupt (Gleich 2000) und über alle nur erdenklichen Listen und Kuriositäten (Krämer/Schmidt 1999; Schott 2004/2005/2006) können Ideenlieferanten sein.

Die *Interdisziplinarität* der Fragen und Vorgehensweisen liegt jedes Mal auf der Hand. Gleichwohl sollte stets im Blick behalten werden, dass weder das Werkzeug unverstanden oder ausschließlich in seiner Verstärkungsfunktion (s. o. Dreyfus) benutzt wird, noch dass das Werkzeug als solches dominiert und die zu untersuchenden Fragestellungen mit ihren implizierten fachlichen Konzepten kaum tangiert, jedenfalls nicht wirklich ernst genommen werden. Gerade bei Projekten ist das eine seit Langem bekannte Gefahr: »Bezeichnend ist bei ganzheitlichen Lernansätzen auch in aller Regel, daß fachbezogenes Wissen – zumindest in seiner fachsystematischen Ordnung – sehr schnell in den Hintergrund gerät. Besonders hart trifft dieses Schicksal die Mathematik, die nur selten ein konstituierendes Element bei der Projektarbeit ist […]; zwar wird sie in Form einer Hilfswissenschaft gelegentlich eingefordert, selten aber führen Projekte dazu, daß der Bedarf nach einer Erweiterung der mathematischen Handlungskompetenz geweckt und (als Teil des Projektes) auch entwickelt wird« (Baireuther 1996, S. 166 f.).

Beispiel: Projekt ›Weihnachten‹

Bereits in der Grundschule ist der einerseits übergreifende wie auch fachspezifische Blick relevant und auch möglich. So führte eine 4. Klasse im Rahmen der Projektwoche ›Weihnachten‹ eine Fragebogenaktion zum Thema durch, deren Auswertung computergestützt dokumentiert und dargestellt wurde (Kniep-Riehm 1995). Hierbei ging es aber nicht einfach nur um eine Eingabe von Daten in ein digitales Kalkulationsblatt und die automatische Berechnung und kleinschrittig angeleitete Darstellung in Form einer Grafik, die dann als Endprodukt und Ziel des Lernprozesses galt. Bereits vor Einsatz des Kalkulationsblatts wurden relevante Phasen thematisiert:

- Sammeln von Fragen (Brainstorming)
- Sichten der Fragen inkl. Überlegungen zur Fragen-Art (Ja-/Nein-Fragen, gut – mittel – schlecht, offene Fragen; Einfach- oder Mehrfachantworten); ggf. Umformulierung der im Brainstorming gesammelten Fragen
- Auswahlantworten überlegen (Informationsverdichtung, Bildung von Kategorien)
- Ordnen der Fragen, Aufbau des Fragebogens

Die ausgefüllten Fragebögen wertete die Klasse zunächst mittels einer Strichliste aus. Dabei fiel ihnen selbstständig auf, dass in einem Fall korrespondierender Häufigkeiten bei zwei aufeinander bezogenen Fragen Unstimmigkeiten auftraten, was zu näherer Ursachenanalyse führte. Man beachte den Unterschied: Der Klasse aus der Excel-Lektion (Kap. 3.2.1) waren solche Erfahrungen von vorneherein (planungsbedingt, also nicht qua Medium) verwehrt, da die Mittelwertformel ja für sie unsichtbar vorinstalliert worden war und das unerwartete Fehlen eines Datensatzes damit gar nicht zum Problem werden konnte.

Im nächsten Schritt ging die Klasse daran, das vorläufig ausgewertete Zahlenmaterial zu analysieren:

- Sie machten Feststellungen und erkannten die Abhängigkeit der Ergebnisse von der Zusammensetzung des befragten Personenkreises.

- Beim In-Beziehung-Setzen der Daten erkannten sie, dass dabei neue Aussagen entstehen können oder Aussagen bestätigt bzw. als nicht haltbar erkannt werden können.

- Auch die Gefahr der Fehlinterpretation, bedingt durch den nicht optimalen Aufbau des Fragebogens, konnte hier deutlich werden. Ergebnisse von Umfragen, so konnten die Kinder erfahren, hängen also u. U. auch vom Design des Fragebogens ab. Auch die Frage von Repräsentativität geriet in den Blick.

- Die Ergebnisse des zusammengefassten Datenbestandes wurden hinterfragt, kommentiert und interpretiert. Daraus wuchs die Erkenntnis, dass man nach der Fragebogenaktion fast mehr unbeantwortete Fragen hatte als zuvor. (Übrigens ein Indiz dafür, dass in der Tat tief in den Sachverhalt eingedrungen wurde.)

Erst dann ging es im nächsten Schritt darum, die Datenbasis grafisch darzustellen. Vorerfahrungen mit einfachen Diagrammtypen hatte die Klasse bereits im 2. und 3. Schuljahr gewonnen, indem sie einfaches Zahlenmaterial in Bildern repräsentiert hatte. Die Daten wurden in das Kalkulationsblatt eingegeben und vom Programm in ein Säulendiagramm umgesetzt. Damit aber war der Prozess nicht beendet, das Produkt als solches nicht hinreichend: »Die Kinder steigen erneut in eine inhaltliche Diskussion ein. Sie entzündet sich an den Darstellungen mit besonders extremen Ausprägungen. Die Größenverhältnisse, d. h. die Größe der Säulen, die die jeweiligen Merkmalsausprägungen repräsentieren und sich so sehr anschaulich vergleichen lassen, bringen die Kinder erneut zum Staunen und werden ganz anders begriffen als das Zahlenmaterial« (Kniep-Riehm 1995, S. 31). Auch das Kreisdiagramm wird eingesetzt, welches einen anderen Blick auf die Daten ermöglicht, nämlich die Anteile der verschiedenen Merkmalsausprägungen, denn der Vollkreis repräsentiert die Gesamtzahl der erfassten Merkmalswerte. Erst durch den bewussten Vergleich beider Diagrammarten war den Kindern die Einsicht möglich, »daß derselbe Sachverhalt unterschiedlich dargestellt auch einen unterschiedlichen Eindruck vermitteln kann. [...] Wo immer es möglich ist, sollte sich der Unterricht im fächerübergreifenden Sinne an der Lebenswirklichkeit der Kinder orientieren, um Kinder zu befähigen, die Welt zu verstehen, und sie in konkreten Bezügen sach- und situationsangemessen handlungsfähig zu machen. Dieses Unterrichtsvorhaben hat gezeigt, daß statistische Aktivitäten, nämlich Daten aus der Lebenswirklichkeit der Kinder erheben und interpretieren, zu diesem Ziel beitragen können« (ebd., S. 32).

Beispiel: Projekt ›Vögel im Frühling‹

In einem ähnlichen Projekt zum Thema ›Vögel im Frühling‹ (Kniep-Riehm 1996; vgl. auch Wuschansky/van Lück 1993) setzte eine 4. Klasse eine interaktive, animierte Simulation ein: Anfangsbedingungen zum Wachsen einer Vogelpopulation wurden gesammelt und in ein Kalkulationsblatt eingegeben und ermöglichten dann eine Simulation des Wachstums (Was-wäre-wenn-Explorationen) für den Zeitraum von maximal drei Jahren. Daran ließen sich Zusammenhänge zwischen Nahrungsaufnahme, Anzahl der Bruten sowie Anzahl von Eiern in einem Gelege studieren. Die Kinder konnten die Erfahrung machen, dass man dazu ein (mathematisches) Modell braucht und dass eine solche Mathematisierung (vgl. Modellbildung; KMK 2005a, S. 7) die Wirklichkeit naturgemäß reduziert. »Mathematikbücher verkürzen diesen Prozess zu folgender Sachaufgabe: ›Die Meisen haben zweimal im Jahr 8 Junge. Wieviel Nachkommen hat ein Meisenpärchen pro Jahr?‹ Für diese Sachaufgabe gibt es dann ein und nur ein richtiges Ergebnis. Aber so einfach ist die Natur nicht. Passende Rechnungen hängen von vorher gut durchdachten Modellen ab – von sachgemäßen Annahmen und Interpretationen. Das Einbeziehen und das Aufdecken dieser Zusammenhänge gehört zum anwendungsorientierten Mathematikunterricht« (Kniep-Riehm 1996, S. 17).

4.3.6 Standard-Büro- oder spezielle Software?

Kerrigan (2002) beschreibt (amerikanische) Programme für die Grundschule, die sich insbesondere den digitalen Rechenblättern und der Erstellung von Diagrammen widmen. THE CRUNCHER (Knowledge Adventure 2008) erlaubt Kindern ab Klasse 3 die Beschäftigung mit so genannten Was-wäre-wenn-Situationen, z. B. im Rahmen kleiner Projekte wie dem Bau eines Klassenaquariums. Sie lernen, wie man Daten und Funktionen eingeben kann, und können damit vorbereitet werden für den späteren Gebrauch von Standard-Programmen wie Excel o. Ä. in höheren Klassen.

GRAPHERS (Sunburst Technology 2011) ist ein Werkzeug zur Datenanalyse für Grundschulkinder. Über 30 Datensätze sind vorimplementiert, die grafisch dargestellt und umsortiert werden sollen. Hierzu stehen u. a. zur Verfügung: Tabellen, Streifendiagramme, Kreisdiagramme, Punkt- oder Streckendiagramme.

Auf dem deutschen Markt fehlt diese Kategorie kindgerechter Adaptionen von Tabellenkalkulationen und Datenpräsentationen im Prinzip. Hier herrschen so genannte Lernprogramme vor, die das aber de facto in aller Regel nicht sind, sondern mehr oder weniger üppig verkleidete Trainingsprogramme. Die Frage ist auch nicht die, ob Grundschulkinder schon in der Lage wären, ein Programm wie Excel zu benutzen oder nicht. Selbst wenn das der Fall wäre, gälte zu bedenken, was oben bereits unter dem Aspekt der Effektivität angedeutet wurde (vgl. Dreyfus 1994): Es handelt sich um zwei unterschiedliche Situationen, wenn es darum geht,

- entweder ein Werkzeug für einen spezifischen Zweck (Datenanalyse/-darstellung) und in einem bei der Entwicklung dieses Werkzeugs intendierten Anwendungsbereich (hier: nichtschulischen) effektiv zu benutzen, oder
- Einsicht in die Prinzipien und strukturellen Relationen der Datenanalyse und -darstellung zu gewinnen anhand eines altersgerechten Werkzeuges, das auch didaktische Situationen und für den Lernprozess relevante Bedarfe angemessen berücksichtigen kann.

Als digitales Kalkulationsblatt wurde von Kniep-Riehm (1995/1996) sowie Wuschansky/van Lück (1993) nicht das Standardprogramm Excel eingesetzt, sondern ein Kalkulationsblatt aus dem Werkzeug ›Rechnen und Kalkulieren‹ der Hypermedia-Arbeitsumgebung GRÜNES KLASSENZIMMER (Erprobungsversion; später erschienen unter dem Titel WINNIES WELT). Im oberen Teil eines solchen Blatts (vgl. Abb. 4/6) gibt es ein Textfenster, in das relevante Texte eingegeben werden können.

Arbeitsmappe Rechnen Kalkulieren Kopieren					
Die Kohlmeisen brüten 1 bis 2 mal pro Jahr. Das Weibchen legt jeweils 6 bis 12 Eier.					
	A	B	C	D	E
1	Jahr/Monat	Anzahl Altvögel	Anzahl Paare	Anzahl 1. Brut	Anzahl Junge
2	1/5	6	3	6	18
3		Anzahl 2. Brut	Anzahl Junge		Gesamtzahl
4	1/9	0	0		24
5		Anzahl Altvögel	Anzahl 1. Brut	Anzahl 2. Brut	Gesamtzahl
6	2/5	3	10		23
7	2/9	3	10	10	43
8					

Formel: B7 + B7/2 * C7 * B7/2 * D7 = E7

Abb. 4/6: Kalkulationsblatt mit Infotext, Werte einer Anfangsbedingung und Funktion

Das eigentliche Kalkulationsblatt im mittleren Bereich ist für die Klassen 3–6 abgestimmt und einfach zu bedienen. Als arithmetische Verknüpfungen stehen die vier Grundrechenarten zur Verfügung. Auch Formeln können durch die Kinder selbst in intuitiver Weise durch Zeigen und Klicken generiert werden. »Ist das Kalkulationsblatt erst einmal mit diesen Formeln angelegt, so werden Änderungen in den Anzahlen der Altvögel oder Jungen sofort durchgerechnet. Ad hoc ist das Rechenergebnis vorhanden. Auf diese Weise sind also mit dem Kalkulationsblatt ›Was-wäre-wenn-Fragen‹ direkt beantwortbar. (Was wäre, wenn 2 Pärchen beginnen und zwei Jahre optimale Nahrungsbedingungen gegeben wären? Was wäre, wenn 5 Pärchen beginnen …?)« (Wuschansky/van Lück 1993, S. 24).

4.4 Applets, Apps & Co.

Wer über Einsatzformen des PCs im Mathematikunterricht der Grundschule nachdenkt, die möglichst dem Primat der Didaktik folgen und idealerweise auch einen medienbedingten Zugewinn im Vergleich zu anderen Medien mit sich bringen, der denkt meist zuerst an PC-Software auf CD als Trägermedium. Ein bislang vernachlässigter (weil auch noch recht neuer und wenig verbreiteter) Bereich sind kleine Applikationen, die bewusst nur mit wenigen Funktionen/Intentionen ausgestattet sind. Sie setzen damit einen Kontrapunkt zu jenen so genannten ›Lernprogrammen‹, die mit immer aufwändigeren und komplexeren Features den Eindruck zu erwecken versuchen, in der ersten Reihe didaktischer Relevanz zu stehen. Die Frage, ob denn gewisse Features wirklich notwendig, didaktisch sinnvoll oder von Experten für das Lernen und Lehren (den Lehrkräften) überhaupt gewünscht werden (oder gar ausdrücklich nicht), tritt in den Hintergrund. Gut ist, was technisch machbar ist, und je mehr technische Gimmicks eingebaut werden, umso lauter kommt das Marketing daher. Die Qualität ist entsprechend dürftig, gemessen am fachdidaktischen Entwicklungsstand gar katastrophal, und das unverändert seit Jahren (vgl. Kap. 3.1). Angesichts dessen könnten kleinere, auch mit bescheideneren Versprechungen aufwartende Alternativen eventuell einen (auch finanziell) für die Grundschule gangbaren Weg darstellen. Applikationen (= Anwendungen) dieser Art gibt es z. B. im Internet (Applets) oder – derzeit ein wahrer Boom – zunehmend auf dem Markt der Smartphones und Tablet-Computer (Apps).

4.4.1 Internet-Applets – Beispiel: WisWeb

Das Internet ist inzwischen bei dem aktuellen Instrumentierungsstand der Grundschulen mehr oder weniger selbstverständlich, so dass derartige Applikationen einfach und kostenlos genutzt werden können. Viele dieser Applikationen sind mit erkennbar (fach-)didaktischem Know-how entwickelt (z. B. die Applets des WisWeb (2009) des renommierten Freudenthal-Instituts), andere ganz offensichtlich ohne. Es handelt sich dann um (oft zeitbasierte) Situationen (Simulationen), die zwar nicht mit didaktischem Impetus konstruiert wurden, gleichwohl aber mathematisierbare oder mathematikhaltige Situationen und Phänomene bieten, die unterrichtlich und im Sinne der Bildungsstandards genutzt werden können.

Gewisse notwendige Vorannahmen für einen sinnvollen Einsatz von Applets (vgl. Koolstra 2001) sind allerdings zu wünschen:

- Keine technischen Probleme mit dem PC oder der Internetverbindung
- Gute Problemstellungen und eine sehr einfache und kurze Einführung in die Benutzung des Applets
- Hinreichend kompetente Lehrkräfte, die motiviert sind, Zeit zu investieren, um darüber nachzudenken, wie eine App sinnvoll in Unterrichtskontexte integriert werden könnte.

Koolstra (2001) verweist auch – aufgrund von begrenzten Erfahrungen mit drei mathematikbezogenen Applets an verschiedenen Schulen, also nicht als Folge einer systematischen Untersuchung – auf gleichwohl plausible Vorteile des Einsatzes von Applets (vgl. Koolstra 2001):

- *Kreativität und Selbstvertrauen*: Diese beiden für Lernprozesse so wichtigen Faktoren können durch Applets stimuliert werden. Die Lernenden trauen sich mehr zu und können aktiver sein als in manchem traditionellem Unterrichts-Setting. Denn ein Merkmal von Applets ist, dass sie die Lernenden dazu herausfordern können, explorierend vorzugehen, eine Versuch-Irrtum-Optimierung-Strategie anzuwenden (Probehandeln). Die Angst vor Fehlern kann dadurch deutlich reduziert werden, denn jede Aktion kann problem- und folgenlos rückgängig gemacht werden – ein durchaus medienspezifischer Vorteil, denn das Probehandeln ist mit traditionellen Mitteln häufig aufwändiger oder zeitintensiver.
- *Veränderung des Unterrichts-Settings*: Applets als Ergänzung können einen Wechsel im gewohnten Unterrichtsformat bedeuten und damit positive Effekte auf Motivation und Konzentration haben. Dabei handelt es sich allerdings weniger um einen medienbedingten Vorteil, da sich ähnliche Effekte auch nachweisen lassen, wenn man traditionelle mit zeitgemäßeren Unterrichtspraktiken, z. B. im Rahmen des Übens, vergleicht.
- *Differenzierung*: Erfahrungen deuten darauf hin, dass es mit Hilfe von Applets einfacher sei, auf unterschiedliche Lernstände sachgerecht zu reagieren, da die Lernenden leichter als in traditionellen Settings einen Bearbeitungslevel wählen konnten, bei dem sie sich wohl fühlten. Auch hier müsste man fairerweise sagen, dass dieser Vorteil a) entscheidend davon abhängig ist,

wie didaktisch durchdacht ein Applet konstruiert wurde (das war hier stark zu vermuten, da es sich um Entwicklungen des Freudenthal-Instituts handelte), und b) auch im computerfreien Unterricht das Differenzierungsproblem kein triviales ist bzw. dass sich bei Formen klassischer innerer Differenzierung durchaus erwartbare Probleme ergeben, die demgegenüber bei einer (ebenfalls didaktisch wohlüberlegten) natürlichen Differenzierung weniger auftreten können.

- *Natürliches Feedback*: In bestimmten Applets ist etwas nicht deshalb richtig oder falsch oder fast richtig, weil der Lehrer oder ein Lösungsblatt es sagt, sondern weil die beobachtbaren Folgen einer vollzogenen Handlung anzeigen, dass und wie weit man noch von einer korrekten Lösung entfernt ist bzw. – in gewissem Rahmen – was man tun kann, um sie zu erreichen.
- Applets können die Funktion eines *bedeutungshaltigen Kontextes* übernehmen, im Falle von Schwierigkeiten mit dem mathematischen Inhalt kann dieser Bezug auf den Kontext hilfreich sein und Bedeutung generieren helfen.

Das WisWeb ist ein Projekt des Freudenthal-Instituts der niederländischen Universität Utrecht. Es hat sich zum Ziel gesetzt, kleine Computeranwendungen (Applets, manchmal auch Thinklets genannt) für das Internet zu entwickeln und – unter Beteiligung von Lehrkräften von vier Schulen – zu erproben. Auch wurden zusätzliche Unterrichtsmaterialien dazu entwickelt. Insgesamt stehen an konkreten Produkten[34] aus dem Projekt u. a. zur Verfügung:

- mehr als 100 Applets, die mehrheitlich im Klassenraum getestet wurden
- Begleittexte (i. d. R. in holländischer Sprache) über den inhaltlichen Hintergrund, den sachgerechten Gebrauch, Ziele, Erfahrungen usw.
- Z. T. begleitende Materialien wie Arbeitsblätter, Problemstellungen etc.
- Beobachtungsberichte (i. d. R. in holländischer Sprache)
- viersprachige Website (http://www.fi.uu.nl/wisweb/welcome.html), wobei in den einzelnen Sprachen[35] unterschiedlich viele Applets adaptiert sind
- Berichte und (interne) Publikationen über den Gebrauch von Applets
- Veröffentlichungen in Fachzeitschriften und Monografien, Kongressbeiträgen und Workshops

---

[34] Vgl. http://www.fi.uu.nl/wisweb/en/welcome.html

[35] Die Applets der deutschsprachigen Seite sind meist übersetzt (mit kleinen Fehlern). Man kann auch Applets anderer Sprachversionen nutzen, da sie i. A. selbsterklärend sind. Ggf. kann die Lehrperson den Kindern eine kurze Einführung in die Handhabung geben, was wenig aufwändig sein wird, wenn dies im Zusammenhang mit der inhaltlichen Klärung der zu bearbeitenden Problemstellung geschieht. Häufig erschließen sich die Kinder den Sachverhalt aber auch experimentell selbstständig.

Beispiele sind: Folgen von Mustern (BEADS ON A CHAIN), ›Defekter Taschenrechner‹ (BROKEN CALCULATOR; vgl. Spiegel 1988, S. 183 ff.; de Moor/Treffers 2001; Hoffmann/Spiegel 2006a/b), schnelle (Quasi-)Simultanwahrnehmung an verschiedenen Darstellungsmitteln (SPEEDY PICTURES); Sprünge am Zahlenstrahl (NUMBER LINE); Zielzahlen treffen (NUMBER FACTORY) oder verschiedenste Aktivitäten zu Würfelbauwerken (z. B. BUILDING HOUSES, unter Berücksichtigung perspektivischer Darstellung: bewertete Grundrisse; Grund-, Auf- und Seitenriss als Vorbereitung der Dreitafelprojektion; s. u. BAUWAS) – um nur einige zu nennen.

Ein Beispiel aus dem deutschsprachigen sind die Angebot zu Würfelkonfigurationen, einem Thema, das im Geometrieunterricht eine relevante Rolle spielen kann und bei entsprechenden Problemstellungen auch hervorragende Möglichkeiten bietet, geometrische und arithmetische Lernumgebungen in natürlicher Weise miteinander zu vernetzen (z. B. bei Aufgabenstellungen zum strukturierten Zählen von Einheitswürfeln in komplexen Würfelbauten). Zu erwähnen ist dabei natürlich – obwohl kein Applet, sondern ein Programmpaket inklusive Handreichungen, Arbeitsblättern und Offline-Materialien zum handelnden Umgang auch ohne Computer – auch ein ›Klassiker‹, das Programm BAUWAS (Meschenmoser 1997a/b; Merschmeyer-Brüwer 1999; vgl. Abb. 4/7). Ursprünglich nicht primär für den Grundschulbereich entwickelt, konnten aber mehrfach substanzielle Einsatzformen auch bereits hier erprobt werden (vgl. Heinrich 1997; Kösch 1997; Kösch/Spiegel 2001; Kunze 2001; Sander 2003; Spiegel/Kösch 2001).

Fachlicher Hintergrund ist hier wie bei den WisWeb-Applets die Dreitafelprojektion, d. h., geometrische Körper – hier Würfelgebäude – werden jeweils in der Grundriss-, der Aufriss- und der Seitenriss-Ebene dargestellt. Aus den Rissdarstellungen lässt sich der jeweilige Körper erschließen und z. B. mit Einheitswürfeln aus Holz nachbauen. Generell sind relevante ›Übersetzungsleistungen‹ zwischen den einzelnen Darstellungsmöglichkeiten gefordert: konkretes Modell, Rissdarstellungen, dreidimensionale Zeichnung. Die Digitalisierung einer solchen Lernumgebung hat (natürlich nach einer ausgiebigen Erkundung an realen Würfeln) den Vorteil, dass sich sowohl Nachteile des konkreten Hantierens reduzieren (Menge benötigter Würfel, Instabilitäten von Bauwerken, aufwändiges Herholen und Wegräumen der Materialien u. Ä.) als auch medienspezifische Vorteile gewinnen lassen, die so also mit realen Würfelbauten nicht möglich sind:

- Die einzelnen Einheitswürfel lassen sich per Mausklick akkurat an die gewünschte Position setzen oder wieder entfernen.
- Die Gebäude, gleich welcher Größe und Komplexität, können am Bildschirm mit der Maus um alle drei Raumachsen gedreht werden. Dies impli-

ziert, je nachdem, wann und wie man es nutzt, gewisse Hilfestellungen für bestimmte Problemfragen.

- Es können sich neuartige Problemstellungen ergeben, z. B. durch einen ›Nachtmodus‹ (WisWeb-Applets), der dazu führt, dass man nicht mehr die einzelnen Einheitswürfel erkennt, sondern nur noch die Silhouette des gesamten Bauwerks.
- Da die Einheitswürfel bei BAUWAS bzw. den WisWeb-Applets ›aneinanderkleben‹, lassen sich auch frei schwebende Konstruktionen bauen. Das ermöglicht den Vergleich zwischen digitaler und realer Situation und zum anderen ganz ungewohnte und anspruchsvolle Körperkonfigurationen.

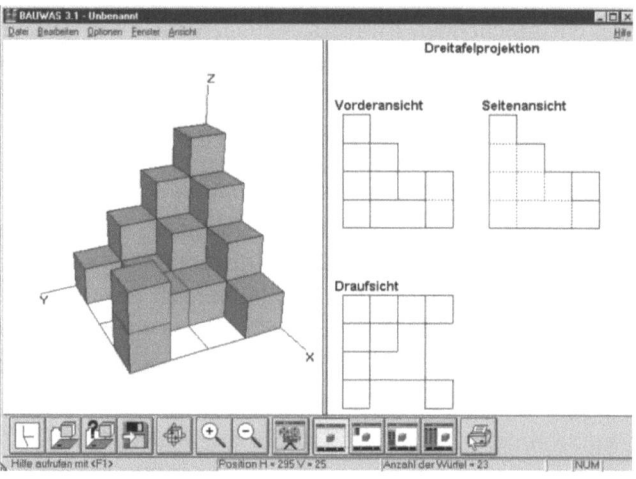

Abb. 4/7: Screenshot der Software BAUWAS[36]

Die WisWeb-Apps stellen eine auf das (für den jeweiligen didaktischen Zweck) Notwendigste beschränkte Variante der BAUWAS-Idee dar. Zum Kontext Würfelbauwerke finden sich auf der deutschen WisWeb-Seite fünf Applets:
(a) Gebäude bauen (3D => Ansichten),
(b) Gebäude bauen (Ansichten => 3D),
(c) Gebäude bauen: Ansicht von oben (bewertete Grundrisse),
(d) Gebäude drehen,
(e) Gebäude nachbauen aus den drei Ansichten (Dreitafelprojektion).

Schauen wir uns die Optionen im Einzelnen an:

---

[36] Weitere Informationen, Materialien, Literatur und kostenloser Download unter www.bics.be.schule.de/son/machmit/sw/bauwas/index.htm sowie bei Meschenmoser 1997a u. 1999)

(a) Gebäude bauen (3D => Ansichten): Auf einer quadratisch gerasterten Grundplatte lassen sich per Mausklick Würfel platzieren (bzw. wieder entfernen). Jede Aktion wird simultan im entsprechenden Grundriss (von oben), Aufriss (von vorne) und Seitenriss (von rechts) adaptiert (s. Abb. 4/8).

Das Applet führt also eine Übersetzung aus der dreidimensionalen Darstellung des Gebäudes in die zugehörigen Ansichten der Dreitafelprojektion durch. Die Handhabung auch der mit diesem Applet verwandten ist ausschließlich mausgesteuert und denkbar einfach. Folgende Einstellungs- und Handlungsoptionen sind gegeben (Abb. 4/8):

- *Größe des Quadratrasters* (Grundplatte): einstellbar von 2 x 2 bis 15 x 15
- *Alternative Bauen/Wegnehmen*: Dadurch können gesetzte Würfel auch wieder entfernt und Gebäude umgebaut oder korrigiert werden.
- *Alternative Auffüllen/Alle Wegnehmen*: Bei komplexen Gebäuden auf umfangreichen Rasterfeldern ist es anstelle des einzelnen Setzens zahlreicher Einheitswürfel einfacher, von einem ›Vollwürfel‹ auszugehen und von diesem dann einige wenige Einheitswürfel zu entfernen (man kann auf diese Weise auch Löcher durch ihn hindurchbohren). Der Button *Auffüllen* stellt sofort einen solchen Vollwürfel zur Verfügung, der Button *Alle Wegnehmen* entfernt entsprechend alle Würfel und zeigt eine leere Grundplatte.
- *Anzahl verbauter Würfel*: Unten links wird (kontextsensitiv) jeweils die Anzahl der aktuell verbauten Einheitswürfel angezeigt. Aus dieser Information lassen sich später sehr herausfordernde Fragestellungen ableiten.
- *Ansichten zeigen/Ansichten verbergen*: Die Option *Ansichten zeigen* lässt im oberen Teil die drei Rissdarstellungen (von oben, von vorne, von rechts) erkennen, die wie gesagt simultan den aktuellen Bauzustand wiedergeben. *Ansichten verbergen* blendet diese aus, so dass sie von den Lernenden selbst auf der Grundlage des dreidimensionalen Gebäudebilds hergestellt werden könnten.
- *Drehoptionen*: Für diese Herstellung der drei Ansichten kann es hilfreich sein, das Würfelgebäude aus verschiedenen Richtungen zu betrachten. Bei realen Würfelbauten kann man um diese herumgehen und sich selbst in die Position der Projektion begeben. Oder man kann – in dieser digitalen Variante, in der man als Betrachter ja ortsgebunden ist – stattdessen das Würfelgebäude drehen, indem man es mit der gedrückt gehaltenen Maustaste entsprechend bewegt. Auf diese Weise lassen sich alle drei Ansichten der Dreitafelprojektion darstellen, die dann nur noch auf ein entsprechendes Arbeitsblatt zu übertragen wären (z. B. weil man selbst bei dieser weitreichenden Hilfe immer noch das korrekte Übertragen und Freihandzeichnen üben kann).

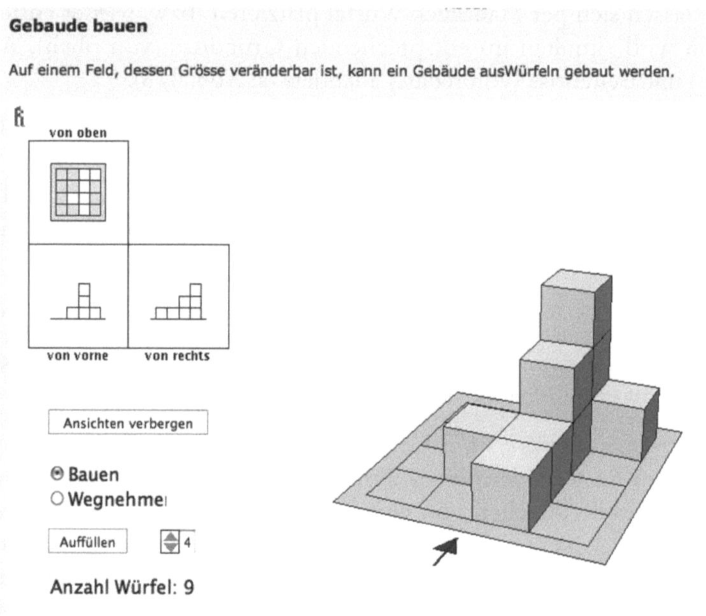

Abb. 4/8: Applet GEBÄUDE BAUEN 1 (wisweb.nl)

(b) Gebäude bauen (Ansichten => 3D): Bis auf einen orthografischen Fehler heißt das nächste Applet genauso wie das gerade vorgestellte, was einerseits zu Irritationen bei der Auswahl des gesuchten Apps führen kann, andererseits aber auch den Hintergrund hat, dass es sich in der Tat um die vergleichbare Lernumgebung handelt, und zwar um die Umkehrung der unter (a) beschriebenen, d. h., die Übersetzung verläuft in die andere Richtung: Gegeben sind nun die drei Ansichten der Dreitafelprojektion. Und die Aufgabe besteht darin, anhand dieser Vorgaben die Einheitswürfel auf dem quadratischen Grundraster so zu platzieren, dass das korrekte dreidimensionale Würfelgebäude entsteht (vgl. Abb. 4/9).

Dazu sind zehn vorgegebene Körper in Form ihrer Dreitafelprojektionen implementiert. Einen besonderen Reiz erhält das Ganze dadurch, dass mit jeder der zehn Ansichtskombinationen auch die benötigte Anzahl an Einheitswürfeln vorgegeben ist. Platziert man nun mit der Maus wie beschrieben die einzelnen Einheitswürfel auf der Grundplatte, dann protokolliert auch dort ein Zähler die Anzahl der aktuell gesetzten Würfelchen. Am Ende muss diese verbaute Zahl natürlich mit der vorgegebenen Zahl übereinstimmen, was nicht selbstverständlich ist, da man auch an verdeckte Würfel denken und sich erinnern sollte, dass man in diesem Applet, ganz anders als in der realen Würfelwelt, auch freischwebende Würfel platzieren kann.[37]

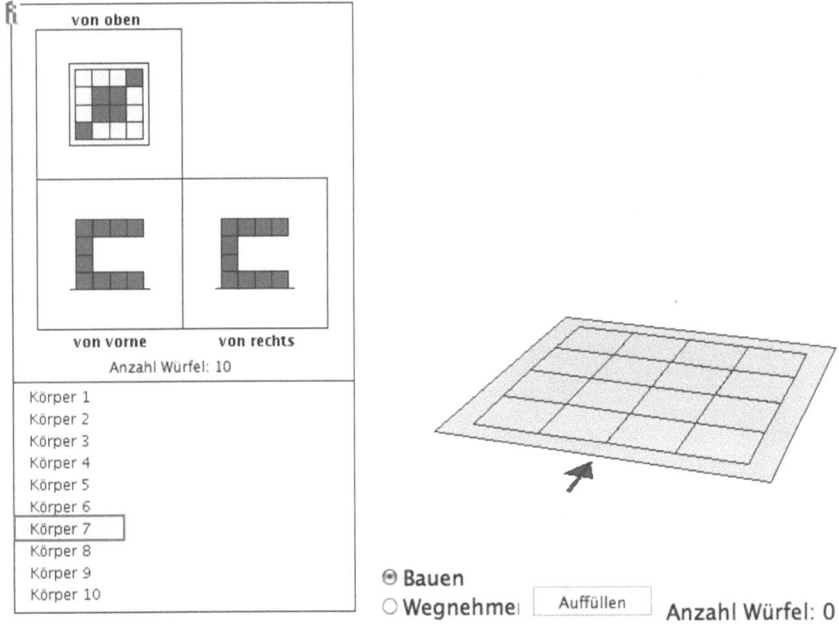

Abb. 4/9: Applet GEBÄUDE BAUEN 2 (wiswcb.nl)

> **Anregung zur (gemeinsamen) Bearbeitung**
>
> Versuchen Sie, im Internet den Körper Nr. 7 aus dem Applet GEBÄUDE BAUEN (oder anhand der Abb. 4/9) auf der Grundlage des gegebenen Grund-, Auf- und Seitenrisses nachzubauen – mit konkreten Würfeln und dann weiter gedanklich. Aber Achtung: Sie dürfen nur zehn Würfel benutzen! Das ist kein Druckfehler, sondern eine schöne Übung zur Schulung der Raumvorstellung (vgl. Besuden 1999).

(c) Gebäude bauen – Ansicht von oben: Agiert wird hier nur auf dem Grundriss. Durch Klicken können Einheitswürfel aufeinandergestapelt werden. Im Grundriss wird die Höhe durch die aktuelle Würfelanzahl im entsprechenden Feld bezeichnet, es entsteht ein so genannter bewerteter Grundriss. Simultan wird das entstehende Gebäude rechts in einer 3D-Darstellung abgebildet (Abb. 4/10).

---

[37] Zum Platzieren eines frei schwebenden Würfels muss man ihm zunächst eine ›Brücke‹ bauen, die man dann, wenn der gemeinte Würfel an der beabsichtigten Position steht, wieder abbauen kann (oder auch angesichts der anzustrebenden Würfelgesamtzahl muss).

Hier wäre es ebenfalls schön, wenn man diese temporär ausblenden könnte (wie bei (a)), so dass man den bewerteten Grundriss zuerst mit realen Würfeln nachbauen könnte.

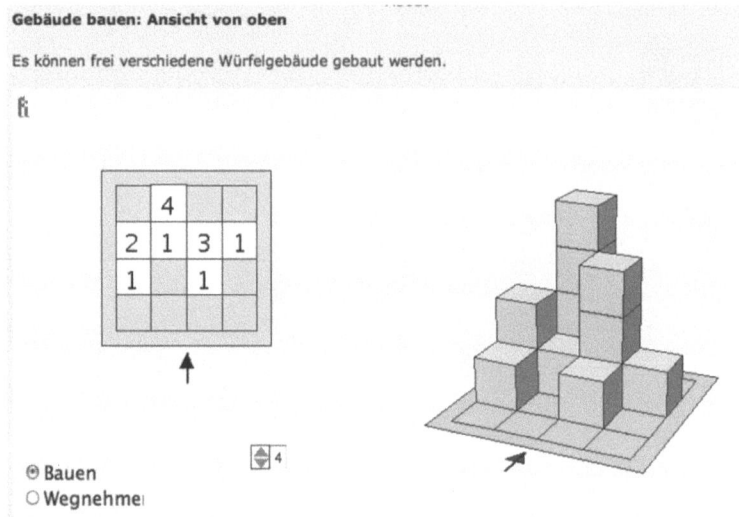

Abb. 4/10: Bewerteter Grundriss und (drehbare) 3D-Darstellung

(d) Gebäude drehen: Gebäude in 3D müssen mit der Maus so gedreht werden, dass sie einer vorgegebenen Schattenansicht entsprechen.

(e) Gebäude nachbauen aus den drei Ansichten (Dreitafelprojektion): Zehn verschiedene Gebäude aus Würfeln können anhand der drei Ansichten (von oben, von vorne und von rechts) auf einem drehbaren Feld in 3D-Darstellung nachgebaut werden. Eine Zusatzbedingung besteht darin, möglichst wenige Würfel für diesen Nachbau zu verwenden. Pro Gebäudenachbau können je nach Optimierungsgrad bis zu 10 Punkte erzielt werden.

So einfach die Applets gehalten sind, so sehr sind sie für gehaltvolles Geometrietreiben geeignet. Wünschenswert ist einerseits, dass solche Aktivitäten sinnvoll in den Unterricht integriert werden, indem Lösungsstrategien, inhaltliche Fragen oder mathematische Konzepte eingebunden und diskutiert werden. Andererseits sind die Applets aber auch so konstruiert, dass sie von einzelnen Lernenden in selbst bestimmten Phasen des Unterrichts (Freiarbeit, Pausenzeiten etc., auch zu Hause) genutzt werden können und selbst in nur kurzen Phasen sinnvolle Aktivität ermöglichen.

Insgesamt sind die Applets von unterschiedlicher Güte und auch Anwendungsbreite: So sind die oben skizzierten Problemstellungen der Lernumgebung *Würfelgebäude* sicher vielfältiger als etwa des Applets Schachbrett, bei dem es lediglich um eine Frage geht (die allerdings durch überlegte Variationen von der Lehrperson zu einer komplexeren, wenn auch nicht mehr digitalen Lernumgebung ausgebaut werden kann): Wie viele Quadrate verschiedener Größe kann man auf einem Schachbrett (mit variabler Größe von 4 x 4 bis 16 x 16 Felder) sehen – je Quadratgröße oder insgesamt (Abb. 4/11)?

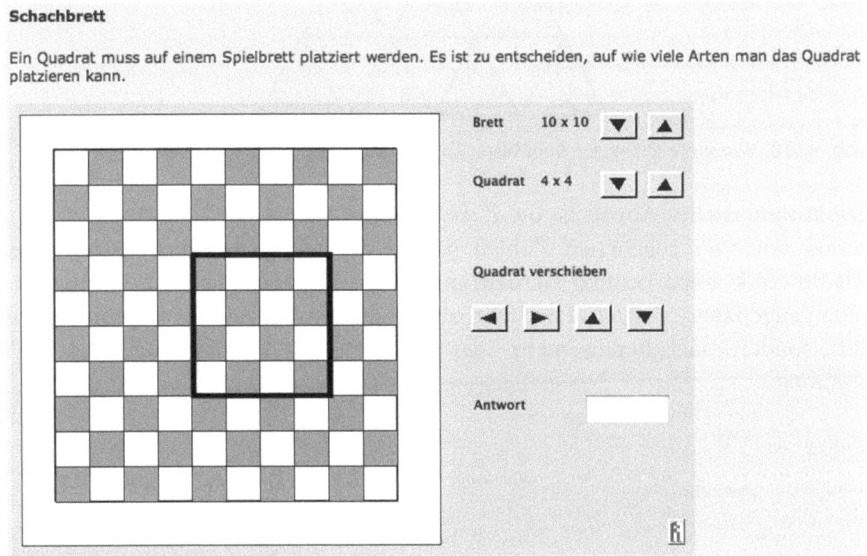

Abb. 4/11: Quadrate auf einem Schachbrett

Variationen könnten im Unterricht aufgegriffen werden (Wie viele *Rechtecke* beliebiger Größe kann man auf einem Schachbrett insgesamt sehen? Vgl. Krauthausen 1998c, S. 143 f.; Boaler 2008, S. 285 ff. u. 223 ff.). Oder man variiert die Grundform (Dreieck aus Dreiecken statt Schachbrett; Abb. 4/12) und sucht die Anzahl der Dreiecke (Rauten, Trapeze). In Varianten wie diesen tauchen naheliegende Verknüpfungsmöglichkeiten mit der Arithmetik auf. Je komplexer die Form, desto fehleranfälliger wird potenziell der Zählprozess, v. a. wenn vergleichsweise unsortiert gezählt wird. Welche Möglichkeiten geschickten, *strukturierten* Zählens gibt es daher im einen oder anderen Fall? Hierbei werden sich, je nach Vorgehen, unterschiedliche arithmetische Muster ergeben (Dreieckszahlen, Quadratzahlen). Diese müssen aber unterrichtlich integriert und aufgearbeitet werden, da Kinder nicht von selbst auf solche Ideen verfallen. Erst im gemeinsamen Gespräch können fachliche Türen aufgestoßen werden. Ansonsten bleiben die beschriebenen Computeraktivitäten unverbunden, ohne inhaltliche Bezüge und Vernetzung, einfach in der Luft hängen.

Abb. 4/12: Wie viele Dreiecke beliebiger Größe und Lage kann man sehen?

Ein arithmetisches Applet ist die *Zahlen-Fabrik* (Abb. 4/13): Durch die Kombination von vier gegebenen Zahlen mittels der vier Grundrechenarten (auch Klammern können benutzt werden) muss eine vorgegebene Zielzahl möglichst genau angenähert werden. Hier wird also nicht nur ein exaktes Ergebnis gefordert, sondern auch bereits mehr oder weniger starke Annäherungen sind willkommen.

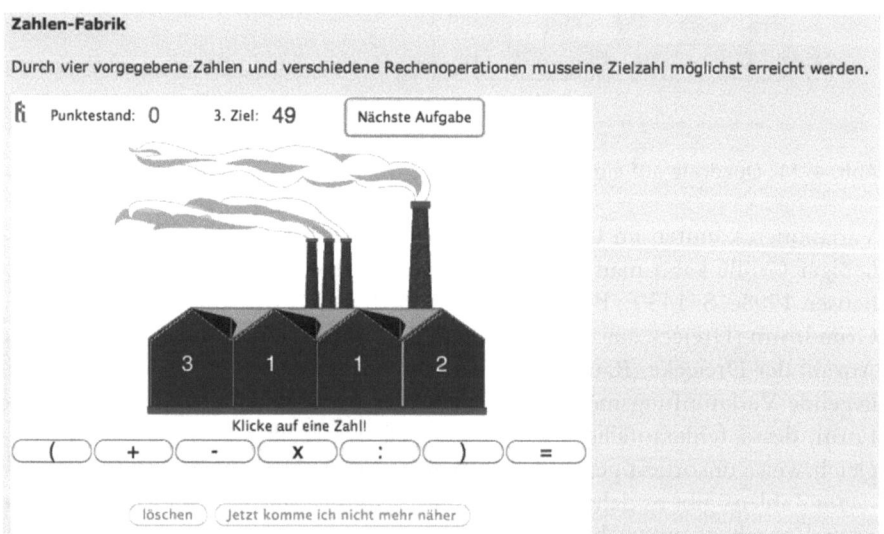

Abb. 4/13: Die ZAHLEN-FABRIK – einer Zielzahl möglichst nahekommen

Die Notwendigkeit, möglichst optimale Verknüpfungen zu finden, ist eine gute Übung des Kopfrechnens und der Flexibilität beim Rechnen. Wird eine Zahl angeklickt, so verschwindet sie aus den blauen Häusern. Der durch Klicken generierte Term der Rechnung wird unterhalb der Operationszeichen angezeigt. Ist man der Meinung, nicht näher an die Zielzahl kommen zu können, klickt man auf den entsprechenden Button und erhält eine Bewertung des Annäherungsgrades in Gestalt mehrerer Blumen. Das Applet erinnert an das bekannte Spiel 24 GEWINNT, wo es allerdings stets die magische 24 ist, die als Zielzahl zu erreichen ist. Das Spiel ist sowohl als Kartenspiel im Spielehandel erhältlich als auch digital, z. B. als App für das iPad (s. Kap. 4.4.2).

> **Anregung zur (gemeinsamen) Bearbeitung**
>
> Erkunden Sie weitere Applets des WisWeb unter der Adresse
>
> www.fi.uu.nl/wisweb/en/welcome.html
>
> und diskutieren Sie gemeinsam die jeweilige didaktische Qualität und Eignung für Unterricht.
>
> Konkretisieren Sie v. a. auch Fragen einer sinnvollen und sachgerechten Einbindung in ein unterrichtsthematisches Umfeld, so dass die mathematische Substanz, die den Applets innewohnt, auch (differenziert für verschiedene Leistungsvermögen) zum Tragen kommen kann.

4.4.2 Apps für Tablet-Computer

Tablets in die Grundschule?

Tablet-Computer, kurz Tablets, sind in deutschen Grundschulen derzeit so gut wie noch nirgendwo anzutreffen. Aber auch wenn manche der genannten Entwicklungen noch nicht zum Unterrichtsalltag gehören, macht es Sinn, sich Gedanken über sinnvolle Optionen zu machen, vielleicht sogar gerade dann, denn so bleibt Zeit für eine besonnene Diskussion ohne die Hektik irgendeines Handlungsdrucks (vgl. S. 116 f.).

Dem Bauhaus-Architekten Mies van der Rohe wird der Satz »Weniger ist mehr« zugeschrieben. Dieter Rams, der in Designerkreisen legendäre Gestalter der Firma Braun, sagte: »Von der Natur können wir lernen, dass Weglassen sinnvoll ist.« Das iPad kann als eine zeitgenössische Krönung in dieser Disziplin verstanden werden (vgl. von Schirach 2010), wobei dem inzwischen zahlreiche Mitbewerber nachstreben. Gemeint ist daher im Folgenden, wenn vom iPad die Rede ist, insgesamt die boomende Kategorie der Tablet-Computer oder kurz Tablets. Die in Frage stehenden Apps (Kurzform für Applications) gibt es für verschiedene Hardware-Anbieter und Betriebssysteme (Mac iOS, Android u. a.). Da das Angebot für das iPad von Apple zahlenmäßig jedoch das bei Weitem größte ist, konzentrieren sich die Beispiele hierauf.

Das Angebot an Apps für Grundschulkinder, sogar für Kinder ab 2 Jahren (!), wächst explosionsartig.[38] Dass sie vielfach kostenlos oder im unteren Preissegment des Spektrums von 1–5 Euro und damit in einer völlig anderen Kategorie als handelsübliche Software für Unterrichtszwecke liegen, erklärt einen Teil ihres Erfolgs. »Der Durchbruch zum Massenmarkt stehe deshalb kurz bevor« (Paulsen 2010). In den USA wünschten sich 31 % Kinder zwischen sechs und zwölf Jahren zu Weihnachten 2010 unter allen elektronischen Geräten am sehnlichsten ein iPad (Bärmann 2011). Das Marktforschungsinstitut nielsen (2011) hat die aktuelle Zahl ein Jahr später, also für Weihnachten 2011 ermittelt: Sie beträgt bereits 44 %. Bei Jugendlichen und Erwachsenen zieht die Attraktivität des iPad im Vergleich sowohl am Fernseher als auch dem Smartphone vorbei und verdrängt 2011 erstmals den Computer von Platz 1. In ca. 17 % der amerikanischen Tablet-Haushalte gibt es bereits mehr als ein iPad, u. a. weil das vorhandene Tablet der Eltern »regelmäßig für Knatsch mit den Kindern gesorgt [hat], weil wir uns erdreistet haben, das Gerät überwiegend selbst zu nutzen« (Bärmann 2011).

Die Verkaufszahlen explodieren bei ständig sinkenden Preisen: »2009 wurden eine Million Tablets verkauft (also noch *vor* Einführung des iPad). Durchschnittspreis damals: 2000 US-Dollar. Im Jahr 2014 werden es voraussichtlich 70 Millionen Geräte mit einem Durchschnittspreis von nur noch 400 US-Dollar sein. Aus einem 2-Milliarden-Markt wird dann ein 28-Milliarden-Markt geworden sein« (Pelkmann 2011b). Auch das Marktforschungsinstitut IDC bestätigt den Trend: Im 2. Quartal 2011 wurden im Vergleich zum Vorjahr mit knapp 14 Mio. Stück, also satte 304 % mehr Tablets verkauft. Für das gesamte Jahr 2011 sind Stückzahlen von 62,5 Mio. hochgerechnet (IDC 2011). Der von Pelkmann für 2014 genannte Wert von 70 Mio. scheint damit bereits heute obsolet.

Folgerichtig stehen iPads nicht nur bei den üblichen Technikanbietern (Apple Store, Telekommunikationsunternehmen), sondern seit Kurzem auch bei Walmart (dem umsatzstärksten Einzelhandelskonzern der Welt) und Toys'R'Us (Spielwarengeschäft mit über 1500 Filialen in aller Welt) in den Regalen (Tyrsina 2011). Unter den entsprechenden Apps für diese Altersstufe dominieren entsprechend auch derzeit noch englischsprachige Versionen. Aber aufgrund der i. d. R. intuitiven Handhabung spielt dies oft nur eine untergeordnete Rolle, da sie auch ohne Englischkenntnisse zu nutzen sind.

Angesichts dieses Hypes stellt sich natürlich die Frage: Gehören Tablets wie das iPad in die Grundschule? Unabhängig von der Antwort kann man vorab sagen: Es lassen sich gewiss konträre Argumente anführen, die Diskussion sollte daher

---

[38] Wer in YouTube die Suchbegriffe iPad und Baby eingibt, erhielt am 7.5.2011 insgesamt 6050 Treffer, meist Filme stolzer Eltern, die ihren Nachwuchs beim Hantieren mit einem iPad zeigten. Das notieren wir hier ausdrücklich wertneutral.

differenziert diskutiert werden. Weder der Kurzschluss »Tablets gehören nicht in die Grundschule« noch die naive Philosophie »Nimm dein iPad und lern' etwas ...« können der Sache und den Kindern gerecht werden (exakt diese Extrempositionen gab es übrigens auch bereits in den Anfangsjahren des PCs).

Man weiß einfach noch zu wenig darüber, wie sich die typischen Touch-Pad-Erfahrungen im Verhältnis zu Erfahrungen in der ›richtigen Welt‹ auf die Entwicklung von Kindern v. a. im sehr jungen Alter auswirken. Man gewinnt den Eindruck, als ließe sich für nahezu jede Position ein ›wissenschaftlicher‹ Beleg finden. »Bei einer Kiste geht der Deckel auf, wenn man sie antippt; eine andere fängt an zu blinken; die dritte reagiert gar nicht. Was lernt das Kind daraus über die Welt?«, fragt Dworschak (2011, S. 125) mit einer gewissen Skepsis. Und was antwortet der Psychologe für Kognitions- und Neurowissenschaften am Leipziger Max-Planck-Institut? »Dass es sich hier eben so verhält und dort wieder anders‹, sagt Daum. ›Kinder finden schnell heraus, dass je nach Kontext verschiedene Regeln gelten können. Sie sind ja auch imstande, eine zweite Sprache zu lernen. [...] im ersten Überschwang halten sie auch mal die Welt für ein sehr großes iPad: Sie patschen auf alle blanken, spiegelnden Flächen in der Erwartung, dass etwas geschieht« (ebd.).

»Das sind recht arme Erfahrungen, verglichen damit, wie Kinder sonst lernen«, hält Gabriele Haug-Schnabel, Leiterin der Forschungsgruppe *Verhaltensbiologie des Menschen* dagegen. »Sie machen mit dem iPad einfach, was sie auch sonst im jeweiligen Alter machen würden [...] Sie spielen, malen und schauen sich Bilderbücher an«, so der Psychologe Daum (vgl. Dworschak 2011, S. 128). Und das weitestgehend selbstständig ...

Intuitive Handhabung

»Schon kleine Kinder zeigen ein erstaunliches Gespür für die neuartigen Flachcomputer mit Bildschirmbedienung. Es genügt offenbar, dass irgendwo im Krabbelradius ein iPad (oder ein vergleichbares Gerät) herumliegt. Die Kleinen drücken, klopfen und patschen einfach so lange auf die wundersam leuchtende Fläche, bis etwas geschieht, das ihnen gefällt. [...] Das kreatürlich simple Patschpäd senkt das Einstiegsalter mit einem Schlag auf sieben, acht Monate« (Dworschak 2011, S. 124). Die euphorischen Schilderungen stolzer Eltern überschwemmen derzeit das Video-Portal YouTube (vgl. Fußnote 38): »Der zweijährige Sohn Bridger geht ziemlich souverän mit dem iPad um. Wie auch die anderen Kleinkinder, die inzwischen auf YouTube von ihren Eltern der Welt präsentiert werden. Die Basisfunktionen des iPads haben alle Kids schnell herausgefunden. Was natürlich nicht verwundert, da Kinder in den ersten Lebensjahren Wissen wie ein Schwamm aufsaugen. Und mit dem iPad können sie schrittweise an Dinge herangeführt werden und in ihrem eigenen Tempo lernen« (mikewilsonmusic 2010). Dass Kleinkinder also offensichtlich in kurzer

Zeit einer autodidaktischen Erkundung das Handling eines iPads beherrschen und dabei stolze Eltern ins Schwärmen versetzen, reicht jedoch als didaktisches Argument nicht aus. Aber sicherlich »erweitert sich die Zielgruppe für die rechnergestützte Verbreitung wissenschaftlicher Inhalte enorm« (von Rauchhaupt 2011), wenn die Geräte intuitiv zu handhaben sind. Auch wenn sie derzeit höchstens in Einzelfällen in Grundschulen anzutreffen sind, sie bringen vieles mit, was ihnen Erfolg bescheiden könnte, u. a.:

- handliche Größe und damit mobil,
- robust genug für den Unterrichtsalltag (kindgerechte Cases wie iGuy oder Big Grips; vgl. Speck 2011, iKidApps 2011; Abb. 4/14),
- intuitives Handling (Gestensteuerung; Direct Manipulation),
- keine klassischen PC-Kenntnisse mehr erforderlich,
- die Apps sind meist ohne Erfahrung oder Anleitung gleich zu starten und zu bedienen,
- boomendes Angebot an Apps für Kinder (natürlich nicht alle gleichermaßen sinnvoll, aber einer näheren Analyse wert)

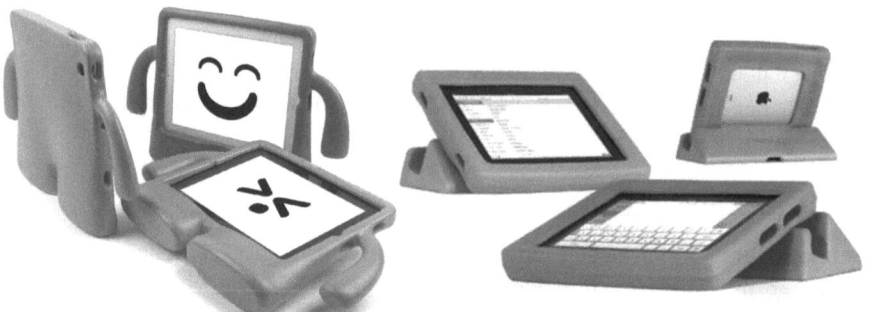

Abb. 4/14: iGuy von Speck (links; www.speckproducts.com), Big-Grips-Rahmen (rechts; www.iKidApps.com)

Art und Qualität der Apps

Auch sollte man die Art und Qualität der Apps differenzierter betrachten, denn die Notwendigkeit dazu besteht hier genau wie bei allen anderen digitalen Medien. Bei einer überproportionalen Zahl der unter der etwas hochtrabenden Kategoriebezeichnung *Bildung* erschienenen Apps handelt es sich um Informationssysteme wie Datenbanken – wenn auch in zweifellos ansprechendem und angenehm zu bedienendem Design: VOGELFÜHRER, KENNST DU AUTOS?, 1000 FISCHE AUS ALLER WELT (ebenso: Vögel, Flugzeuge, Traktoren, Lokomotiven, Bagger, Pferde, Schiffe, Feuerwehrautos, Trucks, Automobile, Sportwagen, Polizeifahrzeuge, Tierbabys), Quiz-Apps vom VOGELSTIMMEN-QUIZ bis zu WER WIRD MILLIONÄR?

Insbesondere scheint das *Flash-Card-Learning* jenen ›modernen‹ Trend zu bedienen, bei dem Eltern, besorgt um die intellektuelle Entwicklung ihrer Kleinkinder, alles tun, um diese zu beschleunigen und ›Baby Einsteins‹, wie Hirsh-Pasek/Golinkoff/Eyer (2004: »Einstein Never Used Flash Cards«) sie nennen, hervorzubringen. Die drei Entwicklungspsychologinnen ermahnen solche Eltern nachdrücklich, innezuhalten und die drei großen R zu praktizieren: *Reflect, Resist, Recenter*. Anstatt Vorschulkinder mit ehrgeizigen akademischen Fördermaßnahmen zu konfrontieren, die auf immer frühzeitigere Leistungen zielen, gehen sie davon aus, dass Kinder am besten durch Spielen lernen, mit Spielaktivitäten, die Problemlösen, Aufmerksamkeit/Konzentration, soziales Verhalten und Kreativität fördern. Letzteres aber reklamieren viele Flash-Card-Apps gerade für sich:

»Die Flash Cards für schlaue Babys sind speziell für Ihre Kleinen gestaltet. Jede Karte ist so designed, dass sie hübsch und spaßig aussieht, wenn Ihr Kind damit spielt und lernt. Sie werden es einfach lieben, sie immer und immer wieder anzusehen und anzuhören. Über 200 Karten, sortiert nach verschiedenen Kategorien, können vom Bildschirm-Menü auf einfache Weise ausgewählt werden. […] Wenn Ihre Kleinen die Kategorien eine nach der anderen anschauen, wird sich ihre Lernkurve sprunghaft verbessern« (United Works Ltd. 2011; Übers. GKr) – im Original wird diese Verbesserung gar als *dramatically* bezeichnet. Generell bedarf es also eines didaktisch geschulten Blicks, um hier Marketing-Behauptungen von didaktisch belastbaren Argumenten unterscheiden zu können. Sinnvoll nutzbare spielerische Aktivitäten knüpfen an das angeborene *intuitive mathematische Verständnis* des Menschen an. »Sie sind die Basis für die nächsten Schritte, mit denen Kinder anspruchsvollere Operationen begreifen sollen, die Prinzipien der sogenannten kulturellen Mathematik« (Burger 2010).

Eine weitere umfängliche Kategorie von Apps stellen Anwendungen dar, die man mit der Sammelbezeichnung Vokabeltrainer, Rechentrainer, Formelsammlung oder anderweitigen Arten von *Sammlungen* im weitesten Sinne zusammenfassen könnte. Die hiermit zu fördernde Art des Lernens ist fertigkeitsdominiert und folgt dem Prinzip des Flash-Card-Learning, also jener papiernen Weise, mit der man sich traditionell Fakten anzueignen versucht: Ein Stapel Karteikarten trägt die zu lernenden Informationen – die Frage auf der Vorderseite, die Antwort auf der Rückseite. Von der fortwährenden Wiederholung in wachsenden Zeitabständen wird eine Behaltensleistung erwartet. Kennzeichnend ist jedoch, dass der Lernstoff so beschaffen sein muss, dass er aus kaum mehr als einer Frage und einer Antwort bestehen kann, weshalb diese Art des Lernens keineswegs für alle Zwecke geeignet ist und ggf. sogar kontraproduktiv sein kann, weil z. B. die entscheidende Substanz eines Faches oder Themenbereichs auf diese Weise kaum zu erfassen ist, auch wenn einige Flash Card Apps es erlauben, Bilder und sogar Videos auf den ›Karten‹ zu implementieren. Das Mathematiktreiben oder die allgemeinen mathematischen Kompetenzen oder die Mathematik als Wissenschaft der Muster – allesamt fundamental und im Zentrum des zeitgemäßen Mathematikunterrichts (vgl. KMK 2005a) – lassen sich auf diese Weise nicht fördern. Flash Cards erfreuen sich aber im Rahmen digitaler Umsetzungen (nicht nur in Apps) großer Beliebtheit – vermutlich weil sie (ähnlich wie die Trainingsprogramme für den PC) vergleichsweise einfach zu programmieren und herzustellen sind. Meistens werden sie für bloßen Lerndrill genutzt, um Fakten zu memorieren. Bildung aber ist mehr als (selbst ohne Joker) *Wer wird Millionär*-Fragen korrekt beantworten zu können.

Wie bei PC-Software sollte man auch bei den Apps die Quantität des Angebots nicht mit Qualität verwechseln. »Was Wissenschaft im engeren Sinne angeht, sind die Qualitätsunterschiede der Lern- und Informations-Apps erheblich« (von Rauchhaupt 2011). Hier ist das Problem der Qualitätsevaluation bislang noch weniger gelöst als bei der klassischen Unterrichtssoftware. »Viele Apps spekulieren denn auch auf eine Kundschaft, die leicht zu begeistern ist – schnell zusammengepfuschte Billigware. [...] Die Skinner-Box [...] ist quasi das Urbild des Touchpad. Zweijährige nutzen es kaum anders, als auch eine Taube das täte: Sie tippen irgendwo hin, und wenn sie richtig getroffen haben, gibt es Effekte zum Lohn« (Dworschak 2011, S. 125 f.; vgl. Krauthausen 1992).

Natürlich ist auch bereits das erste iPad-Magazin für Kinder erhältlich (Favilli 2011): »TIMBUKTU [...] verbindet Fantasie und Technologie, um Informationen und Geschichten mit Hilfe der fortschrittlichsten Lernmethoden anzubieten. Das interaktive Design ist einfach und transparent, mit voller Konzentration auf den Inhalt. Der Grafik-Stil ist solide und ohne ablenkenden Glamour. TIMBUKTU basiert auf HMTL5 Open Web Standards und wurde kooperativ entwickelt von führenden Illustratoren und Designern aus Mailand, Berlin, San Francisco, Lissabon, Barcelona und Neu Delhi. In der ersten Ausgabe geht es um Eis am Stil, arktische Küsten, Ständchen, Briefe aus Indien und Unterhaltungen mit Tieren aus extrem kalten Regionen. Neuigkeiten waren nie zuvor so fabelhaft« (ebd.; Übers. GKr). Gewiss, so muss Marketing sein. Ob die Versprechungen und Erwartungen eingelöst werden, dazu gibt es sicher unterschiedliche Meinungen (nicht nur zum Design, was ja – zum Teil wenigstens, denn es gibt durchaus Standards des Layoutens – Geschmackssache ist). Im ersten Zugriff fällt jedoch bereits auf, dass die Handhabung nur ein chronologisches ›Weiterwischen‹ von Seite zu Seite erlaubt – bis man irgendwann nicht mehr weiß, wo man sich befindet (*lost in cyberspace*), geschweige denn, dass man gezielt zu einer gewünschten Stelle springen kann.

Wer soll das bezahlen?

Ein Wort noch zum finanziellen Argument (Wer soll denn iPads für alle Grundschulklassen bezahlen?!), das klassischerweise bei neu eingeführten Technologien ins Spiel gebracht wird und das weder neu ist, noch ein k.-o.-Argument sein sollte. Und dies aus mindestens zwei Gründen:

- Kleine, inhaltlich bewusst begrenzte Apps – sofern sie von didaktisch guter Qualität sind und sich überzeugend in curriculare Erfordernisse des Mathematikunterrichts einbinden lassen – könnten Vorbild auch für Browser-gestützte Versionen sein, die auf jedem PC laufen würden, oder in Form einer App-Sammlung auf CD-ROM für den PC.

- Nimmt man die komfortable Gelegenheit ernst, frühzeitig und nicht erst unter forciertem Handlungsdruck zu entscheiden, dann muss der Blick und die Argumentation immer einige Jahre in die Zukunft ausgerichtet werden. Denn die Geschwindigkeit der Entwicklung ist atemberaubend, die tatsächlichen Auswirkungen sind daher schwer abzuschätzen, durch einen Blick zurück aber aufschlussreich zu interpretieren:

> Denken Sie an die Mondlandung von 1969: Die Taktrate des damaligen Apollo-Computers und der heutigen Chips steht im Verhältnis 1:10.000 (Ammann 2004, S. 108), ein heutiger Taschenrechner kann in derselben Zeit die 4-fache Datenmenge des Mondlande-Computers verarbeiten (Brater 2005, S. 21). 1983 war der Commodore C 64 der letzte Schrei und wurde auch sogleich mit Vorschusslorbeeren als ›Revolution des Lernens‹ verkauft. Man konnte keine Mails mit ihm abrufen, denn das WWW gab es noch gar nicht, und auch das meiste, was wir heute bei einem PC als selbstverständlich erachten, beherrschte er nicht. Umgerechnet und inflationsbereinigt kostete er damals mehr als 1200 Euro – das iPad kostet je nach Modell zwischen 500 und 800 Euro (vgl. Gersemann 2010). Wohlgemerkt, die im März 2011 erschienene 2. Modellreihe – mit schnellerem Prozessor, zwei Kameras und einigen weiteren Verbesserungen, verglichen mit dem Ur-iPad, wobei der Preis im Prinzip gleich geblieben ist. Modelle der ersten Baureihe unterlagen schon Wochen vor dem Erscheinen des neuen Modells Preisnachlässen von 120-130 Euro. Das heißt, der Preisverfall ist bereits innerhalb eines Jahres eklatant.
>
> Die Fakultät für Computerwissenschaft der Universität Tennessee hat in einem Benchmark-Test (zur Ermittlung der Rechenleistung eines Computers) herausgefunden, dass das heutige iPad 2 mit dem schnellsten Supercomputer des Jahres 1985, dem Cray 2, mithalten könne und sich darüber hinaus auf der Liste der weltweit schnellsten Supercomputer bis zum Jahre 1994 (!) halten würde (Markoff 2011). Auch wenn man bedeutend kürzere Zeiträume ins Auge fasst, wird die atemberaubende Geschwindigkeit der Technikentwicklung deutlich: Das iPad 2 kam ca. ein Jahr nach dem Ur-iPad auf den Markt, ist aber bereits 10-mal schneller, was seine Prozessorleistung betrifft – bei gleich gebliebenem Preis (ebd.).

> Nun ist gewiss die Rechenleistung eines Prozessors noch lange kein Gütekriterium für einen didaktisch sinnvollen Einsatz eines Gerätes in Lehr-Lern-Kontexten, dies deutet aber an, dass das Preis-Leistungs-Verhältnis so rasanten Bewegungen unterworfen ist, dass es Sinn macht, über sachgerechte Einsatzmöglichkeiten nachzudenken, auch wenn die Gerätekategorie zum *aktuellen* Zeitpunkt dieses Nachdenken noch nicht Bestandteil des Unterrichtsalltags ist. Das Verhältnis von Preis und Leistung ist spürbar in Bewegung. Und wer hätte es vor Jahren für möglich gehalten, dass in den Medienecken unserer Grundschulklassen der PC selbstverständlich sein würde?
>
> Wie bei der PC-Instrumentierung der Grundschulen gelangen neue Technologien natürlich langsam, versuchsweise und zunächst durch Sponsoring in die Schule. Und das ist gut so, denn schließlich soll sich ihre didaktische Eignung erst plausibel belegen lassen. In der Stadt Auburn (US-Bundesstaat Maine) sollen im Herbst 2011 für die dortigen Kindergärten 285 iPad 2 angeschafft werden (mit Apps für das Lernen des Alphabets bis hin zum Schreiben des eigenen Namens) – ein Investitionsvolumen von 200 000 US-Dollar. Dieser Schritt wird von den Verantwortlichen als ›absolut notwendig‹ erachtet und man erhofft sich, dadurch sogar die dramatische Rate des Analphabetismus von 38 % auf 10 % zu verringern. »Ob sich die Investition lohnt, bleibt abzuwarten. Immerhin muss ein großer Teil des Budgets auch für die Administration und Wartung der Geräte ausgegeben werden. Außerdem hätte sicherlich auch die erste Generation mit deutlich niedrigeren Kosten ausgereicht« (Channelpartner 2011).

Insgesamt ist die Forschungslage noch denkbar dünn, denn die Geräte und ihre neuen Möglichkeiten sind noch zu neu. Sicher sollte aber in systematischen Untersuchungen der Frage nachgegangen werden, ob und inwieweit die neuen technischen Features auch didaktisch Sinn machen und zur Unterstützung des Lernens (im zeitgemäßen Sinne, nicht eingeschränkt auf Flash-Card-Learning) beitragen können. Ein Beispiel: Dass beim Vorlesen von Geschichten oder beim Berühren von Bildern und Wörtern diese ausgesprochen werden und im Text aufzoomen, kann in gewissen Fällen ein didaktischer Zugewinn sein (z. B. bei der Unterrichtung autistischer Kinder; vgl. Melissa 2010): »Kinder mit diagnostizierter ASD (Autism Spectrum Disorder) müssen ganz besonders in einer Weise unterrichtet werden, bei der sie die Wörter sprichwörtlich anfassen und beobachten können, was die Buchstaben tun, wenn sie unter ihrer eigenen Kontrolle sind« (Colgan 2011; Übers. GKr). Die *Herald Sun* berichtet von der neunjährigen Holly, die an einem Gendefekt leidet, der u. a. ihr Sehvermögen so stark beeinträchtigt, dass dadurch die Schule zu einer Qual wurde. Nachdem die bis dahin benutzte schwere Lupe durch ein iPad ersetzt wurde, kann Holly jetzt mit einer unaufwändigen Geste die Buchstaben bedarfsgerecht vergrößern. Dadurch sei ihre Aufmerksamkeitsspanne spürbar vergrößert worden, weil die visuelle Ermüdung erst nach einer doppelt so langen Zeit wie zuvor eintritt.

Hollys Lese-Enthusiasmus habe deutlich zugenommen und damit auch ihre Unabhängigkeit (vgl. Barry 2011). Über solche speziellen Erfolgsfälle hinaus besteht aber gewiss noch deutlicher Forschungsbedarf im Hinblick auf die Breite des allgemeinen Schulalltags ...

Leider warten technische Innovationen aber oft vorschnell, weil auf einer unsicheren Erkenntnisbasis, mit großen Verheißungen für das Lernen und Lehren auf. Das technisch Machbare ist lange noch nicht das didaktisch Sinnvolle. Die hastige Instrumentierung und angebliche Revolution des Lernens durch Laptops in allen Klassen, in den USA schon Jahre vor Deutschland propagiert, wird dort inzwischen durchaus ambivalent, um es vorsichtig auszudrücken, betrachtet. Auch in einem französischen Department »müssen die Schüler ihre Netbooks zurückgeben. Der Unterricht mit tragbaren Minicomputern ist gescheitert« (Füller/Seyboldt 2009). Im Jahre 2005 erhielten alle 340 Schüler der Empire High School in Arizona einen Laptop, »die Lehrbücher wurden abgeschafft. Hausaufgaben werden nun online verschickt, Internet-Links bestimmen den Unterricht« (SPIEGELonline 2005). Zwei Jahre später wurde aus dem Bundesstaat New York von Rückzug gesprochen: »Doch langsam macht sich die Erkenntnis breit, einer Illusion aufgesessen zu sein. Ausgerechnet in den USA, dem Weltzentrum des technischen Fortschritts, vollziehen einige Schulen eine Kehrtwende: Sie schaffen ihre Schullaptops wieder ab. [...] ›Nach sieben Jahren gibt es keinen Beleg dafür, dass der Einsatz von Computern im Unterricht die Leistung der Schüler auch nur ansatzweise verbessert hätte‹, sagte Mark Lawson der New York Times« (Popp 2007b). »Bei uns lautete die Devise stets: *technology first*. Das ändert sich. Nun heißt es: *academic first*‹, sagt Schuldirektor Tony Davis, 43. Dass seine Schule eine der ersten ist, die Laptops aus dem Klassenzimmer verbannt, erstaunt umso mehr. Denn bisher galt die Liverpool High im US-Bundesstaat New York als technologisches Vorzeigeprojekt, ausgezeichnet mit vielen Preisen für den Einsatz neuer Medien« (Popp 2007a).

Ortswechsel – Hamburg 2001: »Geschenk vom Senat: Laptops für Referendare«, titelt das *Hamburger Abendblatt*. »Die ersten vier gabs gestern mit roter Schleife und von der Senatorin persönlich im Staatlichen Studienseminar überreicht. Alle 453 neuen Hamburger Referendare bekommen jetzt einen nagelneuen Laptop. ›Damit nimmt die Hansestadt bundesweit einen Spitzenplatz in Ausstattung und Anwendung von Informations-Technologie ein‹, verkündete Schulsenatorin Ute Pape stolz. 3,7 Millionen Euro kostet das Modellprojekt in den nächsten drei Jahren. Pape ist sich sicher: ›Gerade in der Medienstadt Hamburg hat Medienkompetenz eine herausragende Bedeutung. Deshalb ist es eine Investition in die Botschafter des Neuen Lernens und Lehrens.‹ So sahen es auch die Referendare. Celeste Cardoso (40), Referendarin für Deutsch und Englisch: ›Jedes Kind wächst mit Computern auf. Nur mit Vorträgen, Tafel und Büchern kann man die Jungen und Mädchen heute nicht mehr begeistern‹« (caro 2001). Unabhängig davon, dass die verständliche persönliche Freude über die Schenkung hier offensichtlich die Differenziertheit der Argumente beeinträchtigte, berichteten die Referendare nur wenig später von fehlenden Konzepten, mangelnder (technischer wie didaktischer) Unterstützung und Perspektiven, wie denn nun die Qualität des Unterrichts gesteigert werden sollte. Lautlos verlief dann auch diese vermutlich eher politisch motivierte Instrumentierungsidee im Sande ...

Zum Schmunzeln laden in gewisser Weise die ›Verteidigungsargumente‹ ein, die angesichts o. g. Meldungen aus den USA oder anderenorts sogleich ins Feld geführt werden, und die Projekte nicht als gescheitert akzeptieren wollen: »Allenfalls ist die Strategie der betroffenen Region in die Hose gegangen – wenn man da von Strategie sprechen mag. Die haben halt die Lehrer mit den Geräten im Klassenzimmer alleingelassen. Das kann nicht funktionieren« (Kleinschmidt, 2008 ausgezeichnet mit dem Preis des ›IT-fittesten Lehrers Deutschlands‹, in: Füller/Seyboldt 2009). Alles seien nur Einzelfälle und die Probleme durchaus bekannt: »Diese Voraussetzungen, unter denen mit Laptops erfolgreich gearbeitet werden kann, sind vielfach beschrieben und lassen sich ganz einfach zusammenfassen: Schulleitung, Kollegium, Eltern und Schüler müssen hinter dem Laptop-Projekt stehen; Ressourcen für die Schulung der Lehrkräfte müssen eingeplant werden; Kollegien müssen gemeinsame Curricula für den Einsatz der Rechner erarbeiten; es müssen tragfähige Konzepte für die Finanzierung und den Support vorliegen« (Frank/Heinen 2007). Zum Schmunzeln sind derartige Argumentationsfiguren deshalb, weil man den Eindruck gewinnen kann, als seien diese Erkenntnisse insofern neu, als man sie vor Projektbeginn nicht bereits hätte haben können. Dass Hardware aber keine Konzepte ersetzen kann, weiß man seit den ersten Instrumentierungsversuchen Ende der 1980er-/Anfang der 1990er-Jahre. Das Problem, das Heinen/Wedekind (2009) ansprechen, wurde bereits damals fast wortgleich formuliert (Krauthausen 1990 u. 1991 u. 1994): »Fast immer steht doch die Frage im Vordergrund, ›Was können wir mit der vorhandenen Technologie anfangen?‹, anstatt zu fragen ›Was kann die Technologie uns bieten?‹« (Heinen/Wedekind 2009, S. 37).

Anregung zur (gemeinsamen) Bearbeitung

David Pogue von der *New York Times* beschreibt in seiner Kolumne ›Pogue's Posts – The Latest in Technology‹ seine Auseinandersetzung mit der offensichtlichen iPad-Sucht seines 6-jährigen Sohnes, der gleichsam rund um die Uhr damit spielen möchte. Die Regeln, die in der Familie gelten, von den älteren Teenagern der Familie weitgehend akzeptiert, sind für den Jüngsten schwer akzeptabel: »Keine IT an Schultagen, außer sie benötigen es für die Schularbeit. Keine Geräte bei Tisch oder im Bett, sie sind o.k., wenn man krank ist oder auf langen Autofahrten« (Pogue 2011; Übers. GKr).

Und dennoch bringt die Situation die Eltern in Versuchung. Das Thema appelliert gewiss auch an die Emotionen – und sicher haben auch hierzulande manche Eltern ähnliche Erfahrungen gemacht. Versuchen Sie ergänzend und wo möglich auch durch den Rückgriff auf relevante theoretische Konzepte Ihre Position zu formulieren, indem Sie aspektreich die folgenden Argumente von David Pogue diskutieren:

(a)

»Geben wir es doch zu: Wenn er das iPad hat, ist er glücklich, er ist still, er ist beschäftigt. [...] Das iPad ist ein elektronischer Babysitter, der unmittelbar Frieden im Haushalt schafft«.

(b)

»Wenn er Spiele auf dem iPad wählt, dann bevorzugt er Denkspiele wie Cut the Rope (ein cleveres Physik-basiertes Spiel) oder Rush Hour (Strategiespiel).[...] Sollten wir also nicht Ausnahmen zulassen für kreative und problemlösende Apps?«

(c)

»Ist ein Gerät automatisch schlecht für unsere Kinder, nur weil es ein elektronisches Spielzeug ist? Wenn es denn die Liebe zur Musik fördert, eine Vorliebe fürs Theater und die Expertise im strategischen Vorgehen und Problemlösen?« (ebd.)

Wie aber ist es um das Angebot an Tablet-Apps bestellt – inhaltlich wie qualitativ? Schauen wir uns einige Beispiele an. Die Preispolitik sowohl der Hersteller wie des App Store selbst, also der Plattform, über die die Anwendungen (exklusiv) vertrieben werden, sind mehr als undurchsichtig und erwecken teilweise einen recht willkürlichen Eindruck. Vor allem kann man sich des Eindrucks nicht erwehren, dass mit einem ›hohen‹[39] Preis (2–5 Euro) angesichts der Vielzahl von Gratis- oder Preiswert-Apps eine herausragende Qualität suggeriert werden soll – ein durchaus schlaues Marketing, leider aber aus Sicht professioneller Experten der didaktischen Szene allzu oft völlig zu Unrecht (s. u.).

Qualitäten

Folgende Kategorien lassen sich unterscheiden, womit kein Anspruch auf Vollständigkeit erhoben werden soll, denn das Angebot gerade im so genannten Bereich ›Bildung‹ wächst explosionsartig:

---

[39] Man muss hier sicherlich die Relationen im Blick behalten: Verglichen mit den handelsüblichen Preisen von Unterrichts-Software für PCs muten die Preise für Apps wie geschenkt an (viele gratis, viele 0,79 Euro, nur wenige teurer, aber selten über 5 Euro). Insofern ist das Risiko eines Fehlkaufs vergleichsweise gering (leider kann man Apps i. d. R. nicht vorher testen, nur von einigen gibt es eine kostenlose und inhaltlich limitierte *Lite*-Version), allerdings auch die Versuchung, sich über Gebühr mit didaktisch minderwertigen Anwendungen einzudecken.

Vorschul-Programme

Diese rasend wachsende Kategorie zielt auf die oben erwähnte, zunehmend jüngere Tablet-Kundschaft der Zwei- bis Sechsjährigen ab. Malprogramme, mit den Fingern als Malwerkzeug intuitiv zu bedienen, fallen hierunter ebenso wie Apps zum Erlernen der Ziffern und Zahlen und Zahlworte sowie geometrischer Formen. Die Grafik ist meist altersgerecht und angesichts der hohen Auflösung der Tablets angenehm zu betrachten. Die Gestensteuerung, in diesem Alter noch besonders wichtig bzw. alternativlos, erfolgt intuitiv oder zumindest ohne langwierigen Einarbeitungsbedarf. Diese Apps sind auf das unbedarfte Ausprobieren, die Zeige- und Touch-Metapher ausgelegt (vgl. Dworschak 2011: »Patschpäd«), offensichtlich mit Erfolg, wenn man beobachtet, wie routiniert 3- bis 4-Jährige mit dem Tablet hantieren. Durch die Prozessorgeschwindigkeit wird auch der Eindruck einer unmittelbaren Reaktion der Gestensteuerung vermittelt (vgl. S. 228).

Unterschiede gibt es – neben der inhaltlich-didaktischen Qualität und Eignung – in der grafischen Ästhetik (zurückhaltende bis überbordende Farbgestaltung) und beim Einsatz von Audiosignalen (von unterstützenden Sprachausgaben bis zu nervigen Klangteppichen). Wie bei handelsüblichen PC-Lernprogrammen wird auch hier der Spagat versucht zwischen dem, was man für Lernen hält, und Unterhaltung, die die Nutzer ›bei der Stange halten‹ soll (*Edutainment*). Im Rahmen der Befassung mit PC-Lernprogrammen wurde der hierbei relevante theoretisch-didaktische Hintergrund der Motivation bereits näher angesprochen (vgl. Kap. 2.3.3).

In der kostenlosen Grundversion von MEINE ERSTEN PUZZLES: DIE ZAHLEN (Minard 2011) sind die Ziffern 0, 2, 7 und die Zahlen 10–15 freigeschaltet. Weitere zehn Puzzles lassen sich für 1,59 Euro aus der App heraus freischalten (so genannte In-App-Käufe). Die Aufgabe für die Kinder besteht darin, die jeweilige Schreibfigur der Ziffern/Zahlen aus 5–7 Puzzleteilen in einem Formrahmen zusammenzusetzen (Abb. 4/15). Die einzelnen Puzzleteile befinden sich bereits lagegerecht auf der Arbeitsfläche, ein Drehen oder gar Spiegeln ist daher nicht erforderlich. Wird ein Puzzleteil auf die Rahmenform geschoben, so erfolgt bei einer korrekten Platzierung ein leises Triangelsignal und ein Aufzoomen des Puzzleteils, bevor es sich in den Rahmen einfügt. Wird ein Teil falsch platziert, geschieht nichts, es bleibt einfach an Ort und Stelle liegen. Ist die Form vollständig und richtig ausgefüllt, ertönt ein kurzer Applaus, das Triangelsignal und alle Einzelteile zoomen nacheinander noch einmal auf; zusätzlich wird das Zahlwort vorgesprochen.

Abb. 4/15: Zahlenpuzzle (Minard 2011)

Über die Wahrnehmung der Schreibfiguren sowie die Verknüpfung mit dem entsprechenden Zahlwort hinaus fördert und fordert diese App zudem die Feinmotorik, da die Puzzleteile (relativ) akkurat abgelegt werden müssen, bevor sie ›einrasten‹. Vorschulkinder werden mit einer solchen App ebenso problemlos zurechtkommen wie mit den bekannten Pendants aus Holz. Hier reicht ein Schieben, dort wird allerdings auch das Greifen noch gefordert. In jedem Fall ist eine selbstständige Beschäftigung auch ohne Betreuung möglich.

Abb. 4/16: STEMPELN, MALEN, ZEICHNEN (Bassermann-Verlag 2010)

Überhaupt orientieren sich viele Apps dieser Kategorie an bekannten Offline-Aktivitäten dieser Altersgruppe, wie z. B. STEMPELN, MALEN, ZEICHNEN (Bassermann-Verlag 2010), wo 53 Vorlagen oder auch freie Formen mit verschiedenen Stempelformen (nach-)gestempelt werden können und sich zu Figuren oder Szenen gestalten lassen (Abb. 4/16).

Oder die App TODDLER SHAPE FIT (Dei Machiavelli 2011): »Erinnern Sie sich noch, wie Sie als Kind mit dem Holzkasten gespielt haben, in dem sich Löcher verschiedener Formen befanden, durch die nur Holzklötze der passenden Form geschoben werden konnten? Dies ist die flache Bildschirmversion, mit dem Ihr Kind im digitalen Zeitalter spielen wird. Genauso wie in alten Zeiten, außer dass diese Version spricht. Nun, das ist die Art, wie Kinder heute geometrische Formen lernen – glückliche Kinder!« (ebd.; auf der Produktseite des App Store; Übers. GKr).

Hier wie in vergleichbaren Fällen drängt sich die u. g. Frage auf. Versuchen Sie in gemeinsamer Diskussion dieses Praxisproblem durch vielfältige Argumente auf der Basis relevanter theoretischer Konzepte zu erhellen und eine begründete Position zu formulieren:

> **Aufgabe zur (gemeinsamen) Bearbeitung**
>
> Sollte man dem Kind besser die ›handgreiflichen‹, klassischen Versionen anbieten oder ihre digitalen Entsprechungen?
>
> Welche *medienspezifischen* Vor- und Nachteile sehen Sie für die beiden Varianten?

Trainings-Apps

Eine zweite große Gruppe stellen jene Apps dar, die im Wesentlichen eine Fertigkeitsschulung, meist nach traditionellem Vorbild, offerieren. Diese Apps wollen z. B. das Kopfrechnen oder die Grundrechenarten trainieren. Hier schlagen so gut wie alle Klischees über den ›Stoff‹, die Lernpsychologie und die Methodik des Grundschulunterrichts durch. Sie sind nur vordergründig auf Lehrpläne bezogen und in aller Regel – Ausnahmen sind die berühmte Nadel im Heuhaufen (s. u. ZWANZIGERFELD) – nicht im Rahmen einer fachdidaktischen Expertise entwickelt worden. Die englischsprachigen Apps führen diese Problematik nicht selten gleich im Titel und schaffen zumindest dadurch Transparenz: MATH DRILLS, MATH FACT DRILLS, LONG DIVISION DRILLS o. Ä.

Es gibt Apps mit inhaltlich eingegrenzten Themenbereichen wie z. B. NUMBER BLITZ (Wiebe 2011), einem Gedächtnistrainer mit fünf Abteilungen (ziffernweise länger werdende Zahlen memorieren; kurz dargebotene Zahlen nachschreiben; kurz dargebotene Zahlen rückwärts notieren; das Ergebnis von kurz dargebotenen Rechnungen notieren; das Ergebnis von kurz dargebotenen zwei- und mehrgliedrigen Additionen notieren). Oder die App COIN MATH EU (Teh 2011) rund um die Euro-Münzen. Die App beinhaltet zwar an sich sinnvolle Fragestellungen (Identifizieren der Münzen, Geldbeträge mit Münze bezahlen, Münzwerte bestimmen, Bezahlen beim Einkaufen, passend zurückgeben etc.), die deutsche (schriftsprachliche wie Audio-) Adaption der mehrsprachigen App war jedoch in der ersten Version dermaßen furchterregend, dass sie im Prinzip für Unterrichtszwecke nicht in Frage kam. In der zweiten Version erscheint die Beschreibung der Euro-Münzen in Deutsch, das komplette Menü aber ist in Englisch. Die Audioausgabe ist derzeit nur noch in Englisch verfügbar, ebenso wie die Aufgabentexte innerhalb der App. Hier wurde also ganz offensichtlich mit zu heißer Nadel gestrickt.

Weiterhin gibt es offene Apps, die vom Benutzer selbst mit Inhalten gefüllt werden können. Klassiker sind die digitalen Adaptionen des traditionellen ›Karteikarten-Lernens‹, bei dem einzelne Fakten auf die Vorderseite einer Karte und die Antwort auf ihre Rückseite notiert wird. Allein unter dem entsprechenden Suchbegriff *Flashcards* (s. o.) finden sich in der Abteilung *Bildung* des App Store über 200 Anwendungen. Die offensichtliche Beliebtheit kann nicht darüber hinwegtäuschen, dass auf diese Weise nur ganz bestimmte Inhalte auf eine ganz spezielle Weise gelernt werden können, nämlich Fakten wie z. B. Vokabeln oder Fachbegriffe oder das kleine Einmaleins, die es zu memorieren gilt. Aufs Ganze gesehen trifft dies aber für die wenigsten Inhalte des Mathematikunterrichts zu. Das zentrale Anliegen des Mathematikunterrichts aber, das selbstständige, entdeckende Mathematiktreiben, das soziale Lernen und v. a. die allgemeinen mathematischen Kompetenzen, lassen sich so weder sinnvoll abbilden noch lernen. Gleichwohl können digitale Flash Cards medienspezifische Möglichkeiten aufweisen, die sie ihren analogen Pendants überlegen machen: Die Lernkarten-App von Busse (2010) etwa erlaubt es z. B. der Lehrerin oder dem Lehrer, die Kartenvorder- und -rückseiten individuell zu gestalten: Über Farben, Schriftgrößen hinaus können auch Bilder importiert und angezeigt und es kann direkt in der App ein Text gesprochen werden, der dann als Audiofile mit der entsprechenden Kartenseite ertönt. Unter der Voraussetzung, dass der didaktisch sinnvolle Anwendungsbereich des Flashcard-Lernens nicht überstrapaziert wird, lassen sich Situationen vorstellen, in denen eine solche App durchaus hilfreich sein kann.

Andere Anwendungen zielen auf bestimmte *Ausschnitte* des Mathematik-Curriculums. Ein Beispiel ist MATHEZAUBER (Tappy Taps 2010). Das Programm kostet ungewöhnliche 2,39 € und kann gleichsam als *paradigmatisches Gegenbeispiel* für didaktisch durchdachte Praxis gelten, vermutlich aber auch als Paradebeispiel für ›geschicktes‹ Marketing: »Mathe, die Ihr Kind lieben wird!«, preist sich das Programm auf der Produkt-Website an, um dann auch gleich und ungeschminkt mit den üblichen Klischees aufzuwarten:

»Kinder lieben Spiele, stimmt's? Wir haben eines für sie entwickelt. Verglichen mit normalen Spielen, wird dieses Ihr Kind jedoch grundlegende Mathematik auf Ihrem iPad üben lassen. *Normalerweise ist Üben eine langweilige Tätigkeit* – aber mit unserem Spiel wird es schwer, Kinder vom Erledigen ihrer Matheaufgaben abzuhalten :-).

Sie, als Eltern, haben *alles unter Ihrer Kontrolle.* Von der *Auswahl der zu übenden Aufgabentypen* über das Kontrollieren des *Fortschritts* Ihres Kindes und der *Anzahl der erledigten Aufgaben* bis zum Einsehen der *Liste falscher Antworten.*

Es ist ein echtes Spiel – mit Levels, Belohnungen und Herausforderungen. In jedem Level hat der/die Spieler/in 27 Rechenaufgaben zu *erledigen.* Es ist nicht leicht, in jedem Level den goldenen *Pokal* zu gewinnen!

Jedes Kind ist einzigartig – und Sie wissen am besten, *welche Aufgaben* es üben sollte. Die einfache, aber effektive *Aufgabeneinstellung* stellt die richtigen Aufgaben für jedes Kind zusammen.

Neue Level werden freigeschaltet, wenn *vorherige erfolgreich* abgeschlossen sind. *Nur richtige Antworten* auf Aufgaben können Ihr Kind *auf tropische Inseln oder ins Schneeland* bringen.

Sie als Eltern möchten wissen, *wie* Ihr Kind seine/ihre Matheaufgaben erledigt hat, richtig? Die ›Für Eltern‹-Funktion gibt Ihnen eine Antwort hierauf.

Probieren Sie Mathezauber – das *mit Lehrern und Kindern* entwickelte iPad-Spiel!« (Tappy Taps 2010, Produkt-Website; Hervorh. GKr).

Wenn Sie Gelegenheit haben, diese App einmal selbst zu testen, so werden Sie bei allen oben kursiv markierten Aspekten nachvollziehen können, wie didaktisch fragwürdig hier vorgegangen wird: Traditionellstes, seit 20 Jahren überholtes Verständnis von Lernen, spielerischem Lernen, Üben, Motivation, Umgang mit Fehlern, Schwierigkeitsgrad von Aufgaben, Zusammenstellung von Aufgaben und Lernerfolg. Ein solcher Text lässt sich nur schreiben entweder unter bewusster Ausblendung oder in völliger Unkenntnis jener Fortschritte und grundlegenden Standards, die die mathematikdidaktische Forschung, die Lehrerbildung und demzufolge auch der Mathematikunterricht in den letzten 20 Jahren hervorgebracht haben. Die App selbst bedient sich durchgängig nahezu sämtlicher denkbarer Klischees und wirbt, offensichtlich ohne dies zu bemerken, mit didaktischen *Nachteilen*, indem ausgerechnet diese als *Vorteile* verkauft werden. Würde man sich bemühen, möglichst viele fragwürdige Praktiken des

Mathematikübens und des Designs digitaler Lernumgebungen zusammenzutragen: Das Ergebnis käme dem MATHEZAUBER sehr nahe.

Aber offensichtlich sind die möglichen Blickwinkel verschieden: In einer Kundenrezension von ›callfrank‹ heißt es auf der Seite des App Store: »Eine tolle App. Sowohl für meine Erstklässlerin als auch für meine Drittklässlerin geeignet durch die Möglichkeiten der Konfiguration! Auch optisch sehr schön und gelungen«. Und in einer Rezension des Computermagazins *Macwelt* vom 31.5.2011 liest es sich so: »Die App Mathezauber will einen spielerischen Zugang zur Mathematik verschaffen und mit kindgerechter Grafik und Hintergrundmusik davon ablenken, dass man beim Spielen etwas lernt. […] Was das Spiel jedoch besonders wertvoll macht, sind die Einstellmöglichkeiten und die Erfolgskontrolle« (Macwelt 2011). Das Magazin gibt der App die Note 1,4 …

Und schließlich gibt es noch jene Anwendungen, die im Stile von manchen PC-Programmen versuchen, ein ›Komplettpaket‹ zu sein und z. B. zu suggerieren, dass alles enthalten sei, was man im 2. oder 3. Schuljahr in Mathematik benötigt. »Alle Aufgaben orientieren sich am aktuellen Lehrplan für Mathematik« (Tivola 2011). Diese von PC-Programmen her bekannten Versprechen sind zwar in gewisser Weise zutreffend, aber auch trivial, denn dass in der Version für die 1. Klasse das Thema Addition und Subtraktion enthalten ist, sollte einerseits nun wirklich nicht überraschen, zumindest nicht als besonders hervorhebenswert gelten, stellt aber andererseits nur ein sehr reduziertes Verständnis von Lehrplankonformität dar, da es sich lediglich auf die Tatsache des angebotenen Stoffs bezieht. In Lehrplänen und Bildungsstandards steht darüber hinaus aber noch sehr viel mehr, und hier müssen die meisten Anbieter von PC-Programmen wie auch Apps dann ganz offensichtlich auf breiter Front passen.

Die fachdidaktischen Qualitätsstandards sind – da es sich i. d. R. um eine Mehrfachverwertung des gleichen Programms für unterschiedliche Plattformen handelt (s. u.) – meist ebenso dürftig wie bei den entsprechenden PC-Versionen. Ein Beispiel ist die Tivola-Reihe LERNERFOLG GRUNDSCHULE MATHEMATIK (Tivola 2011). Auch hier ist das Marketing wie bei der meisten PC-Software mit den üblichen Klischees und Halbwahrheiten gespickt, wobei durchaus geschickt Schlagwörter benutzt werden, die jene Käufer, die nur wenig mit fachdidaktischen Standards oder Bildungs-/Rahmenplänen vertraut sind, an einer sensiblen Stelle ›abholen‹: »Erst *ein paar Übungen* und *als Belohnung ein Bonusspiel* – so macht *Lernen Spaß*. Mit der bereits *mehrfach ausgezeichneten* Lernspielreihe ›Lernerfolg Grundschule‹ von Tivola für Nintendo DS, Nintendo Wii, PC, iPhone/iPod touch und Internet wird Mathe-, Deutsch- und Englischlernen zum *Kinderspiel*. Angehende ABC-Schützen bereiten sich mit ›Lernerfolg Vorschule‹ *optimal* auf den Schulstart vor. Bereits *über 1 Million* Schülerinnen und Schüler *verbessern* mit der preisgekrönten Reihe *ihre Noten*« (Tivola 2011, App-Info; Hervorh. GKr).

> **Anregung zur (gemeinsamen) Bearbeitung**
>
> Analysieren Sie den obigen Werbetext, indem Sie ihn mit theoretischen Konzepten der Mathematikdidaktik, der Lern- und Motivationspsychologie, der Pädagogik usw. konfrontieren. Die kursiv hervorgehobenen Textteile können als besonders geeignete Ansatzpunkte für eine kritische Diskussion dienen.

Denk-, Knobel- und Strategiespiele

Eine weitere Kategorie bilden die klassischen und meist aus dem Unterhaltungsbereich bekannten Denkspiele und Knobeleien wie z. B. NIM, SPIEL 24 (COMBINE 24), Tangrams (über 40 Varianten im App Store), Schiebepuzzles, Streichholzspiele, Memorys (allein über 400 in der Kategorie Bildung des App Store) etc. Nicht zu vergessen die unzähligen Versionen und Variationen von SUDOKU (vgl. Abb. 4/17), hinter dem – über das Spielvergnügen, die Förderung eines Blicks für Zahlen und den Raum sowie der unermüdlichen Rechenpraxis hinaus – ernsthafte Mathematik steckt:

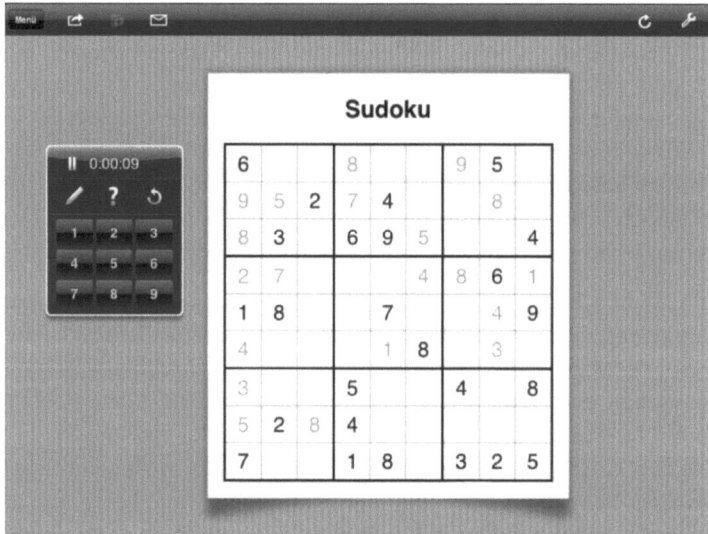

Abb. 4/17: SUDOKU TABLET (Trumler 2011) – intuitiv und nicht überladen

Sudokus sind beschreibbar mit Hilfe der Graphentheorie und so gesehen verwandt mit Fragestellungen nach der optimalen Vergabe von Funkfrequenzen an benachbarte Funktürme, deren Sendebereiche sich partiell überschneiden, oder mit dem Problem einer Stundenplanerstellung, bei der Lehrer, Klassen und Räume ›überschneidungsfrei‹ aufgeteilt werden müssen, wie es in einem funktionierenden Schulbetrieb erwartet wird (vgl. Dambeck 2009). Dies alles ebenso wenig zu wissen wie die Tatsache, dass man Sudokus mathematisch »als lineare diophantische Gleichungssysteme mit Nichtnegativitätsbedingungen« (Kaibel/Koch 2006, S. 93) formulieren kann, tut jedoch der Spielfreude und der Förderung geistiger Beweglichkeit keinerlei Abbruch. Wäre es da nicht reiz- und sinnvoll, in manchen, mehr selbstbestimmten Phasen des Unterrichtsvormittags anstelle bestimmter Verlegenheits- oder Übersprungshandlungen lieber eine Runde Sudoku einzulegen – durchaus mit dem iPad in der Leseecke? Der App Store bietet unter dem Suchbegriff Sudoku allein über 300 Alternativen an (u. a. Trumler 2011).

Viele Vertreter der Kategorie Denkspiele beeindrucken, neben der realistischen Anmutung dank ihrer hohen Bildschirmauflösung, mit der direkten Manipulation durch Gestensteuerung: Tangramsteine, Streichhölzer, Memorykarten oder Puzzlesteine werden wie bei den klassischen Spielversionen mit dem Finger über die Fläche bewegt und platziert oder mit Hilfe zweier Finger einfach gedreht. Ein Beispiel dafür ist das Spiel UNBLOCK (Chimkool 2010; vgl. Abb. 4/18), dessen Ziel es ist, einen farbig hervorgehobenen Block aus dem Spielfeld hinauszuschieben und dazu andere Blöcke aus dem Weg zu räumen, die sich aber immer nur in einer Richtung bewegen lassen (hoch/runter oder rechts/links). Die Varianten und Schwierigkeitsgrade sind vielfältig, Raumvorstellung sowie geschicktes Vorgehen werden gefördert und gefordert.

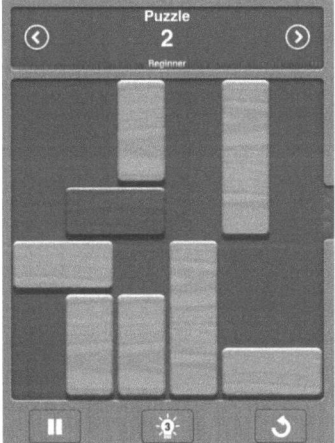

Abb. 4/18: UNBLOCK ME (Chimkool 2010) – Schiebepuzzle mit verschiedenen Modi

Dies macht sie auch für junge Kinder leicht, weil intuitiv handhabbar, v. a. wenn die Oberfläche nicht überladen, sondern einfach und funktional ist, wie z. B. bei der App TANGRAM XL FREE (Alonso Gutierrez 2010) oder TANGRAM HD (Liu Huifen 2011; Abb. 4/19).

Abb. 4/19: Intuitive Tangram-App: Formen drehen mit zwei Fingern (TANGRAM HD; Liu Huifen 2011)

Das bekannte *Spiel 24* wird unter dem Namen COMBINE MATH angeboten (Lucid Logic 2010). Als Zielzahl ist wahlweise 12, 24 oder 36 möglich. Diese Zielzahl muss angenähert, im Idealfall genau getroffen werden, indem man vier vorgegebene Zahlen unter Nutzung aller vier Grundrechenarten optimal verknüpft. Hier sind Flexibilität im Kombinieren und ein gutes Gefühl für Zahlen und Operationen gefordert.

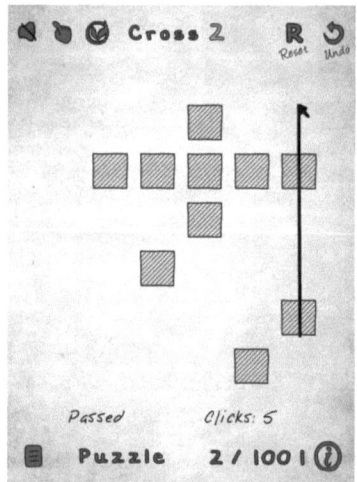

Abb. 4/20: CUT THE BLOCK HD FREE (Yiwen 2011): Immer zwei Quadrate aus einer Zeile oder Spalte mit dem Finger wegstreichen und so das Feld vollständig leeren

Empfehlenswert scheinen auch Denkspiele wie z. B. CUT THE BLOCK (Yiwen 2011) oder CUT THE ROPE (Chillingo 2011; s. o. die Aufgabe zu David Pogue). Die Spielidee bei CUT THE BLOCK (derzeit nur in englischer Sprache, aber gut auch für deutsche Kinder handhabbar) ist folgende (vgl. Abb. 4/20): Auf dem Bildschirm wird jeweils ein Muster aus (je nach Level mehr oder weniger) Quadraten in mehr oder weniger komplexen Konstellationen angeboten.

Ziel ist es, den Bildschirm zu leeren, indem man mit dem Finger eine vorgegebene Anzahl von Quadraten durchstreicht, was aber nur erlaubt ist, wenn diese Quadrate benachbart und in der gleichen Reihe oder Spalte des Gitterrasters liegen. Je nach Level ist vorgegeben, wie viele Quadrate genau jeweils gelöscht werden sollen. Zu Beginn gilt es immer zwei Quadrate zu tilgen (vgl. Abb. 4/20), später müssen dann pro Fingerstrich *genau* 3 oder 4 oder 5 oder 6 oder 7 Quadrate weggestrichen werden. Diese App schult das räumliche Denken und strategische Vorgehen, denn man darf nicht leichtfertig etwas Passendes streichen, weil man sich dadurch u. U. eine andere Streichung verbaut (z. B. weil dann nur noch ein Quadrat in einer Zeile/Spalte übrig bleibt).

CUT THE ROPE (Chillingo 2011), inzwischen fast schon mit Kult-Charakter und auch in deutscher Version erhältlich, ist eine Simulation mit physikalischen Gesetzen als Hintergrund: Eine Kugel (›Süßigkeit‹) ist über ein oder mehrere Seile an einem bzw. mehreren Haltepunkten befestigt (vgl. Abb. 4/21).

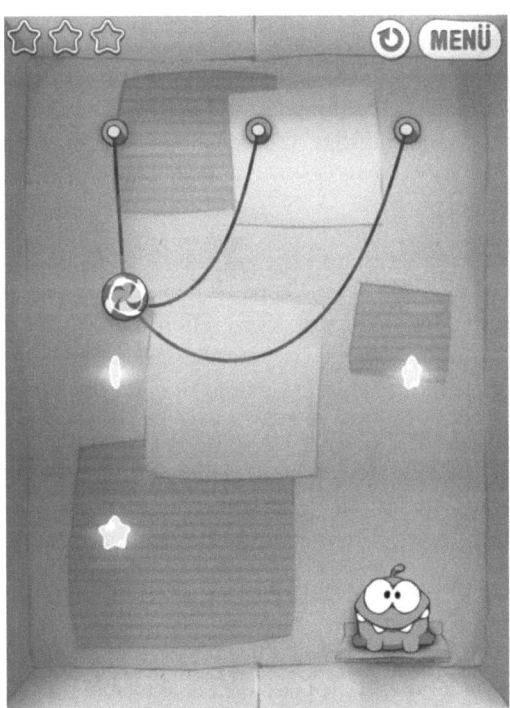

Abb. 4/21: CUT THE ROPE (Chillingo 2011)

Durchtrennt man eines der Seile (durch Wischen mit dem Finger), dann beginnt die Kugel entsprechend zu schwingen. Ziel ist es, die Seile so durchzutrennen, dass bei den Schwingvorgängen a) Sterne getroffen werden, die sich bei korrekter Reihenfolge der durchtrennten Seile auf der jeweiligen Pendelbahn befinden. Und b) sollte nach dem Durchtrennen des letzten Halteseils die Süßigkeit – hoffentlich, weil auf entsprechender Flugbahn – in das erwartungsfroh geöffnete Maul eines froschähnlichen Wesens. Auf diese Weise lassen sich Punkte sammeln und höhere Level freischalten, in denen die überraschendsten Hindernisse und Hilfsmittel zum Einsatz kommen. Stets gilt es, eine Reihenfolge von Handlungen und v. a. ihre jeweiligen (in unterschiedlicher Weise interdependenten!) Konsequenzen zu antizipieren, wodurch basale physikalische Kenntnisse, eine gute Raumvorstellung und auch das Zeitgefühl (für den richtige Zeitpunkt des Durchtrennens eines Seils) gefragt bzw. gefordert sind. Die bloße Beschreibung der App ist nicht im Entferntesten geeignet, den fesselnden Reiz zu erklären. Probieren Sie es also einmal selbst aus; und seien Sie darauf gefasst, dass viele Erwachsene hier von »Suchtcharakter« sprechen. Das Spiel ist bereits für Grundschulkinder geeignet, hält aber auch für ältere Schülerinnen und Schüler sowie Erwachsene auf den höheren Levels echte Herausforderungen bereit. Dafür spricht nicht zuletzt die Tatsache, dass es auch eine aufwändig gemachte ›Lösungs-App‹ gibt (GUIDE FOR CUT THE ROPE; PLH Software 2011. Diese bietet die Auflösung zu jeder in der App befindlichen Aufgabe: Die optimale Reihenfolge, in der die Seile zu durchtrennen sind, kann dabei sowohl als Standbildfolge (Screenshots) wie auch als Video angezeigt werden.

Arbeitsmittel

Andere (meist englischsprachige) Apps stellen gewohnte Arbeitsmittel des Mathematikunterrichts zur Verfügung. Sie greifen damit grundsätzliche Ideen und Optionen auf, könnten aber gewiss durch stärkeren Einbezug mathematikdidaktischer Expertise in ihrer Funktionalität noch verbessert werden:

Die Hundertertafel (100S BOARD; Thomas 2010a) mit der Option, Felder durch farbige Plättchen zu belegen, Spalten/Zeilen farblich hervorzuheben, mit der leeren/ausgefüllten Tafel zu arbeiten etc. Das Medium erlaubt hier sicher flexiblere Markierungen und Aktivitäten als die zeichnerische Variante auf Papier.

Das Zehnerfeld (TENS FRAME; Thomas 2010b). Der Zehner wird hier als Doppelfünfer vorgegeben, *eine* wichtige Sichtweise auch bei dem üblichen Zwanzigerfeld (vgl. Urff 2011a), wo der Zehner zusätzlich als komplette Zeile identifizierbar ist. Ziel dieser App ist es, die Anzahlen gelegter Plättchen ohne Zählen (quasi-)simultan zu erfassen, indem die Fünferstruktur ausgenutzt wird (vgl. Kraft der Fünf; Krauthausen 1995b). Angestrebt wird ein flexibles Verständnis von Aufgaben im Hinblick auf ihre strukturell verwandten Aufgaben, was jeweils am Plättchenmuster im Zehnerfeld gedeutet werden kann. Beispiel: Die Aufgabe 2 + 8 = 10 ist wie in Abb. 4/22 zu sehen dargestellt: Fünf lilafarbene und drei blaue Plättchen symbolisieren die 8, zwei leere Felder symbolisieren die 2, alle zusammen ergeben das Zehnerfeld. Die Aufgabe 2 + 8 = 10 ist dabei verknüpft mit folgenden Aufgaben, die am Zehnerfeld gezeigt werden können:

2 + 8 = ?	? + 8 = 10	2 + ? = 10	8 + 2 = ?
? + 2 = 10	8 + ? = 10	10 – 8 = ?	? – 8 = 2
10 – ? = 2	10 – 2 = ?	? – 2 = 8	10 – ? = 8

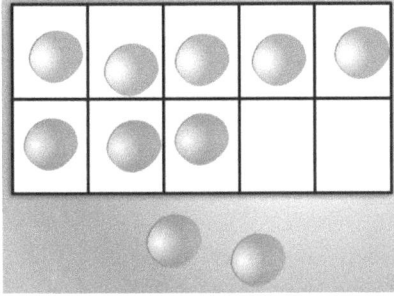

Abb. 4/22: Vielfältige Deutungen am Zehnerfeld (Thomas 2010b)

Der 100er-Rechenrahmen (AL ABACUS, AL 2010). Die Entwickler-Website bietet – recht unüblich für andere App-Anbieter – eine Reihe von Download-Materialien an, die auch fachdidaktisch-konzeptionelle Hintergründe erläutern.

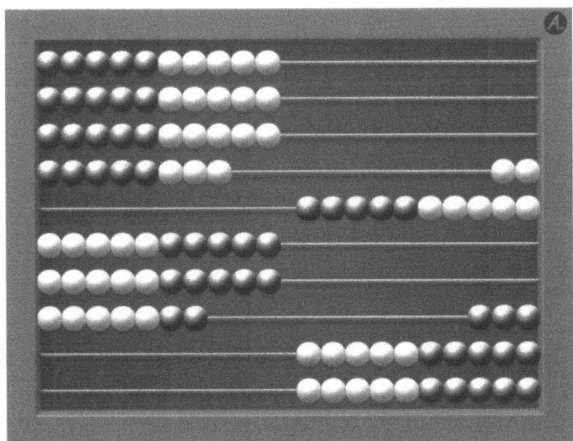

Abb. 4/23: Der AL ABACUS (Rechenrahmen; AL 2010)

Vier Aspekte der Anwendung seien besonders hervorgehoben:

- Die zehn Perlen jeder Stange heben durch ihre Färbung die Fünferstruktur des Zehners hervor. Insgesamt werden die vier 25er des Hunderters als vier farbig deutlich unterscheidbare ›Quadranten‹ erkennbar, was die Strukturwahrnehmung des Zahlenraums unterstützt (Abb. 4/23).

- Der Rechenrahmen ist breit genug, so dass ein hinreichender Zwischenraum erkennbar bleibt, wenn zwei übereinanderliegende Zehner komplett an das gegenüberliegende Ende des Rahmens geschoben werden. Sie überschneiden sich also in der Mitte nicht, was die Anzahlerfassung weniger irritierend macht (Abb. 4/23). »Bei Exemplaren, die diese Breite nicht aufweisen, kann es zu Schwierigkeiten im Unterricht kommen, die letztlich *allein* im Material begründet sind« (Scherer 2003, S. 10; Hervorh. im Orig.).

- Der digitale Abacus verhält sich bei Schiefstellung des Tablets genau wie der handelsübliche Rechenrahmen aus Holz oder Kunststoff: Alle Perlen lassen sich mit einer Kippbewegung in die Ausgangsstellung zurücksetzen.

- Dreht man das Tablet ins Hochformat, dann werden die einzelnen Stangen mit der Gewichtung Einer, Zehner, Hunderter und Tausender versehen. Dadurch lassen sich Additionen im Sinne der schriftlichen Addition inkl. des Verständnisses für Überträge fördern (Abb. 4/24; vgl. Cotter 2010).

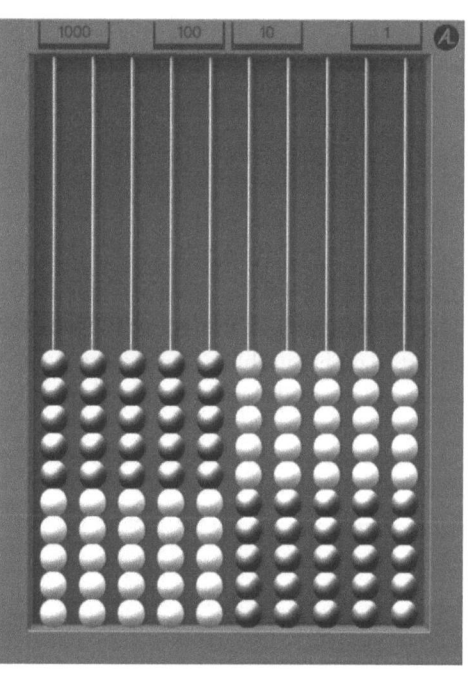

Abb. 4/24: Der AL ABACUS im Hochformat mit Stellenwertnotation

Auffallend ist, dass für jeden Stellenwert *zwei* Stangen vorgesehen sind. »In der alltäglichen Praxis des Unterrichts wird die Darstellung von Zahlen in der Stellentafel in meist ›eindeutiger Weise‹ vorgenommen, d. h., man darf unter einer Stelle – auch in der Stellentafel – nur einstellige Zahlen notieren. Zwei- oder mehrstellige Zahlen sind an einzelnen Stellen nicht erlaubt; damit kann die jeweilige Zahl in der Stellentafel unmittelbar so ›abgelesen‹ werden, wie man es ohne Stellentafel in der bekannten dezimalen Notation auch macht. [...] Die Zahl 279 – wie andere Zahlen auch – kann vielfältig umgedeutet und durch andere ›Einheiten‹ ausgedrückt werden: 297 = 20 Z + 79 E = 279 E = 1 H + 17 Z + 9 E = ... Die Standarddarstellung 279 (ohne die Bezeichnung E) ist somit nur eine mögliche von sehr vielen Darstellungen für diese Zahl. Gerade der Wechsel von einer Darstellung einer Zahl in eine andere ermöglicht es, die Übergänge und die Beziehungen zwischen den Stellenwerten der jeweiligen Zahl besser zu verstehen« (Scherer/Steinbring 2004, S. 165–167). Im Rahmen eines umfassenden Forschungsprojekts erprobten die Autoren die komplexe Anforderung, die Beziehung zwischen den Stellenwerten und die Fähigkeit des ›Umdeutens‹ im Unterricht zu thematisieren, was von zentraler Bedeutung ist, damit Kinder den Sinn und die Durchführung von Überträgen bei schriftlichen Rechenverfahren wirklich verstehen können. Dazu wurden ihnen so genannte ›Zauberzahlen‹ in der Stellentafel präsentiert, was bedeutete, dass an einer Stelle der Stellentafel durchaus und bewusst zweistellige Zahlen auftauchten, was sich am AL ABACUS durch seine zwei Stangen pro Stellenwert gut umsetzen lässt. Die Umwandlung der so dargestellten ›Zauberzahlen‹ in die konventionelle Zahlenschreibweise geschieht dann durch konkretes Handeln und durch Umdeutung der Stellenwerte.

Auf einem ausgewiesenen mathematikdidaktischen Hintergrund basiert die Entwicklung der Software RECHNEN MIT WENDI (Urff 2009a u. 2010). Die entsprechende Umsetzung für das iPad ist inzwischen auch als App unter dem Namen ZWANZIGERFELD verfügbar (Urff 2011a). Ziel der Entwicklung ist es, »nichtzählende Strategien beim Rechnen durch die gezielte Verwendung von Veranschaulichungsmitteln in der Software anzubahnen, zu unterstützen und einzuüben. [...] Die Kombination von Zwanzigerfeld und Wendeplättchen verknüpft die strukturierte Darstellung des Zwanzigerraumes mit der operativen Flexibilität der Wendeplättchen und ist deshalb für ein aktiv-entdeckendes Rechnen und den Aufbau von Zahlvorstellungen gemäß der ›Kraft der Fünf‹ und zur Anbahnung nichtzählender (›denkender‹) Rechenstrategien eine geeignete Visualisierung« (Urff 2009a; vgl. auch Kap. 4.7.1).

Simulationen

Diese Kategorie ist traditionell im Grundschulbereich kaum vorhanden. Simulationen bilden stochastische oder dynamische Prozesse ab. Es sind (ausschnitthafte) ›Nachbauten‹ komplexer Vorgänge, d. h. »Modelle der Wirklichkeit (z. B. Wechselwirkungen in Systemen) oder fiktive Mikrowelten (z. B. Spiele zu vernetzten Systemen) mit einer begrenzten Anzahl von Parametern [...]. Der Anfangszustand des Systems läßt sich durch unterschiedliche Wertbelegung der Eingangsparameter verändern« (Krauthausen 1995a, S. 269). Insbesondere wenn der Sachverhalt einer realen, originalen Begegnung nur bedingt zugänglich ist (z. B. weil er zu schnell abläuft oder mit Gefahren verbunden ist),

ist eine digitale Simulation besser als andere Medien in der Lage, Nachteile der Realbegegnung angemessen aufzuwiegen, indem die vereinfachte und zielgerichtete Modellierung es erlaubt, den Fokus auf speziell interessierende Aspekte (hier z. B. mathematische Muster) des Sachverhalts zu konzentrieren (vgl. Krauthausen 1994a; s. o. unter Denkspiele das Tablet-App CUT THE ROPE).

Am Beispiel des Newton-Pendels kann gezeigt werden, in welchen Fällen eine digitale Simulation der Realität überlegen ist und damit sinnvoll sein kann. Das bekannte Schreibtischspielzeug des Newton-Pendels (vgl. Abb. 4/25) wird sich realiter niemals gemäß der ›reinen Physik‹ verhalten, wenn man Kugeln an ihm auslenkt und ihr Schwingungsverhalten beobachten möchte. Die Gesetze der Impuls- und Energieerhaltung in einem mechanischen System werden im Rahmen der elastischen Impulsübertragung beeinflusst von Reibungskräften, die in kurzer Zeit zu einem ›chaotischen‹, jedenfalls kaum mehr differenziert beobachtbaren Flugverhalten und sehr bald zum Stopp der Schwingungen führen. In einer Simulation hingegen können beispielsweise die Parameter der Reibung gänzlich ausgeschaltet und die Geschwindigkeit der Schwingungen beliebig eingestellt werden – das Pendel schwingt gleichmäßig und anhaltend. Warum aber sollte man so etwas beobachten?

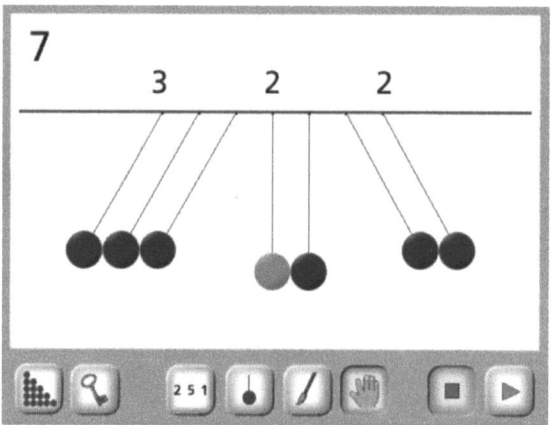

Abb. 4/25: Simulation des Newton-Pendels (© A. Hoffmann/digital ambient)

Das Newton-Pendel ist geeignet, zur Konstruktion arithmetischer Konzepte anzuregen, die in enger Beziehung zu dem konkreten Spielgerät, ausgiebigen Aktivitäten und einem hohen arithmetischen Gehalt stehen – verbunden mit der Schlichtheit des Pendel-Apparats und der daraus resultierenden einfachen und sofortigen Handhabbarkeit (real wie digital). »Die Arithmetik-bezogenen Möglichkeiten des Pendels bzw. seiner Simulation, die Gelegenheiten zum ›Mathematiktreiben‹ bieten, sind äußerst reichhaltig und substantiell. Sie betreffen etwa: die systematische Ermittlung von Zahlzerlegungen; die Bestimmung der Anzahl zwei- bzw. dreigliedriger Zerlegungen bei Modellen mit n Kugeln – bis hin zu ihrer formalen Bestimmung als ›Kombination mit Wiederholung‹ und ›Herausrechnung‹ der doppelt gezählten aufgrund der Symmetrie des Sachverhaltes; und schließlich tauchen bei der Betrachtung über die (von der Software simulierten) Modellgrößen von 1 bis 10 Kugeln Zahlen-›Muster‹ auf: Dreieckszahlen, Quadratzahlen, Rechteckzahlen, Quasiquadratzahlen« (Krauthausen 1995a, S. 272; zur Konkretisierung vgl. Krauthausen 1994c/d).

Die Simulation aus Abb. 4/25 stammt vom Ende der 1990er-Jahre und war eine Computersoftware (Tablet-Apps waren seinerzeit noch jenseits der Vorstellungskraft). Es handelte sich nicht um eine kommerziell vertriebene Software, sondern (wie die Originalversion von 1992) um ein Forschungsinstrument für Fragen zu arithmetischen Vorkenntnissen von Erstklässlern (vgl. Krauthausen 1994b/c/d u. 1995). Heutzutage sind die grafischen Möglichkeiten weit fortgeschritten, und *Newton's Cradle* ist als App auf dem Tablet angekommen (Lynch 2009; vgl. Abb. 4/26).

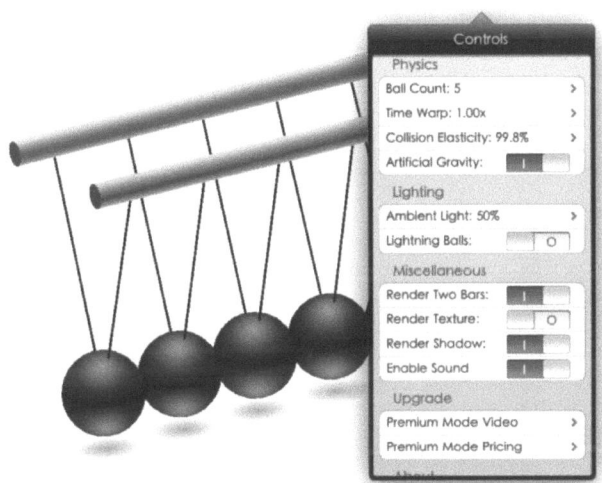

Abb. 4/26: NEWTON'S CRADLE (Lynch 2010)

Neben der wesentlich realistischeren 3D-Darstellung sind vielfältige Voreinstellungen möglich. Das Modell kann zudem nicht nur mit den Fingern ausgelenkt (*Direct Manipulation*), sondern (mit Hilfe von zwei Fingern) auch vergrößert/verkleinert sowie frei im Raum gedreht und (wozu auch immer ...) sogar kopfüber betrieben werden. Bei aller möglichen Sympathie für derartige Fortschritte kann man jedoch sagen: Der Zugewinn des Pendels aus Abb. 4/25 verglichen mit der Variante aus Abb. 4/26 ist im Wesentlichen ein *rein technischer*. Die fachliche und fachdidaktische Substanz sowie die Vielfalt der Aktivitäten für die Untersuchung arithmetischer Muster waren sogar bei der früheren Experimentalversion größer. Das liegt daran, dass Werkzeuge für die Untersuchung der Zahlenmuster zur Verfügung standen (Start-/Stopp-Taste, Färbung beliebiger Kugeln, nummerische Kodierung des aktuell verwendeten Modells und seiner Zustände; vgl. Abb. 4/25). Diese Werkzeuge fehlen verständlicherweise bei einer Simulation, die nicht primär für didaktische Verwendungszusammenhänge konzipiert wurde. Das zeigt aber auch erneut: Es sind nicht zwangsläufig immer die neuesten technischen Errungenschaften, die eine IT-Anwendung auch zu einer didaktisch legitimierbaren Applikation machen. Wird der Primat der Didaktik berücksichtigt, kann manches, was technisch möglich wäre, für das Lernen und Lehren dennoch entbehrlich oder sogar kontraproduktiv sein. Für die Untersuchung der oben angedeuteten arithmetischen Muster wäre also auch heute die ›alte‹ Variante aus den späten 1990er-Jahren geeigneter – und das natürlich erst nachdem die Kinder ausgiebigen Umgang mit einem realen Modell des Pendelstoßapparates gehabt haben.

›Seiteinsteiger‹-Apps‹

Mit diesem Begriff könnte man Anwendungen bezeichnen, die nicht primär für Unterrichtszwecke entwickelt wurden, gleichwohl aber Elemente enthalten können, die einen – punktuellen und zielgebundenen – Einsatz im Unterricht sinnvoll erscheinen lassen.

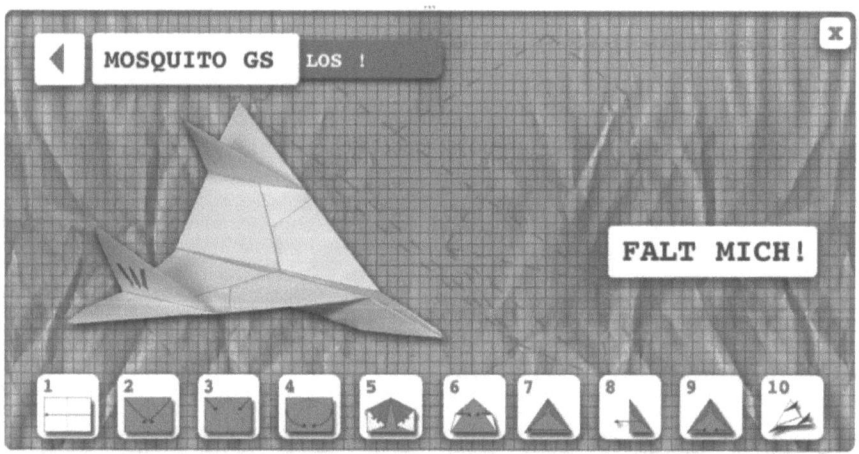

Abb. 4/27: PAPER PLANE PROJECT – Faltanleitungen für Papierflieger

Solche Apps sind also durch mehr oder weniger mathematische Substanz und mehr oder weniger bewusste pädagogische Intentionen charakterisiert. Auch das oben thematisierte Pendel könnte zu dieser Kategorie gezählt werden: Seine reichhaltige mathematische Substanz ist gewiss nicht für jeden auf Anhieb erkennbar, der ein solches Spielgerät auf dem Tisch sieht und ein paar Kugel auslenkt; vielleicht war sie nicht einmal den Entwicklern der App bewusst. Mit dem Hintergrund einer fachdidaktischen Expertise jedoch können sich dann auch didaktisch sinnvolle Verwendungszusammenhänge ergeben, wenn sie von entsprechenden Experten herausgearbeitet und aufbereitet werden.

Ein anderes Beispiel ist etwa die App PAPER PLANE PROJECT (Werksrakete 2011; Abb. 4/27), entwickelt von einem Studio für angewandte Medien im Raum, also ohne plausible Nähe zum Mathematikunterricht der Grundschule. Worum geht es? Die App enthält Faltanleitungen für sechs unterschiedliche Papierflieger in drei verschiedenen Schwierigkeitsgraden. Jede Faltanleitung besteht aus zehn Schritten, die schematisch dargestellt sind und die man flexibel durch Antippen aufrufen kann. Die Faltsituation des ausgewählten Schritts wird sodann als Standbild vergrößert angezeigt und parallel durch ein Video dokumentiert. Der Nutzer entscheidet, wann und wie schnell welcher Schritt eingeblendet wird.

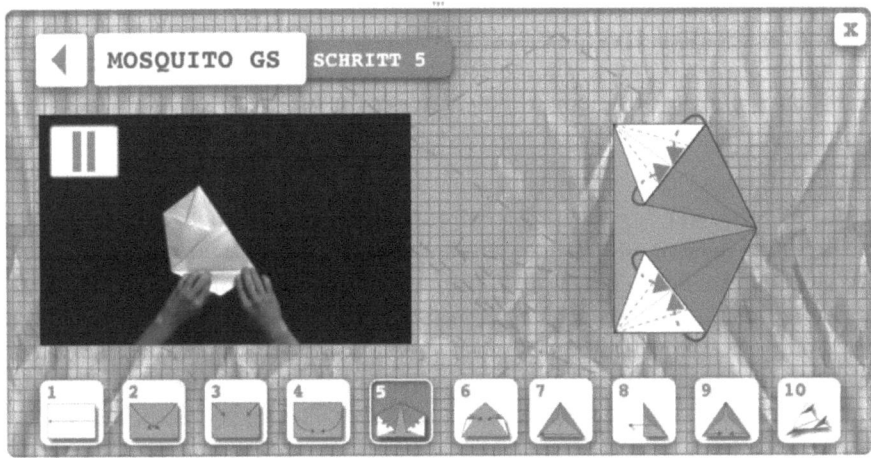

Abb. 4/28: PAPER PLANE PROJECT – Schemazeichnung und Video

Wie lässt sich diese App unterrichtlich sinnvoll einordnen? Das Thema Papierfalten ist bereits im Kindergarten aktuell und kann in der Grundschule zu einer Arbeitsumgebung der ebenen Papierfaltgeometrie ausgebaut werden, die über ihren Beitrag zum Mathematikunterricht hinaus auch Vernetzungen mit Zielen des Deutsch-, Kunst- oder Sachunterrichts realisieren kann (vgl. Wollring 2000). Die Papierflieger haben als solche einen *Werksinn*, weil »die gefalteten Stücke einen Sinn als künstlerisches Objekt, als Geschenk oder als Bestandteil eines anderer sinnvollen Objektes haben, der in der Lebenswelt der Kinder anerkann [sic!] ist« (ebd., S. 26). Ihren *mathematischen Sinn* als mathematisch substanzielle Arbeitsumgebung erhalten die Papierflieger dadurch, dass »bei den Faltkonstruktionen Symmetrie ein zentrales Herstellungsprinzip ist oder wenn räumliche Objekte erstellt werden oder wenn Raumvorstellung wesentliche Voraussetzung für das Erstellen der Objekte ist« (ebd., S. 43).

Die einzelnen Faltschritte der App PAPER PLANE PROJECT entsprechen den einzelnen Herstellungsphasen eines Faltdokuments, sie erzählen die »Verwandlungsgeschichte zu einer Figur« (ebd., S. 44) und machen den Konstruktionsvorgang nachvollziehbar. Faltanleitungen in diesem Sinne stellen ein Produktformat dar, das eigens zum Unterrichtsgegenstand gemacht werden kann. Sie rücken den geometrischen Hintergrund in den Vordergrund der Diskussionen und leisten damit einen Beitrag zum bewussten Reflektieren und Lernen: »Ein Schwerpunkt sollte auf der Reflexion des Konstruktionsprozesses liegen. Dabei zeigt sich, dass ein wesentlicher Vorteil der Papierfaltgeometrie darin liegt, dass die Kinder ihre Faltkonstruktionen auf elementare und kindgemäße Art artikulieren können, so entstehen Faltdokumente« (ebd., S. 45).

Vier Möglichkeiten beschreibt Wollring (2000) insgesamt zum Nachbau von Faltobjekten: Vormachen, Benutzen gedruckter Vorlagen, Nachbauen nach Mustervorgabe (rückwärts falten, dann vorwärts falten) und – vom Autor als der beste Weg bezeichnet – das Nutzen eines Faltdokuments wie z. B. das Faltbuch oder das Faltplakat. Bevor diese Option genauer betrachtet wird, ein kurzer Blick darauf, welche der Optionen sich digital repräsentieren lassen:

Die App PAPER PLANE OBJECT enthält fast alle o. g. Möglichkeiten: Das Vormachen übernimmt das Video des Faltvorgangs – an jeder beliebigen Stelle anzuhalten und beliebig oft abzuspielen (links in Abb. 4/28). Die gedruckten Vorlagen werden im rechten Teil des Bildschirms sichtbar, wobei Talfalten, Bergfalten und Pfeile zur Kennzeichnung genutzt werden. Das Nachbauen nach Mustervorgabe kann von der App naturgemäß nicht angeboten werden[40], da es dazu eines realen Modells bedarf, das zunächst rückwärts aufgefaltet und danach vorwärts zusammengefaltet wird. Das Faltdokument ist aber wieder repräsentiert durch die Abfolge einzelner Faltschritte im unteren Teil des Bildschirms.

Die App gibt dieses mehrteilige Faltdokument vor. Bei ihrer Integration in einen unterrichtlichen Zusammenhang lässt sich zur Intensivierung und Vertiefung der didaktischen Substanz eine ganze Reihe zusätzlicher Zielsetzungen und wertvoller Lernanlässe berücksichtigen. Denn nach dem Konstruieren der eigentlichen *Objekte* (hier: Papierflieger) stellt die Konstruktion der zugehörigen *Faltdokumente* eine neue Anforderung mit eigenem didaktischem Wert dar. Wollring (2000, S. 46) nennt Faltbücher oder Faltplakate »Texte mit ikonischer und taktiler Dimension«. Anstelle einer verbalen Beschreibung des Konstruktionsvorgangs werden die einzelnen Herstellungsphasen in Bildfolgen zerlegt. Dies kann durchaus unterschiedlich geschehen: sehr kleinschrittig und detailliert (hochauflösend) oder in größeren Schritten (niedrigauflösend).

---

[40] Es ließe sich höchstens simulieren, wenn das Video rückwärts abzuspielen wäre.

Die Gütekriterien für ein Faltbuch/-plakat, also die Frage, was ein Faltdokument zu einem ›guten‹ Faltdokument macht, können zum Gegenstand unterrichtlicher Kommunikation gemacht werden. »Unabhängig von den feinmotorischen Fähigkeiten konnten wir beobachten, daß sich in der gemeinsamen Arbeit […] eine ›geometrische Argumentationskultur‹ entwickelte, deren Effizienz die Kinder in hohem Tempo steigerten« (Wollring 1997, S. 39). Die Güte eines Faltdokuments lässt sich natürlich handgreiflich-pragmatisch dadurch überprüfen, inwieweit es gelingt, mit Hilfe der von anderen Kindern erstellten Faltdokumente das Objekt korrekt nachzubauen. Gleichwohl könnte das Dokument aber noch Redundanzen oder Lücken enthalten, die vom Nachbauenden sozusagen selbstständig übergangen oder aufgefüllt werden müssten.

> »Zu hoch auflösende Plakate, die jeden kleinen Faltschritt dokumentieren sind nicht nur aufwendig herzustellen, sondern belasten darüber hinaus den Adressaten durch zu viel Redundanz. Zu niedrig auflösende Faltplakate vermitteln nicht die zum Nachbauen nötige Information.
>
> In der Aufgabe ein solches Faltdokument aus der Reflexion des eigenen Konstruierens für andere zu gestalten liegt die eigentliche Kreativitätsforderung in der Papierfaltgeometrie.
>
> Das Herstellen eines Faltdokuments ist eine substanzielle Arbeitsumgebung für den Mathematikunterricht, die nahezu alle Anforderungen einer handlungsorientierten, kooperativen, entdeckenden und konstruierenden Arbeitsform erfüllt« (Wollring 2000, S. 46).

Die gezielte Auseinandersetzung mit Gütekriterien kann dabei als Pendant oder Vorbereitung für das Verfassen sprachlicher Texte verstanden werden, denn Faltdokumente »erweisen sich als kindgemäße Konstruktionsbeschreibungen, als eine effiziente Form nonverbaler Texte, an die sich das Versprachlichen und das Einführen von Fachausdrücken anschließen lässt« (ebd., S. 47).

Im Zusammenhang mit der Papierfaltgeometrie sei zudem auch noch auf Origami hingewiesen (vgl. Wollring 1997). Allein im Apple App Store finden sich dazu über 60 Apps (mit unterschiedlicher Qualität und Eignung für eine unterrichtliche Integration).

4.4.3 Interaktive Whiteboards

Die Tradition der Präsentationsmedien reicht zurück bis zur klassischen Schultafel. Kein Klassenraum wird sich heute ohne eine große Wandtafel finden lassen, entweder in der traditionellen grünen ›Schiefer‹-Oberfläche zum Beschriften mit Tafelkreide oder als kunststoffbeschichtetes Whiteboard für spezielle

Faserschreiber. Auf dem Weg zum interaktiven Whiteboard findet man den ebenso weit verbreiteten Tageslichtschreiber oder Overhead-Projektor (OHP), Flipcharts für kleinere Notizen, das Episkop (früher) oder moderne Dokumentenkameras (heute), die auch parallel zum PC mit Beamer oder eben dem interaktiven Whiteboard genutzt werden können.

Was ist und was kann ein interaktives Whiteboard?

Interaktive Whiteboards könnte man vereinfacht als Kombination einer Wandtafel und eines Computers beschreiben. Alles, was auf einer Wandtafel möglich ist, lässt sich auch am interaktiven Whiteboard tun. Und alles, was auf einem PC oder Laptop läuft, lässt sich auch am Whiteboard darstellen. Letzteres wäre aber erst einmal wenig mehr als eine klassische Beamer-Präsentation. Das Entscheidende bei *interaktiven* Whiteboards ist nun, dass die projizierten Inhalte an der Tafel vielfältig bearbeitet und dynamisiert werden können (s. u.), wozu sich klassische Werkzeuge aus Computerprogrammen (sei es Grafik, Text, Tabellenkalkulation usw.) nutzen lassen – und natürlich nach wie vor auch alle klassischen Aktivitäten, die eine Wandtafel ermöglicht.

Interaktive Whiteboards sind also elektronische Tafeln, die in Kombination mit einem PC oder Laptop und einem Beamer die Möglichkeiten der traditionellen Tafel um zahlreiche Funktionen erweitern. Zum einen können verschiedene *Medienarten* als digitale Ausgangsmaterialien (v. a. *integrativ*) genutzt werden: Text (auch handschriftlicher), Foto, Video, Ton, Diagramme, Animationen, Grafik, Linien. Ihr digitaler Charakter bringt es mit sich, dass vielfältige Möglichkeiten der Präsentation, Integration und Weiterverarbeitung zur Verfügung stehen (vgl. Schlieszeit 2011; Eule/Issing 2005). Darin manifestiert sich dann ein tatsächlich medienbedingter Vorteil, denn derartige Optionen sind durch die klassischen Medien entweder gar nicht oder nur mit kaum zu rechtfertigendem Aufwand zu realisieren.

Konkrete Beispiele sind etwa die Möglichkeit dynamischer Tafelanschriebe, auch mit Einbindung der o. g. multimedialen Elemente, und ihre situative Weiterverarbeitung. So können Vorlagen oder ›Aufhänger‹ für eine geplante Lernsequenz von den Lehrenden in Ruhe am heimischen PC, auf dem die (i. d. R. kostenlose) Boardsoftware (s. u.) läuft, vorbereitet und sinnvoll vorstrukturiert und z. B. auf einem USB-Stick abgespeichert werden. Im Unterricht am Folgetag wird der Stick in das interaktive Whiteboard oder einen PC/Laptop eingesteckt und die Daten sind abrufbar, bleiben aber situativ manipulierbar (durch Lernende und Lehrende), indem die Tafelbildelemente entweder umstrukturiert, mit handschriftlichen Anmerkungen oder Hervorhebungen/Markierungen versehen oder durch neue Elemente der verschiedensten Art erweitert werden können. Da sämtliche Notizen, Grafiken oder allgemein Medienarten (s. o.) als *einzelne Objekte* des Tafelbildes repräsentiert sind, lassen sie sich so auf der

Boardoberfläche vielfältig behandeln (vgl. Schlieszeit 2011, Eule/Issing 2005). Objekte lassen sich …

- verschieben und beliebig positionieren
- in ihrer Größe proportional verändern
- drehen
- kopieren – auch Endloskopien zum Erzeugen beliebig vieler ›Klone‹ von Objekten, die immer wieder und mehrfach benötigt werden (z. B. Geldscheine/Münzen; Vorlagen wie Zahlenstrahl, Punktfelder, Formate wie Zahlenmauern, Rechendreiecke etc.)
- einfügen, ausschneiden, duplizieren
- gruppieren
- spiegeln
- verknüpfen (z. B. mit anderen Aktionen oder anderen Tafelbildern)
- auf übereinanderliegenden Objektebenen platzieren (vergleichbar dem Übereinanderlegen mehrerer Folien)
- an einer bestimmten Stelle verankern (nicht mehr oder nur eingeschränkt verschiebbar)
- beschriften und markieren (mit Text, Linien, Pfeilen, Textmarker o. Ä.)
- auf verschiedenen Hintergründen abbilden (z. B. Rechenkästchen, blanko, Schreiblinien, Millimeterpapier, Koordinatensysteme)
- (partiell) verbergen bzw. zum Vorschein bringen (mit sichtbaren oder unsichtbaren Abdeckungen) oder ›hervorlöschen‹
- fokussieren (durch Spot oder Vergrößerung)
- speichern (auch mehrerer Tafelbilder in einer Datei)

Weitere spezielle Funktionen sind z. B.

- Momentaufnahmen eines Tafelbildes (Screenshots)
- automatische Handschrifterkennung (handschriftlich angeschriebener Text wird automatisch in Druckschrift oder sogar die eingeführte Schulschrift umgesetzt – editierbar und als Objekt wie oben beschrieben zu manipulieren)
- fachspezifische Werkzeuge wie Lineale, Zirkel, Winkelmesser, Geodreieck
- Zugang zum Internet
- Einbinden von Filmen

Technische Restriktionen der ersten Generationen von Whiteboards wie bspw. störender Schattenwurf, Blendung, zu kleine Größe des Tafelbildes, notwendige Vorabentscheidung zwischen Touch- oder Stiftsteuerung, fehlende Multi User-Fähigkeit etc. (es konnte stets nur ein Akteur an der Tafel arbeiten) haben sich durch neuere Boardentwicklungen bereits reduziert und werden erwartbar noch weiter verschwinden. Ein Beispiel: Die neue Generation des ActiveBoard (Promethean) erlaubt mit Multi-Touch-Technologie sowohl Hand- als auch Stiftsteuerung. Das zunehmend sich durchsetzende 16:10-Format entspricht den Monitoren neuerer Laptops und PCs. Größen von 87 und sogar 95 Zoll sind auch für größere Klassenräume geeignet. Es gibt eine elektrische Höhenverstellung und auch eine rollbare Version, die zum einen ohne großen Kraftaufwand zu bewegen ist und zum anderen auch durch Türen der Größe 0,80 m x 2,00 m passt. Auch die bei früheren Modellen v. a. nach Ortsveränderungen schwierige und notwendige Neukalibrierung ist bei den aktuellen Modellen in wenigen Sekunden und unaufwändig erledigt. Ultrakurzdistanz-Beamer, direkt an der Tafeloberkante angebracht, ermöglichen nahezu blendfreies Arbeiten auch dicht an der Tafel. Die Board-Oberfläche besteht aus einer robusten Melanin-beschichtung, die auch manch unabsichtlichen Stoß im Grundschulalltag problemlos aushält. Als Schnittstellen stehen USB und VGA zur Verfügung, so dass Laptop, PC oder USB-Stick mit den vorbereiteten Lernumgebungen angeschlossen werden können. Alles, was auf dem Laptop/PC läuft, ist am Board darstellbar. Je nach Ausstattung enthält ein solches Board auch bereits eingebaute Lautsprecher.

Ein neuer Hype?

Die interaktiven Whiteboards sind in Deutschland, zumal an Grundschulen, noch wenig anzutreffen. In den USA und England werden sie bereits seit Längerem erfolgreich eingesetzt und sind daher auch entsprechend verbreitet. Insgesamt sind derzeit ca. 6 % der deutschen Klassen mit interaktiven Whiteboards ausgestattet (zum Vergleich: England 70 %; vgl. Schlieszeit 2011; S. 14).

Vor einigen Jahren noch fast unbezahlbar, sind die Preise durch größere Stückzahlen deutlich gesunken. Durch Ausstattungsinitiativen einzelner Bundesländer kommen daher inzwischen auch immer mehr Grundschulen in den Genuss solcher digitalen Tafeln, weil die Finanzierung durch Ministerien oder Schulträger oder Sponsoren erfolgt. Im Rahmen des Sonderinvestitionsprogramms ›Hamburg 2010‹ werden bspw. bis Ende 2011 zusätzliche Mittel für die Modernisierung der Medienausstattung von Hamburger Schulen vom Senat zur Verfügung gestellt: 16,7 Millionen Euro für die schulinterne Vernetzung, weitere 5,6 Millionen Euro für interaktive Medien. Schulen können daraus Gelder für die Installation interaktiver Whiteboards verwenden – Voraussetzung ist allerdings die Erstellung eines Medienentwicklungsplans (LI 2011). Vorausgegangen war ein zweijähriger Modellversuch, an dem 39 Schulen aller Schulformen (darunter nur zwei Grundschulen) mit über 100 Smartboards teilnahmen. Im Jahre 2009 waren 75 Hamburger Schulen ausgerüstet und bis 2011 sollten in allen 351 staatlichen Schulen drei bis sieben Boards im Einsatz sein (Hoffmann 2009).

Aber es ist auch hier nicht anders als bei anderen Medien: Die Ausstattung ist das eine, die Akzeptanz durch die Lehrpersonen sowie das Vorhandensein didaktischer Konzepte ist andere, wobei die beiden letzten Punkte natürlich auch in Abhängigkeit stehen. Und ebenso werden, wie bei jedem Medium zuvor, von der absatzinteressierten Industrie die Vorzüge der Geräte und ihre didaktisch-methodischen Möglichkeiten hoch gelobt. Gleichwohl gibt es auch kritische Stimmen (frontale Multimedia-Show, zu hohe Kosten, Technikfetischismus, zu starke Strahlenbelastung, zu viel Aufwand bei der Stundenvorbereitung; vgl. Hoffmann 2009). Im Vordergrund steht dabei oft die Frage, ob denn die digitale Tafel nicht erneut den frontalen lehrerzentrierten Unterricht favorisiere bzw. fördere. »Letztendlich ist es aber nicht die digitale Tafel, die einen lehrerzentrierten Unterricht unterstützt, sondern vielmehr die Art und Weise, wie der Lehrer seinen Unterricht gestaltet und durchführt. Nicht das Whiteboard ist lehrerzentriert, sondern der Lehrer, der es nicht richtig einsetzt« (Schlieszeit 2011, S. 16 f.). Damit wird deutlich: Die für die meisten Lehrpersonen neue interaktive Wandtafel ist, anders als die klassische, nicht spontan und nur intuitiv zu benutzen, eine grundlegende Schulung ist erforderlich und sinnvoll, damit die prinzipiellen Möglichkeiten des Mediums auch – im Einklang mit einem zeitgemäßen Lehr-Lern-Verständnis! – zum Nutzen der Sache und der Lernenden eingesetzt werden können.

Boardsoftware und Unterrichtsmaterialien

Interaktive Whiteboards sind auf Software angewiesen. Zu unterscheiden sind dabei die Treibersoftware und die Boardsoftware: »Allein die Treibersoftware ist dafür verantwortlich, dass die genaue Position des Mauszeigers errechnet und angezeigt wird. […] Die Treibersoftware ist in der Regel unabhängig von der mitgelieferten Boardsoftware« (Schlieszeit 2011, S. 25). Die Treibersoftware versieht ihren Dienst bei der Nutzung des interaktiven Whiteboards also eher im Hintergrund und drängt sich höchstens dann ins Bewusstsein der Anwender, wenn die Gesten- bzw. Stiftsteuerung zu unpräzise arbeitet (mangelhafte Kalibrierung) und das Gefühl der ›direkten Manipulation‹ der Tafelobjekte beeinträchtigt wird. Die Boardsoftware hingegen ist die permanent sichtbare Schnittstelle für die Interaktion mit dem Board. Und daher ist die Frage hier virulent: »Wie intuitiv und praxistauglich ist die jeweilige Boardsoftware? Einen gewissen Lernaufwand haben Sie bei jeder Software, doch gibt es große Unterschiede« (ebd., S. 22).

Die Situation wird auch dadurch nicht übersichtlicher, dass es derzeit über 15 verschiedene interaktive Whiteboards am Markt gibt – mit unterschiedlichen Techniken (analog-resistiv; elektromagnetisch; trigonometrisch; kapazitiv) und unterschiedlichen Begriffen für ein und dasselbe Medium (ebd., S. 20 f.). Jede Variante hat ihre eigene (Treiber- und Board-)Software und auch ihre spezifische Steuerung – mit Hilfe eines speziellen Stiftes (Stiftsteuerung), mit Hilfe des Fingers (Touchsteuerung) oder beides (Multi-Touch).[41]

Insofern besteht ein großer Bedarf, von dieser Vielfalt und Ausdifferenziertheit der Lösungen wegzukommen und stattdessen einheitliche Standards bzw. Board-unabhängige Softwarelösungen zu entwickeln, die sich dann bspw. online anbieten und dadurch auch einfacher aktualisieren ließen. Das wäre nicht nur für die Anwender ein großer Vorteil, sondern auch für die Anbieter von Unterrichtsmaterialien: Denn unabhängig von der Boardsoftware sind die Schulbuchverlage derzeit noch recht zurückhaltend, was die Entwicklung und Bereitstellung von sinnvollen Begleitmaterialien für interaktive Whiteboards passend zum Lehrwerk angeht (Hoffmann 2009). »Verlage wären eher bereit, Inhalte für eine boardunabhängige Software zu entwickeln, die jeder einfach und schnell im Zugriff haben kann, und müssten sich nicht an einen Boardhersteller und dessen Boardsoftware binden« (Schlieszeit 2011, S. 128 f.).

Beispiele

Welcher Gewinn lässt sich für den Mathematikunterricht erwarten? Nur einige Optionen sollen exemplarisch kurz angedeutet werden. Vor allem scheinen für unten genannte Kategorien sinnvolle Optionen gegeben zu sein. Die Beispiele besagen nicht, dass dies in einem frontalen Unterricht ›gelehrt‹ wird oder werden sollte – im Gegenteil: Nach hinreichend ausführlichen Phasen der Eigentätigkeit und des gemeinsamen Erkundens seitens der Kinder, sind aber auch Plenumsphasen notwendig (und heutzutage zu Unrecht diskriminiert), in denen i. S. des sozialen Lernens von- und miteinander zuvor gemachte Erfahrungen der Klasse (oder Teilen davon) präsentiert und v. a. zur Diskussion gestellt werden. Und solche Phasen sind sinnvollerweise, weil zur gemeinsamen Ansicht prädestiniert, an einem interaktiven Whiteboard möglich.

---

[41] Eine empfehlenswerte Einführung in die Technik, aber auch in die didaktisch-methodische Nutzung interaktiver Whiteboards findet man bei Schlieszeit (2011). Der Autor ist erfahren im unterrichtlichen Einsatz von interaktiven Whiteboards und beschäftigt sich bereits seit vielen Jahren mit diesen Fragen. Ebenfalls zu empfehlen, insbesondere was aktuelle Trends und Materialien betrifft, ist das von ihm initiierte Portal für interaktive Whiteboards und Medien *myBoard*. Dabei handelt es sich um »das erste unabhängige, deutschsprachige Internetportal rund um das Thema interaktive Whiteboards und interaktive Medien für Lehrer, Trainer und Unternehmen. myBoard bietet Ihnen individuelle Beratung, Schulungen, Trainings, aktuelle Informationen, Hintergrundwissen, hilfreiche Tipps, nützliche Links, Video-Trainings und boardunabhängige Materialien zu allen interaktiven Whiteboards und interaktiven Medien« (www.myboard.de/start.html).

Dynamisierung von Mustern und Strukturen

Das Verständnis für Muster und Strukturen als zentrale Leitidee der Bildungsstandards sowie die Grundlegung eines Begründungsbedürfnisses lassen sich in besonderer Weise durch so genannte inhaltlich-anschauliche Beweise fördern. Dies ist auch und gerade auf Grundschulniveau eine altersangemessene und wichtige Vorgehensweise. »Wenn wir es nämlich nicht erreichen, bei einer Mehrheit von Schülern/Studenten ein Bedürfnis nach Begründungen, Erklärungen, ›Verursachungen‹ und damit also nach Einsicht und prinzipiellem Denken zu wecken, so ist kaum erkennbar, welchen Sinn ein Mathematikunterricht, der für alle obligat ist, noch haben könnte« (Winter 1983, S. 64).

Die Inhalte des Mathematikunterrichts in der Grundschule stecken voller Elementarer Zahlentheorie. Und diese Königsdisziplin der Mathematik wurde von den Griechen nicht mit Hilfe von Werkzeugen entwickelt, wie wir sie heute benutzen (Sprache der Algebra). Sie wurde entwickelt, indem Muster aus kleinen Steinen in den Sand gelegt wurden (man spricht daher auch von der ›Steinchen-Arithmetik‹ als der Wiege der Zahlentheorie; vgl. Becker 1975), um daraus Erkenntnisse zu gewinnen, die nicht nur bis heute Gültigkeit haben, sondern auch ihren eigenen ästhetischen Reiz. Die Beispiele aus Conway/Guy (1997) etwa zeigen sehr schön, wie man Arithmetik und Algebra *geometrisch* betreiben kann und wie Bilder schöne Beweise bereitstellen können. Alles, was man in der Grundschule dazu benötigt, sind geeignete Problemstellungen (vgl. z. B. Wittmann/Müller 1990 u. 1992) – wegen der Nähe zur Zahlentheorie sind Aufgabenumgebungen aus dem Bereich der figurierten Zahlen[42] besonders gut geeignet (vgl. Steinweg 2002; Steinbring 2000) – und Wendeplättchen anstelle der Steinchen bei den Griechen. Mit derartig zu führenden ›Plättchen-Beweisen‹ lassen sich Aufgaben auf Grundschulniveau erforschen und Muster begründen, was keineswegs ›Kleinkinder-Mathematik‹ ist, sondern das quasi-algebraische Pendant elementarer zahlentheoretischer Zusammenhänge (und auch ein von Fachmathematikern anerkanntes Vorgehen; vgl. Nelsen 1993 u. 2000).

Bei solchen Punktmuster-Beweisen geht es häufig darum, einen Ausgangszustand, der mit Plättchen gelegt werden kann, durch geschickte Manipulation (Umlegen, Umsortieren) in einen gewünschten oder behaupteten Zielzustand zu überführen (vgl. Krauthausen 2001). Plättchen-Beweise sind oft (aber nicht notwendigerweise) *dynamische* Beweise. Die Transformationen oder auch bestimmte Zwischenzustände können am interaktiven Whiteboard sehr anschau-

---

[42] »Figurierte Zahlen stellen ein wichtiges Kulturerbe dar, da sie vielfältige Zugänge zur Sicht der Mathematik als Wissenschaft von den Mustern ermöglichen« (Steinweg 2002, S. 129). Sie »sollten zunehmend in ihrer geschichtlichen Tradition ernst genommen werden, um Kindern in diesem Sinne ›authentische‹ Aufgaben als Denk- und Tätigkeitsanreiz anbieten zu können« (ebd., S. 131).

lich dargestellt und durchgeführt werden – in flexibler Kombination mit Farben, Hervorhebungen, Beschriftungen. Vor allem die Optionen der Gruppierung von Elementen und des dadurch einfachen Verschiebens/Drehens solcher Gruppen, ohne dass die diversen Plättchen auseinander- oder herunterfallen, tragen zur Fokussierung auf das Wesentliche bei und nutzen medienspezifische Vorteile des Boards.

Aber auch das *Fortsetzen von Mustern* kann bereits sehr früh eine sinnvolle Aktivität darstellen. Steinweg (2002) hat dazu einen zweimonatigen Unterrichtsversuch in zwei 2. Klassen mit interessanten Ergebnissen durchgeführt. Fortzusetzen waren (vgl. Abb. 4/29) die Folge der Quadratzahlen (1. Klasse), die Folge der Dreieckszahlen (2. Klasse), die Folge der Rechteckszahlen (3. Klasse) und die Folge der ›Treppen‹-Zahlen[43] (4. Klasse).

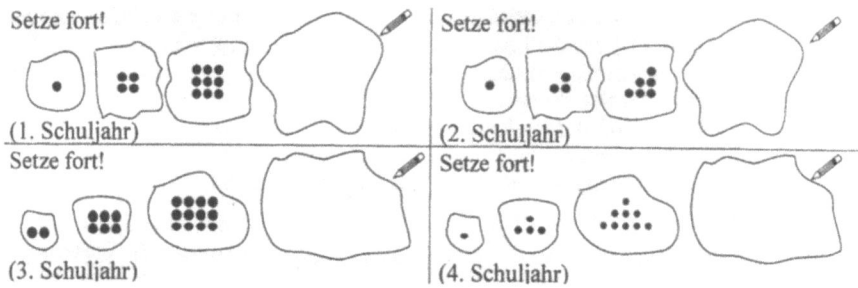

Abb. 4/29: Fortsetzen von Folgen figurierter Zahlen (aus: Steinweg 2002, S. 135)

Bereits die ersten Repräsentanten der jeweiligen figurierten Zahlen mit konkreten Wendeplättchen zu legen und zu bewegen, kann recht aufwändig und unhandlich werden. Und weil die Kinder keineswegs, wie man vielleicht vermuten würde, immer nur die ›natürliche‹ und folgerichtige Fortsetzung wählen[44], ist es nützlich, Gruppierungen, Größenveränderungen und gruppiertes Verschieben vornehmen zu können, Zustände zwischenzuspeichern und vergleichend nebeneinanderzustellen. All dies erlaubt das interaktive Whiteboard in einer Weise, die den Blick auf der Sache belässt und im Prinzip dem handwerklichen Tun ebenso wenig Aufmerksamkeit zuteilwerden lässt wie beim Hantieren mit konkreten Wendeplättchen.

---

[43] Bestehend aus jeweils zwei benachbarten Dreieckszahlen.
[44] Keiner der 15 beteiligten Erstklässler ergänzte 16 Punkte in der erwarteten ›üblichen‹ Form (vgl. Steinweg 2002, S. 136 f.).

Ordnen und Sortieren

Im Rahmen einer Unterrichtsreihe zu Rechendreiecken haben die Kinder sowohl an offenen Aufgabenstellungen als auch an problemstrukturierten Forschungsaufträgen gearbeitet (vgl. Krauthausen/Scherer 2010a; Scherer/Krauthausen 2010). Der Austausch im jeweils anschließenden Plenum war jener fruchtbare didaktische Ort, an dem gemeinsam tiefer in die mathematischen Strukturen und Begründungszusammenhänge eingedrungen werden konnte. Hierzu bedurfte es zahlreicher Beispiele (hier: verschiedener, von den Kindern zuvor bearbeiteter konkreter Rechendreiecke), die dargestellt, geordnet, umsortiert oder mit anderen Werten belegt werden mussten. Schnell war die Wandtafel gefüllt, und übersichtlicher wurde sie durch die zahlreichen Änderungen auch nicht gerade.

Am interaktiven Whiteboard hingegen ließen sich Blanko-Formate des Rechendreiecks als ›Endlos-Klone‹ aus dem Menü abrufen und an einer beliebigen Stelle des Boards platzieren. Das mehrfache Zeichnen (das in der Eile oft zu recht ungenauen Gebilden führt, wodurch durchaus die Lesbarkeit bis hin zum Verständnis tangiert sein kann, wie etwa bei der Ausweitung des Formats auf Rechenfünfecke und Rechensechsecke (vgl. Krauthausen/Scherer 2010b, S. 27) entfällt, weil ad hoc saubere Kopien des Grundformats verfügbar sind. Die Belegung mit konkreten Zahlen erfolgt, wie an einer Tafel gewohnt, mit dem Stift oder dem Finger (je nach Steuerung des Boards).

Fertig ausgefüllte Rechendreiecke werden gruppiert und damit zu einem Objekt, das mit o. g. Mitteln manipuliert werden kann: Zusammengehörige Dreiecke werden mit dem Finger an einen anderen Ort verschoben, dort sortiert angeordnet, evtl. proportional verkleinert und mit einem gemeinsamen Namen versehen (z. B. ›nur ungerade Innenzahlen‹).

Für die Betrachtung und Begründung operativer Zusammenhänge oder Muster lassen sich ausgefüllte Rechendreiecke intentionsgerecht anordnen und bestimmte Teilfelder, die für bestimmte Wirkungen einer Operation verantwortlich sein mögen, farblich füllen oder anderweitig hervorheben. Dadurch lässt sich die Wahrnehmung fokussieren und auch umfokussieren, wenn andere Sichtweisen in die Diskussion gebracht werden. Und dies alles ohne den weißen und farbigen Kreidestaub sowie ständiges Auswischen und Neuzeichnen.

Die Möglichkeiten, die das interaktive Whiteboard hier insgesamt bietet, erlauben die Konzentration auf das Wesentliche, die Muster und Strukturen, ihre Beschreibung und Begründung. Alternative Sichtweisen sind unaufwändig darzustellen. Alles bleibt übersichtlich und sauber strukturiert (es gibt auch eine ästhetische Motivation in der Motivationstheorie, und Strukturiertheit ist ein wesentlicher Faktor für gelingende Lernprozesse), Zwischenergebnisse können, z. B. als Aufhänger für den nächsten Tag, abgespeichert oder später nachbearbeitet werden. Und nicht zuletzt wird es möglich, an einem gemeinsamen Text zur Frage »Was fällt auf und warum ist das so?« zu arbeiten.

Wahrnehmen und Veranschaulichen

Arbeits- und Anschauungsmittel werden in ihrer Funktion zur Zahldarstellung, als Rechenmittel sowie als Argumentations- und Beweismittel benutzt (vgl. Krauthausen/Scherer 2007). Dabei spielen der Aufbau mentaler Bilder und das mentale Operieren eine herausragende Rolle. Und die dazu erforderliche Wahrnehmung ist ideosynkratisch, d. h., das Wahrnehmungsergebnis ist einem wahrzunehmenden Objekt nicht aufgeprägt, sondern wird vom *individuellen* Wahrnehmenden mental konstruiert. Von daher ist der Satz »Nun schau doch mal genau hin!« meist nur wenig hilfreich, weil man nicht durch angestrengteres Hinschauen zu Erkenntnissen gelangt, sondern durch einen individuellen Konstruktionsakt. Daher gilt schon eher der Satz: »Man sieht nur das, was man weiß« bzw. wenn man das Wahrzunehmende mit Vorwissen oder Vorerfahrungen in Verbindung bringen kann (s. u.).

Wahrnehmungsübungen sind von großer Bedeutung, v. a. im Anfangsunterricht. Ein interaktives Whiteboard kann hier gute Dienste leisten, sei es bei zeitbasierten Darbietungen wie der Übung *Wie viele?* aus dem Blitzrechenkurs oder sei es bei der Suche nach vielfältigen Mustern in Punktefeldern:

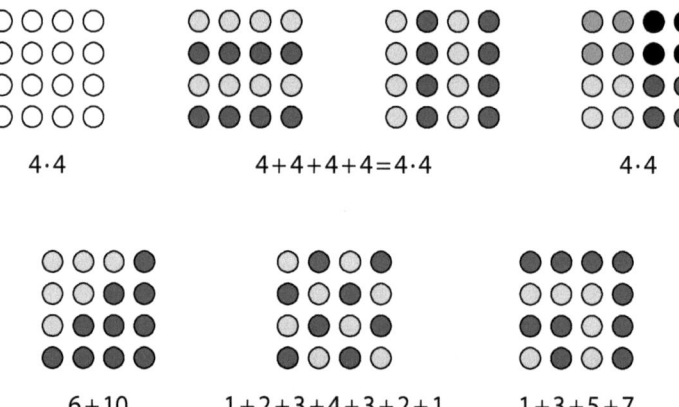

Abb. 4/30: Unterschiedliche Wahrnehmungsweisen des gleichen Punktmusters

Das weiße quadratische 4 x 4-Muster in Abb. 4/30 lässt sich wahrnehmungsmäßig sehr unterschiedlich gliedern. Manche Struktur wird für viele Betrachter naheliegend sein (z. B. zeilen- oder spaltenweise oder die vier ›Würfel-Vieren‹ oben rechts). Die unteren drei Beispiele aber drängen sich evtl. weniger spontan auf. Wer allerdings etwas über Dreieckszahlen weiß, über die Summe benachbarter Dreieckszahlen, über die Summe fortlaufender ungerader Zahlen, der erkennt ›natürlich‹ all dies in den unteren drei Abbildungen wieder. Es geht also nicht etwa nur um das Anschauen, sondern um das *verständige* Anschauen. Die farbig hervorgehobenen Strukturen erkennt man nur durch ihr Hineinsehen (oder ihr Heraussehen, wie man auch sagen könnte), und das ist, um es mit Winter (1998, S. 76) zu sagen: »Der Übergang vom Blick zum Durchblick«.

Eine solche Vielfalt von Darstellungen an einem statischen Grundmuster, v. a. ihre Herstellung, ihre flexible Umorganisation oder Transformation inkl. wechselnder Farbgebung und Zuordnung der Zahlenterme sowie bei gleich bleibend sauberer und übersichtlicher Darstellung, sind mit traditionellen Mitteln nur schwer und v. a. nicht so unmittelbar zu erzielen wie mit Hilfe der Optionen am interaktiven Whiteboard.

Die Flexibilität, d. h. der mögliche experimentelle Zugang, bei dem jedwede Aktion unmittelbar auch wieder rückgängig gemacht werden kann, ist eine der Stärken dieses Mediums. So galt es z. B. in einem Unterrichtsexperiment auf einer Hundertertafel gewisse Zahlen mit verschiedenen Buchstabenschablonen abzudecken, und zwar so, dass sich eine jeweils vorgegebene Summe der abgedeckten Zahlen ergab (vgl. Krauthausen 2003a).

Die Aufgabenstellung bewirkt nicht nur, dass trefflich Addition geübt wird. Wesentlicher in diesem Zusammenhang ist die Frage: Wie kann man die Summe möglichst geschickt ermitteln? Und funktioniert das auch bei anderen Großbuchstaben? Bei allen? Oder welche Eigenschaft müssen sie (warum) haben? Um diesen Fragen nachzugehen, wurden mehrere Schablonen unterschiedlicher Buchstaben benötigt, mussten verschiedene Felder eingefärbt, umgefärbt und entfärbt werden, verschiedene Lösungskonfigurationen sollten festgehalten werden – all dies gelingt auf der interaktiven Tafel leicht und schnell. Auch weiterführende Fragen machen deutlich, wie das Medium des interaktiven Whiteboards für das (in diesem Kontext) eher Sekundäre effektive und ökonomische Möglichkeiten bereitstellte zugunsten der Konzentration auf das Verständnis der relevanten mathematischen Strukturen und ihre Begründungen.

Akzeptanz und Gelingensbedingungen

Jedes neue Medium ist wohl bei seiner Einführung insofern ambivalent, als es zweifellos neue Möglichkeiten mit sich bringen mag, allerdings auch gewisse Nachteile. Das galt und gilt gleichermaßen für den OHP, das Episkop bis hin zur klassischen Wandtafel. Und wie jedes neue Medium polarisieren die interaktiven Whiteboards die Kollegien an den Schulen (Hoffmann 2009). Das ist wenig verwunderlich, nicht nur wegen manch grundsätzlicher Reserviertheit gegenüber Neuerungen, sondern vermutlich auch, weil

- hier ein ausgesprochen traditionelles Medium, das von vielen für unersetzbar[45] gehalten wird, in Frage steht;
- die Selbstverständlichkeit, Regelmäßigkeit und technische Routine, mit der PC, Laptop, Beamer & Co. von Grundschullehrkräften in ihrem Unterricht eingesetzt werden und als ein Medium unter anderen akzeptiert sind, durchaus ambivalent ausgeprägt ist – und dies, obwohl diese Medien bereits seit Längerem nicht nur vor der Türe, sondern in den Klassenräumen stehen;
- das Angebot an Unterrichtsmaterialien durch die Verlage sich auch heute noch in der Phase des Suchens befindet, nicht zuletzt was die Absatzmöglichkeiten betrifft. »Schulmedien-Anbieter entdecken die Bedeutung des Marktes für Material erst« (Hoffmann 2009).
- die vielfältigen Optionen der Boards dazu führen, dass sie nicht mehr nur so intuitiv wie eine Kreidetafel zu benutzen sind, jedenfalls nicht wenn man daran interessiert ist, das Medium sachgerecht und sinnvoll als tatsächliche Bereicherung für Lehr- und Lernprozesse zu nutzen.

Aus all dem resultiert die Notwendigkeit einer qualitativ hochwertigen Lehrerfortbildung. Diese dürfte aber nicht nur aus einer technischen Einführung in die zahlreichen Features des Boards und der Boardsoftware bestehen (Hoffmann 2009). Die zweifellos auch notwendigen Einführungen und Erprobungen des Handlings lassen sich aber auch (und vermutlich am besten) erlernen, wenn sie an alltagsnahen, praxistauglichen, d. h. an ›Ernstfall‹-Situationen erfahren werden können, die erkennbar am didaktischen Konzept eines wünschenswerten Mathematikunterrichts orientiert sind. Damit würde in solchen Fortbildungsveranstaltungen der didaktisch-methodische Fokus gewährleistet und wohl auch die Überzeugungskraft sowie die Nachhaltigkeit erhöht. Denn Lehrkräfte werden sich so lange reserviert verhalten, wie ihnen nicht plausibel gemacht werden kann, dass das neue Werkzeug sie tatsächlich in ihrem Unterrichtsalltag sinnvoll und sachgerecht unterstützt. Das ergab auch der Hamburger Modellversuch, aus dessen Evaluation sich folgende Gelingensbedingungen für einen erfolgreichen Einsatz herauskristallisierten:

- »Es muss eine zuverlässige IT-Infrastruktur vorhanden sein.

---

[45] Von Fachleuten wird empfohlen, ein interaktives Whiteboard nicht in Konkurrenz zur weiterhin zentral angebrachten Kreidetafel hinzu zu montieren, sondern die alte Kreidetafel komplett zu entfernen und an ihren zentralen Platz das Whiteboard zu platzieren. In der Tat kann dieses ja sämtliche Optionen der Kreidetafel ebenfalls bieten – aber eben auch sehr viel mehr. Ein solcher ›Komplettaustausch‹ scheint allerdings manchen Lehrkräfte ein ungutes Gefühl zu bereiten.

- Es muss eine Fortbildung der Lehrer erfolgen, sowohl in der Nutzung der Technik als auch in der Nutzung, Anpassung und Weiterentwicklung der Inhalte. Bei der Fortbildung ist es wichtig, ein Bewusstsein dafür zu schaffen, in welchen Phasen des Unterrichts der Einsatz des Boards sinnvoll ist.
- Die Nutzung der interaktiven Whiteboards muss in die Unterrichts- und Schulentwicklung eingebunden sein, am besten über einen Medienentwicklungsplan.[46]
- Board und Beamer sollten fest installiert sein (optimal höhenverstellbar). Es sollte ein Schutz vor Diebstahl und Beschädigungen vorhanden sein. Es sollte auf ein funktionierendes Unterstützungssystem geachtet werden, sowohl finanziell, technisch wie auch inhaltlich.
- Die Software sollte allen Beteiligten, Lehrern wie Schülern, zur freien Verwendung auf den häuslichen PCs zur Verfügung gestellt werden. Zum Austausch der Inhalte sollte eine internetbasierte Plattform genutzt werden« (LI 2011).

Blick nach vorne

Die zukünftige Entwicklung in diesem Bereich wird – neben der schließlich zu finanzierenden Ausstattung der Schulen – maßgeblich davon abhängen, wie schnell, umfassend und nachhaltig die Lehrkräfte auf den sinnvollen Einsatz dieser noch neuen Optionen vorbereitet werden – bezogen auf ihre IT-, Medien- und Rechtskompetenz (es gibt ggf. ein Copyright für auf dem Whiteboard genutzte Medien!), aber v. a. bezogen auf die didaktisch-methodischen Kompetenzen für einen sinnvollen Einsatz der Medien in einem zeitgemäßen Mathematikunterricht, in dem bei allen technischen Höhenflügen nach wie vor der Primat der Didaktik gelten sollte (vgl. Grafenhain 2009).

Und angesichts der immer stärker beschleunigten Rasanz der (technischen) Entwicklungen ist abzusehen, dass auch die heutzutage vielleicht als Nonplusultra erlebten Technologien morgen bereits überholt sein können (auch das übrigens ein Argument für den Primat der Didaktik statt der Technik!). »Die neuen, flachen LC-Displays mit Touch-Funktionalität bieten z. B. ganz neue Möglichkeiten. Entwicklungen wie das iPad können schon morgen in anderen Ausmaßen die neuen, interaktiven Schultafeln sein – auch werden wir uns in den nächsten Jahren von den bisherigen Beamer-Lösungen verabschieden und mit weitaus kleineren und leistungsstärkeren Systemen arbeiten« (Schlieszeit 2011, S. 38).

---

[46] »Entscheidend ist ein Medien- und Methodenkonzept der Schule, das eine veränderte Lernkultur im Sinne eines individualisierten Lernens fördert« (Iser 2009, S. 75).

4.5 Internet

Laut einer Bestandsaufnahme des BMBF (vgl. Krützer/Probst 2006) aus dem Jahre 2006 verfügten zu diesem Erhebungszeitpunkt knapp 110.000 Computer in Grundschulen (Klassen 1–4) über einen Internetanschluss, das entsprach 52 % aller an Grundschulen verfügbaren PC. Die Zugänge waren zur Hälfte auch so schnell, dass eine Nutzung ohne quälende Wartezeiten beim Laden von Webseiten möglich war (54 % ISDN; 41 % DSL; ebd. S. 21). Im Mathematikunterricht wurde der PC weniger häufig eingesetzt (38 % gelegentlich; 12 % häufig) als im Sprachunterricht (47 % gelegentlich; 19 % häufig) und Sachunterricht (51 % gelegentlich; 28 % häufig; ebd. S. 35). Diese Rangfolge ist übrigens seit 2003 stabil.

Neben spezifischen Angeboten[47] für den Mathematikunterricht, wie z. B. die WisWeb-Applets (vgl. Kap. 4.4.1; Krauthausen/Lorenz 2008), gibt es unzählige Seiten, die mehr oder weniger professionelle Angebote für das Mathematiklernen im Grundschulalter machen – von Knobelseiten bis hin zu mehr oder weniger bekannten unterrichtsalltäglichen Aufgabenstellungen. Ähnlich wie bei Unterrichtssoftware tummeln sich hier auch zahlreiche Laien und Semiprofessionelle, die Grundschulmathematik für trivial genug halten, um sich im Rahmen einer ›Selbstberufung‹ als Entwickler oder Anbieter zu betätigen.

Es soll an dieser Stelle keine umfassende Analyse der Möglichkeiten einer Internetnutzung versucht werden (vgl. dazu Wöckel 2000, wo man übrigens nennenswerte Anregungen für den Mathematikunterricht vergebens sucht), sondern den *Fokus Mathematikunterricht* beibehalten.

Internetprojekte

Was die in der Literatur zu findenden Vorschläge zur Gestaltung von Schulhomepages, Online-Schülerzeitungen, E-Mail- oder Chat-Projekten angeht, so drängt sich hier keine inhaltlich *wirklich* begründete Notwendigkeit für den Mathematikunterricht auf (vgl. Kap. 4.2.5). Mit einer anderen Klasse in weiter Entfernung per E-Mail Mathematikaufgaben auszutauschen oder über Lösungsstrategien zu einer Problemaufgabe zu ›diskutieren‹, stellt weder einen Selbstwert dar, noch ist didaktisch-methodisch die bessere Alternative zu einem entsprechenden Austausch im Plenum der eigenen Klasse oder mit der Parallelklasse vor Ort.

---

[47] Es wird hier weitgehend auf die Angabe von Links verzichtet, denn erstens wären diese recht zahlreich und zweitens zeigt die Erfahrung, dass ihre Halbwertzeit recht kurz ist. Erfolgversprechender, weil aktueller, ist es daher in der Regel, entsprechende Angebote zu googeln.

»In den USA gibt es in den Schulen zahllose Projekte, die zum Ziel haben, dass amerikanische Kinder mit Kindern in Australien oder anderswo über das Internet in Verbindung treten. Sie schreiben Mails hin und her, tauschen sich aus. Damit wird die Illusion geweckt, amerikanische Kinder lernen australische Kinder kennen. Aber das ist es ja nicht. Sie lernen sie nicht kennen. [...] Es findet keine menschliche Begegnung statt, sondern eine Pseudobegegnung. Wenn ich so auf mein Leben zurückblicke, scheint sich tatsächlich vieles zu wiederholen: Dasselbe, was damals über die Möglichkeiten des CB-Radios[48] gesagt wurde, wird jetzt über das Internet gesagt: Jeder hat Zugang zu diesem Medium, es ist ganz neu, es bedeutet eine Unterstützung der Demokratie etc.« (Weizenbaum/Wendt 2006, S. 30 f.).

In aller Regel werden für derartige Versuche, die Internetnutzung in den Unterricht zu ›integrieren‹, mediendidaktische Argumente ins Feld geführt und die Mathematik bzw. das Mathematiklernen lediglich auf eine ›Trägerfunktion‹ reduziert, sie ist aber letztlich beliebig austauschbar. Dieses Phänomen wird übrigens auch für den Projektunterricht ohne Computereinsatz beklagt: »Bezeichnend ist [...] in aller Regel, daß fachbezogenes Wissen – zumindest in seiner fachsystematischen Ordnung – sehr schnell in den Hintergrund gerät. Besonders hart trifft dieses Schicksal die Mathematik, die nur selten ein konstituierendes Element bei der Projektarbeit ist [...]; zwar wird sie in Form einer Hilfswissenschaft gelegentlich eingefordert, selten aber führen Projekte dazu, daß der Bedarf nach einer Erweiterung der mathematischen Handlungskompetenz geweckt und (als Teil des Projekts) auch entwickelt wird« (Baireuther 1996, S. 166 f.).

Internet-Führerscheine

Medienpädagogische Argumente stehen erklärtermaßen auch im Vordergrund von Angeboten, die zu einer sachgerechten Handhabung des Internets befähigen wollen (Stichwort: Medienkompetenz). Zurecht sollten bereits Grundschulkinder mit den Eigenheiten, Möglichkeiten, aber auch Gefahren des Internets vertraut gemacht werden, denn das WWW gehört zweifellos zunehmend zum Erfahrungsbereich von Kindern dieses Alters. Angebote wie der Internet-Surfschein des Internet-ABC e. V. (Landesanstalt für Medien NRW, Düsseldorf) oder das Internet-Seepferdchen der Berliner Senatsverwaltung für Bildung, Wissenschaft und Forschung (Konzeption: Helmut Meschenmoser) stehen für solche Anliegen und machen vertraut mit Basiskompetenzen wie dem Aufruf von Internetseiten, dem Herunterladen von Bildern und Texten, dem

---

[48] Bei uns besser unter dem Begriff CB-Funk bekannt. Seit 1975 waren dazu für jedermann und kostenlos bestimmte Frequenzen zur Funkkommunikation freigegeben. Diese wurde dann später durch das Aufkommen des Internets und der Mobiltelefone verdrängt.

Umgang mit Suchmaschinen oder dem Verwenden einer eigenen E-Mail-Adresse.

Suchmaschinen

Der Gebrauch multimedialer Nachschlagewerke rangiert mit 54 % hinter dem Einsatz von so genannter Lernsoftware (96 %; vgl. Abb. 2/1) an zweiter Stelle der Einsatzformen des Computers in der Grundschule. Dies impliziert v. a. auch die Nutzung von Suchmaschinen. Die bekannteste allgemeine Suchmaschine Google ist aus dem täglichen Leben kaum mehr wegzudenken. Das zeigt auch die Aufnahme des Begriffs ›googeln‹ in den Duden der Ausgabe von 2004, nachdem er sich gleichsam als Oberbegriff für jedwede Recherche im Internet etabliert hatte.[49]

Auch spezielle Suchmaschinen bzw. Wissensportale für Kinder im Grundschulalter sind inzwischen online – einige der bekanntesten: blinde-kuh.de, fragFINN.de, Helles-Koepfchen.de oder wasistwas.de. Hier finden Kinder geschützte Surfräume mit redaktionell gepflegten Seiten. Gibt man exemplarisch einmal ›Mathematik‹ als Suchbegriff ein, bekommt man ein Angebot an Seiten von diversen Anbietern, die – wie sollte es auch anders sein, da es sich ja um Seiten des ›allgemeinen‹ WWW handelt, die lediglich redaktionell gefiltert wurden – das übliche Spektrum repräsentieren: Wie bei der Lernsoftware auch ist häufig nicht erkennbar, ob und inwiefern fachdidaktische Expertise beteiligt war, sowohl was die Angebotserstellung betrifft als auch die Kriterien, mit denen ein Angebot in die ›Whitelist‹ der jeweiligen Kinder-Suchmaschine Eingang gefunden hat. Insofern gilt für diese speziellen Angebote das Gleiche wie für das unbeschränkte Internet, wenn auch durch die redaktionelle Betreuung der Seiten nicht mit dieser Konsequenz: »Etwa drei Fünftel sind Unsinn und ›vermischter Unsinn‹, den ich ›Trübkunde‹ nenne; ein Fünftel ist zwar sinnvoll, aber vergängliche Info, und kaum ein Fünftel besteht aus ernsten Denkfrüchten« (Lem 1996, S. 109). Die wenigen ›Gold-Nuggets‹ aufzuspüren, die für ein zeitgemäßes Mathematiklernen sinnvoll und hilfreich sein können, erfordert viel Zeit und v. a. fachdidaktische Expertise. In keinem Fall kann davon ausgegangen werden, dass das Seitenangebot der Kinder-Suchmaschinen bereits per se didaktisch sinnvoll sei, so dass man es den Kindern überlassen könne, sich auf selbst ausgewählten Seiten dort zu betätigen. Ausgehen kann man lediglich davon, dass die Seiten keine altersunangemessenen Inhalte enthalten.

---

[49] Auf Drängen der Firma Google wurde der Eintrag für ›googeln‹ in der Auflage von 2006 geändert: Der neue Eintrag lautet: ›mit Google im Internet suchen‹ – und nicht (auch mit anderen Suchmaschinen) ›im Internet suchen‹ (vgl. NZZ 2006). Diese Maßnahme wird aber den allgemeinen Sprachgebrauch kaum tangieren.

Wenn man Kinder bei der Beschäftigung mit dem Internet beobachtet (vgl. auch die Beispiele bei Mayrberger 2007), drängt sich der Eindruck auf, dass Ernst (1996) recht hatte mit seiner Beschreibung der Nonstop-Gesellschaft, die Pausenlosigkeit und Beschleunigung zu ihren Leitprinzipien erkoren hat. Es wird hurtig mal hierhin, mal dorthin geklickt, selten konzentriert gelesen, kaum der Navigationspfad im Blick behalten (*lost in cyberspace*), und wenn keine schnelle Befriedigung der Informationsbedürfnisse erfolgt, wird allzu schnell die Lust verloren. Folge dessen ist nicht selten eine zunehmende Oberflächlichkeit der Auseinandersetzung mit den Dingen, mitbedingt durch die immerwährende Verfügbarkeit nicht mehr überschaubarer Mengen an Bildern, Texten, Informationen, die allzu leicht mit Wissen verwechselt werden. Die »Kulturtechnik des Zappens« (ebd. S. 56) findet ihren Höhepunkt beim Online-Surfen: »Das WWW macht aus Informationen aller Art einen globalen, dynamischen Comic Strip: ein paar Bildchen, ein bißchen Text – und weiter geht's« (Glaser 1996, S. 95).

Und ist nicht auch schon die alltägliche Metapher des Surfens verräterisch? Von ihrer Wortbedeutung her kommt es nämlich bei dieser Art der wassergestützten Fortbewegung v. a. auf das ›Obenbleiben‹ an. Und dabei verspricht der Spaß umso größer zu werden, je höher die erreichte Geschwindigkeit ist. Überträgt man dies auf das Internetsurfen, dann wird klar, warum etwas anderes als Oberflächlichkeit und die Vermeidung von Tiefgang bei einer derartigen ›Informationsverarbeitung‹ wenig opportun ist. ›Schnell weiter‹ und – günstigstenfalls – Hinterherdenken ist die Devise statt Nachdenken, Bedachtsamkeit, Verweilen, ja: gewollter Langsamkeit.

Schule aber hat von der griechischen Wortbedeutung her mit Innehalten zu tun. Die vorherrschende Praxis beim Online-Surfen übt hingegen vorrangig das flinke und bloße Reagieren auf das, was gerade geschieht (vgl. Stockinger 1995). »Rechner können uns diese Denkweise bestens beibringen. Aber es gibt noch eine andere; nennen wir sie ›Kopfkratzen‹, ›Reflexion‹ oder ›Kognition‹. Dabei hat man neue Ideen, stellt Hypothesen auf oder ersinnt Lösungen. Es ist vergleichsweise langwierig und zäh – das forsche Nintendo-Feedback bleibt aus. Hier sind Rechner keine große Hilfe« (Stoll 1996, S. 213). Und was die Kompatibilität der Nonstop-Gesellschaft und ihres ›Wiki-Fetischs‹[50] mit dem, was Bildung sein sollte, betrifft, so zeigt Gronemeyer die Diskrepanz auf: »Wenn Bildung von allen Wartezeiten und Verlangsamungen, von der Überraschung und von der Mühsal befreit ist, dann ist das, was übrigbleibt, mit einiger Sicherheit keine Bildung mehr. Der Computer richtet Enormes aus. Aber alles, was die Bildung ausmacht, widerspricht seiner Beschaffenheit und seiner ›Könner-

---

[50] Wiki stammt aus dem Hawaiianischen und bedeutet so viel wie schnell (eigentlich wikiwiki, da im Hawaiianischen häufig Wortdopplungen üblich sind). Daher auch der Name Wikipedia – die schnelle Enzyklopädie.

schaft«. Man kann Bildung geradezu als die Synthese aus Langsamkeit, Überraschung und Mühe beschreiben, aus jenen Daseinsformen also, die er im Triumph besiegt hat« (Gronemeyer 1996, S. 107 f.).

Damit soll das Internet und seine unterrichtliche Nutzung keinesfalls generell diskreditiert werden, wohl aber dazu angeregt werden, auch hier immer wieder die Grundsatzfrage im Blick zu behalten, ebenso wie die Verhältnismäßigkeit der Mittel (Medien), den Primat der Didaktik, die Sachansprüche sowie die Verträglichkeit mit dem (vorrangigen) Verständnis eines zeitgemäßen Mathematiklernens.

Online-Unterstützungssysteme

Bei Online-Diagnose- oder -Fördersystemen müsste es doch am ehesten – wie es scheint – um fachdidaktische Belange und Bedarfe gehen. Diese kommen (scheinbar) einem vielfach formulierten Bedürfnis der Lehrerschaft entgegen, die sich Unterstützung beim Umgang mit Diagnose und Förderung erhofft, insbesondere angesichts der gestiegenen Heterogenität der Schülerinnen und Schüler. Sei es die ONLINE-DIAGNOSE GRUNDSCHULE (für Sprache und Mathematik; Schroedel-Verlag), die LERNCOACHIES (Mathe bisher nur Klasse 5), der LERNSERVER (für Sprache/Grundschule; Uni Münster) oder das Unterstützungssystem BETTERMARKS – man sollte hier aus verschiedenen Gründen sehr genau hinschauen[51]. Wenn auch die Möglichkeiten des offensiven Marketings hier heftig ausgeschöpft werden und insbesondere die Oberflächen (!) der Seiten technisch immer ausgefeilter und die Features zahlreicher werden: Durch die Brille fachdidaktischer Experten betrachtet, kehrt recht schnell Ernüchterung (bei einigen gar nachvollziehbare Verärgerung: »Für wie blöd halten die Verlage eigentlich die Lehrerinnen und Lehrer der Grundschule?«; Bartnitzky 2011, S. 14) ein. Und zwar deshalb, weil hier eine Mischung aus verschiedenen Zutaten ihre Wirkung entfaltet:

- klischeehafte und überholte Verständnisse von Lernen und Lehren,
- Reinkarnation der Praktiken/Grundsätze programmierter Unterweisung,
- reduktionistische Inhaltsangebote,
- fachlich falsche Behauptungen und fragwürdige Versprechungen.

Zugegeben: Lehrerinnen und Lehrer werden an einer sensiblen Stelle ›abgeholt‹, man verspricht ihnen – den Expertinnen und Experten für das Lernen und Lehren –, dass eine automatisierte Lösung ihr ureigenes Geschäft besser versehen könne als sie selbst oder sie zumindest genau dieser Unterstützung bedürfen. Die Versuchung ist offenbar groß (s. S. 203 f.: ELIZA), dann auch die Ver-

---

[51] Die gleichen Argumente wie im Folgenden für die Online-Systeme treffen meist ebenso für CD-/DVD-gestützte Förderprogramme zu.

antwortung an das System zu delegieren: Die Online-Diagnose sagt (angeblich), wo Kind A oder Kind B seine Schwierigkeiten hat, und flugs wird das ›individuelle‹ Förderprogramm bereitgestellt. Ein euphorisierter Lehrer schreibt 2006 dazu auf der Forumsseite des Lernservers: »Da kommt nun der Lernserver daher, und er kann genau das, was ich in den letzten 25 Jahren als Deutschlehrer vermisst habe. Na, da schau ich mir ihn doch mal an und ich freue mich: Er ist das Gelbe vom Ei. Es verhält sich mit ihm so wie mit der Firma Miele: Ein unerträglicher, weil Zeit und Arbeitskraft raubender Zustand wird durch eine pfiffige Erfindung beendet.«

Damit, wenn es denn stimmen würde, kann in der Tat kaum eine Lehrkraft so ad hoc und schnell mithalten – *wenn es denn stimmen würde* ... Der Sprachdidaktiker und Grundschulpädagoge Brügelmann sieht das für den Sprachunterricht[52] mehr als kritisch: »Kann ich aufgrund einer einzigen Schreibprobe den aktuellen Lernstand eines Kindes erheben, ohne weitere Produkte von ihm zu kennen? Kann ich nach Feststellung des aktuellen Lernstands eines Kindes ein Förderprogramm für ein ganzes Jahr auswerfen? Nachdem ich mich über dreißig Jahre mit dem Lesen- und Schreibenlernen von GrundschülerInnen beschäftigt habe, muss ich gestehen: ICH kann es nicht – aber ich habe bisher auch keinen ANDEREN gefunden, der das konnte. Deshalb finde ich es gefährlich, durch ein Expertensystem falsche Sicherheit zu vermitteln. Das gilt auch für die angebotenen Aufgaben selbst, von denen eine Reihe sprachdidaktischen Anforderungen nicht gerecht wird« (Brügelmann, in einem Kommentar von 2006 auf der Forumsseite des LERNSERVERS; Hervorh. im Orig.).

Bartnitzky (2011) konkretisiert seine Reaktion auf derartige Online-Fördersysteme zwar weitgehend am Beispiel des Sprachunterrichts. Überträgt man seine Argumentationen aber auf den Mathematikunterricht, dann erlebt man eine perfekte Passung: Er beklagt und belegt ...

- die fehlende Seriosität der Angebote: »Wären dies seriöse Angebote, dann wären sie willkommen. Nur: Solche sind es nicht« (ebd. S. 14).
- die irreführenden Suggestionen: »›Es war noch nie so einfach, Förderbedarf zu ermitteln.‹ Nein. Es ist eben gerade nicht einfach. Es bedarf der Fachkompetenz gut ausgebildeter und erfahrener Lehrkräfte«; ebd.).
- oder: »›Bildungsstandards leicht umzusetzen.‹ Nein. Die Bildungsstandards der Kultusminister, die Grundlage aller Lehrpläne aller Bundesländer sind, sind überhaupt nicht leicht umzusetzen. [...] Den Bildungsstandards liegen

---

[52] Man kann seine Skepsis wie auch die anderer Fachkolleginnen und -kollegen aus der Sprachdidaktik (vgl. z. B. Brinkmann 2006) nahezu identisch auf den Mathematikbereich übertragen, indem man einfach die entsprechenden sprachdidaktischen Begriffe gegen ein mathematikdidaktisches Pendant austauscht.

moderne und anspruchsvolle didaktische Fachkonzepte des Deutsch- und Mathematikunterrichts zu Grunde und sie formulieren entsprechend komplexe Kompetenzen« (ebd., S. 15).

Häufig dominieren bei derartigen Angeboten mechanistische Konzepte mit einer externen Diagnose ohne hinreichende Basis, zudem mit zum Teil sachlichen Mängeln behaftet und mit zahllosen Übungsblättern zum Download, »die eher einem Breitband-Antibiotikum ähneln als einer differenzierten Hilfestellung. Effizienzsteigerung und schmalspuriges Testen scheinen derzeit mehr im Fokus zu stehen als der Blick auf das Lernen und Lehren« (persönliche Mitteilung einer Sprachdidaktikerin). »Neben den hohlen Werbeversprechen [...] fällt ein Weiteres auf: Hier liegt ein mechanistisches Lernmodell zu Grunde, ein Bild vom lernenden Kind als Lernautomat. Testen – Blatt einwerfen – fertig« (Bartnitzky 2011, S. 15).

Sind solche Produkte die Parallelen auf Lehrerebene zur ›Spaß-Metapher‹ der Lernprogramme für Kinder? (vgl. Kap. 2.3.3 u. 3.1.2) Auch Lehren soll einfach werden, so jedenfalls wird es versprochen – im Nu, »mit wenigen Klicks«, einfach zu bedienen, Voreinstellungen anklicken und los geht's. Das erscheint vor dem als Hintergrund aufgebauten Schreckgespenst einer bis tief in die Nacht hinein diagnostizierenden Lehrerin natürlich als »das Gelbe vom Ei« (s. o.).

> **Anregung zur (gemeinsamen) Bearbeitung**
>
> Wenn dem denn so wäre (es gibt zahlreiche Lehrpersonen, die so nicht arbeiten): Was kann denn solche regelmäßigen Nachtschichten verursachen? Es scheint zu kurz gegriffen, allein die Natur der von vorneherein nicht zu bewältigenden Aufgabe dafür verantwortlich zu machen, sich einen fundierten Eindruck über die Lern- und Leistungsstände der Kinder zu verschaffen:
>
> • Welche anderen grundsätzlichen Faktoren wären denkbar?
>
> • Wie sähen – in allen denkbaren Fällen – Verhaltensalternativen aus, um dem Problem auf eine Weise zu begegnen, die sowohl den Lernenden wie den Lehrenden gerecht wird?

Vereinfachung, Schnelligkeit, Bequemlichkeit und ein Mausklick sind weder konstituierende noch vorrangige Merkmale einer verantwortungsvollen Lehrtätigkeit.[53] Wer weiß, wie genau der (zumal längere) Blick sein muss, um die Lernschwierigkeiten eines Kindes differenziert einschätzen zu können, der muss angesichts der Versprechungen von Online-Diagnosen sehr skeptisch werden.

---

[53] Das steht keineswegs im Widerspruch zur sinnvollen *Ökonomie* der Arbeitsweisen, z. B. in Form guter Selbstorganisationsfähigkeit.

Auch was die Aufgaben selbst und den Umgang mit ihnen angeht, wird man auf Schritt und Tritt an die Zeiten der programmierten Unterweisung erinnert. Mindestens aber erkennt man die traditionelle Praxis des Zeigens, und Vormachens-Nachmachens, die weitgehende Reduktion des Mathematiklernens auf Fertigkeitsschulung (denn die lässt sich problemlos in Programmroutinen übersetzen, anders als die in ihrer Bedeutung sehr aufgewerteten allgemeinen mathematischen Kompetenzen, die in diesen Kontexten so gut wie völlig unter den Tisch fallen) und die wenig sensible bis unsinnige Rückmeldungspraxis des Systems.

Was aber macht das Ganze so verführerisch? Die aktuellen ›Reizworte‹, die hier wie dort immer präsent sind? Das System (exemplarisch: BETTERMARKS[54]) ist ›intelligent‹, es führt »schnell zum Erfolg durch individuelle Förderung wie im Einzelunterricht«, es wird ›Schritt für Schritt‹ zur Lösung geführt über einen ›maßgeschneiderten Lernpfad‹, ›direkte Rückmeldung‹ ist garantiert und ›alle Inhalte des Mathematikunterrichts‹ sind enthalten (wobei »passend zu den Lehrplänen« in aller Regel eben nur bedeutet: Die dort genannten *Inhalte* sind enthalten, was bereits eine erhebliche Reduktion bedeutet – Stichwort ›allgemeine mathematische Kompetenzen‹; vgl. Kap. 2.1 u. 2.2). Solche Versprechungen klingen ganz nach dem Zauberstab des Mathematiklehrens mit Erfolgsgarantie. Hier muss offenbar vor Leichtgläubigkeit und unkritischer Akzeptanz des Kaisers neuer Kleider gewarnt werden? Aber wo ist wie im Märchen das ›unschuldige Kind‹, das darunter die Philosophie überkommener Lehr-Lern-Konzepte entlarvt …?

Zwei Beispiele (vgl. Aufgaben zum Schnuppern aus BETTERMARKS): Zu einem Fußballfeld sind seine Länge von 110 m und seine Breite von 60 m gegeben. Es soll zunächst die Fläche und dann der Umfang berechnet werden. Dazu müssen Zahlenwerte in vorgegebene Eingabefelder getippt und die Rechenoperation durch Anklicken der Operationstasten gewählt werden. Engstens vorformatiert ist auch das weitere Procedere (hier wie bei anderen Aufgaben): Man hat zwei Versuche zur Eingabe der richtigen Lösung (natürlich gibt es auch immer nur die eine richtige). Selbst wenn man gar nichts eingibt und die Weiter-Taste drückt, erhält man einerseits die Meldung: »Du hast leider nichts eingegeben«, gleichzeitig im Rückmeldungsbereich aber eine Standardrückmeldung der Art »Da hat sich ein Fehler eingeschlichen«. Eine zweite Fehleingabe wird angezeigt mit: »Oh nein, das ist wieder nicht richtig«. Erneutes Klicken der Weiter-Taste

---

[54] BETTERMARKS ist zwar kein Angebot schwerpunktmäßig für die Grundschule (Aufgaben derzeit erst ab Klasse 4), aber ein recht aufwändig gemachtes und beworbenes Unterstützungssystem, das »zeigt, was geübt werden muss, erklärt, was nicht verstanden wurde, […] im eigenen Tempo zu besseren Noten [führt]« (http://de.bettermarks.com/das-system.html) – Versprechungen, die nahezu gleichlautend alle vergleichbaren Angebote auf ihren Flyern aufführen.

präsentiert den korrekten Lösungsweg. Zusätzlich kann hier über die Taste ›Erklären‹ ein separater Bereich aufgerufen werden, in dem der Inhalt kleinschrittig präsentiert wird – der immer wieder alte und zweifelhaft realisierte Versuch, die Lehrperson zu modellieren (die man aber – natürlich – nicht ersetzen, sondern nur unterstützen will). Jeder Referendar, der auf Lernschwierigkeiten seiner Schüler im Unterricht heutzutage derart zu Werke gehen würde, könnte sich, und zwar zurecht, der ernsthaften Kritik seiner Seminarausbilder sicher sein.

Ein zweites Beispiel zum Prinzip der Rückmeldungen: In einer Aufgabe geht es darum, eine vorgegebene Temperatur an einem Thermometer einzustellen. Dazu muss die Höhe der Quecksilbersäule mit der Maus auf den entsprechenden Skalenwert gezogen werden, z. B. für den Wert 1° C – an sich eine Anforderung, die bereits jeder Erstklässler (wenn nicht ein Vorschulkind) mit grundlegendem Zahlverständnis mühelos bewältigen (zur Erinnerung: die Aufgaben bei BETTERMARKS starten erst mit Klasse 4). Eine Falscheingabe führt zu der Rückmeldung: »Nein, das stimmt nicht«, erweitert um den amüsanten Trost: »Die Aufgabe ist aber auch nicht einfach.«

Sieht so das Eingehen auf und die Berücksichtigung individueller Lernpfade aus? Oder wird hier per Zufallsgenerator oder einem anderen, jedenfalls nicht transparenten System aus einem Pool von Rückmeldungen *irgendeine* ausgewählt, um dem Benutzer vorzugaukeln, er würde persönlich angesprochen oder gar individuell betreut?

Weizenbaums ELIZA lässt grüßen …! (vgl. Fußnote 17) Das unter diesem Namen bereits 1966 entwickelte Programm simulierte einen Psychotherapeuten, mit dem die Versuchspersonen über eine Computerverbindung kommunizierten. An sich beabsichtigte Weizenbaum, seinerzeit ein renommierter Computerwissenschaftler am MIT, mit diesem Experiment Möglichkeiten der natürlichsprachigen Kommunikation zwischen einem Menschen und einem Computer aufzuzeigen. Die Versuchspersonen kommunizierten mit dem ›Gesprächspartner‹ Computer wie mit einer menschlichen Person. »Offensichtlich war es ihnen nicht allzu wichtig, ob der Antwortende am anderen Ende der Leitung wirklich ein Mensch war oder ein Computerprogramm. Es kam nur darauf an, dass die Antworten und Fragen ›menschlich‹ erschienen. Dies ist der sogenannte Eliza-Effekt […]. Die Versuchspersonen in den Experimenten waren zu einem großen Teil sogar überzeugt, dass der ›Gesprächspartner‹ ein tatsächliches Verständnis für ihre Probleme aufbrachte. Selbst wenn sie mit der Tatsache konfrontiert wurden, dass das Computer-Programm, mit dem sie ›gesprochen‹ hatten, auf der Basis einiger simpler Regeln und sicherlich ohne ›Intelligenz‹, ›Verstand‹, ›Einfühlungsvermögen‹ usw. einfach gegebene Aussagen in Fragen umwandelte, weigerten sie sich oft, dies zu akzeptieren« (http://de.wikipedia.org/wiki/ELIZA).

Weizenbaum selbst war entsetzt über die Art und Weise, wie sein Programm aufgenommen wurde. Er sei einer der wenigen Computerwissenschaftler gewesen, die ein witziges Programm geschrieben hätten (Humor war ihm sehr wichtig). Dieses witzige Programm war nach seiner eigenen Aussage ELIZA, und er selbst verstand es als *Parodie*.

Anregung zur (gemeinsamen) Bearbeitung

Welche Parallelen haben die folgenden Passagen über das Computerprogramm ELIZA zu den aktuellen Online-Systemen, die das Lernen unterstützen wollen? Welches Lehr-/Lernverständnis ist dem zuzuordnen und wie passt dies zu aktuellen Bildungsstandards, Lehrplänen und fachdidaktischen Erkenntnissen?

»Der Computer wurde eingeführt als ›General Problem Solver‹, als ›Lösung für alles‹. Die ganze Sache, dass man etwas einem Computer übergeben kann, hat eigentlich vor 40 Jahren als Witz angefangen: ›Ach, frag doch mal deinen Computer.‹ Das war ein Witz. Aber langsam wurde es ernst genommen. [...] Wenn man ein Problem hat, gibt es ein gewisses Verfahren – es könnte ein mathematisches sein, Algebra –, das man auf dieses Problem anwenden kann. Was dabei herauskommt, ist dann die Lösung. Damit ist dieses Problem erledigt. Aber so ist es nicht im menschlichen Leben« (Weizenbaum/Wendt 2006, S. 82).

»Es waren nämlich nicht wenige Psychiater, die ernsthaft in Erwägung zogen, mein ›Doctor‹-Programm in ihrer psychotherapeutischen Arbeit einzusetzen. [...] Ich war wirklich fassungslos und mir drängte sich die Frage auf, welches Selbstverständnis ein Psychiater haben musste, um die Idee zu entwickeln, einen wesentlichen Teil seiner Arbeit einer Maschine zu übergeben?« (ebd., S. 95)

»Der Hauptunterschied der modernen Programme zu ›Eliza‹ ist – wie so oft innerhalb der Entwicklung des Computers im Bereich der Quantität angesiedelt [...], denn die Speicherkapazität ist um ein Vielfaches gewachsen. Einer der Gewinner des Loebner-Preises sagte dazu ganz stolz, ›Eliza‹ habe nur ca. 200 Muster und Antworten zur Auswahl gehabt, wohingegen sein Programm über 100.000 verfüge. Das ändert jedoch nichts an der Tatsache, dass auch dieses umfangreiche Programm nach den selben Prinzipien und nur innerhalb eines begrenzten Kontextes funktioniert. An der Eingangsfrage der Juroren des Loebner-Wettbewerbs[55], ob

---

[55] Der Loebner-Preis wird für Arbeiten in der künstlichen Intelligenz vergeben. Ausgangspunkt war ein Artikel von Alan Turing, der die Frage stellte: Kann eine Maschine denken bzw. wenn ja, wie stellt man dieses fest? Sein Vorschlag: Wenn man nicht unterscheiden kann, ob die Antwort von einer Maschine oder einem Menschen stammt. Diese Fähigkeit des Computers, auf natürlichsprachige Eingaben

die große Zehe größer sei als eine Boeing 747, scheitern heute noch viele Teilnehmer« (ebd., S. 98).

Ist angesichts dieser Erfahrungen mit ELIZA die Entsprechung von der Hand zu weisen, wenn Kinder, das Lernprogramm anthropomorphisierend, den PC als ›Lehrer‹ akzeptieren, ihre Nöte beim Lernen von Mathematik auf ihn projizieren und Lehrkräfte ein Online-Diagnosesystem als den wahren Experten akzeptieren, dessen Urteil sie mehr vertrauen als ihrer eigenen professionellen Expertise? Was sagt das über das eigene Berufsverständnis aus?! Auch bei ELIZA glaubten wie gesagt nicht wenige praktizierende Psychiater ernsthaft an eine funktionierende Simulation und an neue Wege in der Behandlung ihrer Patienten. Aber sowohl hier wie bei dem euphorischen Lehrer (s. S. 199) und den Kindern, die vor so genannten Lernprogrammen sitzen, handelt es sich um Projektionen. Und das Gefährliche dabei ist: »Je mehr Zuwendung jemand braucht, umso stärker ist er bereit, diese Fähigkeiten auf sein Gegenüber zu projizieren« (Weizenbaum/Wendt 2006, S. 91). Je stärker die Lern- und Lehrprobleme drücken, umso größer ist die Bereitschaft, dem Computer die rettenden Kompetenzen in der Hoffnung zuschreiben, endlich die anstehenden Probleme zu lösen. Der Ruf nach dem ›General Problem Solver‹, er ist nach wie vor zu vernehmen …

›menschlich‹ zu reagieren, wollte Weizenbaum mit seinem Programm ELIZA thematisieren – wie oben gesagt: Er selbst verstand das als *Parodie*!

4.6 Foto und Film

Anfang der 1960er-Jahre erhielt der Autor dieses Buches im Alter von neun Jahren seinen ersten Fotoapparat geschenkt – eine Agfa Click –, und in der Folge hätte er am liebsten alles fotografiert, was sich nicht zur Wehr setzte. Allerdings, und das schob dem Ganzen einen Riegel vor, lieferte die zwischen 1958 und 1970 gebaute Bakelit-Box auf ihrem Rollfilm mit zwölf Bildern im Format 6 x 6 zunächst nur Filmnegative, die zum Entwickler gebracht und v. a. dann bezahlt werden wollten, um die entsprechenden Papierabzüge in der Hand zu halten. Unscharfe Bilder oder anderer Ausschuss konnte also zu einem teuren Vergnügen werden.

Heutzutage ist nicht nur dieser Apparat eine Anachronismus, sondern auch die Verwendung eines Rollfilms. Digitale Fotoapparate sind eine Selbstverständlichkeit geworden und warten mit einer Unmenge an technischen Features auf, die der Otto-Normalfotograf kaum ausschöpft. Hier ist ein ähnlicher Trend zu verzeichnen wie beim Handy: Kaum mehr findet man ein Gerät, mit dem man ›nur‹ telefonieren kann. Dazu muss man schon in der Abteilung ›Seniorenhandy‹ suchen. Googeln Sie einmal entsprechend nach ›Seniorenkameras‹ ... oder suchen Sie bei Amazon nach ›Digitalkameras für Kinder‹ (um die 80 Euro). Neben der gebotenen Robustheit findet man hier bereits Möglichkeiten wie Videofunktion und ausreichend Speicherplatz für viele hundert Bilder sowie die üblichen Transfer- und Weiterverarbeitungsmöglichkeiten für den PC. Mit anderen Worten: Bereits viele Grundschulkinder werden privat Zugriff auf eine digitale Fotokamera haben, aber auch für eine Schule halten sich die Anschaffungskosten im akzeptablen Bereich. Wie aber kann ein digitaler Fotoapparat sinnvoll für den Mathematikunterricht genutzt werden?

Mathematikhaltige Umwelt

Anwendungsorientierung als zentrales Prinzip des Mathematikunterrichts (vgl. Krauthausen/Scherer 2007) bedeutet u. a., die real existierende Umwelt der Kinder in den Unterricht einzubinden und zur Veranschaulichung oder Initiierung mathematischer Aktivitäten und Ideen zu nutzen. Der Unterricht soll die Lernenden dafür sensibilisieren, die Umwelt – neben anderen Perspektiven und Betrachtungsweisen – auch durch die ›mathematische Brille‹ wahrzunehmen. Mathematik kann dadurch zur Aufklärung der Umwelt beitragen (vgl. die Funktion ›Sachrechnen als Lernziel‹ bei Winter 1985), aber durch die Umwelt können auch neue mathematische Einsichten evoziert oder erforderlich werden.

Da unsere Umwelt sehr weitreichend von mathematischen Strukturen durchdrungen ist, können zuhauf – auch von den Kindern selbst – außerschulische Lernanlässe gefunden werden, die lohnenswert, weil substanziell genug erscheinen, um in den Mathematikunterricht integriert zu werden. Ausgestattet mit einem digitalen Fotoapparat lässt sich die Sensibilität der Kinder für ›mathematikhaltige Situationen‹ bewusst machen, um interessante Fragestellungen in den Unterricht zu tragen. Ob die Kinder dabei selbst die Kamera führen, ist im Prinzip zweitrangig aber wünschenswert, entscheidend ist die Sensibilität, derartig ›mathematisch aufgeladene‹ Situationen zu erkennen. Drei kategoriale Beispiele sollen herausgegriffen werden:

Wo steckt die Mathematik?

Im manchmal schnelllebigen situativen Vollzug erkennt man erst auf den zweiten Blick auf ein Foto, dass oder welche Mathematik sich offenbar darin verbirgt (vgl. Abb. 4/31). Diesen Blick erst einmal herauszuschälen, kann zu einer gehaltvollen Auseinandersetzung anregen.

Abb. 4/31: Ein Foto mit viel Geometrie (Foto: © Helmut Meschenmoser)

Kinder können aber auch, z. B. im Rahmen von Unterrichtsgängen oder in der Freizeit, gezielt mit der Kamera auf die Suche gehen nach ›Mathematik in der Umwelt‹. Straßenpflasterungen oder Autofelgen sind eine ergiebige Quelle für geometrische Muster, Parkettierungen und Symmetrien.

Malaufgaben werden im Unterricht standardmäßig an rechteckigen Punktefeldern dargestellt, bei denen (einer Konvention folgend) der erste Faktor die Anzahl der Reihen und der zweite Faktor die Anzahl der Spalten angibt. Wo findet man Malaufgaben (Rechteckfelder) auch in der Umwelt? (vgl. Abb. 4/32)

Abb. 4/32: Ein Quartett-Spiel: Malaufgaben in Fensterfronten (Quelle: Mangold et al. 2001)

Man kann eine eigene Zwanziger-, Hundertertafel oder überhaupt eine *Zahlensammlung* herstellen, z. B. aus lauter selbst fotografierten Hausnummern – und dabei nicht nur etwas über die Zahlreihe, sondern auch über die Geschichte von allgemeinen/berühmten Hausnummern lernen (vgl. Vogt 2009, S. 64–77).

Man kann auch Paul Baars (1983) nacheifern, der in seinem Büchlein die Zahlen von 1 bis 100 in Form einer Fotoserie dargestellt hat, indem er zu jeder Zahl einen (in verschiedenen Hinsichten) interessanten oder ausgefallenen Repräsentanten aus dem Stadtbild, dem Einkaufsladen usw. fotografisch festhielt.

Abb. 4/33: Zahlen in der Umwelt (Quelle: Baars 1983; vgl. auch Baars/van't Hek 2009)

Vielfach findet man auch mathematisch interessante *Kunstobjekte* in der Umwelt, wie z. B. an der Stirnseite des Züricher Hauptbahnhofs, wo ein verschlungenes Leuchtband die gläserne Front ziert, an dem Zahlen angeordnet sind, und zwar nicht irgendwelche Zahlen, sondern jene der Fibonacci-Folge, die in der Natur eine herausragende Rolle spielen (googeln Sie einmal nach »Fibonacci Natur«).

Oder man hat das Glück, Mathematik in einer Kunstausstellung zu entdecken (wobei es dort u. U. schwierig mit dem Fotografieren sein könnte, aber erfahrungsgemäß macht das Aufsichtspersonal auch gerne mal eine Ausnahme, wenn man den Zusammenhang erklärt) – unversehens oder auch weil eine Ausstellung sich ihr gezielt widmet, wie die Ausstellung *Formvollendet*.

Im zugehörigen Ausstellungskatalog (Hess 2005) wird das enge Verhältnis von Kunst, Design, Natur und Mathematik herausgehoben, insbesondere auch der Gedanke, dass das Kunsterlebnis erst durch ein Einlassen auf die immanente Mathematik und ihr Verständnis zur Entfaltung kommt: »Wer sich mit den Formen der Natur beschäftigt, kommt zwangsläufig mit der Geometrie […] in Berührung. […] Was Mathematiker an der Mathematik am meisten fesselt, ist ihre besondere Mischung von Kunst und Wissenschaft, ihre Eigenart, ästhetische und theoretische Überlegungen als gleichrangige Prinzipien der Forschung zu vereinen. Aber gerade diese Seite lernt der Nichtmathematiker nur selten kennen, weil sich das künstlerische Element erst entfaltet, wenn man in die Materie tiefer einsteigt. […] Die Vollkommenheit der Struktur, die Perfektion der logischen Zusammenhänge, die Eleganz der Argumentation, die Erkenntnis mannigfaltiger Gesetzmäßigkeiten, die Entdeckung unerwarteter Beziehungen zwischen scheinbar unverwandten Formen und, etwas ganz Wichtiges, die Ahnung, dass es eigentlich gar nicht anders sein kann. Dies zu erleben, ist nur bei aktiver Teilnahme möglich« (Hess 2005, S. 7; im Original in konsequenter Kleinschreibung). Gerade der vorletzte Satz dieses Zitats macht eindrücklich die Parallelen von Kunst und Mathematik deutlich, weil er Implikationen beschreibt, wie sie auch für ein zeitgemäßes Mathematiklernen (i. S. des Mathematiktreibens) postuliert werden.

Naheliegende Fragen

Symmetrie ist ein fundamentales Prinzip in der Natur, insbesondere aber nicht ausschließlich im Hinblick auf funktionale Aspekte – Ausnahmen inklusive (vgl. Krauthausen/Scherer 2007, S. 72). Unter anderem ist der Aufbau des menschlichen Körpers symmetrisch angelegt. – Wirklich? Und völlig?

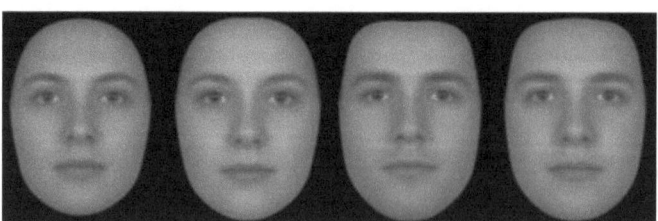

Abb. 4/34: Sind symmetrische Gesichter attraktiver? (Quelle: PLOS ONE, aus Müller-Jung 2011)

Und dient das einem bestimmten Zweck? Gibt es einen funktionalen Aspekt der Symmetrie oder eher nur den ästhetischen? Und ist es wirklich so, dass man Körpersymmetrie mit physischer Attraktivität gleichsetzt, wie vielfach behauptet wird, insbesondere was symmetrische Gesichter anbelangt (vgl. Abb. 4/34)? Und stören asymmetrische Merkmale diesen Eindruck? Neuere Erkenntnisse scheinen darauf hinzudeuten, dass das Schönheitsempfinden eher durch mehrere Faktoren bestimmt wird (vgl. Müller-Jung 2011).

Aber ungeachtet des persönlichen Schönheitsempfindens geht man landläufig davon aus, dass unser Gesicht weitgehend symmetrisch sei. Digitale Fotografien und Bildverarbeitungsprogramme erlauben hier aufschlussreiche Experimente: Wie sähe ich aus, wenn ich wirklich symmetrisch wäre? Achsensymmetrische Dopplungen der linken und rechten Gesichtshälfte – eigene oder von Personen der Öffentlichkeit – erzeugen überraschende Effekte, sobald man sie mit der tatsächlichen Eigen- oder Fremdwahrnehmung vergleicht (vgl. Abb. 4/35). Dazu können die Kinder Porträtfotos voneinander erstellen und anschließend digital bearbeiten. Wichtig ist eine möglichst frontale Ausrichtung bei der Aufnahme, so wie man sie etwa von den Vorgaben für Passbilder kennt.

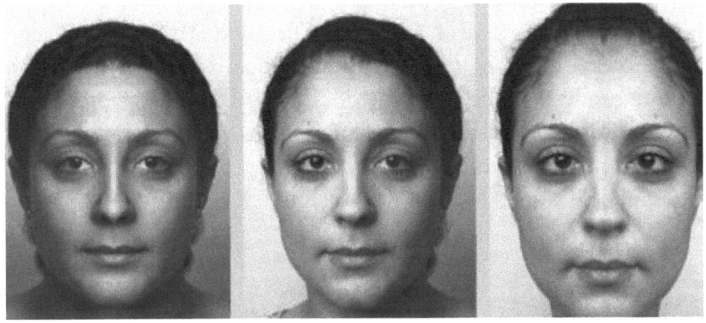

Abb. 4/35: Original (Mitte) und symmetrische Ergänzungen von linker (linkes Bild) und rechter Gesichtshälfte (rechtes Bild; Quelle: Söndgen 2010; Fotos: © Pia Söndgen)

Das Foto kann mit fast jedem Grafikprogramm bearbeitet werden: Man zeichnet eine dünne Symmetrieachse senkrecht durch die Gesichtsmitte. Zur Duplizierung der rechten Gesichtshälfte wählt man diese bis zur Symmetrieachse aus, kopiert sie und speichert diese Kopie als eine neue Datei mit anderem Namen. In dieses Dokument setzt man die gleiche Kopie (sie befindet sich ja noch im Zwischenspeicher) erneut in das Dokument und spiegelt es horizontal. Dieses Spiegelbild fügt man dann bündig (die Symmetrieachse fungiert als Passlinie) an die erste Kopie an. Analog verfährt man mit der linken Gesichtshälfte. Auch für weitere gestalterische Versuche lässt diese Aktivität Raum (vgl. Abb. 4/36).

Abb. 4/36: ›Gespaltene Persönlichkeit‹ auf einem Plakat (Foto: © G. Krauthausen)

Anschließen können sich Fragen zu funktionalen und ästhetischen Aspekten der Symmetrie als Gestaltungsprinzip, im Leben, in der Kunst, in der Architektur usw., denn Symmetrie ist ein beherrschendes Prinzip der natürlichen und gestalteten Umwelt. Eine im Wortsinn süße Variante bietet die österreichische Schokoladenmanufaktur Zotter mit ihrem Produkt MITZI BLUE, das auch im deutschen Einzelhandel erhältlich ist: In einer quadratischen Verpackung findet man eine kreisrunde Scheibe Schokolade. Die ›Sollbruchstellen‹ der Schokolade bestehen nicht aus dem ansonsten üblichen Quadratraster[56], sondern aus sechs unterschiedlichen, »fantasievoll« genannten, aber letztlich geometrischen Mustern, von denen die Abb. 4/37 nur zwei zeigt.

Abb. 4/37: Geometrie auf der Schokolade (www.zotter.at)

---

[56] Die Website des Herstellers (www.zotter.at) spricht übrigens vom »üblichen Würfelraster«, was Anlass gibt, über Umgangs- und Fachsprache nachzudenken …

Diese sechs Muster werden abwechselnd für 24 Sorten der Schokoladenscheiben eingesetzt, so dass immer ein Überraschungseffekt enthalten ist und man u. U. einige Tafeln probieren muss, bis man alle sechs Muster beisammen hat. Die Muster bieten Stoff für vielfältige geometrische Betrachtungen: Man kann nach Symmetrie suchen – wie viele, welche Arten (Achsen-, Drehsymmetrie). Man kann geometrische Grundformen erkennen – Dreieck (welche Arten?), Quadrat, Kreissegment, Fünfeck. Man erkennt Beziehungen (Fünfeck im Fünfeck im Fünfeck ...; Dreiecke im Fünfeck) usw. Die Fotos können auch dazu ermuntern, eigene Gestaltungsraster zu entwerfen – nach eigenen Kriterien oder mit bestimmten Vorgaben wie etwa einer ganz bestimmten Anzahl an Symmetrieachsen o. Ä.

Fermi-Aufgaben

Enrico Fermi (1901–1954; Nobelpreisträger) war einer der bedeutendsten Kernphysiker des 20. Jahrhunderts. Er konfrontierte die Studierenden seiner Vorlesungen gerne mit Fragestellungen, die dann später als Fermi-Aufgaben bezeichnet wurden und inzwischen in fachdidaktische Konzepte des Mathematikunterrichts für die Sekundar-, aber auch Primarstufe Einzug gehalten haben (vgl. Peter-Koop 2006, Büchter et al. 2007). Sie »werden bewusst so formuliert, dass sie keine Zahlen enthalten, um die Kinder nicht zur vorschnellen operationalen Verknüpfung der vorgegebenen Zahlen zu verleiten. Vielmehr müssen sie die ihren Berechnungen zugrunde liegenden Daten selbst erheben, erfragen oder schätzen. Dieser nach seinem Erfinder Fermi-Probleme genannte Aufgabentyp ist dadurch charakterisiert, dass die Lösung von Informationen abhängig ist, die im Kopf der lösenden Person verfügbar sind. Fermi-Aufgaben müssen in der Regel mit einem geschätzten bzw. durch Überschlagsrechnung gewonnenen Ergebnis beantwortet werden, da eine exakte Antwort nur schwer zugänglich oder prinzipiell nicht möglich ist« (Peter-Koop 1999, S. 12). Die berühmteste Fermi-Aufgabe, die von ihm stammt, lautet: Wie viele Klavierstimmer gibt es in Chicago? (vgl. Herget/Klika 2003)

Grundschulgemäße Fermi-Aufgaben stammen aus der Erfahrungswelt der Kinder und sind ihnen daher leicht zugänglich. Sie enthalten zu ihrer Beantwortung – ein einzig richtiges oder exaktes Ergebnis ist weder kaum zu erzielen noch beabsichtigt – nur unzureichende Informationen. Sie machen individuelle Recherchen erforderlich, um eigene Abschätzungen, Eingrenzungen, sinnvolle (und begründbare) Vereinfachungen plausibilisieren zu können. Auch hier ist eine Sensibilisierung für die ›mathematische Brille‹, durch die man die Umwelt (auch) wahrnehmen kann, von grundlegender Bedeutung. Ob ein Foto vom Grundschulkind selbst aufgenommen oder in der Zeitung gefunden wurde: In den Unterricht eingebracht können daraus wertvolle Lernanlässe resultieren. »Einfache, naheliegende Fragestellungen zu Zeitungsfotos mit wenig Text – typisch dabei sind eine ungewohnt unscharfe Datenlage und eine Vielzahl von möglichen Wegen und Antworten« (Herget/Klika 2003, S. 14). Als Beispiele führen wir Beispiele aus Büchter et al. (2007) an:

Abb. 4/38: Die Umwelt als Ressource für Fermi-Aufgaben (Büchter et al. 2007)

Stop-Motion-Animationen

Bewegtbilder im Mathematikunterricht einzusetzen, ist keine Erfindung heutiger Tage, sondern war auch bereits in Zeiten weitaus geringerer Verbreitung leistungsfähiger Hard- und Software ein Thema mathematikdidaktischer Reflexion. Schon für das Jahr 1912 weist das Deutsche Institut für Animationsfilm 25 Trickfilme für den Mathematikunterricht nach (DIAF o. J.), hergestellt von Ludwig Münch, »der zuerst den Gedanken gehabt hat, den Kinematographen in den Dienst des mathematischen Unterrichts zu stellen« (ebd., zit. aus: *Lebende Mathematik*, in: LichtBildBühne, Nr. 15, 13.4.1912, S. 28).[57] In Kautschitsch/ Metzler (1987) finden sich Beiträge zur didaktischen Nutzung filmischer Montage, zur Produktion von Video-Lehrfilmen, zu interaktiven Videos oder filmischen Umsetzungen mathematischer Problemstellungen.

In Anbetracht der Tatsache, dass heute völlig andere technische Möglichkeiten bestehen, lohnt auch ein Blick auf die denkbare Nutzung von Animationen für das Mathematiklernen im Grundschulalter. Animation meint dabei eine »Technik, bei der durch das Zeigen einer schnellen Abfolge von Einzelbildern beim Betrachter ein bewegtes Bild geschaffen wird. Die Einzelbilder können gezeichnet, im Computer berechnet, oder es können fotografische Aufnahmen sein. Bei der Wiedergabe einer solchen Sequenz mit bis zu 25 Bildern pro Sekunde entsteht beim Betrachter die Illusion einer flüssigen Bewegung. [...] Es bietet sich auch die Möglichkeit, diese verzerrt oder mit verändertem Timing umzusetzen« (Müller 2008, S. 12). Ein klassisches Offline-Beispiel ist das bekannte Daumenkino.

---

[57] Ein Beispiel findet sich unter http://www.dailymotion.com/video/x1hra4_ludwig-munch-animated-geometry-1911_shortfilms.

Exemplarisch soll im Folgenden eine besondere Animationstechnik, die so genannte Stop Motion, vor dem Hintergrund einer möglichen Nutzung im Mathematikunterricht skizziert werden – und zwar nicht nur im Sinne einer Lehr- oder Veranschaulichungsfunktion wie Bilder oder Diagramme. Vielmehr sollen und können die Lernenden auch *selbst konstruktiv* tätig werden, d. h. eigene Stop-Motion-Projekte herstellen und dadurch mathematisch aktiviert werden.

Mit der Stop-Motion-Technik, die ansonsten z. B. auch für Spezialeffekte bei Kinofilmen zum Einsatz kommt, sollen hierzu sehr kurze, 1- bis 3-minütige Video-Clips produziert werden. Dazu werden mit einer Kamera (Foto- oder Videokamera mit Einzelbildeinstellung) Gegenstände (Objekte oder Darsteller genannt) in einem bestimmten Szenario oder einer bestimmten Anordnung aufgenommen. Die Objekte können gezeichnete (Teil-)Bilder sein oder reale Gegenstände wie z. B. kleine Einheitswürfel aus Holz, Steckwürfel, Wendeplättchen, Spielfiguren (wie z. B. ›Mensch ärgere dich nicht‹-Figuren oder aus Knetmasse) bis hin zum eigenen Körper der Schülerinnen und Schüler (je nachdem spricht man von Zeichentrick, Legetrick, Puppentrick oder Pixilation; vgl. Müller 2008). Diese Gegenstände werden nun »von Frame zu Frame (ein Einzelbild eines filmischen Ablaufs) nur geringfügig verschoben oder verändert, sodass beim Abspielen der Aufnahme die Illusion von Bewegung eines sonst leblosen Gegenstandes entsteht. So scheinen plötzlich Steine, von unsichtbaren Kräften beseelt, über den Boden zu huschen, Zahnbürsten inszenieren eine Ballettaufführung, Puppen bewegen ihre Glieder, ohne dass diese durch Faden geführt werden, oder gezeichnete Figuren führen plötzlich ein Eigenleben« (ebd., S. 17). Was wird für Stop-Motion-Projekte benötigt?

1.) Eine ›Handlung‹ oder Szenerie, die bspw. eine mathematische Struktur oder ein mathematisches Muster repräsentiert.

2.) ›Gegenstände‹ als Akteure oder Darsteller dieser Handlung (s. o.).

3.) Technische Voraussetzungen in Form von geeigneter Hardware und Software. Je nach Vorhaben gibt es unterschiedlich sinnvolle oder erforderliche technische Settings mit spezifischen Features. Detailliertere Empfehlungen dazu finden sich bei Müller (2008).

- Auf der Hardwareseite wird eine digitale Foto- oder Videokamera (mit Einzelbildoption) benötigt. Mit ihr werden die Standbilder (Frames) aufgenommen und anschließend auf einen PC geladen.

- Dort braucht man dann auf der Softwareseite ein Animationsprogramm, das die Einzelbilder zu einer Filmdatei verarbeiten kann. Auch hierzu beschreibt Müller (2008) einige auf unterrichtliche Verwendungszusammenhänge abgestellte Begrifflichkeiten und Features handelsüblicher Programme und nennt auch die gebräuchlichsten für Mac und PC (die Preise liegen bei ca. 40–90 Euro für Einzellizenzen oder um die 300 Euro für Schullizenzen). Die meisten Programme können für eine gewisse Zeit auch kostenlos getestet werden, was sich in jedem Fall empfiehlt. Möchte man die Animations-Clips weiterverarbeiten (z. B. mehrere Clips zusammenfügen oder sie um eine Tonspur ergänzen), dann benötigt man noch ein Videoschnittprogramm wie z. B. das für den Mac kostenlose iMovie, welches auch für Grundschulkinder einfach zu bedienen ist.

Doch nun zu den didaktischen Möglichkeiten. Ein Beispiel findet man in einem Gemeinschaftsprojekt namens VITALmaths der Fachhochschule Nordwestschweiz und der Rhodes University in Grahamstown/Südafrika (vgl. Linneweber Lammerskitten et al. 2011). Dieses Forschungsprojekt erforscht die Wirksamkeit von kurzen Video-Clips für den Mathematikunterricht (entwickelt von Studierenden der Projektuniversitäten), ihre Nutzung durch Projekt-Lehrpersonen und Lernende sowie ihre Verfügbarkeit[58].

Auf der Projektseite (www.ru.ac.za/vitalmaths/) fanden sich am 6.8.2011 insgesamt 21 Clips im MP4-Format für PC/Mac sowie im 3GS-Format für Smartphones zum Download. Auch wenn man die meisten Beispiele eher in der unteren/mittleren Sekundarstufe einordnen würde (Satz des Pythagoras etc.), so finden sich durchaus auch Grundschulbezüge[59], allemal aber Anregungen für entsprechende Adaptionen oder eigene Projekte. Exemplarisch sollen hier die ›Palindrom-Summen‹ dargestellt werden:

Ein Palindrom ist eine Zeichenkette (z. B. ein Wort, ein Satz oder eine Zahl), die von vorne wie von hinten gelesen gleich bleibt. Beispiele für Palindrom-Summen sind demnach: 1 + 2 + 3 + 2 + 1 oder 1 + 2 + 3 + 4 + 5 + 6 + 5 + 4 + 3 + 2 + 1. Die Frage nach der Eigenschaft oder dem Muster solcher Summen tangiert ein historisch traditionelles Thema der Elementaren Zahlentheorie. Die Griechen hatten nämlich bereits bewiesen, dass die Summen benachbarter Dreieckszahlen[60] stets eine Quadratzahl ergeben (dieser Zusammenhang wird bspw. im Zahlenbuch für die 2. Klasse konkret thematisiert; vgl. Witt-

---

[58] Der primäre Kanal für eine Distribuierung der Clips ist, was sich durch die spezifische Situation in Südafrika erklärt, die Telekommunikationstechnologie. Denn eine Vielzahl mobiler Endgeräte wird dort im Bildungsbereich eingesetzt, unterstützt durch leistungsstarke Telekommunikationsnetzwerke.

[59] Beispiele: Zwei unterschiedliche Darstellungen für die Summe der Innenwinkel im Dreieck; das Distributivgesetz, dargestellt an Rechteckfeldern; Muster bei Würfeltürmen; Symmetrien bei Parkettierungen; Summe von Brüchen am Rechteckmodell.

[60] Dreieckszahlen sind solche Zahlen, die sich aus der Summe fortlaufender natürlicher Zahlen ergeben, also 1 + 2 + 3 + 4 +… Wo auch immer man die Summierung abbricht, lässt sich eine solche Zahl in Form eines gleichseitigen Dreiecks legen, z. B. mit Wendeplättchen, Würfeln oder – wie bei den Griechen – mit Steinchen im Sand.

mann/Müller 2004, S. 101). Palindrom-Summen sind nun lediglich ein anderer Name für denselben Sachverhalt, denn benachbarte Dreieckszahlen sind solche, die genau einen Summanden mehr oder weniger als der Partner haben. Und wenn man sie entsprechend sortiert (im Folgenden durch unterschiedlichen Schriftschnitt gekennzeichnet), dann erhält man die entsprechende Form des ›Treppauf-treppab‹ (vgl. auch Steinweg 2002): 1 + 2 + 3 + 4 + *5* + *4* + *3* + *2* + *1*. Der formale Beweis in algebraischer Form ist naturgemäß noch nicht in Reichweite von Grundschulkindern, wohl aber seine Entsprechung auf inhaltlich-anschaulicher Ebene.[61]

Der Video-Clip PALINDROMIC SUMS – derzeit nur in Englisch verfügbar, andere aber auch bereits auf Deutsch, wobei das aber lediglich die Texteinblendungen betrifft und der Clip auch ohne diese für sich spricht und nutzbar ist – stellt diesen Sachverhalt in Form einer Stop-Motion-Animation dar (vgl. Abb. 4/39 bzw. die entsprechende o. g. Website).

Zunächst werden sukzessive die Palindrom-Summen bis zur Fünf als Zahlensätze, also auf der symbolischen Ebene dargestellt, inkl. ihrer zugehörigen Quadratzahldarstellung und der für Mathematikunterricht stets höchst wertvollen Frage »Was fällt auf …?« bzw. der Anschlussfrage »Warum ist das so …?«. Aufschluss soll die Visualisierung des Problems geben, ganz im Sinne der griechischen ›Steinchenarithmetik‹ (vgl. Steinweg 2002). Mit Hilfe von Einheitswürfeln werden nun die Treppendarstellungen für die ersten fünf Palindrom-Summen gelegt und jeweils durch animiertes Umlegen der rechten Treppenhälfte in das entsprechende Quadrat überführt. Parallel zielt die symbolische Darstellung auf den intermodalen Transfer. Eine alternative Zugangsweise wird dadurch angeboten, dass ein auf die Spitze gestelltes 5 x 5-Quadrat spaltenweise auseinandergezogen wird, so dass auch in dieser veränderten Darstellung das Muster erkennbar wird (vgl. Abb. 4/39 rechts).

---

[61] Die formale wie anschauliche Vorgehensweise zu diesem und ähnlichen Zusammenhängen ist ausführlich dargestellt in Krauthausen (1998c), S. 130–132. Download möglich über die Homepage des Autors. Zur Frage der (Allgemein-)Gültigkeit von Beweisen vgl. Wittmann (1988) und Krauthausen (2001).

Abb. 4/39: Die Summe benachbarter Dreieckszahlen ist stets eine Quadratzahl. Inhaltlich-anschaulicher Beweis mit einer Stop-Motion-Animation (Quelle: www.ru.ac.za/vitalmaths/)

Die unterrichtlich große Bedeutung der Frage »Geht es auch anders ...?« wird hier also aufgegriffen, ebenso wie die Ermunterung, nach verwandten Mustern Ausschau zu halten, und zwar durch die (offen gelassene) Frage: »Welche anderen interessanten Palindrom-Summen kannst du finden?« Eine naheliegende Fortsetzung (vgl. Krauthausen 1998c, S. 130–132) wäre etwa die Untersuchung der Summe fortlaufender *ungerader* Zahlen (ergibt ebenfalls immer eine Quadratzahl) oder der Summe fortlaufender *gerader* Zahlen (ergibt immer eine Rechteckszahl[62]) oder der Summe zweier gleicher Dreieckszahlen (ergibt ebenfalls immer eine Rechteckszahl). Die Grundschulmathematik ist weitreichend durchdrungen von Elementarer Zahlentheorie. Auf Schritt und Tritt finden sich zudem gehaltvolle Muster und Regelhaftigkeiten (vgl. Wittmann/Müller (1990 u. 1992) und unzählige weitere Beiträge der Mathematikdidaktik der letzten zwanzig Jahre).

Übrigens stellen auch die im Zusammenhang mit den ›Seiteinsteiger-Apps‹ (vgl. PAPER PLANE PROJECT auf S. 178 ff.) thematisierten Faltplakate (Wollring 1997 u. 2000) ein Feld für Stop-Motion-Projekte dar. Geometrie in der Umwelt (s. o.) ist also ein ebenso ergiebiges Feld. Interessante Aktivtäten bietet hier neben dem Falten auch das *Entfalten*, z. B. von Produktverpackungen. Die Formgebung von Verpackungen ist »ein wichtiger Faktor in sämtlichen Bereichen des Einzelhandels und ein Schlüsselelement der meisten Marktstrategien« (Pathak 1999, S. 8).

Das hierbei meistverwendete Material Pappe ist auch für Grundschulkinder gut zu handhaben und entsprechende Objekte (Verpackungen aller Art) leicht zu besorgen – von einfachen Dosen bis hin zu ausgefallenen Display-Präsentern (vgl. Pathak 1999; Withers 2002). Wie sehen in den Unterricht mitgebrachte und entfaltete Packungen (ihre Netze) aus? Auf 400 Seiten folgt Withers (2002; auch mit entsprechenden Vorlagen auf CD-ROM zur eigenen Nutzung) ebenso wie Pathak (1999) »der Maxime, jede Designidee leicht verständlich und klar zu

---

[62] Eine Rechteckszahl hat immer die Form $n \cdot (n + 1)$, besteht also aus einem Rechteck, dessen eine Kante um genau 1 länger oder kürzer ist als die andere.

beschreiben. Deshalb haben wir uns für eine schrittweise bildliche Darstellung entschieden« (Withers 2002, S. 13). Das heißt, man sieht das (zweidimensionale) Netz der Verpackung und daneben (dreidimensional) das gefaltete Endprodukt bei Pathak (1999). Withers (2002) zeigt auch Zwischenschritte an, die zu diesem Endprodukt führen. Dies ist eine unmittelbare Parallele zu Wollrings Faltplakaten und es kann eine reizvolle Aufgabe sein, diese Prozesse in Form von Stop-Motion-Animationen umzusetzen. Die Objekte in den beiden genannten Referenzwerken für die Produktformgebung offerieren einen ausgesprochen breit gestreuten Schwierigkeitsgrad, so dass sich für jedes Anspruchsniveau eine geeignete Form finden lässt.

Beeindruckende Effekte lassen sich erzielen, wenn man das Glück hat, einer Situation wie vor dem Renaissanceschloss Brake bei Lemgo zu begegnen: Hier befindet sich ein großer Pentagondodekaeder in einer so genannten anamorphotischen Darstellung: Steht man vor dem Gebilde, so sind zunächst nur Metallstreben zu erkennen, die keiner offensichtlichen Ordnung zu unterliegen scheinen. »Der Betrachter muss das eigentliche, von ihm primär wahrgenommene Bild auf seinen eigentlichen Inhalt zurückformen« (Blume 2011; s. die Fotos der Website), und zwar indem er sich die Form ›erwandert‹: »Geht man um diese Ansammlung herum, so formt sich daraus zunehmend ein kugeliges Gebilde. Das Ganze mutiert schließlich zu einem prächtigen Pentagondodekaeder« (ebd.). Dieser Prozess der *langsamen Sinngebung* ist wie geschaffen für die Konstruktion einer Stop-Motion-Animation.

Die Herstellung von Stop-Motion-Clips liegt, was die *technische* Handhabung von Hard- und Software betrifft, nachweislich bereits in Reichweite von Grundschulkindern. Worin aber liegt der *didaktische* Nutzen oder (Mehr-)Wert derartiger Aktivitäten? Linneweber-Lammerskitten et al. (2011) beziehen sich auf Grundforderungen der Bildungsstandards (der Schweiz und Südafrikas), die auch hierzulande entsprechend formuliert sind: Demnach soll der Mathematikunterricht die Fähigkeit und Bereitschaft fördern, mathematische Sachverhalte zu erkunden, zu beschreiben und zu erklären, Schlussfolgerungen zu formulieren und Ideen zu entwickeln, um diese zu überprüfen. Diese Kompetenzen schließen motivationale und soziale Faktoren mit ein und gehen über eine bloße Fertigkeitsschulung hinaus. Einer Definition der OECD folgend unterscheiden sie ausdrücklich zwischen Kompetenz und Fertigkeit: »Eine Kompetenz ist definiert als die Fähigkeit, komplexe Anforderungen in einem spezifischen Kontext erfolgreich zu meistern. Kompetente Leistung oder effiziente Handlung erfordert die Aktivierung von Wissen, kognitiven und praktischen Fertigkeiten wie auch soziale und Verhaltensmerkmale wie z. B. Einstellungen, Gefühle, Wertvorstellungen und Motivationen. Kompetenz, im ganzheitlichen Sinne, kann daher nicht nur auf die kognitive Dimension reduziert werden, und deshalb sind Kompetenz und Fertigkeit nicht dasselbe« (OECD 2003, S. 2).

Die Projektgruppe VITALmaths bezieht sich einerseits auf neuere Lernmaterialien z. B. aus dem Projekt *mathe 2000* (Wittmann 1995). Andererseits, obwohl sich dort Lernumgebungen für das selbstständige Mathematiklernen generieren lassen, erfordern sie nach Meinung der Projektgruppe doch Unterstützung und motivationale Förderung v. a. für Kinder mit Lernschwierigkeiten[63]. Ziel von VITALmaths ist es daher, Hilfsmittel zu entwickeln, die nicht nur die Lehrkraft von frontal ausgerichteten Einführungen in mathematische Themen entlasten, sondern v. a. eine Möglichkeit für lernschwächere Kinder bieten, genuine und herausfordernde mathematische Aktivitäten zu erleben, die über den reinen mathematischen Inhalt des Video-Clips hinausreichen, indem eine experimentelle Grundhaltung, Versuch-und-Irrtum, das Aufstellen von Hypothesen sowie das Verallgemeinern von Ergebnissen gefördert werden. Um so selbstständig wie möglich mit den Videos arbeiten zu können, müssen diese kurz sein (1–3 min.), prägnant auf den Punkt kommen, anschaulich und intellektuell herausfordernd, relevant und mathematisch inspirierend sein. Eine Orientierung an den fundamentalen Ideen der Mathematik drängt sich also auch hier erneut auf.

Die Designgrundsätze der Stop-Motion-Clips unterstützen bzw. zielen laut Linneweber-Lammerskitten et al. (2011) sowohl auf kognitive als auch auf nichtkognitive Dimensionen wie z. B. Neugier, Motivation, Wissbegierde, die Entschlossenheit, Enttäuschung und Frustrationen zu überwinden und einer Sache ausdauernd auf der Spur zu bleiben. Die Verwendung natürlicher und vertrauter Materialien wie z. B. Holzwürfel ermöglicht eine direkte und bedeutungshaltige Auseinandersetzung mit der Sache. Zudem wird dadurch ermöglicht, ähnliche Szenarien oder Problemstellungen auch konkret mit dem realiter verfügbaren Material durchzuspielen.

> **Anregung zur (gemeinsamen) Bearbeitung**
>
> Erproben Sie die Möglichkeiten für Stop-Motion-Animationen an selbst ausgewählten Beispielen, indem Sie entweder ...
>
> - ein Handlungsskript anfertigen oder/und
> - mit entsprechenden ›Darstellern‹ arbeiten oder/und
> - Ihre Ideen auch digital (soweit Ihnen technisch möglich) umsetzen.

---

[63] Dies ist natürlich auch eine Frage der methodischen Realisierung, und vermutlich werden weder die einen noch die anderen Vorschläge völlig ›selbstinstruierend‹ sein und keinerlei Begleitung durch die Lehrkraft erfordern. Andererseits ist deren Einflussnahme auch nicht gleichzusetzen mit »frontal ausgerichteten Einführungen«.

4.7 »Klein aber fein« statt »All-In-One«

Die fachdidaktische Qualität des Marktangebots an so genannter Lernsoftware wird wie gesagt seit über 25 Jahren anhaltend beklagt. Einen Grund dafür liegt wohl auch darin, dass vielfach versucht wird,

- ›Komplettpakete‹ anzubieten (wobei ›komplett‹ meist nur die *Inhalte* meint): »Hier ist alles drauf, was im Mathematikunterricht für Klasse 4 gebraucht wird«, sagte eine Verkäuferin in der Medienabteilung einer großen Buchhandlung zur sichtlich vom Angebot überforderten Kundin;
- Printmedien wie z. B. Arbeitsblätter oder Aufgabenplantagen digital zu doppeln; es wird dasselbe und auf dieselbe Weise gelernt, wie es traditionell und lediglich mit einem anderen Medium getan wird (anstatt die medienspezifischen Vorteile der Technologie in integrativer Weise im Unterricht zu nutzen; vgl. Clements/Sarama 2002).
- anforderungsreiche Aufgaben[64] der Lehrperson, die auf persönliche soziale Interaktion vor dem Hintergrund eines spezifischen Professionswissens angewiesen sind, in (von vornherein) fragwürdiger Weise, mit (von vornherein) fragwürdigen Intentionen und Versprechungen einer technisierten Lösung zuzuführen (vgl. Kap, 4.5).

Anstatt bei der Suche nach der sprichwörtlichen ›Eier legenden Wollmilchsau‹ permanent der Gefahr zu erliegen, unter technisch zwar hochgerüsteten Oberflächen didaktisch aber nach wie vor überholten Relikten des programmierten Unterrichts anheimzufallen, wäre es vermutlich aussichtsreicher, eine Beschränkung auf inhaltlich wohlüberlegte Rahmungen vorzunehmen und dabei auf die medien*spezifischen* Möglichkeiten zu fokussieren. Nur einige Beispiele für diese Kategorie ›Klein, aber fein‹:

4.7.1 Digitale Arbeitsmittel

Mehrsystemblöcke (Dienes-Material)

Ein vielfach im Unterricht nutzbares Arbeitsmittel stellen die Mehrsystemblöcke dar, mit den (meist aus Holz gefertigten) Einer-Würfelchen, Zehner-Stangen, Hunderter-Platten und dem Tausender-Block für das Dezimalsystem (Abb. 4/40). Das Material wird eingesetzt sowohl zur Zahldarstellung (vorgegebene Zahlen mit dem Material legen, zu gelegtem Material die entsprechende symbolische Darstellung notieren usw.) als auch zur Veranschaulichung von Rechenoperationen bzw. -wegen.

---

[64] Beispiele: Wohlüberlegte inhaltliche Auswahl und fachliche Rahmung von Lernumgebungen, Moderation von Lernprozessen und Diskussionen, Diagnostik z. B. bei Lernschwierigkeiten, situationsgerechte Förderangebote usw.

Letzteres beinhaltet im Falle von Additionen und Subtraktionen mit Stellenüberschreitung bzw. Stellenunterschreitung – aufgrund des Prinzips der fortgesetzten Bündelung im Rahmen eines Stellenwertsystems (vgl. Krauthausen/Scherer 2007, S. 17) –, dass entweder kleinere Einheiten zu größeren gebündelt oder größere Einheiten in kleinere entbündelt werden müssen (s. u.).

Abb. 4/40: Mehrsystemblöcke (Foto: © G. Krauthausen)

Wenn Arbeitsmittel wie dieses im Unterricht nicht nur als ›Krücke für Lernschwache‹, sondern als epistemologische Werkzeuge eingesetzt werden (vgl. ebd. S. 240 ff.), dann kann ein Material wie die Mehrsystemblöcke (ähnlich wie die Wendeplättchen (s. u.), die Cuisenaire-Stäbe u. Ä.) vielfältig und häufig zur Anwendung kommen. Damit wäre *ein* Kriterium erfüllt, wenn man an eine digitale Version denken würde.

Warum aber sollte man das überhaupt? Gewiss nicht mit der Intention, das konkrete Material und die physischen Aktivitäten an und mit ihm zu ersetzen! Und gewiss auch nicht aus euphemistischen Motiven, weil ein ›neues Medium‹ genutzt wird und man gar meint, damit schon einen Beitrag zur ›Medienkompetenz‹ zu leisten. In bestimmten Fällen sind aber bspw. organisatorische Aspekte ein Argument – sei es recht pragmatisch die Tatsache, dass im Fall der Notwendigkeit vieler Kleinteile diese leicht herunterfallen oder verloren gehen können, recht aufwändig wegzuräumen sind o. Ä. Oder auch Argumente, die durchaus von inhaltlicher Relevanz sein können, wenn z. B. gewisse Aktivitäten nur mit der digitalen Version machbar sind: So lassen sich mit der Web-Applikation ›Gebäude bauen‹ (vgl. Kap. 4.4.1) auch Würfelkonfigurationen erstellen, die mit realen Holzwürfeln physikalisch nicht möglich sind, wie z. B. hängende oder gar frei schwebende Würfel. Diese Option kann aber bei gewissen gehaltvollen Problemstellungen (z. B. im Zusammenhang mit einer Dreitafelprojektion; vgl. ebd.) absolut sinnvoll sein.

Auf einen anderen Aspekt, nämlich die möglicherweise bessere Passung zwischen der Handlung und den mentalen Operationen, weisen Sarama/Clements (2006) hin: Ein Grund, warum Kinder Computerarbeitsmittel leichter handhaben können als physische, liegt demnach darin, dass die virtuellen Arbeitsmittel auf dem Computer es den Kindern zum einen ermöglichen, spezifische mathematische Transformationen analog zu jenen in der physischen Welt vorzunehmen. Andererseits aber werden auch spezifische Merkmale des virtuellen Tuns relevant: Während z. B. bei den o. g. Mehrsystemblöcken die physischen Hunderter-Platten und Zehner-Stangen im Rahmen von Subtraktionen mit Stellenunterschreitung umgetauscht werden müssen, können die entsprechenden Repräsentanten in der digitalen Version (vgl. ebd.) *direkt* aufgebrochen werden. Eine (dieselbe) Hunderter-Platte wird virtuell *tatsächlich* in zehn Zehner zerlegt (und nicht beiseitegelegt und durch zehn Stangen ersetzt). Umgekehrt lassen sich kleinere Einheiten zur nächstgrößeren *tatsächlich* gruppieren und müssen nicht umgetauscht werden. Diese Praxis sei, so Sarama/Clements, näher an der mentalen Operation, welche die Kinder ja verstehen sollen. Des Weiteren lässt sich bei der digitalen Version die Ebene der virtuellen Arbeitsmittel mit der symbolischen Ebene der Zahlenwerte in der Weise koppeln, dass die Zahlen, die der aktuellen Konstellation des Arbeitsmittels entsprechen, *dynamisch* den Aktivitäten des Kindes angepasst werden, welches das Arbeitsmittel manipuliert. Jede Änderung durch eine Handlung zieht eine entsprechende Anpassung der symbolischen Darstellung nach sich.

Zwanzigerfeld, Hunderterfeld, Hundertertafel

Diese Arbeitsmittel gehören zum Standard im Mathematikunterricht der Grundschule, und so gibt es kein Schulbuch auf dem Markt, das sie nicht nutzt. Das Gleiche gilt auch für die Unterrichtsrealität, wo sie seit Langem ein vertrautes Mittel darstellen. Grundsätzlich sind diese und andere Arbeits- und Anschauungsmittel (wie z. B. noch das Tausenderbuch; vgl. Selter 1993) v. a. in drei Funktionen relevant: als Mittel zur Darstellung von Zahlen, als Rechenmittel (zur Darstellung verschiedener Rechenwege) und als Argumentations- und Beweismittel (vgl. Krauthausen/Scherer 2007, S. 257 ff.). Diese Funktionsvielfalt deutet erneut an, dass jedes der o. g. Beispiele vielfältig und häufig und über alle vier Grundschuljahre hinaus sinnvolle Anwendung finden kann. Demgegenüber wird ihre Bedeutung aber manchmal in der Praxis unterschätzt und demzufolge eine verfrühte Ablösung angestrebt (vgl. ebd.): Sobald die Kinder gehäuft richtige Ergebnisse produzieren, hält man den Gebrauch der Anschauungsmittel für entbehrlich, ohne aber den übrigen Funktionen, in denen sie auch weiterhin nutzbringend wären, den notwendigen Raum zu geben. Dies gilt insbesondere für gehaltvolle Problemstellungen, bei denen man den vielfältigsten Zahlenmustern und Eigenschaften auf Zahlenfeldern und -tafeln nachspüren kann, und ebenso für die Möglichkeiten des inhaltlich-anschaulichen Beweisens (vgl. Krauthausen/Scherer 2007, S. 258 ff.; Krauthausen 2001). Mit anderen Worten: Auch für diese Beispiele sind vielfältige Aktivitäten gegeben und erforderlich, die eine virtuelle Version u. U. sinnvoll erscheinen lassen (erneut wieder: zu prüfen unter dem Primat der Didaktik!).

Als Beispiele seien hier stellvertretend das Programm WENDI bzw. die vom gleichen Autor entwickelten Tablet-Apps ZWANZIGERFELD bzw. HUNDERTERFELD (Urff 2009a/2010/2011a/b; vgl. Abb. 4/41) genannt. Im App Store finden sich noch weitere ähnliche Anwendungen für das iPad, aber die Entwicklung des hier genannten erfolgte vor einem ausdrücklich mathematikdidaktischen Hintergrund (der Autor stellt zurzeit (2012) seine Dissertation zu diesem Bereich fertig).

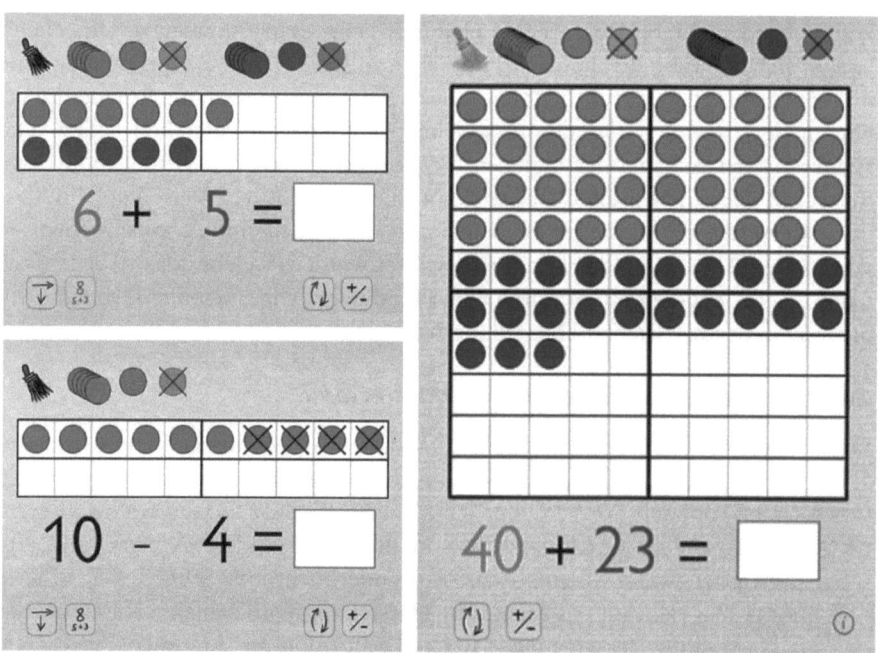

Abb. 4/41: ZWANZIGERFELD und HUNDERTERFELD für iPad (Urff 2011a, b)

Aber unabhängig von der Tatsache, dass man wohl bei jeder Anwendung Stellen finden wird, die unterschiedliche Auffassungen zulassen (oft gibt es dabei auch kein richtig oder falsch, sondern man muss Argumente abwägen und gewichten), wird dieses Beispiel auch nicht angeführt, weil man es für die optimale Umsetzung halten soll. Allerdings ist dieser Prototyp ein Versuch, bekannte Darstellungen aus Schulbüchern und Unterricht nicht nur zu benutzen, um daran mehr oder weniger zufallsgesteuerte, vom Programm vorgegebene Übungen durchzuführen. Vielmehr berücksichtigt diese Anwendung bewusst und gezielt a) bereits bei der Entwicklung spezifisch fachdidaktische Postulate, indem sie sich auf relevante theoretische Konzepte bezieht und b) diese auch explizit nennt (ebd.), so dass sich die Lehrerin, die evtl. einen unterrichtlichen Einsatz ins Auge fasst, sich vorher ein Bild von der Intention, der ›Philosophie‹ und der didaktischen Legitimation der Anwendung machen kann. Zudem sind im Internet auch praktische Erprobungen der Software möglich, eine Option, die i. d. R. bei eingeschweißten Produkten im Buchhandel nicht möglich ist. Aber wie will man die Eignung einer Software allein von der Umverpackung her beurteilen?!

> **Anregung zur (gemeinsamen) Bearbeitung**
>
> Informieren Sie sich im Internet (s. die o. g. Quellen von Urff im Literaturverzeichnis) über das Programm WENDI und die Apps ZWANZIGERFELD und HUNDERTERFELD oder laden Sie sich (kostenlos) WENDI oder eine der Apps auf Ihren PC bzw. ein iPad, falls Sie eines verfügbar haben.
>
> Diskutieren Sie die grundsätzlichen Optionen, die das Programm bzw. die Apps bieten, sowie ihre Stärken und Schwächen, auch im Vergleich zum konkreten physischen Material.

Wie ließe sich eine derartige Anwendung in den Unterricht integrieren? Nur einige Vorschläge und Rahmenbedingungen sollen angedeutet werden, wobei von folgenden günstigen Rahmenbedingungen ausgegangen wird (weil diese nicht nur didaktische Fantasien oder Wunschvorstellungen sind, sondern eine weder neue noch ungewöhnliche Praxis):

- Die Grundvorstellung der Operation Addition wurde solide eingeführt.
- Dies gilt gleichermaßen für Gesetzmäßigkeiten und Regelhaftigkeiten der Addition wie z. B. Kommutativität, Assoziativität und Konstanzsatz der Summe (vgl. Krauthausen/Scherer 2007, S. 40 ff.).
- Das operative Prinzip (vgl. Wittmann 1985) wurde dabei in seiner Bedeutung als fundamentales didaktisches Prinzip erkannt und genutzt, was sich in entsprechenden Übungen bereits niedergeschlagen hat.
- Das strukturierte Diagramm des Zwanzigerfeldes wurde nicht als selbsterklärend aufgefasst, sondern vor seinem Einsatz als Rechenhilfe zunächst in seiner Struktur erfahren und transparent gemacht (Stichworte: Kraft der Fünf, vgl. Krauthausen 1995b, variable Arten der Legeweise und der Sichtweisen, vgl. Krauthausen/Scherer 2007, S. 24 ff.).
- Abwechslungsreiche Übungen wurden am realen Zwanzigerfeld eingeführt und geübt.

Wohlgemerkt: All dies geschah im Unterricht an handgreiflichen Materialien und Anschauungsmitteln und ohne Computereinsatz. Zu glauben, der PC könne auch diese Grundlegungsphase mit ihren fundamentalen Lehr- und Lernaktivitäten sachgerecht übernehmen und damit die konkrete Handlung an physischem Material ersetzen, überschätzt die Möglichkeiten technischer ›Intelligenz‹ und wird nicht zuletzt auch der didaktischen Verantwortung von Lehrpersonen nicht gerecht. Zwar mag die irreführende Bezeichnung ›Lernprogramme‹ dies suggerieren, aber zur auch nur annähernden Modellierung einer kompetenten Lehrerpersönlichkeit wäre in höchstem Maße der Einsatz künstlicher Intelligenz erforderlich. Und unabhängig davon, dass trotz der hohen Subventionierung dieses Forschungszweigs die Ergebnisse (gemessen an den vollmundigen Versprechungen) eher bescheiden ausfallen, wäre es vollkommen unrealistisch angesichts der notwendigen Investitionskosten, dass ein derartiges ›Lernprogramm‹ für einen Preis auf den Markt kommen könnte, der in diesem Bereich üblich und auch von Schulen finanzierbar ist.

Was hingegen an der o. g. Stelle des Unterrichts denkbar wäre: Die Lehrerin erkennt aufgrund eingehender diagnostischer Beobachtungen bei einzelnen Kindern noch einen gezielten Übungsbedarf. Es könnte also z. B. sinnvoll sein, dass einzelne Kinder in selbstständiger Weise weitere der eingeführten Übungen am Zwanzigerfeld praktizieren oder andere Kinder auch gezielte Erkundungsaufträge am gleichen Darstellungsmittel bearbeiten. Benötigt würde dann keine Software, die gehäuft zufallsgesteuerte Additionsaufgaben anböte – entweder rein symbolisch oder mit statischen Ikonisierungen –, sondern ein fachdidaktisch begründetes und konzipiertes Tool, welches nicht nur die vom konkreten Arbeitsmittel gewohnten und gewünschten Aktivitäten erlaubt und auch nicht nur einen organisatorischen Vorteil böte (die Kinder können selbstständig auch für sich alleine üben), sondern einen didaktischen Mehrwert, der gerade erst durch die medienspezifischen Bedingungen des digitalen Mediums ermöglicht wird.

Bei der folgenden Aufgabe haben wir verschiedene Aktivitäten benannt, die sich – auch unabhängig vom Computereinsatz – aus mathematikdidaktischer Sicht für das Zwanzigerfeld anbieten. Bearbeiten Sie die Anregungen zunächst unabhängig von einer virtuellen Variante, also so, wie Sie sich auch Gedanken über einen Unterricht mit einem ›handgreiflichen‹ Zwanzigerfeld machen würden. Danach laden Sie sich das (kostenlose) kleine Tool zum Zwanzigerfeld aus dem Internet (s. Urff 2009a) und prüfen die Eignung der virtuellen Umgebung für diese genannten Aktivitäten. Gleichzeitig können Sie dabei erfahren, welche Kenntnisse über fachdidaktische Inhalte und Konzepte zu einer solchen Beurteilung digitaler Anwendungen notwendig sind. Dies ist dann am besten zu erleben, wenn Sie erst *nach* der Bearbeitung des folgenden Aufgabenkastens weiterlesen, was als Stichwörter zur Lösung zusammengestellt wurde …

Anregung zur (gemeinsamen) Bearbeitung

1. Wie kann man die in Abb. 4/42 dargestellte Ausgangsaufgabe 6 + 8 auf wesentlich verschiedene Arten nach dem operativen Prinzip (vgl. Wittmann 1985) abwandeln?

a) Beschreiben Sie jeweils die konkrete Handlung (am realen Zwanzigerfeld und an der virtuellen Variante), die der operativen Variation zugrunde liegt.

b) Zeichnen Sie das Bild der dann entstehenden neuen Darstellung am Zwanzigerfeld bzw. stellen sie dieses mit der Software dar.

c) Notieren Sie zuletzt in Form eines symbolischen ›Zahlensatzes‹ den dazugehörigen Term, aus dem die Veränderung erkennbar wird.

2. Welche arithmetischen Gesetzmäßigkeiten (Rechengesetze) liegen den einzelnen Variationen zugrunde?

3. Wo sehen sie spezifische Vorteile der virtuellen Anwendung? Diskutieren Sie gemeinsam Pro- und Kontra-Argumente. Die Argumente bei Urff (2009a u. 2010) können Ihnen dazu gewiss auch hilfreich sein.

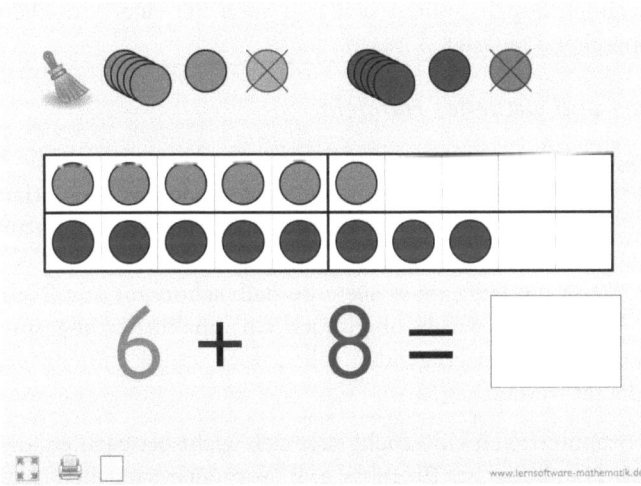

Abb. 4/42: Bildschirmdarstellung des virtuellen Zwanzigerfeldes (Urff 2009a u. 2010 u. 2011)

Nun, nachdem Sie Ihre eigenen Erfahrungen machen konnten, schauen wir gemeinsam auf die Aufgabenstellung: Welche prinzipiellen operativen Variationen sind ausgehend von der Ausgangsaufgabe denkbar und welche neuen Aufgaben ergeben sich daraus? Hier einige Hinweise zur Lösung. Grundsätzlich kann man ...

- ein Plättchen oben *oder* unten *dazulegen* bzw. *wegnehmen*: Es ergeben sich vier neue Aufgaben, deren Ergebnis sich jeweils um ± 1 von der Ausgangsaufgabe unterscheidet (Nachbaraufgaben).
- ein Plättchen oben *und* unten *dazulegen* bzw. *wegnehmen*: Die Differenz der jeweiligen Summanden bleibt konstant.
- ein Plättchen oben oder unten *umdrehen* und ›farbgerecht‹ in die andere Reihe verschieben: Das Ergebnis ist stets gleich groß wie das der Ausgangsaufgabe (gegensinniges Verändern; Konstanzsatz der Addition).
- die beiden Plättchen-Reihen *tauschen* bzw. sie von ›oben‹ bzw. ›unten‹ betrachten (Tauschaufgaben; Kommutativität der Addition).
- *umlegen*: Die blauen Plättchen (2. Summand) werden nicht separat in die untere Reihe gelegt (ein Summand pro Reihe), sondern sie füllen – soweit möglich – erst die 1. Reihe auf (Teilschrittverfahren; Assoziativgesetz).

Überall dort, wo oben von ›einem Plättchen‹ die Rede war, spricht man natürlich auch für alle anderen Anzahlen oder allgemein für *n* Plättchen von ›operativen Variationen‹. Derartige Übungen, aus fachdidaktischer Sicht grundlegend für das Rechnen lernen, sollten sich also auch bei einer virtuellen Lernumgebung entsprechend realisieren lassen.

Physisches und virtuelles Handeln

Aber auch wenn eine Software dies leisten würde, stellt sich die Frage, ob es überhaupt wünschenswert sein kann, den konkreten, haptisch erfahrbaren Umgang mit realen Materialien durch die medial vermittelte Manipulation virtueller Repräsentanten auf dem Bildschirm zu ergänzen. Nicht alles, was sich in überzeugender Weise tun lässt, muss allein deshalb schon gut sein. Neben organisatorischen Argumenten wurde oben auch ein inhaltliches angesprochen (Sarama/Clements 2006). Im Folgenden sollen noch einige Hintergründe zum Begriff angedeutet werden.

Auch im computerfreien Unterricht lässt sich leicht beobachten, dass Handlung nicht gleich Handlung ist. Es muss z. B. sorgfältig zwischen Aktivitäten und Aktionismus unterschieden werden. Ein ›lebendig‹ wirkender Unterricht – alle Kinder arbeiten geschäftig an einem Inhalt, der nach Mathematik aussieht – muss keineswegs bedeuten, dass dort tatsächlich substanzielle Mathematik betrieben wird. Man kann auch mit konkreten physikalischen Objekten arbeiten, ohne letztlich ihre Struktur oder die der mit ihnen vollzogenen Handlungen verstanden zu haben. Dies gilt selbst für fachdidaktisch prinzipiell wertgeschätzte Arbeitsmittel nicht per se. Erst recht dann nicht für vieles, was etwa die materialisierten Realisate der ›bunten Hunde‹ nahelegen. Ein solches ›Handeln‹ hat oft mit dem mathematischen Inhalt, um den es geht, wenig zu tun.

Die Handlung entsteht im *äußeren* Umfeld bzw. durch die ›Verpackung‹ der Inhalte, dient aber nicht zur kognitiven Aktivierung und Genese von Bedeutung.

Ladel (2009) verweist auf den Handlungsbegriff bei Aebli, demzufolge unterschieden werden muss zwischen den Handlungen als zielgerichtete, in ihrem inneren Aufbau verstandene Vollzüge, bei deren Ausführung der Handelnde seine volle Aufmerksamkeit auf die entstehende Struktur richtet (ebd. S. 36 u. 41), und den konkreten Handlungsobjekten. Folgt man diesem Ansatz, dann ist es unerheblich, welche Handlungsobjekte vorliegen, da sie lediglich Mittel zum Zweck sind und im Prinzip jederzeit ausgetauscht werden können. »Es ist also nicht die Motorik, die einer Aktivität ihre Bedeutung gibt, sondern die geistige Tätigkeit, die diese Aktivität begleitet« (ebd., S. 39). Auch beim mentalen Operieren werden keine äußeren Handlungen an realen Objekten vollzogen, sondern an Vorstellungsinhalten, an verinnerlichten, mentalen Bildern.

Das konkrete Handeln an physischen Gegenständen ist nach wie vor grundlegend in der Primarstufe. Diesen Begriff der enaktiven Repräsentationsebene bei Bruner haben Hartmann et al. (2007, S. 117) weiter ausdifferenziert und ergänzt durch die *semi-aktive* Ebene (die Lernenden beobachten eine Handlung an konkreten Objekten, vorgeführt durch die Lehrperson) und eine *virtuell-enaktive* Ebene. Hier werden die Handlungen von den Lernenden simuliert, und zwar durch Manipulation von virtuellen Objekten in einer computergestützten Umgebung. Betrachtet man das dort genannte Beispiel (Steuern virtueller Roboter auf dem Bildschirm, also z. B. des LOGO-Igels; vgl. auch Schwirtz 2008), dann ist diese Manipulation (durch Tastatureingabe vermittelte Steuerbefehle) gewiss noch abstrakter als das Drag & Drop von virtuellen Wendeplättchen mittels Maus oder – zunehmend im Kommen – mittels Gestensteuerung (vgl. Touch-Technologie bei Smartphones oder Tablets; vgl. Kap. 4.4).

Es stellt sich aber die Frage: In welcher Beziehung steht das virtuell-enaktive Handeln zum echt-enaktiven Handeln? Dass dem virtuell-enaktiven Tun das echt-enaktive Tun in ausgiebiger Form vorausgehen sollte, scheint unbestritten. Aber kann das virtuell-enaktive Tun – und wenn ja: wie und in welcher Weise – das Verständnis oder allgemein die kognitiven Prozesse ebenfalls und vergleichbar fördern? Oder gibt es gar einen spezifischen Mehrwert des virtuell-enaktiven Tuns? Und zwar nicht nur auf der organisatorischen Ebene, weil virtuelle Wendeplättchen nicht herumfliegen oder verloren gehen können. Oder können gar die beiden Arten enaktiven Tuns sogar zu negativen Interferenzen führen? Laut Ladel (2009, S. 63) gibt es derzeit noch keine Erkenntnisse zu diesem Verhältnis von virtuell-enaktiven und echt-enaktiven Repräsentationen.

Die Vorteile und Möglichkeiten physikalischer Arbeitsmittel sowie die Gütekriterien und Anforderungen, denen ›gute‹ Arbeitsmittel genügen sollten (vgl. zusammenfassend bei Krauthausen/Scherer 2007, Kap. 3.2) wären in gewisser Weise auch für virtuelle Arbeitsmittel (*computer manipulatives*; vgl. Clements 1999;

Clements/McMillan 1996) zu erwarten. Clements (1999) definiert *computer manipulatives* auch explizit auf dieser Basis, wenn er schreibt: »Gute Arbeitsmittel haben für den Lernenden eine einsichtsvolle Bedeutung, sie ermöglichen ihm Flexibilität und die Kontrolle über seine Handlungen. Sie spiegeln in konsistenter Weise kognitive und mathematische Strukturen wider und unterstützen den Lerner dabei, vielfältige Wissenselemente und Wissenstypen miteinander zu vernetzen – mit anderen Worten: Sie dienen als Katalysator für den Aufbau von verinnerlichtem Handlungswissen (*Integrated-Concrete Knowledge*). Computergestützte Arbeitsmittel können diese Funktion unterstützen« (ebd., S. 48; Übers. GKr). Programme wie WENDI oder die Apps ZWANZIGERFELD/HUNDERTERFELD können als ein Beispiel für virtuelle Arbeitsmittel gesehen werden, als interaktive, Software-basierte Repräsentationen dynamischer Objekte zur Förderung des Aufbaus mathematischen Wissens (vgl. Moyer et al. 2002).

Noch einige Anmerkungen zur *Direct Manipulation* der Touch-Technologie, die ja im Rahmen berührungssensitiver Monitore und der virtuell-enaktiven Steuerung von Programmen bzw. Apps zunehmend an Bedeutung gewinnt: Untersuchungen an Kleinkindern haben die Aufmerksamkeit der Wahrnehmungsforschung auf die Bedeutung der synchronen Darbietung von optischen und auditiven Reizen gelenkt (Scheier et al. 2003; vgl. auch Sekuler et al. 1997). Erwachsene, die auf dem Bildschirm ein potenziell mehrdeutiges Ereignis wahrnehmen – wie z. B. zwei identische Objekte (Kugeln), die sich aufeinander zubewegen, ›durchdringen‹ und dann wieder voneinander fortbewegen – und die dabei im Moment des ›Durchdringens‹ einen kurzen Ton zu hören bekommen, nehmen dieses Aufeinandertreffen visuell nicht als Durchdringen, sondern als Kollision wahr. Die Abb. 4/43 zeigt den einfachen Versuchsaufbau, und Sie selbst können diese so genannte *Motion-Bounce-Illusion* im Internet testen .

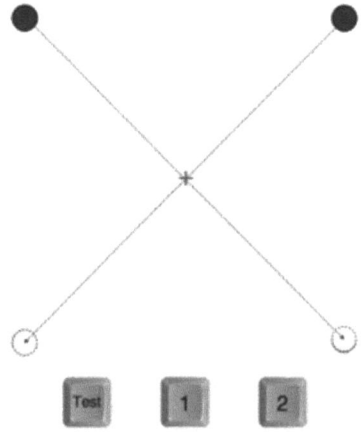

Abb. 4/43: Motion-Bounce-Illusion (nach Scheier et al. 2003)

Zunächst wird mit der Test-Taste überprüft, ob die Tonausgabe des PCs korrekt funktioniert. Mit Druck auf die Taste 1 bewegen sich die beiden schwarzen Kugeln von der angegebenen Position simultan und mit gleicher Geschwindigkeit auf ihrer (nur in der Abbildung, im Internet nicht) eingezeichneten Bahn über das Mittelkreuz zu der jeweils gestrichelten Position. Fasst man nun eine der beiden Kugeln dabei ins Auge, so wird das Aufeinandertreffen beider Kugeln am Mittelkreuz als ein ›Durchdringen‹ wahrgenommen, d. h., die ins Auge gefasste Kugel bewegt sich auf einer Geraden vom Startpunkt zum Endpunkt, sie überkreuzt sich mit der anderen Kugel in Form eines X. Beim Druck auf Taste 2 geschieht im Prinzip dasselbe bis auf folgende Ausnahme: Im Moment des Aufeinandertreffens erklingt ein kurzer Ton. Die Folge ist, dass bei einer wie zuvor ins Auge gefassten Kugel das Aufeinandertreffen nun nicht als Durchdringen, sondern als Kollision wahrgenommen wird, in deren Folge die Kugeln sich gegenseitig ablenken – sie fliegen nicht mehr auf einer geraden, sich kreuzenden Bahn, sondern in Form eines Winkels ><. Diese Illusion funktioniert nicht bei allen, aber bei den meisten Betrachtern in dieser Weise. Um die Illusion einer Kollision zu induzieren, muss der Ton innerhalb einer Spanne von ca. 100 Millisekunden während der räumlichen Koinzidenz der Kugeln erfolgen. Ertönt er sehr kurz vorher, verstärkt sich die Illusion, ertönt er sehr kurz nachher, gibt es kaum einen Effekt (Sekuler et al. 1997).

Scheier et al. (2003) unternahmen nun Experimente mit vier, sechs und acht Monate alten Kleinkindern, um festzustellen, wann dieser Illusionseffekt entwicklungspsychologisch entsteht. Kurz gesagt kamen sie zu dem Ergebnis, dass Audiosignale die visuelle Wahrnehmung beeinflussen können und sich die Fähigkeit einer Reorganisation von mehrdeutigen Wahrnehmungen etwa ab einem Alter von sechs Monaten entwickelt. Zentrale Einflussfaktoren sind offenbar (a) die Entwicklung der wahrnehmungsmäßigen und kognitiven Repräsentation des Verhaltens realer Objekte (z. B. als Kollision) und (b) die zunehmende Fähigkeit, seine Aufmerksamkeit flexibel auf signifikante Ereignisse zu richten.

Was hat dies mit unserem Thema zu tun? Seit Jahren wird kontrovers darüber diskutiert, ob und warum der Umgang mit Computern und Software für jüngere Kinder entwicklungsfördernd oder eher schädlich sei. Die in Kapitel 4.4 beschriebene rasante Entwicklung und Attraktivität von Tablets und ihren Apps gerade bei sehr jungen Kindern wird diese Diskussion kaum beruhigen. Die ausgetauschten Argumente der Debatte waren und sind vorrangig pädagogischer Natur. Untersuchungen wie die von Sekuler et al. (1997) oder Scheier et al. (2003) lassen nun die Frage entstehen, ob der Unterschied – hier in Form einer Metapher vereinfacht – des gehäuften Erlebens einer virtuellen Kollision im Vergleich zu einer physisch-realen Kollision auch bei Kindern im Schulalter Effekte haben kann, was die Wahrnehmungsförderung der Kinder betrifft. Verglichen mit älteren Rechnern und Programmen weisen die Prozessorgeschwindigkeiten heute zweifelsohne eine signifikant kürzere Reaktionszeit auf, was einem als ›realistisch‹ wahrgenommenen *Touch, Look & Feel* natürlich sehr zugutekommt. Ältere Kinder und auch Erwachsene können die unangenehme Wirkung auch z. B. an Programmen/Apps beobachten, bei denen die Gestensteuerung nur schleppend, jedenfalls spürbar nicht in Echtzeit, in Bildschirmreaktionen umgesetzt wird. Betrachtet man aber die differenzierte Wirkung und Bedeutung der doch extrem geringen Zeitspanne von 100 Millisekunden (s. o.) zwischen visuellem und auditivem Reiz, dann mag die *Direct Manipulation* von Bildschirmobjekten zwar subjektiv-bewusst als direkt wahrgenommen werden, allerdings entziehen sich Ereignisse der genannten Kürze auch der bewussten menschlichen Wahrnehmung. Das aber muss nicht gleichbedeutend sein mit ihrer Unwirksamkeit.

Damit soll die Diskussion nicht zusätzlich irritiert, sondern anhand dieses Beispiels lediglich darauf hingewiesen werden, dass wir auch heute längst noch nicht alles wissen, was den Computereinsatz betrifft, dass wir noch längst nicht alle Probleme gelöst haben, und manche von ihnen vielleicht auch deshalb noch nicht, weil wir sie noch gar nicht kennen.

4.7.2 Anwendungen für begrenzte Zwecke

Neben vielfältig einsetzbaren Arbeitsmitteln für den Mathematikunterricht versprechen thematisch begrenzte und didaktisch gerahmte Anwendungen sicher mehr Erfolg als die fortwährende Suche nach dem ›General Problem Solver‹. Solche klar umrissenen Angebote können in unterschiedlicher Form auftreten:

- als Internetangebot (z. B. Google Earth; vgl. Krauthausen/Lorenz 2008),
- als Trainingssoftware auf CD-ROM (z. B. BLITZRECHNEN mit dem explizit begrenzten Fokus auf das Automatisieren von Rechenfertigkeiten – am richtigen didaktischen Ort und bei den dafür legitimen Inhalten macht das durchaus Sinn, vgl. Krauthausen 2004),
- als mehr oder weniger offene Werkzeuge (z. B. ein Tool wie GEOGEBRA, das es als Programm für den PC wie auch als Online-Version gibt, oder das Programm BAUWAS, vgl. Meschenmoser 1997a/b u. 1999),
- usw.

Exemplarisch sollen zwei Programme kurz skizziert werden, um daran exemplarisch den didaktischen Wert dieser Kategorie zu demonstrieren.

Factory

Dieses Beispiel wurde hier auch deshalb ausgewählt, weil es die Software einerseits in einer alten (FACTORY) und neuen Version (THE FACTORY DELUXE; vgl. Sunburst Technology 2011) gab bzw. gibt – das ermöglicht interessante Vergleiche, die nicht nur im Hinblick auf fortschreitende Technik aufschlussreich sind, sondern ebenfalls (wenn nicht sogar mehr) im Hinblick auf die Erwartungen und die Philosophie des Software-Einsatzes. Zum anderen lässt sich ein Vergleich anstellen zwischen dieser digitalen Version des Inhaltsbereichs und dem Versuch, die gleichen gehaltvollen Aufgabenstellungen auch *ohne* Computer zu realisieren (vgl. Carniel et al. 2002).

Eine genauere Beschreibung von FACTORY[65] (alte Version) findet sich in Krauthausen (2003b), weshalb hier nur eine kurze Skizzierung und Konkretisierung des in diesem Abschnitt Beabsichtigten erfolgt. FACTORY basiert, wie der Name schon sagt, auf der Idee eines Fabrikationsfließbands (Abb. 4/44).

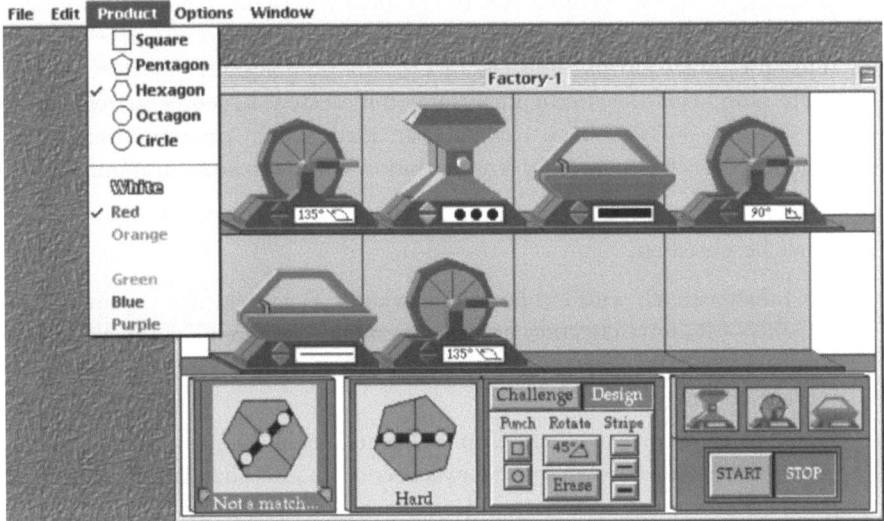

Abb. 4/44: FACTORY (Sunburst Technology 2011)

- Als zu bearbeitenden Werkstücke stehen folgende geometrische ›Rohlinge‹ zur Auswahl: Kreis, Quadrat, reguläres Fünfeck, Sechseck und Achteck.

- Zur Bearbeitung stehen drei unterschiedliche Maschinen zur Verfügung: Die *Strichmaschine* zeichnet waagerechte Linien (dick, mittel, dünn), die *Lochmaschine* stanzt wahlweise runde oder quadratische Löcher in das Werkstück (drei in Reihe oder nur eines in der Mitte oder zwei außen), die *Drehmaschine* dreht das Werkstück gegen den Uhrzeigersinn in Winkeln von 45°, 90°, 135° oder 180°.

---

[65] Das Programm ist nur in englischer Sprache verfügbar, aber problemlos auch ohne Englischkenntnisse sinnvoll zu benutzen (ggf. nach kurzer Erläuterung der Fragestellungen), da es weitgehend sprachfrei bedient werden kann.

- Bis zu acht dieser drei Maschinentypen können in Abfolge und individueller Konfiguration per *Drag & Drop* zu einer Fertigungsstraße hintereinander angeordnet werden.
- Wenn dann das ausgewählte Ausgangswerkstück durch diese Fertigungsstraße geschickt wird, lässt sich jede Aktion der Maschinen entsprechend animiert verfolgen.
- Drei Varianten an Aufgabenstellungen stehen zur Verfügung: *Experiment* (s. o.: Werkstück und Maschinenauswahl/-abfolge/-konfiguration frei wählbar, das Endprodukt kann vorausgesagt oder auch nur abgewartet werden), *Vorhersage* (Werkstück frei wählbar, Maschinenabfolge/-konfiguration wird programmseitig vorgegeben, das resultierende Endprodukt muss prognostiziert und mit einem Designmodul gestaltet werden, es wird nach Durchlauf der Fertigungsstraße mit dessen Ergebnis abgeglichen), *Herausforderung* (Werkstück frei wählbar, Endprodukt programmseitig vorgegeben, Maschinenabfolge/-konfiguration vom Nutzer zu bestimmen).

Der didaktische Wert[66] des Programms lässt sich u. a. durch folgende Positivmerkmale beschreiben:

- Als Inhaltsbereich wird ein höchst relevanter Teilaspekt des Geometrieunterrichts – Raumvorstellung und das mentale Operieren – ausgewählt und stringent verfolgt (ohne gleich den Anspruch zu erheben, *den* Geometrieunterricht abzubilden).
- Das Anspruchsniveau reicht von Fragestellungen für Erstklässler bis zu echten Herausforderungen für Erwachsene. Es gibt auch nicht immer nur eine einzige richtige Lösung, sondern alternative Möglichkeiten.
- Die Fragestellungen sind vielfältig, gehaltvoll und ermöglichen eine natürliche Differenzierung (vgl. Wittmann/Müller 2004; Krauthausen/Scherer 2010a/b).
- Es werden v. a. die *medienspezifischen* Vorteile des Computers ausgenutzt – die Verarbeitung zeitbasierter Daten –, indem die Folgen des Handelns in animierter Form direkt miterlebt werden können, bei gleichzeitig gegebener Möglichkeit, Einfluss auf den Gestaltungsprozess zu nehmen.
- Der Lernende behält das System unter *seiner* Kontrolle und kommt nicht in die Situation, bloß vorgegebene Aufgaben abzuarbeiten.
- Die Handhabung ist intuitiv (z. B. durch *Drag & Drop*).

---

[66] Dieser versteht sich nicht im absoluten Sinne: Die Software allein macht noch keinen guten Geometrieunterricht. Unabdingbar wäre eine sachgerechte Integration des Programmeinsatzes in den ›umgebenden‹ Unterricht. Und auch eine solche Integration versteht sich nicht nur additiv, sondern bedeutet eine anspruchsvolle konzeptionelle Aufgabe der Planung und Organisation von Lernprozessen.

Vergleichbare Programme, auf gezielt ausgewählte Inhaltsbereiche oder Lernumgebungen hin begrenzt (›klein‹) und zugeschnitten[67], könnten den Mathematikunterricht durchaus bereichern (›fein‹). Im Vergleich von FACTORY (leider nicht mehr erhältlich) und THE FACTORY DELUXE wird noch eines deutlich: Die Gesetze der Edutainment-Philosophie schlagen auch hier durch. Zeichnete sich die Urform des Programms noch durch ein sehr aufgeräumtes und klares Oberflächendesign aus (Abb. 4/45), so kommt die Deluxe-Version mit einer grellen Farbgebung und enervierenden Begleitgeräuschen daher, sie wirkt überladen und erschwert den Blick auf das Wesentliche. Weniger wäre deutlich mehr ...

Die *computerfreie* Umsetzung des Programms bei Carniel et al. (2002), die sich ja ausdrücklich auch auf die Software-Version FACTORY bezieht, macht u. a. eines deutlich: Manches geht analog auch *ohne* Computer – prinzipiell. Das heißt, man ist nicht zwingend auf dieses Medium angewiesen, wenn man die gleichen Problemstellungen[68] thematisieren möchte. Aber: Der Aufwand ist u. U. deutlich höher, was für manche Lehrperson dann letztendlich auch den Ausschlag geben könnte, diese Problemstellungen der Klasse eben *nicht* anzubieten. Insbesondere der Geometrieunterricht steht ja in der Gefahr, als besonders materialintensiv zu gelten und daher in einen Buchunterricht abzugleiten.

Zahlenforscher

So sehr das Training von Rechenfertigkeiten auch im Rahmen eines zeitgemäßen Mathematiklernens didaktisch legitimierbar ist (z. B. mit dem Programm BLITZRECHNEN; vgl. Krauthausen 1998b u. 1999 u. 2003c u. 2004), so sehr bedient eine solche Software aber auch nur vergleichsweise kurze Phasen des Lernprozesses und auch nur begrenzte Inhalte, nämlich jene, die einer Automatisierung zugeführt werden sollen, um dann als Werkzeug für höherwertige Lernprozesse verfügbar zu sein.

Diese Tatsache war Ausgangspunkt für ein Forschungs- und Entwicklungsprojekt, das der Frage nachgehen wollte, ob es ebenfalls – zumindest grundsätzlich – möglich sei, eine entsprechende Software für das *produktive Üben* im Sinne Winters (1984a) und Wittmanns (1992) zu entwickeln, also quasi ›das andere Ende des Übungsspektrums‹ zu besetzen. Die Frage war u. a., wie weit und konsequent man dabei vorgehen konnte und insbesondere ob und wie es möglich wäre, auch Werkzeuge oder Optionen bereitzustellen, die eine ausdrückli-

---

[67] Das erfordert mathematikdidaktische Expertise und kann kaum von Fremdentwicklern extern bedient werden, die ja derzeit immer noch das Gros der Autoren stellen.
[68] Vermutlich sind die wenigsten substanziellen mathematischen Problemstellungen *genuin* auf die Nutzung eines Computers angewiesen. Es dürfte sich ähnlich verhalten wie bei den speziell medial bedingt innovativen Fragestellungen, die sich durch den Taschenrechnereinsatz ergeben können (vgl. Spiegel 1988).

che Förderung auch der allgemeinen mathematischen Kompetenzen unterstützen (vgl. KMK 2005a). Vorwegnehmend kann heute diese Frage – grundsätzlich – positiv beantwortet werden. Die Ergebnisse des Projekts, die sich im Umfeld der Entwicklung der Software ZAHLENFORSCHER[69] (Krauthausen 2006a/b/c) ergeben haben, sollen im Folgenden überblicksartig zusammengefasst werden.

1.) ZAHLENFORSCHER wurde nach Prinzipien entwickelt (vgl. Krauthausen 2006a), die in so gut wie allen Fällen der üblichen Praxis der Entwicklung von Unterrichtssoftware entgegenlaufen:

- *konstruktive Entwicklungsforschung* (u. a.: enge Verzahnung von Grundlagenforschung, Fachdidaktik und Unterrichtspraxis)
- *partizipative und zyklische Technikgestaltung* (Beteiligung von professionellen Experten aller berührten Bereiche (z. B. Programmierung, Screendesign, Typografie, Ton, Grafik, Funktionstestung, Verlag – und Didaktik) und fortwährende didaktische und technische Diskussion aller Beteiligten während des gesamten Herstellungsprozesses)
- *Primat der Didaktik* (Fachdidaktik in federführender Position): Die fachdidaktisch begründeten Anforderungen führten mehrfach auch dazu, dass das Entwicklungstool (*Macromedia Director*) an die aktuellen Grenzen des technisch Machbaren[70] stieß; laut Auskunft der Firma Macromedia/USA waren ihr keine vergleichbar anspruchsvollen Entwicklungsprojekte bekannt.
- *umfangreiche Online-/Offline-Erprobungen* mit Grundschul- und Förderschulkindern der Klassenstufen 1–6 (in D, CH, USA) sowie Lehrkräften im Rahmen von Lehrerfortbildungen
- *beispielgebendes didaktisches Begleitmaterial* (Offenlegung des fachdidaktischen Konzepts, des Übungsbegriffs, von Möglichkeiten der didaktischen Einbettung inkl. Dokumentationen aus den Erprobungen)

2.) ZAHLENFORSCHER wurde bewusst als ›Stand-alone‹-Anwendung entworfen, also ohne die Anbindung an ein spezielles Schulbuch. Da das Programm auf standardmäßige Darstellungsmittel und Aufgabenformate zurückgreift, ist es gleichwohl in Verbindung mit vielen Lehrwerken nutzbar.

---

[69] Die 138-seitige didaktische Handreichung zum Programm wie zu seiner unterrichtlichen Erprobung und Einbettung kann als PDF von folgender Adresse geladen werden: www.erzwiss.uni-hamburg.de/Personal/Krauthausen/Handbuch_ZF.pdf

[70] Es ist in solchen Fällen recht leicht, sich auf Kompromisse zu verlegen. Im Projekt ZAHLENFORSCHER wurde der andere Weg gewählt und in der Zwischenzeit an anderer Stelle weiterentwickelt – vier Monate später stand dann z. B. eine zuvor noch nicht mögliche Option des *Directors* dank der Kommunikation in internationalen Entwicklerforen verfügbar.

3.) Inhaltlich fördert das Programm das produktive Üben am Beispiel des Aufgabenformats Zahlenmauern, das gleichsam in allen Schulbüchern enthalten und daher weithin bekannt ist. Insbesondere wird auch Wert auf die ausdrückliche Förderung der allgemeinen mathematischen Kompetenzen gelegt, wozu spezielle Werkzeuge zur Verfügung gestellt werden. Die Software bietet eine breite Palette des Umgangs mit Zahlenmauern an, repräsentiert durch vier Modi (nicht im Sinne von Schwierigkeitsstufen zu verstehen! Vgl. Abb. 4/45), die im Booklet den Kindern wie folgt erklärt werden:

- »*Regel*: Wer Zahlenmauern noch nicht so gut kennt, kann sich hier die Regel erklären lassen und einige Beispiele ausprobieren.
- *Rechnen*: Hier könnt ihr mit Zahlenmauern das Addieren und Subtrahieren üben. Und bereits dabei sind viele Zahlenmuster zu entdecken!
- *Selbst wählen*: Hier könnt ihr eure eigenen Zahlenmauern erfinden – zum Selberrechnen oder für eure Mitschülerinnen und Mitschüler.
- *Forschen*: Hier findet ihr elf spannende Forschungsaufträge. Entscheidet selbst, womit ihr beginnen wollt. Am besten, ihr macht es wie die Mathematiker: Forscht gemeinsam mit anderen! Und benutzt das Forscherheft. Das ist wie ein ›Reisetagebuch‹ für eure Expeditionen in das Land der Zahlenmauern. Notiert hier, was euch alles begegnet ist: eure Fragen, eure Ideen, eure Schwierigkeiten, die Lösungen und eure Erklärung. Auch die Mathematiker machen sich solche Notizen. Darüber sprechen sie dann mit anderen Forschern – genau so, wie ihr es in einer ›Rechenkonferenz‹ in eurer Klasse tun könnt« (Krauthausen 2006b, S. 5).

Die Resonanz aus der mathematikdidaktischen Community war einhellig und überaus positiv, es wurde und wird von einem beispielhaften Programm gesprochen, das dem Status quo des Marktangebots meilenweit voraus sei und den Primat der Didaktik konsequent einlösen würde. Auch aus der Praxis gab es, soweit das Programm bis dort vordrang[71], nur positive Rückmeldungen. Auch insofern konnte die erste Forschungsfrage beantwortet werden:

Es ist – grundsätzlich – möglich, eine Software zum produktiven Üben zu entwickeln, die den Postulaten der Mathematikdidaktik sowie der KMK Bildungsstandards für einen zeitgemäßen Mathematikunterricht entspricht.

---

[71] Es wurde seitens des Verlages keine explizite Werbung (außer der Platzierung auf der Verlagshomepage) geschaltet. Das Programm wurde allein über Publikationen des Autors, Fortbildungen, Tagungs- oder Einladungsvorträge sowie Mund-zu-Mund-Propaganda bekannt gemacht.

Dabei hat sich auch das Konzept bewährt (und, was den Aufwand einer solchen Entwicklung betrifft, als einziges als aussichtsreich aufgedrängt), sich auf wohlüberlegte Teilbereiche des Curriculums zu begrenzen und nicht den Anspruch zu verfolgen, möglichst den gesamten Kanon eines Schuljahres abzubilden. Der ursprünglich geplante Ausbau zu einer Software-Reihe, bei der dann weitere Formate (Zahlenketten, Rechendreiecke), in analoger Weise entwickelt, unter einer gemeinsamen Oberfläche zur Bearbeitung ausgewählt werden könnten, wurde nicht realisiert. Die Gründe werden im Folgenden kurz skizziert, denn auch daraus lässt sich, über die o. g. Grundsatzfrage hinaus, aus dem Entwicklungsprojekt ZAHLENFORSCHER noch weitaus mehr lernen.

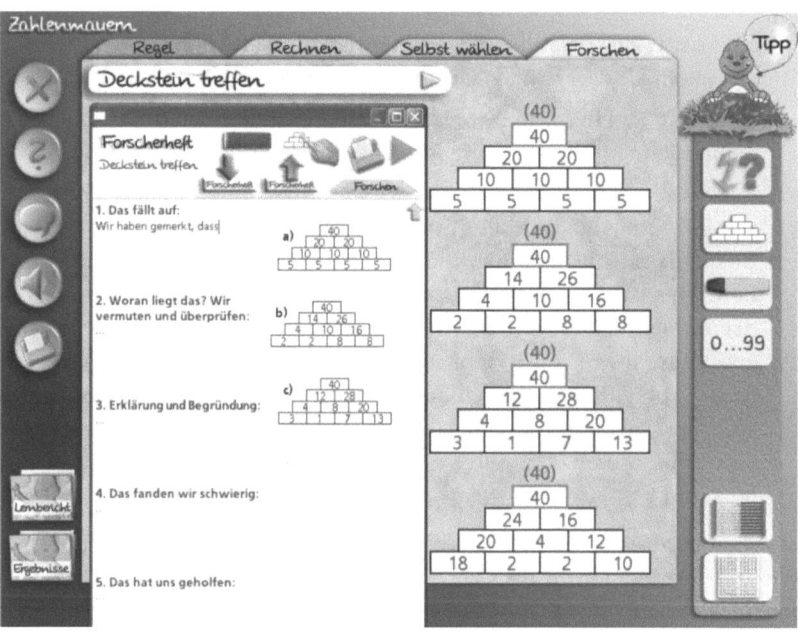

Abb. 4/45: Der ZAHLENFORSCHER (Krauthausen 2006a–c)

Gemessen an der o. g. positiven Resonanz (z. B. Häring 2006; Wember 2007) vielleicht unerwartet: Der ZAHLENFORSCHER ist zwei Jahre nach seiner Markteinführung vom Verlag aus dem Programm genommen worden. Grund für die Einstellung war: Die positiven Rückmeldungen bei der persönlichen Vorstellung der Software (s. o.) oder durch die Käufer des Programms schlugen sich insgesamt nicht in solchen Absatzzahlen nieder, die für den Verlag noch akzeptabel gewesen wären. Dafür gibt es aus Entwicklersicht durchaus plausible Erklärungen. Und sie erlauben wichtige Rückschlüsse nicht nur für die Entwicklung von Unterrichtssoftware im Speziellen, sondern auch für den Einsatz digitaler Medien im Mathematikunterricht der Grundschule im Allgemeinen.

- *Schulbuchbindung und Marketing:* Wenn man einmal den so genannten ›Nachmittagsmarkt‹ mit dem bekannten Angebot an didaktisch fragwürdigen Produkten außen vor lässt und sich auch nur auf Vertreter von Unterrichtssoftware beschränkt, die auf der Basis fachdidaktischer Konzepte entwickelt wurden, dann zeigt sich im Vergleich ein interessantes, letztlich nachvollziehbares Phänomen: Das BLITZRECHNEN, Anfang der 1990er-Jahre entwickelt und in der zweiten Hälfte des Jahrzehnts erstmals auf den Markt gebracht (Krauthausen 1997), war und ist, obwohl grundsätzlich lehrwerkunabhängig einsetzbar, eng an das Unterrichtswerk *Zahlenbuch* gekoppelt. Seit einigen Jahren ist es als Bestandteil aller Arbeitshefte zum *Zahlenbuch* lieferbar. Allein diese Tatsache führt zu beachtlichen Absatzzahlen, die bis zum heutigen Tag ungebrochen anhalten. Natürlich bedeuten Absatzzahlen automatisch keine entsprechend hohe oder sinnvolle tatsächliche Nutzung. Aber es liegt auf der Hand, dass ein Verlag, der ja letztendlich auch wirtschaftlich (oder zumindest in Mischkalkulationen) denken muss[72], eher eine Bereitschaft zur Pflege (Updates) einer weit verbreiteten Software entwickelt, als wenn sich ein Produkt schlecht verkauft. Ein gut eingeführtes Unterrichtswerk ist also per se bereits ein erfolgversprechender Träger für ein ›Satelliten-Produkt‹ wie eine Software. Hinzu kam dann noch die Werbung in Lehrerzeitschriften und Werbematerialien des Projekts *mathe 2000*.

  Demgegenüber war der ZAHLENFORSCHER nicht nur optional, sondern auch bewusst nicht an ein Unterrichtswerk gekoppelt. Man mag das als von vorneherein als strategisch ungeschickt deklarieren. Aber erstens kann man es durchaus differenzierter bewerten, ob eine Schulbuchbindung nur Vorteile oder nur Nachteile hat, denn für beides gibt es gute Gründe. Zweitens und v. a. stand aber im Entwicklungsprojekt ZAHLENFORSCHER die Frage nach der grundsätzlichen Möglichkeit der Entwicklung einer High-Quality-Software auch für das produktive Üben im Vordergrund und nicht eine möglichst hohe Gewinnmarge[73] am Markt.

- *Entwicklungs-/Upgrade-Kosten und Trägermedium:* Eine Reihe von schnell auf den Markt geworfenen, z. T. von nichtprofessionellen Entwicklern herge-

---

[72] Und hier haben sich die Umstände deutlich verschlechtert: Anfang der 1990er-Jahre hat ein Verlag dem Autor gegenüber noch als Verlagsphilosophie formuliert, an der Qualitätsentwicklung von Unterricht mitzuwirken. Zehn Jahre später wurde die Frage des Autors, wie viel Prozent (grob gesprochen) der Verlag für innovative, evtl. auch etwas riskante Projekte budgetmäßig vorhalte, vom Verlag ohne lange Überlegungen wie folgt beantwortet: »Null!«

[73] Dass der Auer-Verlag seinerzeit mit der überzeugenden und v. a. nachhaltigen Unterstützung in Person des Geschäftsführers Herrn Dr. Wierichs das Projekt begleitet und ermöglicht hat, ist ihm gerade aus dieser Sicht besonders hoch anzurechnen (vgl. den folgenden Punkt).

stellten Softwareprodukten lässt sich in kurzer Zeit mit einem kleinen Budget herstellen. Nimmt man aber die alte Forderung ernst, dass für Kinder im Grundschulalter nicht nur die beste Hardware, sondern auch die beste Software (seitens Technik, Handhabung, Design, Ästhetik etc.) gerade gut genug sei, dann kann die Konsequenz eigentlich nur die oben erwähnte partizipative und zyklische Technikgestaltung sein. Diese aber ist deutlich kostenintensiver, denn professionelle Experten aus den (abgesehen von der Fachdidaktik) berührten Bereichen, wie sie im ZAHLENFORSCHER-Projekt beteiligt waren (s. o.), sind auch für einen Verlag nicht einfach aus der Portokasse zu bezahlen. Und so werden denn auch hier am ehesten Kompromisse gemacht – mit allerdings auch erkennbaren Effekten.

Auch ist es mit der Erstentwicklung allein nicht getan: Die Rasanz der Technikentwicklung bringt es mit sich, dass die Halbwertzeit von Betriebssystemversionen immer kürzer ausfällt. Jedes Betriebssystem-Update macht es aber erforderlich, dass eine CD-ROM wieder ›aufgemacht‹ werden muss, was den Entwicklern des ZAHLENFORSCHERs zufolge einer ›Operation am offenen Herzen‹ gleicht (und damit Geld kostet) und anschließend eine umfangreiche Testung auf diversen Hardware- und Betriebssystemkombinationen nach sich zieht (eine ausgesprochen teure Angelegenheit – sofern man das Kriterium der Programm-Stabilität wirklich ernst nimmt). Hier stellen sich also die Fragen, ob es in Zukunft finanziell günstigere Trägermedien als die (wohl aussterbende) CD-ROM gibt, ob eine Web-basierte Programmierung leichter und weniger aufwändig zu pflegen wäre, ob aber auch die gleichen Features wie bei der CD-ROM im Internet möglich sind, usw. Die Antwort hängt natürlich u. a. von der Komplexität der Software ab, über die man redet. Betrachtet man das Design und die beeindruckenden Möglichkeiten mancher Internetseiten, so ist klar, dass man jene einfachen Drillprogramme nicht erst seit heute ohne Weiteres auf das Netz portieren kann, und schließlich ist das ja auch bereits vielfach geschehen. Ob eine Software von der Kategorie des ZAHLENFORSCHERs aber ohne Abstriche bei seinen didaktisch begründeten Features ohne Weiteres in eine Internetprogrammierung portiert werden kann, wird, zumindest heute, von Fachleuten bezweifelt.

- *Einfluss der ›Käufer/User‹:* In Kap. 3.1.5 wurde bereits darauf hingewiesen, dass die Nutzer einer Software durch ihr Kaufverhalten nicht zu unterschätzende Einflussmöglichkeiten auf die Qualität verfügbarer Software haben. Programme, die nicht gekauft werden, verschwinden aus dem Angebot. Dieses Gesetz des Marktes wirkt – siehe ZAHLENFORSCHER – unabhängig von der Qualität eines Programms. Und man kann es ja auch keinem Verlag verdenken, dass er lieber preiswert und flink zu erstellende *Quick & Dirty*-Programme vertreibt, solange diese sich in hinreichenden

Stückzahlen verkaufen, als auf *High-Quality*-Programme zu setzen, die, in der Entwicklung ungleich teurer, dann in den Regalen liegen bleiben.

Warum aber – das lässt sich nun einmal recht klar aus Marktanalysen schließen – kaufen Schulen, Lehrkräfte, die es besser wissen müssten, oder Eltern, die sich vielleicht den Rat von der Lehrerin ihrer Kinder einholen, offensichtlich mehrheitlich didaktisch fragwürdige Software? *Eine* Antwortmöglichkeit: weil es zu wenig didaktisch akzeptable Software gibt. Aber wäre es dann nicht besser, ganz darauf zu verzichten? Bislang ist dem Autor noch kein wirklich überzeugender Nachteil begegnet, dem Kinder in diesem Falle ausgesetzt würden. Andererseits könnte man sagen, ›schadet‹ der Einsatz *eines* ›digitalen bunten Hundes‹ ja dem Kind auch nicht gleich nachhaltig. Das ist sicher richtig – aber: Es besteht eben die Gefahr (und im Falle von Software ist es keine Gefahr mehr, sondern bereits Realität) der ›*Flut* der bunten Hunde und grauen Päckchen‹ (Wittmann 1992). Und das Webmuster vieler Programme ist so, dass es Bemühungen und Praktiken eines guten Unterrichts förmlich *konterkariert*. Und warum sollte man sich die so schon anspruchsvolle Aufgabe, Kindern produktives Üben zu ermöglichen, dadurch noch zusätzlich schwieriger machen?

Eine andere Antwort auf die oben gestellte Frage könnte wie folgt lauten: Offensichtlich bedient[74] die Machart der gängigen Software eine Einsatzform, die durch ›moderne‹ Unterrichtskonzepte (bzw. deren Fehlformen) suggeriert oder aus unterschiedlichen Gründen in den Einstellungen und Haltungen von Lehrpersonen zum Medieneinsatz zuverlässig internalisiert zu sein scheint – eine Praxis, die, drastisch formuliert, wie folgt aussieht: Man setze ein Kind mit Übungs- oder Förderbedarf vor einen PC, schiebe eine CD mit dem relevanten Inhalt ins Laufwerk und lasse das Kind üben. Software wird in diesem Sinne allzu oft als ›selbstwirksam‹ verstanden. Das entlastet das Gewissen[75], denn das Kind *arbeitet*, es bearbeitet sogar ›*Mathematik*‹, es ist *motiviert*, es ist *ausdauernd* und es arbeitet (vermeintlich) *individuell*. Ergo: Nahezu alle Schlagworte ›modernen‹ Unterrichts werden bedient. Ein derartiger Einsatz von Software legt auch eine Integration in den übrigen Unterricht kaum nahe. Unterricht und Softwarenutzung laufen weitgehend parallel ab, ohne nennenswerte Berührungspunkte.

Das führt dann aber bei einem Programm wie dem ZAHLENFORSCHER dazu, dass sein Potenzial bei Weitem nicht ausgeschöpft werden kann, v. a. was die Modi *Selbst wählen* und *Forschen* betrifft, die auf Kommunikation und geteilte Erfahrungen angewiesen sind. Insofern, und das wurde dem Autor von Lehrpersonen bestätigt, kann eine Software wie der ZAHLENFORSCHER u. U. auch eine Überforderung bestimmter Lehrerinnen und Lehrer darstellen, wenn sie eine

---

[74] Und in der Tat bewirbt sie diese ja auch ganz offensiv in dieser Weise.
[75] Letztlich aber wird, mehr oder weniger unbewusst, die Verantwortung für die Lernprozesse an die Maschine delegiert (vgl. die Online-Diagnosesysteme in Kap. 4.5).

Software mit ganz anderen Erwartungen einsetzen möchten – z. B. vorrangig als Entlastung. Das spiegelt auch die Äußerung wider, die ein Abteilungsleiter als Ergebnis von Marktanalysen seines Verlages griffig wie folgt formulierte: »Die Lehrerin schaut am Anfang des Schuljahres in das Inhaltsverzeichnis ihres Schulbuches und sucht dann nach einer Software, die ihr diese schwere Aufgabe erleichtern kann. Ein solches Produkt sollten wir dann im Angebot haben.« Nun hat der Autor selbst ein anderes Lehrerbild und kennt auch genügend konkrete anders denkende Lehrpersonen, aber gleichwohl bleibt festzuhalten:

Für die Lehreraus- und -fortbildung scheint ein besonderer Bedarf darin zu bestehen, didaktisch zeitgemäße Konzepte zur Integration von digitalen Medien in den übrigen Unterricht anzubieten.

5 Perspektiven für die Zukunft

Was also steht, zusammenfassend betrachtet, derzeit auf der Agenda? Resümierend sollen drei vorrangig erscheinende Aspekte genannt werden, die alle überhaupt nicht neu sind, gleichwohl aber aufgrund der geringen didaktisch-konzeptionellen Fortschritte nach wie vor aktuell und leider durchaus noch nicht *State of the Art* sind, auch wenn die eine oder andere Interessengruppe dies seit Jahren anders zu suggerieren versucht.

Primat der Didaktik statt der Medien

Es sollte deutlich unterschieden im Bewusstsein bleiben, was der Computer (nicht) ist und (nicht) sein kann (vgl. Krauthausen/Lorenz 2008, S. 163 f.). *Qua Medium* sind Kernprobleme des Unterrichts wie Heterogenität, Differenzierung, Diagnostik und Förderung nicht zu bewältigen. »Kognitive Anforderungen […] sind mit kognitiven Mitteln zu lösen« (Wember 1987, S. 174). Es gilt also die Ursachen, nicht die Phänomene anzugehen und die eigentlichen Probleme zu verdrängen.

»In den USA gibt es seit langem das […] Schlagwort […] ›Johnny can't read‹ […]. Da wusste eine Computerfirma […] sofort Rat und präsentierte ein Computersystem, zusammen mit dem Programm ›Learning to Read‹. Nach kurzer Zeit zeigte sich in Experimenten, dass dieses Programm tatsächlich die Lesefähigkeit der Schüler verbessert. Man feierte das als großen Triumph und als den Beweis dafür, dass der Computer sich auch in diesem Fall wieder einmal in seiner Eigenschaft als ›General Problem Solver‹ bewährt hatte. Was man jedoch vermieden hatte, obwohl es eigentlich unvermeidlich war: Man hatte überhaupt nicht gefragt, warum Johnny nicht lesen konnte […]. Womit können wir die Lesefähigkeit verbessern? Das ist erst die zweite Frage. Die erste […] müsste doch lauten: Warum kann Johnny nicht lesen? Warum hat er es in der Schule nicht gelernt? Warum lernt er es nicht in der Schule?« (Weizenbaum/Wendt 2006, S. 194)

Wollte man alles in einem Wort zusammenfassen, dann würde es, so irritierend es klingen mag, immer noch keine überzeugenden Argumente dafür geben, dass sich die 1991 entworfene und seitdem von mehreren Fachdidaktikern bestätigte (Padberg 2005, Radatz et al. 2006) AWARE-Strategie (vgl. Kap. 3.1.4 u. Krauthausen 1991b) inzwischen überholt haben könnte …

Professionalisierung der Lehrkräfte

Was Not tut, sind nicht nur punktuelle Aus- und Fortbildungsangebote zur Einführung in die Features und das Handling einzelner (u. U. gar didaktisch fragwürdiger) Softwareprodukte, sondern eine Professionalisierung für den *konzeptionell fundierten* Einsatz digitaler Medien im Unterricht, d. h. eine Sensibilisierung für die mediendidaktischen *und* fachdidaktischen Fragen einer *sachgerechten, integrativen* Nutzung der Medien im Rahmen der gut erforschten und entwickelten Postulate eines zeitgemäßen Mathematikunterrichts.

Diese Möglichkeiten muss es in *allen* Phasen der Lehrerbildung geben. Und sie sollten in weit größerem Maße als bisher von *fachdidaktischen Experten* angeboten und durchgeführt werden, um das bisherige Übergewicht externer und fachfremder ›Selbstberufener‹ zu relativieren, die sich ja im Bereich *Grundschule* allzu leicht zu Wort melden, weil dort jeder meint, mitreden zu können – kein Redakteur einer Elternzeitschrift würde sich hingegen dazu hinreißen lassen, eine Softwarebewertung über ein DGS-System (Dynamisches Geometrie-System) oder das Programm MATHEMATICA zu schreiben, die in höheren Klassenstufen eingesetzt werden können.

Konsequente Positionierung der Fachdidaktik

Als Wissenschaft für das Lernen und Lehren von Mathematik steht die Mathematikdidaktik in der Verantwortung, klare(re) Positionen zu beziehen, was auf verschiedenen Ebenen denkbar wäre.

- In einschlägigen *Publikationen (Lehrerzeitschriften) oder Aus-/Fortbildungsangeboten* erwarten Grundschullehrkräfte zu Recht Argumente und Unterstützung, um für sich selbst eine begründete Position zur Thematik entwickeln und gewinnen zu können. Diese fließt nicht nur ein in die Praxis des eigenen Mathematikunterrichts, sondern kann potenziell auch sachgerechte Empfehlungen für Eltern ermöglichen, die ja nicht selten die Schule um Rat fragen, wenn es um den Medienkonsum generell oder speziell im Hinblick auf das Lernen ihrer Kinder geht.

- Die fachdidaktische Forschung (nicht *nur* in der Mathematik) hat derzeit noch ein deutliches Defizit, was die *didaktische Bewertung und Evaluation* von Softwareprogrammen betrifft. Bisherige Versuche sind im Sande verlaufen und wurden nicht weiter verfolgt (Becker-Mrotzek/Meißner 1995; Brinkmann/Brügelmann 2004). Einem systematischen Ansatz folgend, entwickelt Krawehl (2012) derzeit ein Instrumentarium, das die fachdidaktische Bewertung von (mathematischer) Unterrichtssoftware mit spezifischer und prioritärer Berücksichtigung *fachdidaktischer* Gütekriterien und unter Berücksichtigung unterschiedlicher didaktischer Orte ermöglichen und als Modell auch auf andere Fachdidaktiken adaptierbar sein soll. Willkommen wäre sicherlich auch (im nächsten Schritt) eine professionell moderierte Internetplattform, in der Software-Bewertungen jenseits des bisher Üblichen von fachdidaktischen Experten ›nach allen Regeln der Kunst‹ durchgeführt und allgemein zugänglich gemacht würden.

- Und nicht zuletzt wäre es wünschenswert, wenn die Fachdidaktik neben der o. g. klaren Positionierung – v. a. auch gegenüber fragwürdigen Beispielen – auf der anderen Seite an einer ›Positivliste‹ aktiv mitwirken würde. Anstelle z. B. eines nur flüchtigen, eher externen, gutachterlichen Blicks auf Neuentwicklungen wäre die *federführende* Partizipation der Fachdidaktik an *Good Practice*-Entwicklungen und *High-Quality*-Software wünschenswert, um deutlich zu machen, dass es auch anders geht und die Schule daher mit Recht auf besserer Qualität bestehen könnte.

Wichtig erscheint es in all diesen Fällen, deutlicher als bisher *Klartext* zu reden, *konsequent* zu bleiben (vgl. Matros 1994), die begründete Meinung nicht hinter Konjunktiven und ›Was sein könnte, wenn‹-Szenarien zu verstecken oder durch sekundäre Argumente zu verwässern.

Anhang

Mediendidaktischer Exkurs zum Lernen mit digitalen Medien

Von Helmut Meschenmoser

1 Funktion von Medien

In einschlägigen Publikationen werden unterschiedliche – teilweise sogar sich widersprechende – Aussagen zu Medien und ihren Funktionen getroffen. Drei Beispiele:

- »Medien sind technische Geräte und Zubehör, die den Unterricht unterstützen!«
- »Auch Massenmedien sind Unterrichtsmedien!«
- »Alles, was den Lernprozess unterstützt, wird zu den Medien gerechnet. Das wichtigste Medium im Unterricht ist die Lehrkraft!«

Um die Möglichkeiten von digitalen Medien im Mathematikunterricht zu reflektieren und deren Einsatz im Kontext eines Schulcurriculums zielgerichtet zu planen, werden hier verschiedene Ansätze zur Mediendidaktik, Medienpsychologie und Mediensoziologie erörtert.[76]

1.1 Emanzipatorische und funktionalistische mediendidaktische Konzepte

Otto (1985, S. 78 f.) differenziert in der mediendidaktischen Diskussion zwei Gruppen von Konzepten, die sich argumentativ gegenüberstehen: funktionalistische und emanzipatorische Konzepte.

---

[76] Die Quellen sind schon älter, aber haben auch heute Gültigkeit. Eine kritische Analyse der aktuellen Literatur veranschaulicht zugleich, wie oberflächlich der Einsatz von digitalen Medien diskutiert wird und dass eine systematische Fortschreibung aussteht.

Funktionalistische Konzepte

Die funktionalistischen Konzepte zielen auf eine optimale Organisation der Lernsituation, Medieneinsatz soll Rationalisierung des Unterrichts bezwecken. Der Ausgangspunkt dieser Ansätze wird bei Skinner bzw. behavioristischen Lerntheorien gesehen, in denen Medien als Reizauslöser und Reaktionskontrolleure im Lernprozess verstanden werden (vgl. 2). Durch die Medien versprechen sich Vertreter der auch als ›unterrichtstechnologisch‹ bezeichneten Konzepte folgende Vorteile: Unterricht kann damit

- kurzschrittig,
- überschaubar,
- kontrollierbar und
- rationalisierbar gestaltet werden.

Dies – so die Annahme – sind wesentliche Voraussetzungen für die Effektivität des Lernens (vgl. Issing/Knigge-Illner 1976). Diesem Verständnis von Mediendidaktik stehen Ansätze entgegen, die als emanzipatorisch bezeichnet werden.

Emanzipatorische Ansätze

Sie zielen auf die Entwicklung von Artikulationsfähigkeit und Handlungskompetenz, auf die Befähigung zu Kommunikation und auf die wachsende Selbstgestaltung des eigenen Lernprozesses.

Nach Baacke (1973) stimmen die emanzipatorischen Ansätze trotz unterschiedlicher Akzentsetzungen mit folgenden Merkmalen überein:

- Unterricht wird als offener Lernprozess von Lehrerinnen und Schülerinnen verstanden;
- die Beteiligten – Lehrerinnen wie Schülerinnen – gestalten gemeinsam den Lernprozess und den damit verbundenen Einsatz der Medien;
- Massenmedien sollen in ihrem gesellschaftlichen Zusammenhang analysiert und es soll gelernt werden, sie im eigenen Interesse zu nutzen.

Bereits dieser knappe Exkurs lässt erkennen, dass die Gestaltung, Auswahl und unterrichtspraktische Nutzung von Medien im individuellen Lernprozess nicht beliebig ist. Deshalb ist es wichtig, möglichst auf die eigenen unterrichtspraktischen Leitbilder hin abgestimmte, mediendidaktisch begründete Entscheidungen zu treffen.

Weil emanzipatorische mediendidaktische Ansätze besser geeignet sind, Impulse zur Erhöhung der Eigenverantwortung der Lernenden insbesondere auch bei der Nutzung von digitalen Medien im Unterricht zu bieten, stützen sich darauf die folgenden Ausführungen.

1.2 Von Hilfsmitteln zu Unterrichtsmedien

Ein allgemeingültiges Verständnis darüber, was mit dem Begriff ›Medien‹ gemeint ist, lässt sich nicht ermitteln. Es liegen verschiedene Versuche vor, eine begriffliche Ordnung herzustellen (vgl. Otto 1985, S. 75 f.; Tulodziecki 1997, S. 13; Dichanz/Kolb 1974, S. 9 ff.; Schulze 1978, S. 49ff.), die aber nicht befriedigen können.

Der Erziehungswissenschaftler Schulze bewertete bereits vor über 30 Jahren die nach wie vor diffuse Situation: »Der ›Medien‹-Begriff zeigt eine ähnlich verwirrende Vielfalt an Bedeutungen wie der ›Methoden‹-Begriff. Insgesamt ist die Literatur zu pädagogischen Medienfragen eher an allgemeinen Medientheorien als an Aufgaben der Erziehung und am pädagogischen Handlungszusammenhang orientiert« (Schulze 1978, S. 57).

Diese über 30 Jahre alte Diagnose hat durchaus noch Gültigkeit, denn trotz der großen Hoffnungen, die mit den digitalen Medien, mit Multimedia und Internet verbunden sind, steht eine Verständigung auf mediendidaktische Grundlegungen im schulpädagogischen wie im fachdidaktischen Kontext noch aus.

Immer wieder werden in pädagogischen und fachdidaktischen Publikationen – vermutlich unbewusst – tradierte (und überwiegend widerlegte) medientheoretische Auffassungen fortgeschrieben.

Dabei ist der Begriff ›Medien‹ schon fünfzig Jahre in der didaktischen Diskussion; traditionell war der Begriff ›Hilfsmittel‹ üblich (vgl. Döring 1969). Eingebracht wurde der Medien-Begriff in den didaktischen Zusammenhang von Heimann (1962), wobei er die enge Beziehung von Medien zu Inhalten und Methoden hervorhob. Angeregt wurde er bei seinen Überlegungen durch die damals neuen Möglichkeiten und Perspektiven der Einbeziehung von (Schul-)Fernsehsendungen in den Unterricht (Heimann 1962, S. 421). Seitdem werden zunehmend Medien-Fragen von Methoden-Fragen unterschieden und gesondert behandelt (vgl. Otto 1985, S. 76; Schulze 1978, S. 47; Dichanz/Kolb 1974, S. 16 ff.; Heidt 1976, S. 54 ff.).

Was sind Medien?

Um nun das Spannungsverhältnis verschiedener Definitionen zum Begriff ›Medien‹ herauszustellen, bietet der Medienpädagoge Tulodziecki zwei Definitionen – eine sehr weite und eine engere:

- »In allgemeinster Bedeutung kann man ein ›Medium‹ als die Form bezeichnen, in der sich ein Inhalt oder Sachverhalt einem Menschen darstellt bzw. in der er präsentiert wird. Der Begriff ›Medium‹ beschreibt in diesem Sinne ein funktionales Element in der Interaktion des Menschen mit seiner Umwelt« (Tulodziecki 1992, S. 12).

- »Man spricht nur dann von Medien, wenn Informationen mit Hilfe technischer Geräte gespeichert oder übertragen und in bildhafter oder symbolischer Darstellung wiedergegeben werden« (ebd., S. 14).

Ausgehend von dem sehr weiten Medienbegriff von Tulodziecki hätte jede Interaktion und Kommunikation - d. h. auch jeder unterrichtliche und erzieherische Vorgang – eine mediale Komponente. Solch eine weitgehende Auffassung schließt ein, dass auch Menschen als Medien verstanden werden. Diese extreme Auffassung vertritt beispielsweise Meyer (1993, S. 36). Der enge – eher technische – Medienbegriff schränkt hingegen auf technisch unterstützte Kommunikationsvorgänge ein. Er umfasst sowohl die technischen Geräte bzw. Einrichtungen zur Erfassung, Speicherung oder Übertragung von Informationen (Hardware wie OH-Projektor, Computer, Beamer) als auch die dazugehörigen Materialien (Software wie OH-Folien, DVDs mit Filmen, Programmen etc.). Es fällt auf, dass beide Tulodziecki-Definitionen, die weite wie die enge Begriffsbestimmung, sich nicht auf Unterricht beziehen und deshalb für mediendidaktische Überlegungen erweitert werden müssen.[77]

Insgesamt wird in der erziehungswissenschaftlichen Diskussion Medien in zweierlei Hinsicht eine besondere Bedeutung zugemessen: einerseits, weil man sich von ihnen eine Erweiterung der unterrichtlichen Möglichkeiten verspricht, andererseits, weil sie in der Freizeit der Schülerinnen und Schüler eine große Rolle spielen (vgl. Tulodziecki 1992, S. 14). Dichanz/Hasebrink (1992) warnen jedoch vor einer Überbewertung der Rolle der Unterrichtsmedien. Außerdem geben sie zu bedenken, dass bisher kein Nachweis geführt wurde, der die viel zitierte Grundannahme von Heimann (1962) zur »gegenstandskonstituierenden Funktion« von Medien bestätigen könnte (vgl. Dichanz/Hasebrink 1992, S. 163).

Kommunikationstheoretisch werden Medien als ›Interaktionsvehikel‹ betrachtet, die eine kommunikative Funktion zwischen mindestens zwei Personen übernehmen. Im Lehr- und Lernprozess können Medien kommunikationsunterstützend und/oder kommunikationsübertragend bzw. kommunikationssteuernd wirken.

Unterricht wird dabei als institutionell organisierte Form kollektiven Lehrens und Lernens in einer Lerngemeinschaft von kommunizierenden Individuen verstanden. Unterrichtsmedien werden demnach als Medien betrachtet, die mit einem didaktischen Hintergrund entwickelt wurden, mit Konzepten für ihre Einbindung in den Lehr- und Lernprozess. Aber auch Medien – beispielsweise Tageszeitungen, Nachrichtensendungen oder auch Lexika –, die nicht originär für den Unterricht bestimmt sind, können für ihn genutzt werden. Diese Ver-

---

77 Zur differenzierten Darstellung unterschiedlicher, für mediendidaktische Ansätze diskutierter Medientheorien siehe Meschenmoser 1999.

wendung ist durch didaktisch begründete Kriterien zur Auswahl, zur Einführung und zum Gebrauch durch Lehrpersonen und Schülerinnen/Schüler zu legitimieren.

Bei einer Analyse von Medien ist es deshalb unabdingbar, diesen didaktischen Hintergrund einzubeziehen. Einerseits ist dessen Qualität, andererseits der situative Bezug der Anwendung im Unterricht – wozu u. a. die individuellen Lernbedingungen gezählt werden – entscheidend für die Wirkung bzw. den Nutzen des jeweiligen Mediums im Lernprozess. Für einen an aktuellen fachdidaktischen Maßstäben orientierten Mathematikunterricht bedeutet dies, den Schülerinnen und Schülern möglichst viele Anlässe zum produktiven Umgang mit Medien zu geben, und zwar zur Gestaltung ihrer eigenen Lernprozesse. Die Mitgestaltung des Lernprozesses im Unterricht bedeutet einerseits die Wahl zwischen verschiedenen Medien, andererseits die Formen der Nutzung und deren Reflexion mitzubestimmen. Damit ist zugleich eine motivierende, strukturierende und reflexionsanregende Lehrerrolle gefordert. Schüler erhalten in einem so gedachten Unterricht eine aktive Funktion, die es ermöglicht, an den eigenen Lernbedingungen mitzuwirken (vgl. Bildungskommission NRW 1996).

Die didaktische Bedeutung von Medien erwächst demgemäß aus der Interaktion zwischen Lehrenden und Lernenden, die sich mit diesem Medium befassen, sowie aus der Art und Weise, wie sie ihm gegenüber handeln. Dies bedeutet, dass Medien nicht per se eine fixierte didaktische Bedeutung zugeschrieben werden kann, sondern sich diese im didaktischen Handeln entwickelt und als jeweiliges Ergebnis im Kontext eines konkreten Lernarrangements zu verstehen ist.

2 Wie lernt man mit Medien?

Es sind vor allem die digitalen Medien, mit denen große Hoffnungen für so genannte ›neue‹ Formen des Lernens verbunden werden. Deshalb gilt es, die Frage zu klären, welche Chancen sich durch den Einsatz von interaktiven Medien für das Lernen ergeben.

In diesem Abschnitt werden aus mediendidaktischer Perspektive verschiedene lernpsychologische bzw. erkenntnistheoretische Ansätze skizziert und deren Relevanz für die Gestaltung von Medien sowie der entsprechenden Unterrichts- und Lernprozesse reflektiert.

Leitfragen dabei sind:

- Wie lernt der Mensch mit Medien und wie können die damit verbundenen Prozesse im Unterricht unterstützt werden?
- Welche Rolle spielen Medien im Lernprozess?

- Wie müssen Medien und deren unterrichtspraktischer Einsatz gestaltet sein, damit Lernen besser, effizienter und mit mehr Motivation erfolgen kann?

Wie bereits in Abschnitt 1 erörtert, wirken Medien im Lehr- und Lernprozess kommunikationsunterstützend und/oder kommunikationsübertragend bzw. kommunikationssteuernd. Die Rezeption bzw. die individuelle Wirkung der Medien hängt vom ›situativen Kontext‹ sowohl ihrer Herstellung als auch ihrer Nutzung ab. Ihre Wirkung im Unterricht wird demnach durch vielfältige Faktoren wie räumliche, zeitliche, institutionelle, personale und soziale Bedingungen beeinflusst. Mit dem zuvor skizzierten emanzipatorischen Anspruch der Mitgestaltung werden nachfolgend unterschiedliche lernpsychologische Ansätze in knapper Form im mediendidaktischen Kontext skizziert und kritisch hinsichtlich des Lernens mit digitalen Medien reflektiert, womit nicht der Anspruch erhoben wird, eine Einführung in die Lernpsychologie zu leisten.

Ein Problem: verschiedene Lernstrategien

Um deutlich zu machen, wie unterschiedlich auf ein und das gleiche Problem reagiert werden kann, vorab ein praktisches Beispiel. Um die prinzipielle Bedeutung von Lernstrategien zu erläutern, entfernen wir uns dazu kurz vom Mathematikunterricht:

Es geht um die Montage von Fahrrädern in Serienfertigung am Fließband. Bei der abschließenden Qualitätskontrolle werden immer wieder bestimmte Mängel (Fehler) an der Beleuchtungsanlage festgestellt. Die wiederholte Fehlerbehebung kostet viel Geld. Zur Vermeidung der Fehler kann nun auf unterschiedliche Weise reagiert werden. Ein Weg wäre es, durch wiederholtes Vormachen und kontrolliertes Nachmachen die erwünschten Montageschritte zu trainieren. Zusätzlich könnte für mängelfreie Montage eine Prämie in Aussicht gestellt oder im Gegensatz dazu bei wiederholten Mängeln Lohnabzug angedroht werden.

Ein anderer Ansatz sieht das Lernen durch Einsicht vor. Mit dem Monteur gemeinsam könnten die Funktion und der Aufbau des Stromkreislaufes erarbeitet werden, damit sie ein Verständnis für den ›komplexen‹ Vorgang bilden kann.

Während der erste Lösungsansatz keine Einsicht vermittelt, durchaus den Arbeitsdruck erhöhen könnte und dadurch nicht unbedingt Fehler vermieden werden, führt der zweite Weg zu einer Erhöhung des Qualitätsbewusstseins, die auf Einsicht beruht. Mit dem notwendigen Verständnis kann der Monteur außerdem selber die Beleuchtungsanlage prüfen, idealerweise selbstständig Fehler analysieren und diese gleich beheben.

Theorien zum Lernen

Jedes Kind hat bereits eigene Vorstellungen vom Lernen. Diese subjektiven Theorien machen sich an unterschiedlichen Aspekten fest: »Daniel hat sich eben nicht genug angestrengt, um die Aufgaben richtig zu lösen!« Neben der mangelnden Leistungsbereitschaft wird häufig die so genannte Begabung genannt, aus deren Existenz oder mangelnder Ausprägung entsprechende Erfolge oder Misserfolge resultieren: »Susanne hat eben keine Begabung für Mathematik und tut sich deshalb schwer, die Aufgaben zu bearbeiten!« Schließlich wird selbst das Lebensalter zur Begründung von Lernleistungen herangezogen: »Ein alter Hund lernt keine neuen Tricks« oder »Was Hänschen nicht lernt, lernt Hans nimmermehr!«

Solche – durchaus auch von Lehrerinnen und Lehrern – spontan vorgebrachten Antworten enthalten Elemente, die sich auch in wissenschaftlichen Theorien zur Erklärung des Lernens wiederfinden. Der große Nachteil aller dieser Theorien ist, dass es keine universale Theorie des Lernens aller möglichen Verhaltensbereiche gibt, sondern eine Vielzahl sehr unterschiedlicher, sich teilweise ergänzender, aber auch widersprechender Konzepte. Die Theorie des Lernens am Modell (nach Bandura) erklärt beispielsweise überzeugend das Lernen sozialen Verhaltens, ist jedoch nicht geeignet, Begriffslernen zu erklären (vgl. Piel 1977, S. 67 ff.). Eine praktische, handlungsleitende Antwort auf die Frage zu geben, wie Kinder und Jugendliche lernen, ist daher von einer einzigen Theorie her immer nur eingeschränkt möglich.

Je nach den theoretischen Annahmen lassen sich verschiedene Ansätze so genannten Lernparadigmen zuordnen, wobei man – vereinfacht ausgedrückt – unter Paradigmen historisch gewachsene, theoretisch begründete Sichtweisen versteht.

Charakteristisch für Paradigmen ist die unterschiedliche Strukturierung und Interpretation durchaus gleicher oder zumindest ähnlicher Informationen, z. B. im Falle der Lernparadigmen die Ergebnisse der Hirnforschung. Zu den wichtigsten Lernparadigmen zählen behavioristische und kognitivistische Lerntheorien sowie konstruktivistische Erkenntnistheorien.

Historisch betrachtet ist der Behaviorismus die älteste der Theorien, die Beiträge zur Erklärung lernpsychologischer Phänomene geliefert hat. Er erlebte in den 60er-Jahren im Neobehaviorismus (Programmierter Unterricht) eine Renaissance und bestimmt auch heute (noch) viele Unterrichtsmedien und -konzepte.[78]

Die Unterscheidung der drei zuvor benannten Lernparadigmen wird erschwert durch die Entwicklung innerhalb des Behaviorismus seit Anfang der 90er-Jahre.

---

78 Aus dieser Zeit stammen z. B. die LÜK-Kästen, Heinevetter-Trainer u. a. m.

Da auch jüngere instruktionspsychologische Ansätze sich als ›konstruktivistisch‹ ausweisen, wird außerdem abschließend auf jüngere instruktionspsychologische Ansätze eingegangen und deren Relevanz für die Gestaltung von Medien sowie für die Unterrichtsgestaltung in der gebotenen Kürze skizziert.

2.1 Behaviorismus – Steuerung des Lernens

Diese bis in die Antike reichende wissenschaftliche Theorie des Lernens außerhalb philosophischer Erkenntnistheorien wurde von Physiologen entwickelt. Lernen wird von ihnen als konditionierter Reflex durch die Reaktion auf Reize (Stimuli) angesehen. Allgemein bekannt wurde das ›klassische Konditionieren‹ durch die Versuche von Pawlow (Speichelreflex des Hundes) und die späteren vielfältigen Laborversuche ›lernender Tiere‹ – oft Tauben, Ratten, Mäuse u. Ä. Neu an Pawlows Versuchen war u. a., dass er neurophysiologische, biologische Fakten in die Erklärung des Lernens einbezog.

Eine weiter reichende Variante behavioristischen Lernens ist das Versuch-und-Irrtum-Lernen, das von Thorndike untersucht und theoretisch erklärt wurde. Auch hier geht es um die Reaktion auf bestimmte Reize. Der bekannteste Protagonist des Neobehaviorismus ist Skinner, dessen theoretische Überlegungen die Basis für frühe Konzepte des »Programmierten Unterrichts« bildeten, die sich wie folgt zusammenfassen lassen:.

»a) Es wird eine bestimmte Abfolge von Denkanstößen (Reizen, stimulus items) dargeboten;

b) der Lernende reagiert in der vom Programm induzierten Weise (response);

c) eine sofortige Erfolgsmitteilung bestärkt ihn in seinem Lernverhalten (reinforcement);

d) alle Lernschritte entsprechen dem Prinzip der kleinen und kleinsten Schritte;

e) der Lernende gibt (daher) meistens richtige Antworten und

f) nähert sich sukzessive dem Lernziel an« (Krauthausen 1994, S. 87 f.).

Skinner ging zu Beginn der 60er-Jahre davon aus, dass durch die Automatisierung mit Hilfe von ›Lernmaschinen‹ optimierte Lernerfolge zu erzielen seien. Lange vor Einführung von PCs zum computerunterstützten Üben wies er auf die »unendliche Geduld« der Maschinen und auf die Möglichkeiten der Individualisierung des Lerntempos beim Einsatz von computergestützten Trainingsprogrammen hin. Diese Argumentation findet auch heute (noch) immer wieder Anwendung zur Legitimation von Computern mit Trainingsprogrammen (auch bezeichnet als CBT = Computer Based Training).

Was bedeuten die behavioristischen Theorien für das Lernen mit digitalen Medien?

Das zentrale Moment dieses empirisch (vor allem im Tierversuch) erfolgreich verifizierten theoretischen Konzepts der Instruktionspsychologie beruht auf der Annahme, dass Lernende auf dargebotene Reize in bestimmter Weise reagieren. Lernende haben dabei keinen Einfluss auf die Art der Darbietung, sie können nur – in vorgegebener/vorgedachter Weise – reagieren. Lehrende (auch Programmautoren) nehmen dabei die Gliederung des Lerngegenstands vorweg und zergliedern denselben in kleinste Einheiten (Prinzip der kleinsten möglichen Schritte). Das Programm führt die Lernenden zu einem (von anderen) vorbestimmten Ziel. Individuelle Interessen, Neigungen, Vorkenntnisse oder soziale Beziehungen der Schülerinnen und Schüler bleiben dabei unberücksichtigt. Eine (Mit-)Gestaltung des Aneignungsprozesses ist nicht vorgesehen.

Durch die Zerlegung des Lerngegenstands in kleinste Elemente, in kurze Darbietungen, geht der inhaltliche und ›sinnvolle‹ Bedeutungszusammenhang verloren. Damit wird eine möglichst schnelle, direkte und fehlerfreie Reaktion des Lernenden beabsichtigt, die dann ›positiv‹ verstärkt wird (grinsendes Gesicht, Geräusche, Fortsetzung des Programms, Belohnungsspiel). Im Sinne einer eindeutigen Aufgabenlösung werden ›falsche Antworten‹ bzw. Fehler bei der ersten Reaktion oftmals einfach ›ignoriert‹. Stattdessen wird die gleiche oder eine ähnliche Aufgabe kommentarlos wiederholt. Mitunter bleibt auch jede Reaktion aus. Gleichgültig, ob die Antwort richtig oder falsch gelöst wurde, kommen immer neue Aufgaben und anschließend erfolgt der Hinweis auf die Anzahl der richtigen und falschen Lösungen.

Diese Programmkonstruktion ist besonders problematisch, weil während der Bearbeitung der Eindruck entstehen kann, dass alle Aufgaben richtig gelöst wurden – fehlgeleitete Erkenntniswege oder verkürzte theoretische Vorstellungen werden hierdurch noch verfestigt. Einige solcher Trainingsprogramme widersprechen sogar den Überlegungen von Skinner, der negative Verstärkung als unwirksam ansah und sie deshalb ablehnte. Derartige Programme mit negativen Verstärkungen in Form von Misstönen, weinenden Gesichtern oder sogar ›Krokodilen‹ bleiben deshalb hinter den bereits über 40 Jahre alten Überlegungen von Skinner zurück.

Bei genauerer Betrachtung erweisen sich auch manche neueren, so genannten multimedialen interaktiven Medien als »programmierte Unterweisungen«. Trotz aufwändiger Grafiken und Sounds bestimmen der lineare Aufbau, die Prinzipien der Verstärkung und eine weitgehende Steuerung des Lernprozesses die Vorgehensweise der Lernenden. Fast alle neueren didaktischen Leitlinien und

Prinzipien des Unterrichts sowie der Methoden werden durch das behavioristische Konzept konterkariert.

Trotz aller Kritik ist nicht ausgeschlossen, dass es sinnvolle und pädagogisch vertretbare Anwendungen von Unterrichtssoftware geben kann, die nach der Theorie behavioristischer Lernkonzepte erstellt worden sind, vor allem wenn es ausschließlich darum geht, einen Handlungsablauf so zu automatisieren, dass Anstrengung minimiert werden kann (z. B. Zehnfingersystem-Schreibtrainingsprogramme). Motivation, Selbstbestimmungsfähigkeit oder Beteiligung an der Methodenwahl erfordern allerdings eine didaktisch begründete Einbettung in einen inhaltlichen, für die Lernenden sinnvollen Kontext.

So wäre es beispielsweise durchaus vertretbar, im Mathematikunterricht für einzelne Schüler eine kurze Trainingsphase unter Anwendung einer ›programmierten Unterweisung‹ vorzusehen, wobei die Lernenden selbst über die Auswahl der dafür einzusetzenden Medien entscheiden sollten, wie beispielsweise das Programm BLITZRECHNEN (vgl. S. 14 und 42). Hier steht aber das Training, also die Automatisierung von *Fertigkeiten* im Fokus, und von derartigen Situationen gibt es im zeitgemäßen Mathematikunterricht recht wenige – *weitaus* weniger jedenfalls, als die nahezu unüberblickbare Fülle von so genannten Lern- und Übungsprogrammen suggerieren kann, die das o. g. Paradigma repräsentieren.

Mit der so genannten »kognitiven Wende« (Weidenmann 1995) erlangten dann in den 70er-Jahren kognitionstheoretische Ansätze größere Aufmerksamkeit in der Lernforschung.

2.2 Kognitivismus – Einsicht, Motivation und Differenzierung

Nicht zuletzt als Folge des ›Sputnikschocks‹ wuchs in den 60er-Jahren die Kritik an anscheinend nicht ausreichend erfolgreichen traditionellen methodischen Verfahren und am (westlichen) Bildungssystem insgesamt. Im Zusammenhang mit Reformen des Bildungswesens (u. a. Profilierung der Grundschule, Gründung von Gesamtschulen, Einführung der Arbeitslehre), einer verstärkten Wissenschaftsorientierung des Lernens und einem allgemeinen Emanzipations- und Aufklärungsbedürfnis wurden neue Lerntheorien entwickelt, welche die Eigenaktivität der Lernenden und deren Motivation betonen. Die kognitiven Ansätze sind unter anderem mit den Untersuchungen von Piaget, Aebli sowie Bruner verknüpft.

Dem bewussten, entdeckenden, problemlösenden und kreativen Lernen des Kindes wurde besondere Aufmerksamkeit zuteil. Die Bedeutung der Beachtung subjektiver Interessen und Motive des Lerners und deren Verarbeitung wurde

›entdeckt‹ und Möglichkeiten des Transfers erworbener Kenntnisse erkundet. Das ›Lernen des Lernens‹, also die Beschäftigung mit der Art und Weise des Lernens und den dabei angewendeten Strategien, das Denken über das Denken (Metakognition), wurden erforscht, um das Lernen erfolgreicher werden zu lassen.

Im Gegensatz zu behavioristischen Ansätzen wird der Lernende in kognitionstheoretischen Konzepten als ein Individuum begriffen, das Reize aktiv und selbstständig verarbeitet und nicht durch Stimulationen steuerbar ist.

Während behavioristisch orientierte Lerntheoretiker auch komplexe Lernprozesse auf der Grundlage von Konditionierungsregeln erklären (z. B. Sprache als Ergebnis des Lernens durch Assoziation und Bekräftigung), verweisen Kognitivisten auf bewusste Prozesse wie Einsicht, Verstehen, Erfassen von Beziehungen sowie Denken und Problemlösen. So bewirkt Kreativität divergentes Denken, das nicht linear, sondern ›sprunghaft‹ (assoziativ) ist.

Ein kennzeichnendes Paradigma dieses lerntheoretischen Ansatzes ist das Problemlösen, also das Lernen von Methoden der Problemlösung, die zu richtigen Antworten führen. Kognitive Strukturen entwickeln sich im menschlichen Gehirn dadurch, dass der Mensch selbst aktiv (handelnd) tätig ist: »Von den elementarsten sensomotorischen Handlungen (wie Stoßen und Ziehen) bis hin zu den kompliziertesten intellektuellen Operationen, welche verinnerlichte, gedanklich ausgeführte Handlungen sind (z. B. Vereinigen, Reihenbilden und Zuordnen), ist die Erkenntnis ständig verknüpft mit Handlungen und Operationen« (Piaget 1984, S. 25).

Der individuelle (kognitive, affektive sowie motorische) Entwicklungs- und Erfahrungsstand drückt sich in der Gesamtheit der zur Verfügung stehenden, bereits gesammelten und verarbeiteten Erfahrungen als das Niveau der Anregungen und Beziehung zur Umwelt aus. Dabei schaffen die Erfahrungen selbst noch keine Erkenntnis! Erst die ›nachdenkende‹ Verarbeitung von Erfahrungen durch Verallgemeinerung (induktives Denken) sowie durch Bezugnehmen auf bereits gespeicherte Erfahrungen (deduktives Denken) und deren erneute Anwendung auf die Realität führt zu bedeutsamen Erkenntnissen. Praktische Arbeiten reichen deshalb nicht aus, sondern für den Erkenntnisprozess des Lernens bedarf es der kognitiven Reorganisation im Zusammenhang von induktivem und deduktivem Denken.

Die kognitivistischen Erkenntnisse wurden relativ schnell (Anfang der 1970er-Jahre) pädagogisch umgesetzt. Entdeckendes und problemlösendes Lernen wurde zum didaktischen Prinzip erklärt und sollte den lehrerzentrierten Frontalunterricht ablösen. In vielen Unterrichtsbereichen (vor allem in der Grundschule) wird seit dieser Zeit ganz bewusst an die Lebenswelt der Schülerinnen und Schüler angeknüpft, ihre Interessen und Bedürfnisse werden bei der Auswahl der Unterrichtsgegenstände und der Wahl der Methoden stärker berücksichtigt.

Was bedeuten kognitivistische Ansätze für das Lernen mit digitalen Medien?

Bei der Softwareentwicklung rücken nach kognitivistischer Auffassung Überlegungen in den Vordergrund, die beim behavioristischen Ansatz keine Relevanz haben. Dazu gehört die Frage, welche Prozesse in der Interaktion zwischen dem Unterrichtsmedium (als externe Bedingung des Lernens) und der kognitiven Struktur (als interne Bedingung des Lernens) entstehen können bzw. sollen.

Strittmatter/Seel (1984) unterscheiden folgende kognitionspsychologische Theorieansätze, die den Aspekt der Informationsspeicherung bzw. -repräsentation im Gedächtnis betonen:

- Theorie der Bedeutungsstrukturen
- Theorie der Doppelcodierung
- Theorie mentaler Modelle

Je nach theoretischer Modellvorstellung wird die Gestaltung einzelner Komponenten einer Unterrichtssoftware beeinflusst. Die genannten Ansätze und daraus folgende Konsequenzen für die Softwareentwicklung werden im Folgenden kurz aufgezeigt.

Die Theorie der Bedeutungsstrukturen nimmt an, dass die erlebte Umwelt in Form von semantischen Netzwerken im Gedächtnis repräsentiert wird. Semantische Netzwerke werden dabei als Strukturen verstanden, die aus begrifflichen Elementen und ihren Relationen bestehen. Dieser Ansatz legt bei der Softwarekonzeptionierung nahe, begriffliche Strukturen bewusst zu machen. Die Theorie der Doppelcodierung erweitert den Ansatz der Bedeutungsstrukturen. Ihre Vertreter nehmen an, dass Informationen nicht nur in Form von begrifflichen Strukturen, sondern – abhängig von dem vorliegenden Lernmaterial – auch in Form von Bildern gespeichert wird. Die Doppelcodierung ergibt sich durch die Hypothese, dass die Umwelt sowohl in semantischen Netzwerken als auch in Verbindung mit Vorstellungsbildern im Gedächtnis repräsentiert wird. Mit der Doppelcodierungstheorie werden auch Hemisphären-Theorien in Verbindung gebracht (vgl. Strittmatter/Seel 1984). Für die Softwareentwicklung bedeutet dies, dass Inhalte sowohl begrifflich als auch bildhaft präsentiert und Beziehungen zueinander hergestellt werden.

Der Theorie mentaler Modelle liegt die Überlegung zugrunde, dass bestimmte Wirklichkeitsbereiche bzw. Problemfelder im Gehirn zusammenhängend repräsentiert werden und dadurch keine Beschränkung auf einzelne Zeichensysteme besteht, wie dies die Doppelcodierungstheorie, bezogen auf begriffliche und bildhafte Darstellungen, annimmt. Die mentale Repräsentation zusammenhängender Wirklichkeitsbereiche kann – so die Annahmen – auf der Verarbeitung unterschiedlicher Zeichensysteme bzw. medialer Darstellungsformen beruhen. Konsequenterweise können demnach die Gegenstände des Unterrichts und die Methoden der Aneignung nicht ohne Beteiligung der Lernenden festgelegt werden. Die Beschäftigung mit Problemen macht häufig ein fächerübergreifendes Arbeiten in Sinnzusammenhängen notwendig und lässt auch in einer Lerngruppe unterschiedliche Arbeitsformen und -ergebnisse zu, ja, macht sie sogar erforderlich.

Ein gleichschrittiges, vom Lehrer gesteuertes und kontrolliertes Vorgehen aller, wie in klassisch-traditionellen Lehrgängen, ist dann in vielen Fällen nicht mehr durchführbar und methodisch wenig sinnvoll. Das klassische Lehrmedium, ein lineares Lehr-/Schulbuch, verliert bei diesem Unterricht an Bedeutung zugunsten sehr unterschiedlicher Materialsammlungen, die selbstständiges Arbeiten möglich machen.

Wenn in einem solchen Unterricht digitale Medien eingesetzt werden sollen, müssen diese von der Konzeption her den erweiterten Formen des Lernens entsprechen. Deren Einsatz ist in einen sinnvollen Kontext einzubetten. Medien ersetzen nicht die unmittelbaren Erfahrungen bei der Auseinandersetzung mit Unterrichtsgegenständen, sondern ergänzen diese.

So würde beispielsweise das Konstruieren von Körpern mit dem Programm BAUWAS (vgl. Meschenmoser 1997a/b u. 2002) aus kognitivistischer Perspektive durch das praktisch-handelnde Konstruieren mit richtigen Würfeln und das manuelle Experimentieren mit verschiedenen Darstellungsformen unterstützt. Eine ausschließlich mediale Repräsentation durch eine textuelle, grafische oder computergestützte multimediale Darstellung könnte den kognitivistischen Ansprüchen kaum genügen.

Computergestützte Medien dürfen die Ergebnisse und Erkenntniswege nicht vorweg bestimmen, sie müssen hingegen unterschiedliche (divergente) Zugänge möglich machen.

Besonders gut entsprechen Programme mit Werkzeugcharakter diesem Lernen. Solche Programme können in unterschiedlichen Kontexten größtenteils eigenständig von den Kindern und Jugendlichen im Unterricht genutzt werden. Sie lassen ein Experimentieren, ein Vordenken und ›Rückgängigmachen‹ zu, wie beispielsweise bei BAUWAS oder REKENWEB (vgl. Kap. 4.4.1). Hypothesen können gebildet und deren Kausalität geprüft werden: »Was passiert, wenn ...?« Dies gilt für Programme zum Kalkulieren und Modellbilden, zum Konstruieren und Zeichnen, zum Recherchieren von Informationen sowie zum Präsentieren von Arbeitsergebnissen. Solche Werkzeuge lassen ein selbst gesteuertes und differenziertes Arbeiten auf unterschiedlichem Lernniveau zu.

Allen kognitivistischen Ansätzen ist gemeinsam, dass – basierend auf der Annahme einer Wechselwirkung zwischen externen medialen Präsentationen und internen Verarbeitungsprozessen – der individuellen kognitiven Verarbeitung beim Lernen mit interaktiven Medien große Bedeutung zugemessen wird. Damit verbunden ist die Überzeugung, dass durch Unterrichtsmedien das individuelle Lernen angeregt, unterstützt und in gewissem Maße gesteuert werden kann. Diese Möglichkeiten der didaktisch begründeten Anregung, Unterstützung und Steuerung von Lernprozessen durch Unterrichtsmedien werden durch das erkenntnistheoretische Paradigma des Konstruktivismus skeptischer eingeschätzt.

2.3 Konstruktivismus – »Über die Nutzlosigkeit von Belehrungen und Bekehrungen«

Konstruktivistische Erkenntnistheorien betonen noch radikaler als kognitivistische Theorien die Bedeutung der individuellen Wahrnehmung und Verarbeitung von Erlebnissen im Lernprozess. Lernen wird zwar ebenso wie beim kognitivistischen Paradigma als aktiver Prozess der Konstruktion von Wissen auf der Basis des vorhandenen Erfahrungs- und Wissensschatzes definiert. Dabei aber wird die Selbstorganisation von Lernprozessen im Sinne eines selbstbestimmten reflexiven Handelns anders interpretiert. »Selbstgenerieren« bildet für Schulmeister (1996, S. 67) – einen Vertreter des so genannten ›radikalen Konstruktivismus‹ – die theoretische Grundlage für die kognitive Entwicklung und für das selbsttätige Lernen: »Kognition organisiert die Welt, indem sie sich selbst organisiert. [...] Das Kind selbst generiert Konzepte wie Reversibilität, Transitivität, Rekursion, Reziprozität von Relationen, Klasseninklusion, die Erhaltung numerischer Mengen und die Organisation räumlicher Referenzen.«

Von Glasersfeld – einer der häufiger zitierten Vertreter des radikalen Konstruktivismus – hebt drei Aspekte seiner Theorie im Zusammenhang mit dem schulischen Lernen hervor:

- Wissen kann nur in der Erfahrungswelt geprüft werden. Menschliches Erkennen orientiert sich nicht am Kriterium der Wahrheit im ontologischen Sinn), sondern an der Brauchbarkeit (›Viabilität‹).

- Handlungs- oder Denkweisen, die sich unter bestimmten Bedingungen als ›viabel‹, also als passend oder funktionierend erweisen, sind nicht die einzig möglichen.

- Sprache wird als Interpretation verstanden, die nicht die Wirklichkeit abbildet. Sprache ist deshalb für den Konstruktivismus kein geeignetes Mittel, »Begriffe und somit Wissen von einer Person zu einer anderen zu übermitteln« (von Glasersfeld 1995, S. 13).

So widerspricht Schulmeister unter Bezug auf das Prinzip der Generativität der Kognition mit seinem radikal-konstruktivistischen Verständnis konsequent dem Nutzen von Rahmenrichtlinien: Es »stellt eines der Hauptargumente gegen die Annahme der Kognitivisten dar, daß man kognitive Konzepte wie Lernzielkataloge definieren und zur Grundlage instruktionaler Systeme machen könne« (1996, S. 67).

Was bedeutet der Konstruktivismus für das Lernen mit digitalen Medien?

Im Sinne des radikalen Konstruktivismus sind bei Unterrichtsmedien jegliche den Lernprozess steuernde Elemente abzulehnen und auszuschließen. Im Wesentlichen sind nur Softwareprodukte mit Informations- und ›Werkzeug‹-Charakter zu entwickeln, die keinerlei methodische Vorgaben machen.

Es erscheint fraglich, ob ein Vorgehen dem radikalen Konstruktivismus entsprechend beim Lernen überhaupt realisierbar ist. Zudem ist eine öffentliche Schule ohne didaktisch begründete Rahmenvorgaben – zumindest in Deutschland – kaum denkbar. Deshalb wurden sehr schnell abgeschwächte Varianten des Konstruktivismus entwickelt, die verschiedene Erfahrungstatsachen des (schulischen) Lernens berücksichtigen (›sozialer Konstruktivismus‹). Nicht zufällig dürfte es sein, dass diese gemäßigten Varianten insbesondere von Didaktikern vorgelegt werden. Eine solche gemäßigte Position des (radikalen) Konstruktivismus hat Anfang der 90er-Jahre ihren Niederschlag in der Softwareentwicklung im Rahmen des BLK-Modellversuchs COMPIG (Computer in der Grundschule) gefunden (van Lück 1994).

Mit diesem Modellprojekt wurde der (gemäßigt konstruktivistische) Versuch unternommen, so genannte Hypermedia-Arbeitsumgebungen zu entwickeln (nach Überarbeitung als WINNIES WELT bei Cornelsen-Software im Vertrieb; vgl. Kap. 4.3.5). Hierbei wird nicht auf die adressatenspezifische – an den Lernmöglichkeiten der Kinder orientierte – Erstellung der Texte, Abbildungen und Geräusche verzichtet. Auch wird dabei ein Bezug zu üblichem schulischem Lernen, dessen Inhalten und Methoden hergestellt (der von radikalen Konstruktivisten in Frage gestellt wird). Insbesondere wird auf das sinnvolle Navigieren innerhalb der Wissensbestände Wert gelegt.

Wichtig ist dabei, dass der Weg, den eine Lerngruppe bei der Informationssuche eingeschlagen hat, rekonstruierbar ist. Es muss ein Weg zur Ausgangsfrage herstellbar sein, von der aus die Informationssuche in den Wissensbeständen begann. Dies nicht etwa zur Kontrolle durch den Lehrer, sondern damit die Kinder die Möglichkeit haben, zum Beginn zurückzufinden und so einem (gemeinsam aufgestellten und abgesprochenen) Plan zur Erledigung eines Auftrags oder der Lösung eines Problems zu folgen. Konsequenterweise plädieren die Programmautoren dabei für Projektunterricht (vgl. van Lück 1996). Unterricht wird dementsprechend weder von technisch aufwändigen Medien noch von der Lehrkraft dominiert.

Zunehmend werden unterschiedliche lernpsychologische Ansätze diskutiert, die sich selbst als ›konstruktivistisch‹ bezeichnen, jedoch vom Lernparadigma des (radikalen) Konstruktivismus deutlich zu unterscheiden sind.

2.4 Instruktionspsychologische Neuerungen – Situiertes Lernen

Anfang der 90er-Jahre wurden unter verschiedenen Einflüssen und angesichts massiver Kritik am Lernparadigma des Behaviorismus Instruktionstheorien neu interpretiert und einige davon als ›konstruktivistisch‹ bezeichnet. Diese werden positiv bewertet, weil sie ein »situiertes Lernen« anhand möglichst authentischer Problemsituationen fordern. Strittmatter/Niegemann (2000, S. 25 ff.) benennen als die drei wichtigsten Ansätze:

- »Cognitive Apprenticeship«-Modell
- Anchored Instruction
- Flexibilitätstheorie

Der im deutschen Sprachraum vermutlich bekannteste Ansatz »Anchored Instruction« (dt.: verankerte Instruktion) betont die Einbindung des Wissenserwerbs und der Wissensanwendung in alltägliche soziale Situationen. Das hieraus abgeleitete – u. a. von Mandl vertretene – Konzept der ›Situated Cognition‹ (dt.: des situierten Lernens) zeichnet sich durch eine enge Verbindung von Lern- und Anwendungssituationen aus. »Das Gelernte kann unter keinen Umständen vom Akt des Lernens und von der Situation getrennt werden, in der gelernt wird« (Mandl/Gruber/Renkl 1995, S. 168). Lern- und Anwendungssituationen sollten möglichst ähnlich sein, da Wissen stark kontextgebunden ist. Konsequenterweise bedeutet diese Bedingung u. a. ein Abrücken vom schulischen Prinzip des ›Vorratlernens‹, also des Lernens für später denkbare sinnvolle Anwendungskontexte.

Bemerkenswert ist, dass aus der Sicht der Instruktionspsychologen der Frontalunterricht zwar ausdrücklich projektorientierten Lernphasen weichen soll, jedoch explizit keine Verbindungen zu didaktischen Ansätzen wie etwa der Projektmethode (z. B. Frey 2010) oder gar fachdidaktischen Konzepten hergestellt werden. Lernen soll deshalb nach dem situierten Ansatz folgendermaßen aussehen: »Lernen und Arbeiten in Gruppen, Nutzung von Hilfsmitteln, Berücksichtigen der Anwendungsbedingungen von Wissen« (Mandl/Gruber/Renkl 1995, S. 169). Von einem möglichst authentisch gestalteten Unterricht resultieren Wissensbestände, so wird vermutet, die auch außerhalb der Lernsituation verwendet und eingesetzt, also erfolgreich transferiert werden können.

Was bedeutet der Ansatz der »Anchored Instruction« für das Lernen mit digitalen Medien?

Bei der Entwicklung von Medien ist es wesentlich, dass die neuen Inhalte »nicht als fertiges System bzw. als Welt abgeschlossener Erkenntnisse präsentiert werden. Der Lernende muß vielmehr die reale Möglichkeit haben, eigene Wissenskonstruktionen und Interpretationen vorzunehmen sowie eigene Erfahrungen zu machen« (Gerstenmaier/Mandl 1995, S. 879). Durch den Einsatz von Multimedia können im projektorientierten Kontext erwünschte Erfahrungsbereiche erschlossen werden, die den Lernenden sonst nicht verfügbar sind. Angestrebt werden so genannte »Lernumgebungen«[79], die einerseits steuernde Elemente aufweisen, andererseits Informationssammlungen sind.

Schlussfolgerungen

Auf die Entwicklung und Anwendung digitaler Medien im Unterricht haben Lerntheorien einen wichtigen Einfluss. Auch wenn die zugrunde liegenden lerntheoretischen Annahmen nur bei wenigen Medien in Begleitmaterialien offensichtlich und ausdrücklich von den Autoren begründet sind, darf deren Wirkung auf den individuellen Lernprozess und die Lehrerrolle nicht gering geschätzt werden.

Eine zentrale Rolle spielt – aus kommunikationstheoretischer Sicht – bei der mediengestützten Aneignung von Wissen der ›situative Kontext‹, in dem der Lernprozess stattfindet. Medien ebenso wie die Unterrichtsgestaltung müssen sowohl im lernpsychologischen Sinne als auch im Interesse emanzipatorischer Mediendidaktik umfangreiche Aktivitäten der Lernenden unterstützen und eine breite Palette an Interaktionsformen zur Verfügung stellen.

Trotz abweichender lernpsychologischer Einschätzungen können beispielsweise behavioristisch ausgerichtete Trainingsprogramme ebenso wie konstruktivistisch orientierte Hypermedia-Arbeitsumgebungen im Unterricht eingesetzt werden, sofern sie grundlegenden fachdidaktischen Postulaten nicht widersprechen.

Entscheidend dabei ist aus medien- und fachdidaktischer Perspektive, dass beides – Medien und ›situativer Kontext‹ des Mathematikunterrichts – die Bearbeitung eines Problems in der Verantwortung der Lernenden belassen, d. h. mög-

---

[79] Hierbei besteht keine Übereinstimmung mit dem mathematikdidaktisch gefüllten Begriff der Lernumgebungen (vgl. Hengartner et al. 2006; Hirt/Wälti 2009) oder den substanziellen Lernumgebungen, für die Wittmann spezifische Kriterien benannt hat (Wittmann 2001).

lichst wenig inhaltliche Instruktionen im Sinne von ›Belehrungen‹ vorgenommen werden. Stattdessen sollen gehaltvolle Sach- oder innermathematische Kontexte analysiert, Auffälligkeiten und Muster identifiziert und mit bereits vorhandenem Wissen auf vielfältige Art in Beziehung gesetzt werden.

Nach Piaget (1984, S. 148) kommt es im schulischen Lernprozess auf die gemeinsame Arbeit der Lernenden in der Gruppe an: »Die Zusammenarbeit der Kinder untereinander hat in dieser Hinsicht eine ebenso große Bedeutung wie das Einwirken von seiten der Erwachsenen. In Bezug auf die Intelligenz ist sie am ehesten geeignet, den echten Austausch von Gedanken und Meinungen zu fördern – das heißt alle Verhaltensweisen, die den kritischen Verstand, die Objektivität und das diskursive Denken zu entwickeln vermögen.«

Konsequente individualisierte Förderung unter Ausschöpfung der Potenziale interaktiver Medien muss deshalb die kooperative Arbeit am gemeinsamen Lerngegenstand unterstützen, isoliertes (stilles) Lernen ist möglichst zu überwinden und durch kommunikatives, sinnstiftendes und zielorientiertes Lernen zu ersetzen (vgl. auch Miller 1986, 2006).

3 Mediensozialisation der Grundschulkinder

Auf Grund der raschen Entwicklung der Informations- und Kommunikationstechnik werden die außerschulischen Erfahrungen mit digitalen Medien häufig in der Schule unterschätzt. Infolgedessen werden einerseits die individuellen Potenziale der Kinder nicht im möglichen Maße in die Unterrichtsgestaltung einbezogen, anderseits werden noch zu wenig Beziehungen zwischen der Nutzung digitaler Medien im Unterricht und im häuslichen Bereich hergestellt.

Noch mehr als bei den durch IGLU und PISA festgestellten abweichenden Lernständen hinsichtlich der Lesefähigkeit wirken sich soziale Hintergründe auf die Mediengewohnheiten und -erfahrungen aus. Schule und Unterricht kommt deshalb eine wichtige kompensatorische Funktion zu, die aber keinesfalls zu diskriminierenden Effekten führen sollte. Für den systematischen Einsatz von digitalen Medien im Mathematikunterricht ist deshalb zu klären, welche Medienerfahrungen die Kinder haben. Dies sollte in jeder Lerngruppe vor Ort geklärt werden.

Erforderlich für die vergleichende Einschätzung und Bewertung von Lernständen und Lernentwicklungen sind möglichst aktuelle und repräsentative Informationen über das Nutzungsverhalten und die Kenntnisse von Kindern und Jugendlichen. Hierfür bieten sich beispielsweise die Studien des Medienpädagogischen Forschungsverbundes Südwest (www.MPFS.de) an, die kostenfrei über das Internet heruntergeladen oder gegen eine Versandkostenbeteiligung als Broschüren bestellt werden können.

Die Untersuchungen zu »Kinder und Medien, Computer und Internet« sind als Langzeitstudie angelegt und werden regelmäßig im Auftrag des MPFS herausgegeben. Neben der Befragung von Kindern (KIM-Studien) gibt es regelmäßige Erhebungen bei Jugendlichen (JIM-Studien). In diesem Kontext wird auch das Erziehungsverhalten der Eltern und die Einstellungen und Kompetenzen von Lehrerinnen und Lehrern zu verschiedenen Medien erhoben. Die Studien bieten aktuelle Abbilder des Themenfeldes und gleichzeitig über Jahre hinweg Datenmaterial zum Erkennen von Veränderungsprozessen.

KIM 2010

Die Studie »Kinder und Medien 2010« (KIM 2010) bezieht sich als repräsentative Stichprobe auf Befragungen von 1.214 Zielpersonen. Die Stichprobe ist repräsentativ für die Grundgesamtheit von rund 6 Millionen deutschsprachigen Kindern im Alter zwischen sechs und 13 Jahren. So bieten die Ergebnisse von KIM günstige Möglichkeiten, Befunde aus der eigenen Lerngruppe/Klasse in Relation zu setzen. Auf diese Weise lassen sich im Rahmen der systematischen Förder- bzw. Lernentwicklungsplanung erhobene individuelle und klassenbezogene Daten in einem repräsentativen Kontext relativieren und bewerten. Im Mittelpunkt standen bei der Befragung der Kinder folgende Themenbereiche:

- Freizeitaktivitäten
- Themeninteressen
- Medienausstattung
- Medienbindung
- Medienfunktionen
- Computer
- Internet
- Computer-, Konsolen- und Onlinespiele
- Handy
- Technische Medienkompetenz
- Medien in der Familie

Im Folgenden sollen nur einige wenige, exemplarisch ausgewählte Aspekte ausschnitthaft dargestellt werden.

Verbreitung von Computern zu Hause

Mit KIM wurden auch die Mütter befragt. Dabei wurde u. a. ermittelt, welche Medien den Kindern im elterlichen Haushalt zugänglich sind. Während bei Fernsehgeräten (100 %), Handy (97 %) und Festnetztelefon (94 %) von einer Vollversorgung ausgegangen wird, ergeben sich bei Computer (93 %) und Internet (91 %) noch Zuwächse. Digitale Kameras befinden sich in 83 % der Haushalte.

Bei der häuslichen Medienausstattung spielt das verfügbare Haushalts-Nettoeinkommen eine erhebliche Rolle. In einem Extremgruppenvergleich wurden nur die niederen (bis 1500 Euro) und die höheren Einkommen (ab 2500 Euro) betrachtet. Daraus ergibt sich ein deutlicher Zusammenhang zwischen sozioökonomischem Status und Geräteausstattung beim Internetzugang (68 % vs. 94 %) Aber auch das Abonnement einer Tageszeitung (16 % vs. 57 %) ist deutlich häufiger in Haushalten mit hohem sozioökonomischem Status vertreten. Diese Befunde liefern weitere wichtige Argumente, die für die notwendige kompensatorische Funktion von Schule und individualisierendem Unterricht in Bezug auf die systematische Nutzung von digitalen Medien sprechen.

Wo nutzen Kinder Computer 2010?

Betrachtet man die Orte, an denen Kinder mit Computern umgehen, ragt die häusliche Nutzung weit hervor. Drei Viertel der Kinder sitzen zumindest selten am Computer, wobei der Anteil der Jungen mit Computererfahrungen mit 80 % höher ist als der der Mädchen (71 %). Mit wachsendem Alter verfügen die Kinder über einen eigenen Computer im Zimmer: 6- bis 7-Jährige: 2 %, 8- bis 9-Jährige: 5 %, 10- bis 11-Jährige: 18 % (vgl. MPFS 2011, S. 25).

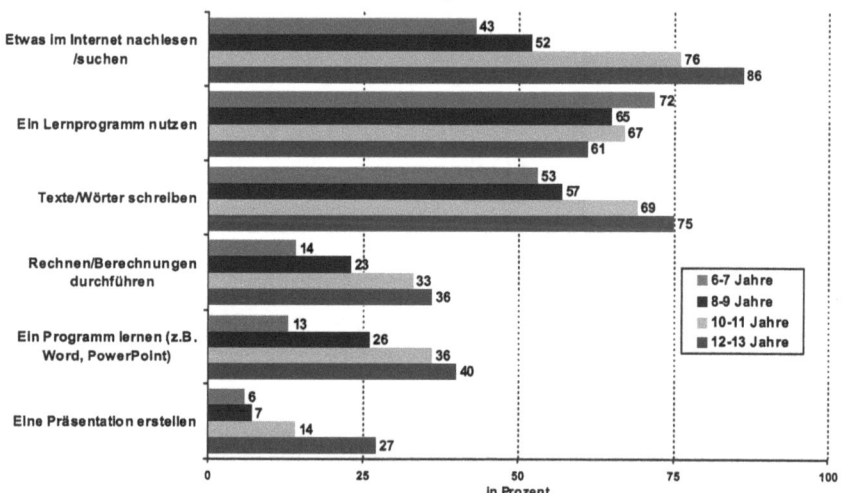

Abb. A/1: Grafik »Kinder und Computer – Tätigkeiten zu Hause für die Schule 2010«, MPFS 2011, S. 28

Vier Fünftel der Computernutzer tun dies zumindest einmal pro Woche, 28 % (fast) jeden Tag. Der Anteil der täglichen Nutzer steigert sich bei den 12- bis 13-Jährigen auf 44 %.

An erster Stelle der häuslichen Nutzung stehen PC-Spiele (63 % der Kinder mindestens einmal pro Woche), gefolgt von Schularbeiten (49 %), Texte und Wörter schreiben (45 %), Anwendung von Lernprogrammen (42 %). Bei den Kindern im Alter ab etwa 10 Jahren bearbeiten 18 % regelmäßig Bilder und/oder Filme.

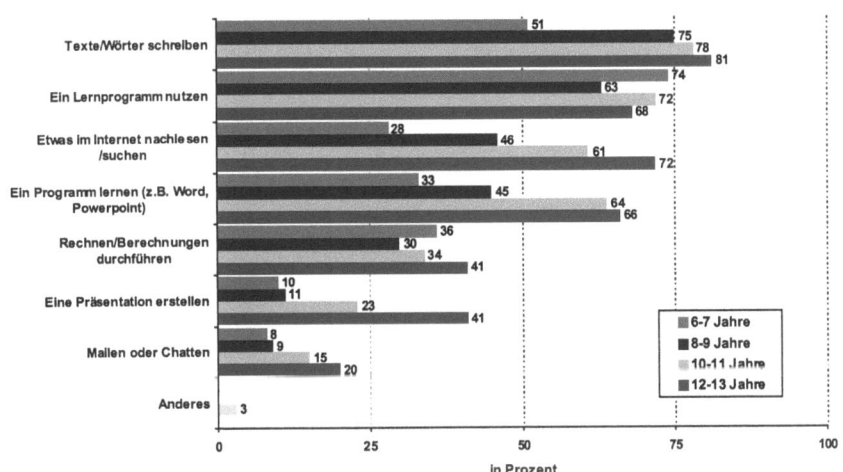

Abb. A/2: Grafik »Computernutzung in der Schule – Tätigkeiten 2010«, MPFS 2011, S. 29

Eine im Vergleich zur häuslichen Nutzung wesentlich geringere Rolle spielt der Computer im Schulalltag. 98 % der computernutzenden Kinder verwenden einen Computer zu Hause, 46 % tun dies auch in der Schule. Drei Viertel der Kinder (73 %) haben in der Schule den Computer im von den Berichterstattern so genannten »Computerunterricht«[80] genutzt, die Hälfte in Deutsch, an dritter Stelle folgt mit 38 % der Mathematikunterricht.

Interessant ist in diesem Zusammenhang, wozu die Kinder Computer in der Schule nutzen.

---

[80] Diese Bezeichnung wird in der Studie verwendet und hier übernommen. In der Grundschule ist er als solcher nicht geläufig.

Drei Viertel der Schüler (77 %), die in der Schule Computer nutzen, schreiben mindestens einmal pro Woche Wörter oder Texte, 69 % nutzen Lernprogramme, 61 % recherchieren im Internet, 59 % erlernen den Umgang mit Anwenderprogrammen wie Word oder PowerPoint, 37 % führen Berechnungen durch und 28 % erstellen Präsentationen.

Insgesamt ergeben die KIM-Studien ein relativ differenziertes Bild und zeugen von einer Heterogenität, die im Unterricht angemessen aufgegriffen werden sollte.

Literatur

Aebli, H. (1981): Denken: das Ordnen des Tuns. Stuttgart

AL – Activities for Learning (2010): AL Abacus. Apple App Store. www.alabacus.com/pageView.cfm?pageID=363

Alonso Gutierrez, J. (2010): Tangram XL Free. Apple App Store, NG Servicios. http://itunes.apple.com/ch/app/tangram-xl-free/id364592142?mt=8

Alter, A. et al. (1998): Matheland. Berlin

Ammann, R. (2004): Ammanns wunderbare Welt in Zahlen. Berlin

Arnold, N. (1997): Computer im offenen Unterricht der Primarstufe. Grundschulunterricht, H. 4, S. 18–21

Baacke, D (1973): Kommunikation und Kompetenz, Grundlegung einer Didaktik der Kommunikation und ihrer Medien. München

Baars, P./van't Hek, Y. (2009): 65. Amsterdam

Baars, P. (1983): Numbers 1 to 100. A series of 100 Photographes. Amsterdam

Baireuther, P. (1996): Wie können Lehrer, die selbst nur totes Mathematikwissen (gelernt) haben, lebendigen Mathematikunterricht geben? In: Biehler, R. et al. (Hg.), Mathematik allgemeinbildend unterrichten: Impulse für Lehrerbildung und Schule, S. 166-181. Köln

Bärmann, Ch. (2011): Die neue Bescheidenheit. In: Mac Life, H. 8, S. 130

Barber, M. et al. (2002): Freddy. Vampirisch gute Noten. Mathematik Klasse 2. Leipzig/Berlin

Barry, E. (2011): iPad becomes the Apple of Holly's eye. 29.06.2011, Zugriff am: 29.06.2011. http://www.heraldsun.com.au/news/more-news/ipad-becomes-the-apple-of-hollys-eye/story-fn7x8me2-1226083773188

Bartnitzky, H. (2009): Wie Kinder selbstständiger werden können ... und wie ›modernistischer‹ Unterricht dies verhindert. In: Bartnitzky, H./Hecker, U. (Hg.), Allen Kindern gerecht werden. Aufgaben und Wege, S. 206–221. Frankfurt/M.

Bartnitzky, H. (2011): Von wegen: einfach und passgenau! Förderung ist eine didaktisch anspruchsvolle Aufgabe. In: Grundschule aktuell, H. 116, S. 14-17

Bassermann-Verlag (2010): Stempeln, malen, zeichnen. München

Bauchinger, M. (2000): Mathematik-Fitness-Training. In: Reiter, A. et al. (Hg.), Neue Medien in der Grundschule. Unterrichtserfahrungen und didaktische Beispiele, S. 102–105. Wien

Bauer, L. (1998): Schriftliches Rechnen nach Normalverfahren – wertloses Auslaufmodell oder überdauernde Relevanz? In: Journal für Mathematik-Didaktik, H. 2/3, S. 179–200

Bauersfeld, H. (1983a): Subjektive Erfahrungsbereiche als Grundlage einer Interaktionstheorie des Mathematiklernens und -lehrens. In: Bauersfeld, H. et al. (Hg.), Lernen und Lehren von Mathematik. Analysen zum Unterrichtshandeln II, S. 1–56. Köln

Bauersfeld, H. (1983b): Kommunikationsverläufe im Mathematikunterricht. Diskutiert am Beispiel des ›Trichtermusters‹. In: Ehlich, K./Rehbein, J. (Hg.), Kommunikation in Schule und Hochschule, S. 21–28. Tübingen

BBBM – Ministerium für Bildung, Jugend und Sport des Landes Brandenburg (2004, Hg.): Rahmenlehrplan Grundschule Mathematik. Berlin

Beck, A. (2002): Das Sammelbuch: Konzept und Fallstudie zum aktiv-entdeckenden und schriftlich-reflektierenden Lernen im mathematischen Anfangsunterricht. Frankfurt/M.

Becker, O. (1975): Grundlagen der Mathematik in geschichtlicher Entwicklung. Berlin

Becker-Mrotzek, M./Meißner, H. (1994): Forschungsprojekt »Computer-Lernprogramme in der Grundschule«. Abschlussbericht. 35 S.

Becker-Mrotzek, M./Meißner, H. (1995): Kriterien für die Bewertung von Computer-Lernprogrammen. In: Grundschule, H. 10, S. 13–15

Bergmann, B./Spindeler, B. (2009): Unser Schulweg! – Ein Unterrichtsprojekt zum Erfassen von Daten, Darstellen und Auswerten von Diagrammen. In: Peter-Koop, A. et al. (Hg.), Lernumgebungen – Ein Weg zum kompetenzorientierten Mathematikunterricht in der Grundschule, S. 174–186. Offenburg

Besuden, H. (1999): Raumvorstellung und Geometrieverständnis. Mathematische Unterrichtspraxis, H. III, S. 1–9

Bildungskommission NRW (1995, Hg.): Zukunft der Bildung, Schule der Zukunft. Neuwied

Blume, R. (2011): Spielereien mit Formen: Das anamorphotische Pentagondodekaeder von Yves Chamay. 28.04.2011, Zugriff am: 07.08.2011. www.chemieunterricht.de/dc2/tip/12_06.htm

Boaler, J. (2008): What's Math Got to Do with It? New York

Boettcher, W. et al. (1974): Schulaufsätze – Texte für Leser. Düsseldorf

Borasi, R./Rose, B. J. (1989): Journal Writing and Mathematics Instruction. Educational Studies in Mathematics, H. 4, S. 347–365

Brater, J. (2005): Kuriose Welt der Zahlen. Frankfurt/M.

Breitbach, E. (2010): Naive Mamafrage eines Erstklässlers zu Rechendreiecken. Die Kinderwunsch-Seite. Forum Kindergarten und Vorschule, Zugriff am: 15.04.2010. www.wunschkinder.net/forum/read/35/3962104/rpage=93

Brinkmann, E. (2006): Lasst euch nicht für dumm verkaufen! In: Grundschulzeitschrift, 20. Jg., H. 197, S. 1

Brinkmann, E./Brügelmann, H. (2004): DEP – Didaktische Entwicklungs- und Prüfstelle für Lernsoftware Primarstufe. Zugriff am: 23.06.2011. www.agprim.uni-siegen.de/dep/swmathe.htm

Brosch, U. (1991): Shopping-Pädagogik: Liegt der Offene Unterricht im Zeitgeist-Trend oder bietet er noch immer eine Perspektive zur Veränderung von Schule? In: Päd-extra, H. 10, S. 38–40

Bruner, J. S. (1970): Der Prozeß der Erziehung. Düsseldorf

Brunnstein, K. (1985): Was kann der Computer? In: Friedrich Jahresheft III: Bildschirm: Faszination oder Information, H. S. 88–91

BSB, Behörde für Schule und Berufsbildung der Freien und Hansestadt Hamburg – (2011, Hg.): Bildungsplan Primarschule, Rahmenplan Aufgabengebiete & Mathematik. Hamburg

Büchter, A. et al. (2007): Die Fermi-Box. Lehrerkommentar. Seelze

Burger, F. (2010): Die Vermessung der Welt. brand eins Themenheft: Lernen lassen. Abenteuer Bildung. eBook

Burton, L./Morgan, C. (2000): Mathematicians Writing. In: Journal for Research in Mathematics Education, H. 4, S. 429–453

Busse, Th. (2010): iMemento Lernkarten. Apple App Store,

Büttner, Ch./Schwichtenberg, E. (2001, Hg.): Grundschule digital. Möglichkeiten und Grenzen der neuen Informationstechnologien. Weinheim

caro (2001): Geschenk vom Senat: Laptops für Referendare. In: Hamburger Abendblatt vom 02.08.01. S. 18

Carniel, D. et al. (2002): Räumliches Denken fördern. Erprobte Unterrichtseinheiten und Werkstätten zur Symmetrie und Raumgeometrie. Donauwörth

Channelpartner (2011): 200.000 Dollar für iPads in US-Kindergärten. 13.04.2011, Zugriff am: 13.04.2011. www.areamobile.de/news/18537-ipad-2-als-lernmittel-200-000-dollar-fuer-ipads-in-kindergaerten

Chillingo (2011): CUT THE ROPE HD. Apple App Store. www.zeptolab.com

Chimkool, K. (2010): UNBLOCK ME. Apple App Store. www.kiragames.com/games/unblockme/

Clements, D. H. (1999): ›Concrete‹ Manipulatives, Concrete Ideas. In: Contemporary Issues in Early Childhood, H. 1, S. 45–60

Clements, D. H./McMillan, S. (1996): Rethinking ›Concrete‹ Manipulatives. In: Teaching Children Mathematics, H. January, S. 270–279

Clements, D./Sarama, J. (2002): The Role of Technology in Early Childhood Learning. Teaching Children Mathematics, H. 2, S. 340-343

Colgan, F. (2011): Can the iPad Be a Learning Tool for Kids With Autism? 22.03.2011, Zugriff am: 07.05.2011. www.huffingtonpost.com/flavia-colgan/can-the-ipad-be-a-learnin_b_839275.html:

Conway, J. H./Guy, R. K. (1997): Zahlenzauber. Von natürlichen, imaginären und anderen Zahlen. Berlin

Cotter, J. A. (2010): RightStart Mathematics by Activities for Learning. Zugriff am: 12.05.2011. www.alabacus.com/pageView.cfm?pageID=363

Cyranek, G. (1990): Entwicklungsrichtungen von Lernumgebungen und die Versprechungen der Künstlichen Intelligenz. In: Landesinstitut für Schule und Weiterbildung (Hg.), Neue Technologien und Zukunftsperspektiven des Lernens, S. 116–137. Soest

Dambeck, H. (2009): Die hohe Schule des Sudoku. 13.06.2007, Zugriff am: 06.09.2009. www.spiegel.de/wissenschaft/mensch/0,1518,druck-488244,00.html

de Moor, E./Treffers, A. (2001): Der beste Taschenrechner steckt im Kopf. In: Selter, Ch./Walther, G. (Hg.), Mathematik lernen und gesunder Menschenverstand. S. 124–136. Leipzig

Dei Machiavelli (2010): TODDLER SHAPE FIT. App Store.

Dennhöfer, D./Neubert, B. (2006): Wie viele Autos fahren an unserer Schule vorbei? Erfassen und Darstellung von Daten in der dritten Klasse. In: Grundschulunterricht, H. 2, S. 8–13

DIAF – Deutsches Institut für Animationsfilm (o. J.): 1912. Mathematische Trickfilme. Zugriff am: 05.08.2011. http://diaf.tyclipso.de/de/home/rubriken/Blog_Detailseite. html?b=289

Dichanz, H.;/Hasebrink, U. (1992): Zur Erforschung des medialen Verhaltens von Lehrern, Paradigmen und Interpretationen am Beispiel des Schulfernsehens. In: Unterrichtswissenschaft, H. 2, S. 162–181

Dichanz, H./Kolb, G. (1974): Mediendidaktik – Entwicklung und Tendenzen. In: Dichanz, H. u. a.: Medien im Unterrichtsprozeß – Grundlagen, Probleme, Perspektiven, S. 16–41. München dnews (2011): Weltwissen so groß wie CD-Stapel bis zum Mond. 11.02.2011, Zugriff am: 11.02.2011. www.dnews.de/nachrichten/netzwelt/434482/weltwissen-so-gross-wie-cd-stapel-mond.html

Döring, K. W. (1969): Lehr- und Lernmittel – Zur Geschichte und Theorie unter besonderer Berücksichtigung der Arbeitsmittel. Weinheim

Dreyfus, H. L./Dreyfus, S. E. (1991): Künstliche Intelligenz. Von den Grenzen der Denkmaschinen und dem Wert der Intuition. Reinbek

Dreyfus, T. (1994): The role of cognitive tools in mathematics education. In: Biehler, R. et al. (Hg.), Didactics of Mathematics as a Scientific Discipline, S. 201–211. Dordrecht

Drösser, Ch. (2006): Blitzrechnen ohne Geist. In: Die Zeit vom 13.07.2006

Duarte, N. (2009): slide:ology. Oder die Kunst, brilliante Präsentationen zu entwickeln. Köln

Dworschak, M. (2011): Das Patschpäd. Der Spiegel, H. 19, S. 124–128

Engel, G. et al. (1998): Lernen mit Neuen Medien. Grundlagen und Verfahren der Prüfung Neuer Medien. Bönen

Ernst, H. (1996): Psychotrends. Das Ich im 21. Jahrhundert. München

Ersoy, E. (2011): Apple, Microsoft May Bid for 15 Million Turkish Tablets, AA Says. 18.08.2011, Zugriff am: 18.08.2011. www.bloomberg.com/news/2011-08-18/apple-microsoft-may-bid-for-15-million-turkish-tablets-aa-says.html

Eule, S./Issing, L. J. (2005): Interaktive Whiteboards. 22.02.2005, www.e-teaching.org/lehrszenarien/vorlesung/praesentation/elektronische_tafel/Whiteboards.pdf; Zugriff am: 06.05.2011.

Favilli, E. (2011): Timbuktu. 01.04.11, Zugriff am: 07.04.2011. http://itunes.apple.com/us/app/timbuktu/id428469245?mt=8

Feibel, T. (1998): Thomas Feibel's Großer Kinder Software-Ratgeber 1999. Lernen, Wissen, Spiel und Spaß! Haar

Feibel, T. (2011): Der Kinder Software-Ratgeber. Zugriff am 07.11.2011. www.feibel.de/index.php?id=7&catId=34&prodId=2426&cHash=8bbceed851

Finken-Verlag (2011): LOGICO. Das Lernsystem mit K(n)öpfchen vom Kindergarten bis zum 6. Schuljahr. Zugriff am: 21.04.20011. http://www.finken.de/cgi-bin/show_page/show.cgi?bereich=schule&page=http://www.finken.de/schule/logico/dasistlogico.htm

Flindt, R. (2000): Biologie in Zahlen. Stuttgart

Frank, D./Heinen, . (2007): Zur Sache: (Keine) Laptops in amerikanischen Klassen? Zugriff am: 15.05.2007. http://www.lehrer-online.de/dyn/ 9.asp?url=603724.htm

Freudenthal, H. (1978): Vorrede zu einer Wissenschaft vom Mathematikunterricht. München

Freudenthal, H. (1981): Kinder und Mathematik. Grundschule, H. 3, S. 100–102

Frey, K. (2010): Die Projektmethode. Weinheim

froggygermany (2007): Helpdesk im Mittelalter. 18.02.2007, Zugriff am: 20.05.2009. http://www.youtube.com/watch?v=brAlzKHYFnA

Füller, Ch./Seyboldt, F. (2009): »Schule und Computer sind sich fremd«. taz.de, 09.09.2009, Zugriff am: 10.09.2009. http://www.taz.de/1/zukunft/wissen/artikel/1/schule-und-computer-sind-sich-fremd/?type=98

Gächter, A. A. (2004): Miniaturen und mehrschichtige Probleme. In: Heinze, A./S. Kuntze (Hg.), Beiträge zum Mathematikunterricht, S. 185–188. Hildesheim

Gächter, A. A./Lacher, M. (2008): Impulse zum Computereinsatz. Didaktischer Begleitband und CD-ROM mit Anwendungen für das 7. bis 9. Schuljahr. Zug

Gallin, P./Ruf, U. (1990): Sprache und Mathematik in der Schule. Zürich

Gallin, P./Ruf, U. (1995a): Ich mache das so! Wie machst du es? Das machen wir ab. Sprache und Mathematik 1.–3. Schuljahr. Zürich

Gallin, P./Ruf, U. (1995b): Schüler schreiben Textaufgaben. mathematik lehren, H. 68, S. 16–22

Geissler, K. A. (1998): Alles nur ein Spiel. Spiele zum Lernen – eine Beleidigung für das Spiel. In: Pädagogik, H. 1, S. 29–30

Gersemann, O. (2010): Vom Commodore 64 zum iPad. In: Welt am Sonntag vom 30.05.2010

Gerstenmaier, J./Mandl, H. (1995): Wissenserwerb unter konstruktivistischer Perspektive. In: Zeitschrift für Pädagogik, H. 6, S. 876 ff.

getdigital (o. J.): Newton-Pendel Kurzinfo. Zugriff am: 12.05.2011. www.getdigital.de/products/Newton-Pendel

Glaser, P. (1996): 24 Stunden im 21. Jahrhundert. Onlinesein – Zu Besuch in der Neuesten Welt. Frankfurt/M.

Gleich, M. et al. (2000): Life Counts. Eine globale Bilanz des Lebens. Berlin

Gopnik, A. et al. (2003): Forschergeist in Windeln. Wie Ihr Kind die Welt begreift. München

Grafenhein, W. (2009): Zur Sache: Die Zukunft rückt näher. 19.08.2009, Zugriff am: 19.08.2009. www.lehrer-online.de/781356.php?sid= 90196905969474052025068366836660

Granzer, D. (2006): Von guten und ›anderen‹ Aufgaben. In: Grundschule, H. 5, S. 18–20

Gronemeyer, M. (1996): Lernen mit beschränkter Haftung. Über das Scheitern der Schule. Berlin

Gubler-Beck, A. (2004): Impulse zur Überarbeitung mathematischer Schülertexte und ihre Auswirkungen. In: mathematica didactica, H. 1, S. 41–57

Gubler-Beck, A. (2007): Portfolio – ein im Mathematikunterricht noch wenig bekanntes Instrument. In: Grundschulunterricht, H. 7–8, S. 9–12

Haaf, H. (2010): Rechensport – ein Trainer für das Kopfrechnen. Lehrer-Online, 26.01.2010, Zugriff am: 26.01.2010

Hancock, Ch. (1995): Das Erlernen der Datenanalyse durch anderweitige Beschäftigungen. Grundlagen von Datenkompetenz (›Data Literacy‹) bei Schülerinnen und Schülern in den Klassen 1 bis 7. In: Computer und Unterricht, H. 17, S. 33–39

Hansen, S. (2001): Die Hardwarefalle. Schule 2001: Technik: gut – Konzepte: mangelhaft. In: c't, H. 14, S. 168–173

Häring, G. (2006): ZAHLENFORSCHER 1 – Zahlenmauern. 28.11.2006, Zugriff am: 17.03.2008. www.lehrer-online.de/zahlenmauern.php?sid=788216833852082409205 15171517550

Hartmann, W. et al. (2007): Informatikunterricht planen und durchführen. Berlin

Hasebrock, J. (1995): Multimedia-Psychologie. Eine neue Perspektive menschlicher Kommunikation. Heidelberg

Hasemann, K. et al. (2007): Daten, Häufigkeit, Wahrscheinlichkeit. In: Walther, G. et al. (Hg.), Bildungsstandards für die Grundschule: Mathematik konkret, S. 141–161. Berlin

Haussmann, K./Reiss, M. (1990): Wie intelligent sind tutorielle Systeme? Der schwierige Weg vom einfachen Lernprogramm zu einem wissensbasierten lernermodellierenden tutoriellen System. In: Zentralblatt für Didaktik der Mathematik, H. 5, S. 158–163

Heidt, E. U. (1976): Medien und Lernprozesse. Weinheim

Heimann, P. (1962): Didaktik als Theorie und Lehre. In: Die Deutsche Schule H. 9, S. 407–427

Heinen, R./Wedekind, J. (2009): Pädagogische Konzepte versus Hardware. Was können wir in Deutschland aus dem OLPC-Projekt lernen? In: LOG IN, H. 156, S. 36–39

Heinrich, D. (1997): Schulung der Raumvorstellung mit dem Programm BAUWAS. In: Falk, J. et al. (Hg.), Lernen mit Neuen Medien in der Grundschule, S. 85–86. Soest

Hengartner, E. et al. (2006): Lernumgebungen für Rechenschwache bis Hochbegabte. Natürliche Differenzierung im Mathematikunterricht. Zug

Heppell, S. (1993): Eyes on the horizon, feet on the ground. In: Latchem, C. et al. (Hg.), Interactive Multimedia. Practice and Promise, S. 97–114. London

Herget, W./Klika, M. (2003): Fotos und Fragen. In: mathematik lehren, H. 119, S. 14–19

Herrmann, V. (1989a): Computer in der Grundschule: Anspruch und Wirklichkeit. In: Zeitschrift für Sozialisationsforschung und Erziehungssoziologie, H. 2, S. 126–149

Herrmann, V. (1989b): Computer in der Grundschule – Literatur. Soest

Hess, M. (2005): Formvollendet. Eine Sammlung ästhetischer, mathematisch definierter Formen. Ausstellungskatalog. Zürich

Heiss, C. (2006): Quarks & Co. Mit Zahlen lügen. Begleitheft zur Sendung vom 17.10.2006

Higgins, J., L. (1988): One point of view: We get what we ask for. In: Arithmetic Teacher, H. 5, S. 2

Hinze, N. (1999): Eltern for family Software-Preis Giga-Maus 1999. In: Eltern for family, H. 10, S. 111–124

Hirsh-Pasek, K. et al. (2003): Einstein Never Used Flash Cards: How Our Children Really Learn – And Why They Need to Play More and Memorize Less. Emmaus/PA

Hirt, U./Wälti, B. (2009): Lernumgebungen im Mathematikunterricht. Natürliche Differenzierung für Rechenschwache bis Hochbegabte. Seelze-Velber

HK, Hessisches Kultusministerium (2010, Hg.): Bildungsstandards und Inhaltsfelder. Das neue Kerncurriculum für Hessen, Primarstufe – Mathematik. Entwurf

Hoanzel, Ch. (2000): Zu- und Wegzählen im ZR 10. In: Reiter, A. et al. (Hg.), Neue Medien in der Grundschule. Unterrichtserfahrungen und didaktische Beispiele, S. 99. Wien

Hoffmann, T. (2009): Umbruch in Schulen. Der schwierige Start der digitalen Tafel. 19.05.2009, Zugriff am: 19.05.2009. www.taz.de/1/zukunft/wissen/artikel/1/der-schwierige-start-der-digitalen-tafel/

Hoffmann, S./Spiegel, H. (2006a): Ein ›defekter‹ Taschenrechner. In: Grundschule, H. 1, S. 44–46

Hoffmann, S./Spiegel, H. (2006b): ›Defekte‹ Tasten am Taschenrechner. Lösungswege von Kindern. In: Praxis Grundschule, H. 1, S. 10–14

Huifen, L. (2011): TANGRAM HD. SprintKeen Studio, Apple App Store

iKidApps.com (2011): Make Your iPad Kid-Proof With Big Grips Frame. 05.03.2011, Zugriff am: 05.03.2011. www.biggrips.com/

Iser, T. (2009): Digitale Fenster öffnen: Whiteboards elektrisieren Schulen. 06.10.2009, Zugriff am: 07.10.2009. http://www.lehrer-online.de/digitale-fenster.php?show_complete_article=1&sid=6205028034855924352549517 9518280

Issing, L./Knigge-Illner, H. (1976, Hg.): Unterrichtstheorie und Mediendidaktik. Weinheim

Johnson, . (2006): Neue Intelligenz. Warum wir durch Computerspiele und TV klüger werden. Köln

Jurich, S. (2001): Computer Drill and Practice Tutorials: Are They Effective? In: TechKnowLogia, H. March/April, S. 42–44

Kaibel, V./Koch, T. (2006): Mathematik für den Volkssport. In: DMV-Mitteilungen, H. 2, S. 93–96

Käser, U. (2008a, Hg.): Lernen mit dem Computer. Berlin

Käser, U. (2008b): Vorüberlegungen zu einer Wirksamkeitsanalyse: Was leistet Lern- und Edutainmentsoftware wirklich? In: Käser, U. (Hg.), Lernen mit dem Computer, S. 1–9. Berlin

Kautschitsch, H./Metzler, W. (1987, Hg.): Medien zur Veranschaulichung von Mathematik. Wien

Keldenich, A. (2008): Lernsoftware als pädagogisches Instrument im Mathematikunterricht. In: Käser, U. (Hg.), Lernen mit dem Computer, S. 163–178. Berlin

Kerrigan, J. (2002): Powerful Software to Enhance the Elementary School Mathematics Program. In: Teaching Children Mathematics, H. 2, S. 364–370

kiknet (2010): Lernen lernen – (k)ein Kinderspiel! Lehrer-Online, 08.09.2010, www.lehrer-online.de/spielerisch-lernen-basisartikel.php, Zugriff am 15.09.2010

Klotz, U. (1992): Vom Herrschaftsinstrument zum Alltagsgegenstand. Serie Info Tech, 2. Teil. In: Mac News, H. 4, S. 44–51

KM (1974), Kultusministerium Nordrhein-Westfalen: Richtlinien und Lehrpläne für die Grundschule in Nordrhein-Westfalen/Mathematik. Ratingen

KM (1985a), Der Kultusminister des Landes Nordrhein-Westfalen: Richtlinien und Lehrpläne für die Grundschule in Nordrhein-Westfalen – Mathematik. Köln

KM (1985b), Der Kultusminister des Landes Nordrhein-Westfalen: Rahmenkonzept Neue Informations- und Kommunikationstechnologien in der Schule. Zielvorstellungen, Maßnahmen und Entwicklungsstand. Köln

KMK (2005a, Hg., Sekretariat der Ständigen Konferenz der Kultusminister der Länder in der Bundesrepublik Deutschland: Bildungsstandards im Fach Mathematik für den Primarbereich. Beschluss vom 15.10.2004. Neuwied

KMK (2005b, Hg.), Sekretariat der Ständigen Konferenz der Kultusminister der Länder in der Bundesrepublik Deutschland: Standards für die Lehrerbildung: Bildungswissenschaften. Beschluss vom 16.12.2004. Neuwied

Kniep-Riehm, E.-M. (1995): Wie ist das eigentlich mit dem Weihnachtsfest? Anbahnen und Entfalten sozialer Handlungskompetenz durch Mathematisieren bedeutsamer Fragen aus der kindlichen Lebenswelt. In: Computer und Unterricht, H. 17, S. 28–32

Kniep-Riehm, E.-M. (1996): Vögel im Frühling: Man kann mit ihnen rechnen. In: Sache–Wort–Zahl, H. 2, S. 15–18

Knowledge Adventure (2008): THE CRUNCHER 2.0. Torrance, CA 90501, Knowledgeadventure, www.knowledgeadventure.com/school/catalog/crunch_2.aspx

Koolstra, G. (2001): A memo about the add-on value of applets. www.fi.uu.nl/ wisweb

Kortus, B. (1998): Kinder testen Lernsoftware. In: Mitzlaff, H./ Speck-Hamdan, A. (Hg.), Grundschule und neue Medien, S. 139–147. Frankfurt/M.

Kösch, H. (1997): Raum begreifen – Raumvorstellung entwickeln. Geometrieunterricht in der Primarstufe: Rund um das Thema »Bauen mit Würfeln«. In: Computer und Unterricht, H. 27, S. 14–17

Kösch, H./Spiegel, H. (2001): Den Soma-Würfel interaktiv erfahren. Software für den Geometrieunterricht am Beispiel des Programms BAUWAS. In: Diekneite, J. et al. (Hg.), Grundschule zwischen Bilderbuch und Internet. Erkenntnisse und Anregungen des Paderborner Grundschultages 2000 ›Kinderwelt – Medienwelt‹, S. 128–138. München

Kosegarten, J./Falschlehner, K. (2010): Wie viel Strom braucht der Dom? In: Hamburger Abendblatt vom 26.08.2010. S. 15

Krämer, W. (1992): So lügt man mit Statistik. Frankfurt/M.

Krämer, W./Schmidt, M. (1999): Lexikon der populären Listen. Gott und die Welt in Daten, Fakten, Zahlen. München

Kraska, L. (2010): Hypertext-Lesekompetenz von Viertklässlern. Untersuchung von Navigationsstrategien und Einflussfaktoren mit Daten aus den Studien ›Lesen am Computer‹ (LaC 2003) und ›Kompetenzen und Einstellungen von Schülerinnen und Schülern‹ (KESS 4). Dissertation. Fakultät 4, Universität Hamburg

Krauthausen, G. (1989): Dokumentation und Bewertung von Software für die Grundschule. In: Landesinstitut für Schule und Weiterbildung (Hg.), Neue Medien in der Grundschule – Symposion vom 13. und 14. März 1989, S. 77–80. Soest

Krauthausen, G. (1990): Computereinsatz in der Grundschule? Pädagogik und Fachdidaktik sind gefordert. In: Beiträge zum Mathematikunterricht, S. 169–172. Bad Salzdetfurth

Krauthausen, G. (1991a): Computer und Grundschule – Software. Soest

Krauthausen, G. (1991b): Software im Mathematikunterricht: Eine Betrachtung aus fachdidaktischer Sicht. In: Computer Bildung/Schulpraxis, H. 5/6, S. 36–41

Krauthausen, G. (1992): »... dem Affen Zucker geben« – Zur Geschichtslosigkeit der Mathematiksoftware für die Primarstufe. In: Landesinstitut für Schule u. Weiterbildung (Hg.), Werkstattbericht 1: Gestaltung von Unterrichtssoftware, S. 1–23. Soest

Krauthausen, G. (1993): Kopfrechnen, halbschriftliches Rechnen, schriftliche Normalverfahren, Taschenrechner: Für eine Neubestimmung des Stellenwertes der vier Rechenmethoden. In: Journal für Mathematik-Didaktik, H. 3/4, S. 189–219

Krauthausen, G. (1994a). Von ›Futterprämien‹ und kognitiven Werkzeugen. In: Krauthausen, G./Herrmann, V. (Hg.), Computer in der Grundschule? Fragen der didaktischen Legitimierung und der Software-Gestaltung, S. 82-111. Stuttgart

Krauthausen, G. (1994b): Arithmetische Fähigkeiten von Schulanfängern: Eine Computersimulation als Forschungsinstrument und als Baustein eines Softwarekonzeptes für die Grundschule. Wiesbaden

Krauthausen, G. (1994c): Mathematik-treiben im ganzheitlichen Sachkontext: Schulanfänger erkunden Zahlbeziehungen. In: Computer und Unterricht, H. 15, S. 19–23

Krauthausen, G. (1994d): Kognitives Werkzeug ›Computer‹ – Ein Simulationsprogramm als Beispiel eines alternativen Software-Konzeptes für die Grundschule. Computer und Unterricht, H. 15, S. 60–63

Krauthausen, G. (1995a): »A pendulum is to swing ...« – Ein Beitrag zu einem ›anderen‹ Software-Design für die Grundschule. In: Journal für Mathematik-Didaktik, H. 3/4, S. 263–298

Krauthausen, G. (1995b): Die ›Kraft der Fünf‹ und das denkende Rechnen – Zur Bedeutung tragfähiger Vorstellungsbilder im mathematischen Anfangsunterricht. In: Müller, G. N./Wittmann, E. Ch. (Hg.), Mit Kindern rechnen, S. 87–108. Frankfurt/M.

Krauthausen, G. (1995c): Neues Lernen mit neuen Medien (?) – Der Computer im Unterricht der Primarschule. In: die neue schulpraxis, H. 1, S. 5–10

Krauthausen, G. (1997): BLITZRECHNEN. Kopfrechnen im 1. und 2. Schuljahr. CD-ROM. Leipzig

Krauthausen, G. (1998a): Allgemeine Lernziele im Mathematikunterricht. In: Die Grundschulzeitschrift, H. 119, S. 54–61

Krauthausen, G. (1998b): Software-Entwicklung – eine komplexe Aufgabe. In: mathematik lehren, H. 92, S. 10–13

Krauthausen, G. (1998c): Lernen – Lehren – Lehren lernen. Zur mathematikdidaktischen Lehrerbildung am Beispiel der Primarstufe. Leipzig, Ernst Klett Grundschulverlag, Download: www.erzwiss.uni-hamburg.de/Personal/Krauthausen/krhome.htm (Link ›Publikationen‹)

Krauthausen, G. (1999): HiQ-Software für das Mathematiklernen: Eine komplexe Entwicklungsaufgabe – dargestellt am Beispiel des Kopfrechenprogramms »BLITZRECHNEN«. In: Selter, Ch./Walther, G. (Hg.), Mathematikdidaktik als design science, S. 128–136. Leipzig

Krauthausen, G. (2001): »Wann fängt das Beweisen an? Jedenfalls, ehe es einen Namen hat.«. In: Weiser, W./Wollring, B. (Hg.), Beiträge zur Didaktik der Mathematik für die Primarstufe, S. 99–113. Hamburg

Krauthausen, G. (2003a): Forschende Kinder und forschende Lehrer. Wechselseitiges Reflektieren über gehaltvolle Aufgabenstellungen. In: Baum, M./Wielpütz, H. (Hg.), Mathematik in der Grundschule. Ein Arbeitsbuch, S. 137–146. Seelze

Krauthausen, G. (2003b): Gute Aufgaben für den Computereinsatz im Mathematikunterricht. In: Ruwisch, S./Peter-Koop, A. (Hg.), Gute Aufgaben im Mathematikunterricht der Grundschule, S. 144–156. Offenburg

Krauthausen, G. (2003c): BLITZRECHNEN – ein fachdidaktisches (Software-) Konzept und seine Rezeption. In: e-nitiative nrw – Netzwerk für Bildung (Hg.), Neue Medien – Neue Lernkultur, S. 47–54. Berlin

Krauthausen, G. (2004): BLITZRECHNEN – ein fachdidaktisches (Software-) Konzept und seine Rezeption. In: Schweizerische Koordinationsstelle für Bildungsforschung (Hg.), Beiträge des Jahreskongresses Schule und Familie – Perspektiven einer Differenz. Aarau, Universität Bern (CD-ROM)

Krauthausen, G. (2006a): ZAHLENFORSCHER – eine innovative Software-Reihe (Kl. 2–6). In: Beiträge zum Mathematikunterricht, S. 323–326. Hildesheim

Krauthausen, G. (2006b): ZAHLENFORSCHER 1: Zahlenmauern. Booklet zur CD-ROM. Donauwörth

Krauthausen, G. (2006c): ZAHLENFORSCHER 1: Zahlenmauern. Didaktische Handreichung. Donauwörth, Auer. Download: www.erzwiss.uni-hamburg.de/ Personal/ Krauthausen/Handbuch_ZF.pdf

Krauthausen, G. (2009): Kinder machen mathematische Entdeckungen mit Zahlenmauern. In: Leuders, T. et al. (Hg.), Mathemagische Momente. Situationen fruchtbaren Lernens und Lehrens von Mathematik – und was hinter ihnen steckt, S. 88–103. Berlin

Krauthausen, G./Herrmann, V. (1994, Hg.): Computereinsatz in der Grundschule? Fragen der didaktischen Legitimierung und der Software-Gestaltung. Stuttgart

Krauthausen, G./Lorenz, J. H. (2008): Computereinsatz im Mathematikunterricht. In: Walther, G. et al. (Hg.), Bildungsstandards für die Grundschule: Mathematik konkret, S. 162–183. Berlin

Krauthausen, G./Scherer, P. (2006a): Üben im Mathematikunterricht. Vernetzte Anforderungen an Lehrende und Aufgabenangebote. In: Grundschule, H. 1, S. 32–35

Krauthausen, G./Scherer, P. (2006b). Was macht ein Übungsbeispiel produktiv? In: Praxis Grundschule, H. 1, S. 4–5.

Krauthausen, G./Scherer, P. (2007): Einführung in die Mathematikdidaktik. Heidelberg

Krauthausen, G./Scherer, P. (2010a): Umgang mit Heterogenität. Natürliche Differenzierung im Mathematikunterricht der Grundschule. Handreichung des Programms SINUS an Grundschulen. Kiel, IPN-Materialien. Download: www.sinus-an-grundschulen.de/fileadmin/uploads/Material_aus_SGSHandreichung_Krauthausen-Scherer.pdf

Krauthausen, G./Scherer, P. (2010b): Natural Differentiation in Mathematics (NaDiMa). Theoretical Backgrounds And Selected Arithmetical Learning Environments. In: Maj, B. et al. (Hg.), Motivation via Natural Differentiation in Mathematics, S. 11-37. Rzeszów

Krauthausen, G./Scherer, P. (2011): Natürliche Differenzierung durch offene Aufgaben im Rahmen substanzieller Lernumgebungen. In: Grundschulunterricht, H. 1, S. 4–7

Krawehl, F. (2012; i. Vb.): Mathematikdidaktische Qualität von Unterrichtssoftware für das Grundschulalter. Entwicklung eines Evaluationsinstruments. Dissertation, Universität Hamburg

Krummheuer, G. (1989): Die menschliche Seite am Computer. Studien zum gewohnheitsmäßigen Umgang mit Computern im Unterricht. Weinheim

Krummheuer, G./Voigt, J. (1991): Interaktionsanalysen von Mathematikunterricht. Ein Überblick über einige Bielefelder Arbeiten. In: Maier, H./Voigt, J. (Hg.), Interpretative Unterrichtsforschung, S. 13–32. Köln

Krützer, B./Probst, H. (2006): IT-Ausstattung der allgemein bildenden und berufsbildenden Schulen in Deutschland. Bestandsaufnahme 2006 und Entwicklung 2001 bis 2006. Berlin

Kunze, E. (2001): Einsatz des Computers im Mathematikunterricht der Grundschule am Beispiel des Programms BAUWAS. Examenshausarbeit zur 2. Staatsprüfung, Universität Hamburg

Ladel, S. (2009): Multiple externe Repräsentationen (MERs) und deren Verknüpfung durch Computereinsatz. Zur Bedeutung für das Mathematiklernen im Anfangsunterricht. Hamburg

Ladel, S./Kortenkamp, U. (2009): Virtuell-enaktives Arbeiten mit der ›Kraft der Fünf‹. In: MNU PRIMAR, H. 3, S. 91–95

Lampert, M. (1990): Connecting Inventions with Conventions. In: Steffe, L. P./Wood, T. (Hg.), Transforming Children's Mathematics Education, S. 253–265. Hillsdale/NJ

Lem, S. (1996): Zu Tode informiert. Risiken und Nebenwirkungen der globalen Vernetzung. In: Der Spiegel, Nr. 11, S. 108–109

Lengnink, K./Leuders, T. (2008): Mathematische Kulturtechniken. Hilfe beim Umgang mit Daten. In: Pädagogik, H. 7/8, S. 54–57

Lepper, M. R. et al. (1973): Undermining children´s intrinsic interest with extrinsic reward: A test of the ‚overjustification' hypothesis. In: Journal of Personality and Social Psychology, H. 1, S. 129–137

Leutner, D. (1995): Adaptivität und Adaptierbarkeit multimedialer Lehr- und Informationssysteme. In: Issing, L. J./Klimsa, P. (Hg.), Information und Lernen mit Multimedia, S. 139–149. Weinheim

LI (2011), Landesinstitut für Lehrerbildung und Schulentwicklung: Interaktive Whiteboards. Ein Überblick über den Einsatz interaktiver Whiteboards an Hamburger Schulen. Zugriff am: 05.06.2011. www.li-hamburg.de/bf.1600./index.html

Lilie, F. (2011): Das fliegende Klassenzimmer: WLAN im Schul-Alltag. 24.06.2011, Zugriff am: 24.06.2011. www.macwelt.de/article/pdf/id/2385996

Linneweber-Lammerskitten, H. (2009): Der Einsatz von Kurzfilmen als Einstieg in Experimentier- und Explorationsphasen. In: Neubrand, M. (Hg.), Beiträge zum Mathematikunterricht 2009, S. 743–747. Münster

Linneweber-Lammerskitten, H. et al. (2011): VITAL MATHS: Visual Technology for Autonomous Learning of Mathematics. epiSTEME 4. Mumbai/India

Lorenz, J. H. (1997): Bildschirm-Rechnen. In: Die Grundschulzeitschrift, H. 110, S. 57

LoThoSoft (2010): LOTHOSOFT Lernsoftware. Zugriff am: 22.04.2010. www.lothosoft.ch/

LSW (1989a, Hg.), Landesinstitut für Schule und Weiterbildung: Computereinsatz in der Grundschule? Symposion am 13. und 14. März 1989. Soest

LSW (1989b, Hg.), Landesinstitut für Schule und Weiterbildung: Grundschule Unterrichtssoftware. Nachweisliste. Soest

lucidlogic (2010): COMBINE 4! Apple App Store

Lynch, A. (2009): NEWTON'S CRADLE. Apple App Store

Macwelt (2011): MATHZAUBER. Premium Newsletter vom 31.05.2011. www.macwelt.de/kanal/iphone-welt/apps/bildung/mathzauber/189/1705

Maier, H. (2004): Zu fachsprachlicher Hyper- und Hypotrophie im Fach Mathematik oder Wie viel Fachsprache brauchen Schüler im Mathematikunterricht? In: Journal für Mathematik-Didaktik, H. 1, S. 3–33

Mandl, H./Gruber, H./Renkl, A. (1995): Situiertes Lernen in multimedialen Lernumgebungen. In: Issing, L./Klimsa, P. (Hg.): Information und Lernen mit Multimedia, S. 167–178. Weinheim

Mangold, C. et al. (2001): Plattenbauten. Berliner Betonerzeugnisse. Ein Quartettspiel. Altenburg

Markoff, J. (2011): The iPad in Your Hand: As Fast as a Supercomputer of Yore. In: New York Times vom 09.05.2011

Matros, N. (1994): Das PC-Programm FELIX und der Mathematikunterricht in der Grundschule. In: Monnerjahn, R. (Hg.), Computerunterstütztes Lernen an allgemeinbildenden Schulen, Teil III: Abschlußbericht des Modellversuchs CLiP, S. 121–168. Mainz

Mayrberger, K. (2007): Verändertes Lernen mit neuen Medien? Strukturanalyse gemeinschaftlicher Interaktionen in einer computergestützten Lernumgebung in der Grundschule. Hamburg

Meier, A. (2011a): Volumen eines Quaders - mit Grundvorstellungen verbinden. Zugriff am: 12.05.2011. www.lehrer-online.de/volumen-eines-quaders.php

Meier, A. (2011b): Diagramme erstellen und auswerten. 03.06.2011, Zugriff am: 03.06.2011. www.lehrer-online.de/diagramme-geogebra.php

Meier, A. (1995): Qualitätsbeurteilung von Lernsoftware durch Kriterienkataloge. In: Schenkel, P./Holz, H. (Hg.), Evaluation multimedialer Lernprogramme und Lernkonzepte. In: Berichte aus der Berufsbildungspraxis, S. 149–191. Nürnberg

Meißner, H. (1978): Projekt TIM 5/12 – Taschenrechner im Mathematikunterricht für 5- bis 12jährige. In: Zentralblatt für Didaktik der Mathematik, H. 4, S. 221–229

Melissa (2010): 20 iPad Apps for Kids with Autism. 08.11.2010, Zugriff am: 07.05.2011. www.theautismeducationsite.com/2010/11/08/20-ipad-apps-for-kids-with-autism/

Merschmeyer-Brüwer, C. (1999): Raumvorstellungen entwickeln. Rezension des Konstruktionsprogramms BAUWAS. In: Die Grundschulzeitschrift, H. 121, S. 58–59

Meschenmoser, H. (1997a): BAUWAS. Konstruktionsprogramm zur Entwicklung von Raumvorstellung. Für behinderte und nichtbehinderte Schülerinnen und Schüler. Handbuch. Berlin, MACHMIT. Programm-Download: www.bics.be.schule.de/son/machmit/sw/bauwas/index.htm

Meschenmoser, H. (1997b): BAUWAS. Konstruktionsprogramm für die Primar- und Sekundarstufe. In: Computer und Unterricht, H. 27, S. 51–52.

Meschenmoser, H. (1999): Lernen mit Medien. Zur Theorie, Didaktik und Gestaltung von interaktiven Medien im fächerübergreifenden Unterricht. Hohengehren

Meschenmoser, H. (2002): Lernen mit Multimedia und Internet. Basiswissen Pädagogik. Hohengehren

Meukow, Sa. (2009): Schüler werden Klimabeobachter. 18 Schulen sind schon dabei: Die Wetterfrösche der Klasse 3b. In: Hamburger Abendblatt vom 05.10.2009, S. 17

Meyer, T./Krumes, K. (2005): eLearning am Fachbereich Erziehungswissenschaft. In: EWI-Report, H. 30, S. 6–9

mikewilsonmusic (2010): Baby Works iPad Perfectly. Amazing Must Watch! Zugriff am: 05.11.2011. www.youtube.com/watch?v=MGMsT4qNA-c&feature=player_embedded

Miller, M. (1986): Kollektive Lernprozesse. Studien zur Grundlegung einer soziologischen Lerntheorie. Frankfurt/M.

Miller, M. (2006): Dissens. Zur Theorie diskursiven und systemischen Lernens. Bielefeld

Minard, A. (2011): MEINE ERSTEN PUZZLES: DIE ZAHLEN HD. AR Entertainment. http://ar-entertainment.net/lernen/ipad.html

Mitzlaff, H. (2007, Hg.): Internationales Handbuch Computer (ICT), Grundschule, Kindergarten und Neue Lernkultur. Bd. 1 u. 2. Baltmannsweiler

Mitzlaff, H. (2007): Computer im Mathematikunterricht der Grundschule – Fachdidaktik (in Deutschland) – Fehlanzeige? In: Mitzlaff, H. (Hg.), Internationales Handbuch Computer (ICT), Grundschule, Kindergarten und Neue Lernkultur, S. 537. Baltmannsweiler

Mitzlaff, H./Speck-Hamdan, A. (1998): Grundschule und neue Medien. In: Mitzlaff, H./Speck-Hamdan, A. (Hg.), Grundschule und neue Medien, S. 10–34. Frankfurt/M.

Mobigame (2011): CROSS FINGERS FREE. Apple App Store, Mobigame (Edge Team). www.mobigame.net/

Moyer, P. S. et al. (2002): What Are Virtual Manipulatives? In: Teaching Children Mathematics, H. Feb., S. 372–377

MPFS. Medienpädagogischer Forschungsverbund Südwest (2011, Hg.): Kinder und Medien 2010. Stuttgart

MSJK (2003, Hg.), Ministerium für Schule, Jugend und Kinder des Landes Nordrhein-Westfalen: Richtlinien und Lehrpläne zur Erprobung für die Grundschule in Nordrhein-Westfalen

MSW (2008), Minsterium für Schule und Weiterbildung des Landes Nordrhein-Westfalen: Lehrplan Mathematik für die Grundschulen des Landes Nordrhein-Westfalen. Entwurf vom 16.06.2008

Müller, G. N./E. Ch. Wittmann (1995, Hg.), Mit Kindern rechnen. Frankfurt/M.

Müller, G./Wittmann, E. Ch. (1984): Der Mathematikunterricht in der Primarstufe. Braunschweig

Müller, L. (2008): Digitale Stop Motion Animation im Unterricht. Semesterarbeit. 49 S. Pädagogisches Institut Basel

Müller-Jung, J. (2011): Von außen betrachtet: Die Achse des Schönen. FAZnet vom 04.08.2011, Zugriff am: 07.08.2011. http://faz-community.faz.net/blogs/ planckton/archive/2011/08/04/psychologie-die-achse-der-schoenen.aspx

Nelsen, R. B. (1993): Proofs without words. Exercises in visual thinking. Classroom Resource Materials. Washington,

Nelsen, R. B. (2000): Proofs without words II. More Exercises in visual thinking. Classroom Resource Materials. Washington

Neubert, B. (2009): Daten erfassen und darstellen in der Grundschule – Versuch einer Konzeption. In: Neubrand, M. (Hg.), Beiträge zum Mathematikunterricht 2009, S. 771–774. Münster

nielsen (2011): U.S. Kids Looking Forward to ›iHoliday‹ 2011. Zugriff am: 17.11.2011. http://blog.nielsen.com/nielsenwire/consumer/us-kids-looking-forward-to-iholiday-2011/

Niess, M. L. (1993): Forecast: Changing mathematics curriculum and increasing pressure for higher-level thinking skills. In: Arithmetic Teacher, H. 2, S. 129–135

NK (2006, Hg.), Niedersächsisches Kultusministerium: Kerncurriculum für die Grundschule Schuljahrgänge 1–4. Mathematik

NZZ (2006), Neue Zürcher Zeitung: Google lässt Duden-Eintrag »googeln« ändern. Markenschutz als Begründung. 16.08.2008, Zugriff am: 01.08.2011. www.nzz.ch/2006/08/16/vm/newzzEQXM1K6L-12.html

OECD (2003): Definition and Selection of Competencies: Theoretical and Conceptual Foundations (DeSeCo). Summary of the final report ›Key Competencies for a Successful Life and a Well-Functioning Society‹, 6 S.

Oehl, W. (1962): Der Rechenunterricht in der Grundschule. Hannover

Otto, G. (1985): Medien der Erziehung und des Unterrichts. In: Otto, G./Schulz, W (Hg.): Methoden und Medien der Erziehung und des Unterrichts. Bd. 4 der Enzyklopädie ›Erziehungswissenschaft‹, S. 74–107. Stuttgart

Padberg, F. (2005): Didaktik der Arithmetik für Lehrerausbildung und Lehrerfortbildung. Heidelberg

Pathak, H. (1999): Structural Package Designs. Amsterdam

Paulsen, N. (2010): Mobiles Internet gibt's bald für alle. In: Hamburger Abendblatt vom 15.09.2010, S. 23

Pelkmann, T. (2011a): Always-On, Always-Online. Forrester über die Post-PC-Ära. 06.06.2011, Zugriff am: 06.06.2011. www.computerwoche.de/themenspecial/ tk-trends-mobility/2491241/

Pelkmann, T. (2011b): Killer Apps für iPhone, iPad & Co. Zugriff am: 16.08.2011. www.macwelt.de/article/pdf/id/2283858

Peschel, F. (2009): Offener Unterricht: Idee, Realität, Perspektive und ein praxiserprobtes Konzept zur Diskussion. Bd. 1: Allgemeindidaktische Überlegungen. Bd. 2: Fachdidaktische Überlegungen. Basiswissen Grundschule. Hohengehren

Peter-Koop, A. (2006): Grundschulkinder bearbeiten Fermi-Aufgaben in Kleingruppen. Empirische Befunde zu Interaktionsmustern. In: Rathgeb-Schnierer, E./ Roos, U. (Hg.), Wie rechnen Matheprofis? Ideen und Erfahrungen zum offenen Mathematikunterricht, S. 41–56. München

Peters, J. (1995): Zehn Gebote für eine gute CD-ROM. In: Page, H. 10, Buchmesse extra

Petko, D. et al. (2007): ICT in Primarschulen. Expertise und Forschungsübersicht. Goldau, PHZ Hochschule Schwyz, Institut für Medien und Schule

Piaget, J. (1972): Psychologie der Intelligenz. Olten, 5. Aufl.

Piaget, J. (1984): Theorien und Methoden der modernen Erziehung. Frankfurt/M.

Piel, W. (1977): Kleines Lehrbuch der Lernpsychologie. Braunschweig

PLH Software (2011): Guide for CUT THE ROPE. Apple App Store

Pogue, D. (2011): A Parent's Struggle With a Child's iPad Addiction. In: The New York Times vom 07.05.2011

Popp, M. (2007a): Web 0.0 im Klassenzimmer. Spiegel online. www.spiegel.de/schulspiegel/wissen/0,1518,483245,00.html

Popp, M. (2007b): US-Schulen schwören Computern ab. Spiegel online. www.spiegel.de/schulspiegel/wissen/0,1518,481086,00.html

Profax-Verlag (2011): profax Lerngerät. Zugriff am: 22.04.2011. www.profax.ch/index.php?p=67

Radatz, H. et al. (2006): Handbuch für den Mathematikunterricht – 3. Schuljahr. Hannover

Reiter, A. et al. (2000, Hg.): Neue Medien in der Grundschule. Unterrichtserfahrungen und didaktische Beispiele. Wien

Ritzer, G. (2006): Die McDonaldisierung der Gesellschaft. Konstanz

Ruwisch, S./Peter-Koop, A. (2003, Hg.): Gute Aufgaben im Mathematikunterricht der Grundschule. Offenburg

Sander, S. (2003): »Man kann ja nicht dahinter sehen«. Würfelgebäude – Bauen mit BAUWAS. In: Die Grundschulzeitschrift, H. 167, S. 34–37

Sarama, J./Clements, D. H. (2006): Mathematics, Young Students, and Computers: Software, Teaching Strategies and Professional Development. In: The Mathematics Educator, H. 2, S. 112–134

Scheier, Ch. et al. (2003): Sound induces perceptual reorganization of an ambiguous motion display in human infants. In: Developmental Science, H. S. 233–244

Scherer, P. (1997a/b/c): Substantielle Aufgabenformate – jahrgangsübergreifende Beispiele für den Mathematikunterricht, Teil I in: Grundschulunterricht, H. 1, S. 34–38; Teil II in: Grundschulunterricht, H. 4, S. 36–38; Teil III in: Grundschulunterricht, H. 6, S. 54–56

Scherer, P. (2003): Produktives Lernen für Kinder mit Lernschwächen: Fördern durch Fordern. Band 2: Addition und Subtraktion im Hunderterraum. Hamburg

Scherer, P./Steinbring, H. (2004): Übergang von halbschriftlichen Rechenstrategien zu schriftlichen Algorithmen – Addition im Tausenderraum. In: Scherer, P./ Bönig, D. (Hg.), Mathematik für Kinder – Mathematik von Kindern, S. 163–173. Frankfurt/M.

Scherer, P./Krauthausen, G. (2010): Natural Differentiation in Mathematics – The NaDiMa project. In: Panama-Post, H. 3, S. 14–26

Scherer, P./Wellensiek, N. (2011): Verborgene Mathematik. Rechentricks verstehen und begründen. In: MNU PRIMAR, H. 3, S. 88–95

Schlieszeit, J. (2011): Mit Whiteboards unterrichten. Das neue Medium sinnvoll nutzen. Weinheim

Scholz, G. (2001): Kind und Computer – Mehr Fragen als Antworten. In: Büttner, C./E. Schwichtenberg (Hg.), Grundschule digital. Möglichkeiten und Grenzen der neuen Informationstechnologien, S. 32–78. Weinheim

Schönweiss, F. (1994): Der Weg ins pädagogische Computerzeitalter. In: Interface, H. 2, S. 47–49

Schott, B. (2004): Schotts Sammelsurium. Berlin

Schott, B. (2005): Schotts Sammelsurium. Essen & Trinken. Berlin

Schott, B. (2006): Schotts Sammelsurium. Sport, Spiel & Müssiggang. Berlin

Schrackmann, I. et al. (2008): Computer und Internet in der Primarschule. Theorie und Praxis von ICT im Unterricht mit 20 Praxisbeispielen auf 2 DVDs. Oberentfelden

Schreier, H. (1995): Unterricht ohne Liebe zur Sache ist leer. Eine Erinnerung. In: Grundschule, H. 6, S. 14–15

Schubert, T. (2009): Eier von glücklichen Hühnern? Lebensmittel aus Massentierhaltung. In: UNTERRICHT – ARBEIT + TECHNIK, H. 42, S. 13–17

Schulmeister, R. (1996): Grundlagen hypermedialer Lernsysteme. Theorie, Didaktik, Design. Bonn

Schulze, Th. (1978): Methoden und Medien der Erziehung. München

Schwichtenberg, E. (2001): Mit dem PC in der Klasse – Erfahrungen und Probleme. In: Büttner, C./Schwichtenberg, E. (Hg.), Grundschule digital. Möglichkeiten und Grenzen der neuen Informationstechnologien, S. 106–126. Weinheim

Schwirtz, W. (2008): Geometrieunterricht mit Computereinsatz in der Grundschule. Das Programm IGEL als Werkzeug im Geometrieunterricht. Zugriff am: 02.07.2011. www.uni-due.de/didmath/ag_jahnke/schwirtz/

Seeger, F./Steinbring, H. (1992, Hg.): The Dialogue between Theory and Practice in Mathematics Education: Overcoming the Broadcast Metaphor – Proceedings of the Fourth Conference on Systematic Cooperation between Theory and Practice in Mathematics Education (SCTP), Brakel, Germany, Sept. 16–21, 1990. Bielefeld

Sekuler, R. et al. (1997): Sound alters visual motion perception. In: Nature, H. 23, S. 308

Selter, Ch. (1993): Das Tausenderbuch. Teil 1: Struktur und Einsatzmöglichkeiten, Teil 2: Aktivitäten mit dem Tausenderbuch. In: Sachunterricht und Mathematik in der Primarstufe, H. 9 u. 10, S. 414–418 u. 459–462

Selter, Ch. (1996): Schreiben im Mathematikunterricht. In: Die Grundschulzeitschrift, H. 92, S. 16–19

Selter, Ch. (1997): Genetischer Mathematikunterricht: Offenheit mit Konzept. In: mathematik lehren, H. 83, S. 4–8

Selter, Ch. (2004): Mehr als Kenntnisse und Fertigkeiten. Basispapier zum Modul 2: Erforschen, entdecken und erklären im Mathematikunterricht der Grundschule, 46 S. Download: http://sinus-transfer.uni-bayreuth.de/fileadmin/Materialien/ Modul2.pdf

Selter, Ch./Spiegel, H. (1997): Wie Kinder rechnen. Leipzig

SH (1998, Hg.), Ministerium für Frauen, Bildung, Weiterbildung und Sport des Landes Schleswig-Holstein: Lehrplan Primarstufe. Grundlagen & Mathematik. Kronshagen

Simmons, D. (2006): B.O.O.K.. 09.09.2006, Zugriff am: 15.07.2011. www.youtube.com/watch?v=S7kqO_DOsN8

Singh, S. (1998): Fermats letzter Satz. Die abenteuerliche Geschichte eines mathematischen Rätsels. München

Söndgen, P. S. M. (2010): Analyse der Asymmetrie menschlicher Gesichter. Forschungsarbeit Jugend Forscht 2010, Fachbereich Biologie, Bischöfliche Liebfrauenschule Eschweiler

Speck (2011): iPad-Case für Kinder. hwww.speckproducts.com/.

Spiegel online (2005): Vernetzte US-Schule. Laptops ersetzen Lehrbücher. 23.08.2005

Spiegel, H. (1988): Vom Nutzen des Taschenrechners im Arithmetikunterricht der Grundschule. In: Bender, P. (Hg.), Mathematikdidaktik. Theorie und Praxis, S. 177–189. Berlin

Spiegel, H./Kösch, H. (2001): Den Somawürfel interaktiv erfahren. Software für den Geometrieunterricht am Beispiel des Programms BAUWAS. Manuskript, 8 S.

Spitzer, M. (2005): Vorsicht Bildschirm! Elektronische Medien, Gehirnentwicklung, Gesundheit und Gesellschaft. Stuttgart

Stanek, Ch. (2006): Edutainment: Emil und Pauline in der 3. und in der 4. Klasse. In: MacLife, H. 07

Steinbring, H. (1994): Die Verwendung strukturierter Diagramme im Arithmetikunterricht der Grundschule: Zum Unterschied zwischen empirischer und theoretischer Mehrdeutigkeit mathematischer Zeichen. In: Mathematische Unterrichtspraxis, H. IV, S. 7–19

Steinbring, H. (1999): Offene Kommunikation mit geschlossener Mathematik? In: Grundschule, H. 3, S. 8–13

Steinbring, H. (2000): Epistemologische und sozial-interaktive Bedingungen der Konstruktion mathematischer Wissensstrukturen (im Unterricht der Grundschule). Abschlussbericht zum gleichnamigen DFG-Projekt. Dortmund, Universität Dortmund

Steinweg, A. S. (2002): Zu Bedeutung und Möglichkeiten von Aufgaben zu figurierten Zahlen – Eine Analyse von Deutungen durch Grundschulkinder. In: Journal für Mathematik-Didaktik, H. 2, S. 129–151

stern (1993): Den Menschen ersetzen? In: stern, H. 12, S. 157

STMUK (2000), Bayerisches Staatsministerium für Unterricht und Kultur: Lehrplan für die bayerische Grundschule. München

Stockinger, G. (1995): Trampelpfade im Gehirn – über die veränderte Wahrnehmung der Computer-Generation. In: Spiegel special, H. 9, S. 116–117 u. 119–120

Stoll, C. (1996): Die Wüste Internet. Geisterfahrten auf der Datenautobahn. Frankfurt/M.

Strittmatter, P./Niegemann, H. (2000): Lehren und Lernen mit Medien – Eine Einführung. Darmstadt

Strittmatter, P./Seel, N. M. (1984): Externe und interne Medien: Konzepte der Medienforschung. In: Unterrichtswissenschaft, H. 1, S. 2–17

Sunburst Technology (2011): THE FACTORY DELUXE. Elgin, IL, Sunburst. http://commerce.sunburst.com/product.aspx?p=1556

Tappy Taps (2010): MATHEZAUBER. Apple App Store. http://bubblingmath.com/de/

Teh, JT (2011): COIN MATH EU. Apple App Store

Thomas, M. (2010a): 100s BOARD. Apple App Store

Thomas, M. (2010b): TENS FRAME. Apple App Store

Threlfall, J. (2002). Flexible Mental Calculation. In: Educational Studies in Mathematics 50. Jg., S. 29-47

Tivola (2011): LERNERFOLG GRUNDSCHULE MATHEMATIK. Apple App Store. www.lernerfolg.de/

Trumler, W. (2011): SUDOKU TABLET. Apple App Store

Tulodziecki, G. (1992): Medien in Erziehung und Bildung. Bad Heilbrunn

Tyrsina, R. (2011): Kids Are New Target For iPad 2 Sales. 19.04.2011, Zugriff am: 07.05.2011. www.itproportal.com/2011/04/19/kids-new-target-ipad2-sales/

United Works Ltd. (2011): CUTE BABY FLASH CARD. Apple App Store

Urff, Ch. (2009a): Konzeptionelle Überlegungen bei der Entwicklung von RECHNEN MIT WENDI. lernsoftware-mathematik.de, 20.02.2009, Zugriff am: 03.04.2010. www.lernsoftware-mathematik.de/cms/?p=493

Urff, Ch. (2009b): Kritische Bemerkungen zum Einsatz von Kriterienkatalogen zur Bewertung von Lernsoftware. 29.06.2009, Zugriff am: 15.06.2011. www.lernsoftware-mathematik.de/cms/?p=230#more-230

Urff, Ch. (2010): Potentiale und Perspektiven digitaler Lernmedien für die Förderung grundlegender mathematischer Kompetenzen. In: Zeitschrift für Heilpädagogik, H. 4, S. 141–150

Urff, Ch. (2011a): ZWANZIGERFELD. Apple App Store u. www.lernsoftware-mathematik.de/prototypen/zwanzigerfeld.html

Urff, Ch. (2011b): HUNDERTERFELD. Apple App Store u. www.lernsoftware-mathematik.de/cms/?p=503

van Lück, W. (1994): Gestaltung und Erprobung von Hypermedia-Arbeitsumgebungen zum Lernen und Üben. In: Krauthausen, G./Hermann, V. (Hg.), Computer in der Grundschule? Fragen der didaktischen Legitimierung und der Software-Gestaltung, S. 192–206. Stuttgart

Verboom, L. (2002): Aufgabenformate zum multiplikativen Rechnen. Entdecken und Beschreiben von Auffälligkeiten und Lösungsstrategien. In: Praxis Grundschule, H. 2, S. 14–25

Vietmeier, A. (1997): Multimediaentwicklung. Seiltanz zwischen Möglichkeiten und Marktchancen. In: Büttner, C./Schwichtenberg, E. (Hg.), Computer in der Grundschule. Geräte, didaktische Konzepte, Unterrichtssoftware, S. 96–102. Weinheim

Vogt, U. (2009): Zahlen, bitte! Ein mathematisches Bilderbuch. Paderborn von Glasersfeld, E. (1995): Aspekte einer konstruktivistischen Didaktik. In: Landesinstitut für Schule und Weiterbildung (Hg.): Lehren und Lernen als konstruktive Tätigkeit: Beiträge zu einer konstruktivistischen Theorie des Unterrichts, S. 17–34. Soest

von Hentig, H. (2002): Der technischen Zivilisation gewachsen bleiben. Nachdenken über die Neuen Medien und das gar nicht mehr allmähliche Verschwinden der Wirklichkeit. Weinheim

von Kleist, H.: Über die allmähliche Verfertigung der Gedanken beim Reden. In: Sembdner, H. (Hg.), Heinrich von Kleist – Werke in einem Band, S. 810–814. München

von Rauchhaupt, U. (2011): Daddeln für den Wissensdurst. Apps im Test. 07.04.2011, Zugriff am: 07.04.2011. www.faz.net/s/Rub163D8A6908014952B0FB3DB178F372D4/Doc~E50C4A265E8D7404792760D69B1397102~ATpl~Ecommon~Sspezial.html

von Schirach, F. (2010): Die Kunst des Weglassens. Warum das iPad die Zukunft des Lesens ist. In: Der Spiegel, H. 15, S. 118–119

Wahrig-Burfeind, R. (2008, Hg.): Wahrig. Deutsches Wörterbuch. Gütersloh

Walther, G. (o. J.): Modul 1: Gute und andere Aufgaben (Arbeitsversion). Manuskriptfassung, 47 S. www.sinus-an-grundschulen.de/fileadmin/uploads/Material_aus_STG/Mathe-Module/M1.pdf

Walther, G. et al. (2007, Hg.): Bildungsstandards für die Grundschule: Mathematik konkret. Berlin

Walther, G. (2011): Die Entwicklung allgemeiner mathematischer Kompetenzen fördern. In: Demuth, R. et al. (Hg.), Unterricht entwickeln mit SINUS. 10 Module für den Mathematik- und Sachunterricht in der Grundschule, S. 15–23. Seelze

Weidenmann, B. (1995): Multicodierung und Multimodalität im Lernprozeß. In: Issing, L./Klimsa, P. (Hg.): Information und Lernen mit Multimedia, S. 65–84. Weinheim

Weizenbaum, J. (1978): Die Macht der Computer und die Ohnmacht der Vernunft. Frankfurt/M.

Weizenbaum, J./Wendt, G. (2006): Wo sind sie, die Inseln der Vernunft im Cyberstrom? Auswege aus der programmierten Gesellschaft. Freiburg

Wember, F. B. (1987): Sonderpädagogik als Integrationswissenschaft und Interventionswissenschaft: Betrachtung zur Rezeption der operanten Lernpsychologie. In: Heilpädagogische Forschung, H. 3, S. 164–176

Wember, F. (2007): Buchbesprechungen – Günter Krauthausen: Zahlenmauern. In: Zeitschrift für Heilpädagogik, H. 08, S. 313–314

Werksrakete (2011): PAPER PLANE PROJECT. Apple App Store

Wiebe, B. (2011): NUMBER BLITZ. Apple App Store

Wiesner, B. (1999): Das klickende Klassenzimmer. Wie Computer unsere Kinder schlau machen. In: Familie & Co – Spezial Computer, H. 1/99, S. 20–28

Winter, H. (1975): Allgemeine Lernziele für den Mathematikunterricht? In: Zentralblatt für Didaktik der Mathematik, H. 3, S. 106–116

Winter, H. (1983): Zur Problematik des Beweisbedürfnisses. In: Journal für Mathematik-Didaktik, H. 1, S. 59–95

Winter, H. (1984a): Begriff und Bedeutung des Übens im Mathematikunterricht. In: mathematik lehren, H. 2, S. 4–16

Winter, H. (1984b): Entdeckendes Lernen im Mathematikunterricht. In: Grundschule, H. 4, S. 26-29

Winter, H. (1985): Sachrechnen in der Grundschule. Problematik des Sachrechnens, Funktionen des Rechnens, Unterrichtsprojekte. Bielefeld

Winter, H. (1989): Entdeckendes Lernen im Mathematikunterricht. Einblicke in die Ideengeschichte und ihre Bedeutung für die Pädagogik. Braunschweig

Winter, H. (2003): ›Gute Aufgaben‹ für das Sachrechnen. In: Baum, M./Wielpütz, H. (Hg.), Mathematik in der Grundschule. Ein Arbeitsbuch, S. 177–183. Seelze

Winter, I. (2000): In-Sätzchen mit Rest. In: Reiter, A. et al. (Hg.), Neue Medien in der Grundschule. Unterrichtserfahrungen und didaktische Beispiele, S. 100–101. Wien

Withers, L. K. (2002): How to Fold. Falten, Falzen, Formen. Amsterdam

Wittmann, E. Ch. (1985): Objekte – Operationen – Wirkungen: Das operative Prinzip in der Mathematikdidaktik. In: mathematik lehren, H. 11, S. 7–11

Wittmann, E. Ch./Müller, Gerhard N. (1988): Wann ist ein Beweis ein Beweis? In: Bender, P. (Hg.), Mathematikdidaktik. Theorie und Praxis, S. 237–257. Bielefeld

Wittmann, E. Ch. (1990): Wider die Flut der ›bunten Hunde‹ und der ›grauen Päckchen‹: Die Konzeption des aktiv-entdeckenden Lernens und des produktiven Übens. In: Wittmann, E. Ch./Müller, G. N. (Hg.), Handbuch produktiver Rechenübungen, Band 1: Vom Einspluseins zum Einmaleins, S. 152-166. Stuttgart

Wittmann, E. Ch. (1992): Üben im Lernprozeß. In: Wittmann, E. Ch./Müller, G. N. (Hg.), Handbuch produktiver Rechenübungen, Band 2: Vom halbschriftlichen zum schriftlichen Rechnen, S. 175–186. Stuttgart

Wittmann, E. Ch. (1995): Mathematics Education as a Design Science. In: Educational Studies in Mathematics, H. S. 355–374

Wittmann, E. Ch. (1996): Offener Mathematikunterricht in der Grundschule – vom FACH aus. In: Grundschulunterricht, H. 6, S. 3–7

Wittmann, E. Ch./Müller, Gerhard N. (1990): Handbuch produktiver Rechenübungen. Band 1: Vom Einspluseins zum Einmaleins. Stuttgart

Wittmann, E. Ch./Müller, Gerhard N. (1992): Handbuch produktiver Rechenübungen. Band 2: Vom halbschriftlichen zum schriftlichen Rechnen. Stuttgart

Wittmann, E. Ch./Müller, Gerhard N. (2004): Das Zahlenbuch 2. Leipzig

Wöckel, S. (2000): Internet in der Grundschule. Grundlagen einer pädagogisch-didaktischen Integration computergestützter Netzkommunikation im Unterricht der Primarstufe. Libri Books on Demand

Wolfseher, C. (2011): Grundkonstruktionen – Lineal, Zirkel und Computer. 08.04.2011, Zugriff am: 08.04.2011. www.lehrer-online.de/geometrische-grundkon struktionen.php

Wollring, B. (1997): »Man darf auch nicht immer sofort aufgeben, wenn's mal nicht klappt.« Mädchen und Jungen bauen gemeinsam Würfel aus gefaltetem Papier. In: Sache – Wort – Zahl, H. 7, S. 25–39

Wollring, B. (2000): Faltbilderbücher, Faltgeschichten und Faltbildkalender. Arbeitsumgebungen zur ebenen Papierfaltgeometrie für die Grundschule. In: Die Grundschulzeitschrift, H. 138, S. 26 u. 43–47

Wuschansky, E./van Lück, W. (1993): Schädlingsbekämpfung – ein Beispiel zur Umwelterziehung – unterstützt durch eine interaktive, animierte Simulation. In: Computer und Unterricht, H. 11, S. 17–24

Yiwen, Z. (2011): CUT THE BLOCK HD Free. Apple App Store

Zech, F. (2002): Grundkurs Mathematikdidaktik. Theoretische und praktische Anleitungen für das Lehren und Lernen von Mathematik. Weinheim

Abbildungsverzeichnis

S. 8 Abb. 2/1 © G. Krauthausen, nach Daten aus Kützer/Probst 2006, S. 13; S. 65 Abb. 3/1 u. S. 66 Abb. 3/2 aus Winter 2000, S. 100, © Verlag Carl Ueberreuter; S. 121 Abb. 4/1 u. 4/2 © G. Krauthausen; S. 123 Abb. 4/3 © G. Krauthausen; S. 131 Abb. 4/4 u. 4/5 aus Heiss 2006, S. 23 © WDR/Presse- und Informationsdienst der Bundesregierung 2003; S. 139 Abb. 4/6 aus Kniep-Riehm 1996, S. 18, © E.-M. Kniep-Riehm; S. 144 Abb. 4/7 © H. Meschenmoser; S. 146-150 Abb. 4/8-11 und 4/13 © 2011 Freudenthal Institute for Science and Mathematics Education, Universiteit Utrecht; S. 150 Abb. 4/12 © G. Krauthausen; S. 154 Abb. 4/14 © Speck (www.speckproducts. com)/© iKid Apps (www. iKidApps.com); S. 163 Abb. 4/15 u. 4/16 © Apple Inc.; S. 168-171 Abb. 4/17-21 © Apple Inc.; S. 173-174 Abb. 4/22-24 © Apple Inc.; S. 176 Abb. 4/25 © A. Hoffmann, digital ambient; S. 177-179 Abb. 4/26-28 © Apple Inc.; S. 188 Abb. 4/29 aus Steinweg 2002, S. 135 © S. Steinweg; S. 190 Abb. 4/30 © G. Krauthausen; S. 206 Abb. 4/31 © H. Meschenmoser; S. 207 Abb. 4/32 © DOM publishers/Cornelius Mangold et al.; S. 207 Abb. 4/33 Kollektion von Fotos aus Baars 1983 © Paul Baars Design, Amsterdam, www.paulbaarsdesign.nl; S. 208 Abb. 4/34 aus Müller-Jung 2011© PLoS (www.plos.org); S. 209 Abb. 4/35 aus Söndgen 2010, Foto: P. Söndgen; S. 210 Abb. 4/36 Foto: G. Krauthausen; S. 210 Abb. 4/37 © Zotter Schokoladenmanufaktur GmbH (www.zotter.at); S. 212 Abb. 4/38 aus Büchter et al. 2007 © vpm-Verlag/© KEYSTONE Pressedienst; S. 216 Abb. 4/39 Zusammenstellung von Screenshots aus Stop-Motion-Animationen © Helmut Linneweber Lammerskitten, Projekt VITALmaths, www.ru.ac.za/vitalmaths/; S. 220 Abb. 4/40 Foto: G. Krauthausen; S. 222 Abb. 4/41 und S. 225 Abb. 4/42 © Christian Urff (www.lernsoftware-mathematik.de); S. 228 Abb. 4/43 G. Krauthausen, nach Scheier et al. 2003; S. 231 Abb. 4/44 © Sunburst Technology (http://commerce.sunburst.com/); S. 236 Abb. 4/45 © A. Hoffmann/digital ambient; S. 264 Abb. A/1 und S. 265 Abb. A/2 aus MPFS 2011, S. 28 © Sabine Feierabend, Ulrike Karg und Thomas Rathgeb.

Index

A

ABACUS 173 f.

Adaptivität/Adaptierbarkeit 58 f.

Aktionismus 21, 226

Aktivität 21, 226

Allgemeine mathematische Kompetenzen 5, 38, 45, 74, 107, 112, 120, 126, 156, 201, 234 f.

Anforderungen an Lehrpersonen 22 f., 39, 54 f., 63 f., 200

Animationen s. Stop-Motion-Animationen

Anschauliches Beweisen 187, 190, 214 ff.

Anwendungsorientierung 100, 205

Applets 140 ff.

Apps 12, 117, 151 ff.

Arbeitsblätter 13, 24

Arbeitsmittel 24, 29, 43, 47, 58, 64, 105, 115, 172, 219 ff., 221, 226 ff.

Aufgabenformate 20 f., 31 ff., 39

Aufgabenkultur 43 ff.

Aufgabenschwierigkeit 13, 59

Authentizität 61

Automatisierungsübungen 14, 27, 38, 42, 107, 112, 164 ff., 254

AWARE-Strategie 4, 73, 241

B

BAUWAS 143 f., 230, 257

Best Practice 3, 30, 79, 97

Bewusstheit des Lernens 126

Bildungsstandards 5 ff., 95, 112, 118, 129, 167, 199, 203, 235

BLITZRECHNEN 14, 42, 116, 230, 237, 254

›Bunte Hunde‹ 11, 102, 107, 113

Bürostil-Unterricht 11, 97, 103, 106

C

CUT THE BLOCK 170

CUT THE ROPE 171

D

Datenerfassung/-darstellung 130 f.

Diagnostik 25 ff., 58, 103, 199

Didaktischer Mehrwert 95 ff., 102, 217, 232

Differenzierung 12 f., 15, 24, 29, 43, 59 f., 96, 104, 110, 112, 141 f., 232, 241

Digitale Fotografie 205 ff.

Distributionsmöglichkeit 61, 127, 194

Dreitafelprojektion 143 ff.

Dynamische Geometrie-Software 29

Dynamisierung 134, 181 ff.

E

Eigenproduktionen 119

ELIZA 56, 198, 202 ff.

Enaktiv 226 ff.

Entlastung 22

Entprofessionalisierung 63 ff.

Erfolgsversprechungen 53

Erwartungen 11 ff.

Erziehungsauftrag 21

Etiketten 10, 57 ff., 201

Experten 23, 52, 68, 75, 78, 82, 94 f., 140, 198, 204, 234, 238, 242

F

Fachdidaktik 2, 28 ff., 63, 74 ff., 101, 242

Fachliche Rahmung 12, 17 f., 24, 37, 45, 96, 119, 219

Fachliche Substanz 38 ff.

FACTORY 230 ff.

Faltgeometrie/Faltplakate 179 f.

Fehler 25, 41, 58 f., 84, 103, 141, 250

Fermi-Aufgaben 61, 211 f.

Finanzierung 157 f.

Flash-Card-Learning 155

Forscher-Metapher 35

Fortschritt 4, 50, 60, 72 ff., 77, 110, 116, 159, 166, 177, 241

Funktionen von Medien 22, 88 f.

G

GEBÄUDE BAUEN 144 ff.

Gestensteuerung 153 f.

Grundsatzdiskussion 51

Grundschule 52, 151

Gute Aufgaben 43 ff.

Gütekriterien 9, 11, 47 f., 69 ff., 77, 100, 111 f., 122, 125, 181, 242

Gütesiegel 68

H

Handlungsorientierung 135, 226 ff.

Heterogenität 12 ff., 198, 241, 266

Hypertexte 10

I

Individualisierung 12 f., 101, 104

Information 7

Inhaltsbezogene mathematische Kompetenzen 6

Internet 194 ff.

iPad s. Tablet-Computer

Irritation als Lernanlass 83

K

Kaufverhalten 74, 238 f.

Klischees 14, 19, 27, 29, 41, 54, 67 f., 164, 166 f., 198

Kommunikation 10, 24, 38, 62, 119, 181, 239, 246 ff

Kostenfaktor 71, 238

Kunst 207 f.

Künstliche Intelligenz 26 f., 204

L

Laptops 159 f.

Layout 127

Lehrerbildung 39, 71, 75, 80, 240, 242

Lehrpläne 6 ff., 22 f.

Leistungsmessung 25 ff.

Lernen mit Medien 249

Lernfürsorge 83

Lernsoftware 8 f., 27, 29, 52, 55, 72, 104, 105 f., 196, 219

Lerntheorien 251 ff.

Lernziele 100, 125 f.

M

Mängelliste 47, 49 ff.

Marketing 19, 23, 41, 50, 60, 68, 104, 140, 155 f., 161, 166 f., 237

Mathematik (Bild von …) 18, 34, 56

Mathematikdidaktik 2 f., 5 ff., 9, 11, 28 ff., 47, 52, 63, 74, 115 ff., 242

Mathematikunterricht 3, 31 ff., 36 ff., 107

Medien 7, 21, 245 ff.

Medieneinsatz 46, 52, 115, 152, 263 ff.

Medienkompetenz 1, 3, 195, 263

Mediensozialisation 262 ff.

Mehrsystemblöcke 219 f.

Motivation 19 ff., 56, 62, 64, 83, 101, 141, 189, 217 f., 250, 254

N

Nutzungsarten 8

O

Offener Unterricht 15 ff., 61, 110

Online-Systeme 25, 198 ff.

Operatives Prinzip 42

P

PAPER PLANE PROJECT 178 ff.

Powerpoint 127

Primat der Didaktik 52, 75, 116, 241

Prinzip der logischen Folge 83 f.

Produktives Üben 40 ff., 102, 107

Programmiertes Lernen 41, 106, 198, 252

Publikationen 64 ff., 109 f.

Q

Qualität 47, 49 ff., 78, 161

Qualitätssoftware 71

›Quick-&-Dirty‹ 14, 50, 72, 78, 238

R

Rahmenbedingungen 9, 28, 85, 191

Rechenfähigkeit 38

Rechenfertigkeit 14, 31, 34, 38, 43, 54, 94, 108, 112 f., 230, 233

Reduktionismus 38, 41, 198

Rückmeldung 25 ff., 104, 201 f.

S

Sachanspruch 2, 15 f., 84, 87 f., 99

Selbstkontrolle 58, 101, 102f.

Selbstständiges Lernen 91 f.

Simulationen 175 ff.

Software-Arten 115 ff.

Software-Bewertung 49 f., 67 ff., 78, 111 ff.

Software-Entwickler 29, 50

Software-Entwicklung 30, 50, 76, 234

Soziales Lernen 12, 36 ff., 39 f.

Spaßargument/Spielerisches Lernen 19 ff., 55 ff., 200

Standardsoftware 138

Stoffauswahl 22 f.

Stop-Motion-Animationen 212 ff.

Substanzielle Lernumgebungen 17, 104, 261

Suchmaschinen 196 f.

SUDOKU 168

Suggestionen 53 ff.

Surfen 197

Symmetrie 208 ff.

T

Tabellenkalkulation 81 ff., 128 ff.

Tablet-Apps s. Apps

Tablet-Computer 151 ff.

TANGRAM 170

Technikentwicklung 4, 47, 50, 115, 152, 157, 193, 238

Texte im Mathematikunterricht 100, 118 ff.

Textverarbeitung 118 ff.

Trichtermuster 27

U

Übung s. Produktives Üben

Übungstypen 42, 102

UNBLOCK ME 169

V

Virtuelles Handeln 226 ff.

W

Wahrnehmung 190, 228 f., 258

Web-Applikationen s. Applets

Whiteboards 181 ff.

Wirksamkeit 54, 76, 105

Z

Zahlenfelder 221 ff.

ZAHLENFORSCHER 43, 78, 124 f., 233 ff.

Zahlentafeln 221 ff.

Zeitargument 100

Zufallsgenerator 41

Zurückhaltung 50, 74, 76 ff., 242

MIX
Papier aus verantwortungsvollen Quellen
Paper from responsible sources
FSC® C105338

If you have any concerns about our products,
you can contact us on
ProductSafety@springernature.com

In case Publisher is established outside the EU,
the EU authorized representative is:
**Springer Nature Customer Service Center GmbH
Europaplatz 3, 69115 Heidelberg, Germany**

Printed by Libri Plureos GmbH
in Hamburg, Germany